böhlau

Thomas M. Bohn

DER VAMPIR
Ein europäischer Mythos

2016
Böhlau Verlag Köln Weimar Wien

Bibliografische Information der Deutschen Nationalbibliothek:
Die Deutsche Nationalbibliothek verzeichnet diese Publikation in der
Deutschen Nationalbibliografie; detaillierte bibliografische Daten sind
im Internet über http://portal.dnb.de abrufbar.

Umschlagabbildung:
Johann Heinrich Füssli, „Der Nachtmahr", 1781. Öl auf Leinwand © akg-images.

© 2016 by Böhlau Verlag GmbH & Cie, Köln Weimar Wien
Ursulaplatz 1, D-50668 Köln, www.boehlau-verlag.com

Alle Rechte vorbehalten. Dieses Werk ist urheberrechtlich geschützt.
Jede Verwertung außerhalb der engen Grenzen des Urheberrechtsgesetzes ist unzulässig.

Lektorat: Meinrad Böhl, Leipzig
Einbandgestaltung: Guido Klütsch, Köln
Satz: WBD Wissenschaftlicher Bücherdienst, Köln
Reproduktionen: Satz + Layout Werkstatt Kluth, Erftstadt
Druck und Bindung: Finidr, Cesky Tesin
Gedruckt auf chlor- und säurefreiem Papier
Printed in the EU

ISBN 978-3-412-50180-8

INHALT

Prolog: Vom Sündenfall zum ewigen Leben 9

1 ✦ Der Vampir als imperiale Kategorie 17

2 ✦ Vampirismus im Okzident 31
    2.1 Der Wiedergänger des Mittelalters 31
    2.2 Der Nachzehrer der Frühen Neuzeit 56

3 ✦ Vampirismus im Orient 81
    3.1 Der Upyr oder Upiór im Kiewer Reich und in Polen-Litauen 81
    3.2 Der Vrykolakas bei den Griechen im Osmanischen Reich 90

4 ✦ Vampirismus in den Schlagzeilen 109
    4.1 Die Entdeckung der Vampire 109
    4.2 Die Vampirdebatte der Aufklärung 123

5 ✦ Vampirismus im Volksglauben 159
    5.1 Dämonische Gestalten in Ost- und Ostmitteleuropa 159
    5.2 Verlorene Seelen im Donau-Balkan-Raum 200

6 ✦ Vampirismus in der Moderne 273
    6.1 Erkundungen im östlichen Europa 273
    6.2 Zuschreibungen in Deutschland 284

7 ✦ Der Vampir als lokaler Sündenbock 287

Anmerkungen 297
Referenzwerke 333
Abbildungsnachweis 353
Register 355

„Wenn wir unsere Meinung offenherzig sagen sollten, raten wir von allen Mitteln ab, die nach Aberglauben riechen. Am besten stiftet man eine aufrichtige Versöhnung mit den Sterbenden und vergisst alles, was vorher an Widrigem war. Denn auf solche Weise entschlafen dieselben mit versöhntem Herzen und haben nach nichts weiter in dieser Welt Begierde. Ihre Einbildung bleibt schlafend, und in Ermangelung einer Ursache kann sie niemals beginnen, auf einen lebenden Menschen zu wirken."

MICHAEL RANFT, 1732

PROLOG: VOM SÜNDENFALL ZUM EWIGEN LEBEN

Heutzutage ist der Vampir für das breite Publikum ein Star, ein Medienereignis aus Hollywood. Bestsellerautoren wie Bram Stoker, Anne Rice und Stephenie Meyer bewegen die Phantasie von Jung und Alt. Durch Filme wie „Dracula", „Interview mit einem Vampir" und „Twilight" haben Blutsauger bzw. deren Protagonisten Unsterblichkeit erlangt. Kein Wunder, dass die Vampire in den Kinderzimmern unserer globalisierten Welt sogar Harry Potter die Show stehlen. Längst werden ihnen individuelle Charakterzüge zugeschrieben und Sympathie entgegengebracht. Sie verfügen zwar über übermenschliche Kräfte, leiden aber an ihrer Unvergänglichkeit und müssen mit der Gier nach Blut zurechtkommen. Während der in den 1730er Jahren entdeckte südosteuropäische Vampir im Laufe des 20. Jahrhunderts in der Medienlandschaft einer Amerikanisierung und Domestizierung unterworfen wurde, dient der in den 1920er Jahren bekannt gewordene kreolische Zombie in Groschenromanen und Gruselfilmen nach wie vor als törichte Horrorfigur. Gibt es Blutsauger wirklich und muss man Angst vor den Toten haben? Diesen Fragen möchte ich dem Wunsch meiner zehnjährigen Tochter entsprechend nachgehen.

Als professionellen Osteuropahistoriker interessieren mich darüber hinaus auch die tatsächlichen Ursprünge des Vampirglaubens. Offenbar weiß immer noch nicht jeder Dracula-Fan, dass es sich bei Transsilvanien um keinen fiktiven Ort handelt. Mit dem lateinisch so bezeichneten „Land hinter den Wäldern" ist die im heutigen rumänischen Karpatenbogen gelegene Geschichtslandschaft Siebenbürgen gemeint, die seit dem Mittelalter unter anderem von „sächsischen", will heißen deutschstämmigen Siedlern bewohnt ist. Die von Bram Stoker geweckte Vorstellung, Vampire seien in Transsilvanien zu Hause, hat aber noch einen weiteren Haken. Ausgerechnet in dieser Region kamen Vampire nämlich eher selten vor. Liest man Berichte aus dem 18. und 19. Jahrhundert, kann man sich stattdessen des Eindrucks nicht erwehren, dass der Vampirismus vor allem in den Überlappungszonen der europäischen Vielvölkerreiche oder Imperien registriert wurde. Entlang der sich in der Mitte Europas treffenden Randgebiete des Kiewer Reiches und des Zarenreiches, der Polnisch-Litauischen Union und des Osmanischen Reiches sowie des Habsburgerreiches und Preußens erstreckte sich offenbar so etwas wie ein Vampirgürtel (vgl. Karte auf Vorsatz). Im wörtlichen und übertragenen Sinne, geographisch und metaphysisch stellt der Vampir somit ein Grenzphänomen dar.

In Bezug auf den Vampirismus identifiziere ich mich mit denjenigen Schriftstellerinnen und Schriftstellern, die bereits angefangen haben, in ihren Werken eine Rückbindung dieses Phänomens an seinen historischen Ort zu suchen, seien es Wolfgang Hohlbein in seiner Bestsellerreihe „Die Chronik der Unsterblichen", Elizabeth Kostova in dem Roman „Der Historiker", Markus Heitz in dem Fantasybuch „Kinder des Judas" oder Fred Vargas in dem Krimi „Der verbotene Ort". Wenn wir Vampire aufspüren wollen, muss sich unser Blick in der Tat auf das osmanische Europa oder auf die Balkanhalbinsel in der Zeit der Vormoderne richten. Wir dürfen aber auch die sarmatischen Landschaften Ostmitteleuropas nicht außer Acht lassen. Abgesehen davon bin ich der Ansicht, dass das Bild des Blutsaugens im lateinischen Abendland lange vor der Entdeckung der Vampire im Donau-Balkan-Raum präformiert wurde. Daher versuche ich in diesem Buch, den Vampir als einen europäischen Mythos zu rehabilitieren.

Historisch gesehen gründet sich das moderne Europa auf einen Prozess der Staatenbildung und Christianisierung, welcher in der Zeit um das Jahr 1000 n. Chr. einen Höhepunkt erreichte. Eine wesentliche Voraussetzung für das Aufkommen des Vampirglaubens war die allmählich Ablösung der Feuerbestattung durch die Grablegung oder die Beerdigung. Der Zustand der Leichen beflügelte fortan die Phantasie der Lebenden. Bei der Frage nach dem Verhältnis von Diesseits und Jenseits vermischten sich christliche und animistische Vorstellungen. Dabei ging es um die Rolle des Blutes als Lebenssaft einerseits und um den Dualismus von Leib und Seele andererseits. Im Neuen Testament ist in den Berichten über das letzte Abendmahl in irritierender Weise zu lesen, Jesus Christus habe seinen Jüngern zur Bekräftigung des Neuen Bundes sein Fleisch und sein Blut in Form von Brot und Wein gereicht. Seit dem 4. Jahrhundert wurde im ökumenischen Glaubensbekenntnis der römisch-katholischen und der griechisch-orthodoxen Kirche neben der Kreuzigung und der Himmelfahrt Christi auch die Auferstehung der Toten im Allgemeinen beschworen. In der kirchlichen Lehre sind die Unsterblichkeit der Seele und die physische Wiederkehr der Toten quasi vorprogrammiert. Der im christlichen Europa gängigen Todesauffassung zufolge sah der göttliche Heilsplan vor, dass die Körper zu Staub zerfallen und die Seelen ins Paradies eingehen. Aus welchen Gründen und in welcher Form die Verstorbenen bis zur Zusammenkunft des Jüngsten Gerichts in Himmel oder Hölle zu verweilen hatten, blieb hingegen weitgehend unklar.

Nach dem Muster der biblischen Berichte über die Auferstehung und Himmelfahrt Jesu galten auch für gewöhnliche Sterbliche der dritte Tag nach dem Tod und ein daran anschließender Zeitabschnitt von 40 Tagen als prekär. In dieser Zeit hatten die Hinterbliebenen durch die Einhaltung von Abschiedsriten für den Übergang der Seelen der Toten in den Himmel Sorge zu tragen. Über Aktivitäten Verstorbener oder über „lebende Leichname" sind wir aber nur aus zweiter oder dritter Hand unterrichtet; kaum einer der Zeugen behauptet, sie je selbst gesehen zu haben. Wir haben es immer nur mit Phantasien zu tun. Worum aber geht es dann in diesem Buch überhaupt? Es behandelt im Wesentlichen Störungen des friedlichen Abschieds der Lebenden von den Toten und die daraus erwachsenen Konsequenzen. Beide haben ihre Ursachen bzw. Manifestationen in zwischenmenschlichen Konflikten, die durch den Tod nicht gelöst wurden, oder im Ausbruch rätselhafter Krankheiten, die die Existenz eines Seuchenherdes vermuten ließen. Ungeachtet dessen braucht man vor den Toten keine Angst zu haben. Sie müssen hin und wieder lediglich als Sündenböcke herhalten. Belastend ist für die Lebenden immer nur das schlechte Gewissen wegen moralischer Verfehlungen oder die Empfindung der Ohnmacht im Angesicht einer drohenden Gefahr. Diese Art von Stress findet in Angstgefühlen und Traumvisionen ihren Ausdruck.

Spuk und Horror, das Unheimliche und das Übernatürliche haben die Menschen seit jeher umgetrieben. Während „Gespenster" im Volksglauben allgemein auf konkrete Erscheinungen wiederkehrender Verstorbener bezogen werden, stellen „Geister" übersinnliche Phänomene ganz unterschiedlicher Schattierungen dar. Im sogenannten Aberglauben reicht ihr Spektrum von den Naturgeistern bis zu den Totengeistern, im Kontext der Bibel von den Engeln bis zu den Dämonen. Weil die Volksfrömmigkeit zurückkehrenden Toten ursprünglich durchaus noch eine physische Präsenz zuschrieb, versuchte die westliche Kirche im Mittelalter, die Vorstellung von „Wiedergängern" durch den Glauben an die „armen Seelen" zu ersetzen, welche im Fegefeuer einen dritten Ort zwischen Himmel und Hölle fänden. Demgegenüber verfestigte sich im Zeitalter der Reformation zum einen die Annahme einer teuflischen Besessenheit der wiederkehrenden Leichen, zum anderen wurde der Vorwurf erhoben, bei den Wiedergängern handele es sich um vom Satan hervorgerufene Einbildungen in den Köpfen der Lebenden. In den Horrorvisionen der Moderne hingegen gelten „Untote" wieder als belebte, wenn auch unbeseelte Körper. Letzten Endes sind Gespenster als Totengeister anzusehen, denen nachgesagt wird, sowohl Botschaften aus dem Jenseits zu überbringen als auch Rache für zu Lebzeiten erlittenes Unrecht zu üben.

Weil die westliche Konstruktion der Vampirgestalt im Wesentlichen ein Produkt eines literarischen Diskurses ist, erfolgt in der Einleitung dieses Buches zunächst eine Auseinandersetzung mit entsprechenden Motiven aus dem östlichen Europa. Daraus wird zugleich eine Thesenbildung für die nachfolgenden Erörterungen abgeleitet. Ausgehend von den Wiedergängervorstellungen des lateinischen Abendlandes wird dann im zweiten Kapitel der mitteleuropäische Nachzehrerglaube des 16. bis 18. Jahrhunderts untersucht. Bei „Nachzehrern" handelt es sich um eine harmlosere, aber inzwischen in Vergessenheit geratene Variante der Vampirfigur im deutschsprachigen Raum. Die Rede ist von vermeintlich aktiven Toten, die zwar im Grab verbleiben und nur durch das weithin vernehmbare Kauen ihrer Leichentücher auf sich aufmerksam machen, aber dennoch ihre Angehörigen telepathisch mit ernst zu nehmenden Krankheiten bedrohen. Vor diesem Hintergrund lassen sich in weiteren Schritten die Spezifika des osteuropäischen Vampirglaubens herausarbeiten. Im dritten Kapitel wird gezeigt, dass der sogenannte „Upyr" oder „Upiór" in den Gebieten des Kiewer Reiches und der Polnisch-Litauischen Union bereits seit etwa 1000 n. Chr. bekannt war. Nach der Eroberung Konstantinopels durch die Osmanen im Jahr 1453 verstieg sich das ökumenische Patriarchat zur Wahrung seiner Autorität gegenüber dem orthodoxen Glaubensvolk zu einer eigenwilligen Deutung der griechischen Variante des Wiedergängers. Der sogenannte „Vrykolakas" wurde nunmehr als der unverweste Leichnam eines Exkommunizierten verstanden, dessen Seele gewissermaßen in seiner eigenen Haut einen Verbannungsort finde. Wie das vierte Kapitel zeigt, wurde die Kreatur des südslawischen „Vampirs" im lateinischen Abendland erst 1732 im Zuge der Überprüfung einer Seuchengefahr an der Militärgrenze des Habsburgerreichs zum Osmanischen Reich bekannt. Beide, der Vrykolakas wie auch der Vampir, wurden genau wie ihre Pendants im westlichen Europa als Tote angesehen, die unvergänglich sind und dadurch eine Bedrohung darstellen. Im fünften Kapitel wird darüber hinaus ausgeführt, dass der Vampirglaube im Unterschied zu den Nachzehrervorstellungen die Vorstellung beinhaltet, dass Leichen nicht nur ihre Gräber verlassen, sondern den Lebenden auch die Lebenskräfte rauben. Gemeinsam ist allen Zeitzeugnissen, dass sie körperliche Erscheinungen von Verstorbenen schildern, deren Totenruhe gestört wurde. Dass der traditionelle Vampirglaube im östlichen Europa neben den in den modernen Medien dominanten Dracula-Inszenierungen auch im 20. Jahrhundert noch eine Nische fand, soll in einem Ausblick das sechste Kapitel zeigen. Thematisch trat in den mündlichen Überlieferungen im Laufe der Zeit die Seuchengefahr hinter das Sexualverhalten zurück. Der Subtext wurde nicht mehr von kollektiven Ängsten, sondern von moralischen Normen bestimmt. Unter diesen Voraussetzungen kommt dieses Buch im siebten und letzten Kapitel unter Berücksichtigung der unterschiedlichen östlichen und westlichen Wiedergängervorstellungen zu einem ambivalenten Schluss: Einerseits wurde angenommen, dass die Seelen der Wiedergänger keine Erlösung finden, andererseits, dass sie den Hinterbliebenen Schaden zufügen. Zwar mehrten sich später die Hinweise, dass Verstorbene nicht nur als Vermittler im Jenseits angerufen wurden, sondern dass die Angehörigen von ihnen auch gute Werke im Diesseits erhofften. Aus der Sicht außenstehender Beobachter, seien es kirchliche oder weltliche Autoritäten, fand die Wiedergängerei jedoch allzu häufig im angeblichen Blutsaugen ihren einseitigen Ausdruck.

Hätte ich beabsichtigt, in diesem Buch einen originalen Vampir virtuell zum Leben zu erwecken, wäre mein Vorhaben von vornherein zum Scheitern verurteilt gewesen, weil wir es letzten Endes immer nur mit aus der Angst geborenen Einbildungen zu tun haben. Stattdessen werde ich mich bemühen, etwas über die Vorstellungen der Menschen im Donau-Balkan-Raum und aus der Karpato-Ukraine zur Zeit der osmanischen und habsburgischen Herrschaft herauszufinden. Denn in der mündlichen Tradition und in der schriftlichen Überlieferung Südosteuropas und der ehemaligen Polnisch-Litauischen Union haben sich die meisten authentischen Blutsaugererzählungen erhalten (hier ist allerdings immer zwischen den Zuschreibungen westeuropäischer Berichterstatter und den Empfindungen osteuropäischer Zeitgenossen zu unterscheiden). Wovor hatten diese Menschen Angst und warum wurden sie von ihren Verstorbenen nicht in Ruhe gelassen? Wozu brauchten sie Sündenböcke und wieso suchten sie sich gerade die wehrlosesten Geschöpfe aus? Den Quellen ist es geschuldet, dass sich bei der Beantwortung dieser Fragen am ehesten eine Geschichte der Vampirbekämpfung schreiben lässt, die Historie eines sich ständig wiederholenden Kanons aus Graböffnung, Leichenpfählung oder -enthauptung und Leichenverbrennung. Wirklich interessant wird es für uns aber erst dann, wenn es durch Einbettung des Geschehens in den historischen Kontext gelingt, etwas über die betroffenen Dorfgemeinschaften oder Stadtgesellschaften in Erfahrung zu bringen. Tatsächlich stand vor Ort nämlich weniger das vermeintliche Blutsaugen im Zentrum des Vampirglaubens als vielmehr das Phänomen des unverwesten Leichnams. Informationen darüber liefern Reisebeschreibungen, Untersuchungsakten und Legenden. Daher ist es wichtig, einen Einblick in diese Quellen zu vermitteln.

Referierende Passagen sind in der folgenden Darstellung vom übrigen Text optisch abgesetzt. Wenn es um die Wiedergabe von konkreten Vampirfällen geht, welche die Phantasie der Zeitgenossen bewegten, verwende ich dem historischen Verlauf entsprechend das Präteritum. Um Distanz zu den nicht immer zuverlässigen Berichten zu schaffen, greife ich zugleich auf den Konjunktiv oder die indirekte Rede zurück. Sobald in Liedern und Märchen eine Verallgemeinerung des Vampirmotivs erfolgt, bediene ich mich dem fiktionalen Charakter des Geschehens entsprechend des historischen Präsens. Auf diese

Weise soll den Leserinnen und Lesern die sprichwörtliche und sagenumwobene Heimat der Vampire im östlichen Europa ein wenig nähergebracht werden.

Im Unterschied zu anderen vampiristischen Veröffentlichungen biete ich umfangreiches Material aus den unterschiedlichen Regionen und den verschiedenen Kulturlandschaften des östlichen Europa. Um sich im Wirrwarr der Bezeichnungen möglicherweise fremdartiger Sprachen zurechtzufinden, werden kyrillische Wörter im Text in der Dudenumschrift wiedergegeben, während bei lateinischen Alphabeten nicht auf die korrekten diakritischen Zeichen verzichtet wird. Allerdings haben unzählige Geister und Dämonen im östlichen Europa Bezeichnungen erfahren, deren Schreibweisen nicht immer normiert sind. Wenn in diesem Buch auf die Authentizität eines Begriffes Wert gelegt wird, erfolgt seine Wiedergabe in kleiner und kursiver Schrift (*upir'*). Sobald ein Terminus, der in der Überlieferung unterschiedliche Ausprägungen erfahren hat, einer Verallgemeinerung unterworfen wird, kommen Großschreibung und Normalschrift zur Anwendung (Vukodlak). Davon abgesehen spielen Orts- und Personennamen in diesem Buch auch inhaltlich eine besondere Rolle. Auf der einen Seite muss von der Schreibweise der Quellen abstrahiert werden, um mittels Atlanten oder Internetkarten virtuelle Reisen in die Vergangenheit zu ermöglichen. Auf der anderen Seite verheißt die Wahl der Namensform unwillkürlich eine Zuordnung des Geschehens zu nationalen Zusammenhängen, die erst von den heutigen politischen Grenzen gesetzt werden. Daher werden in der folgenden Darstellung bei Orts- und Personennamen die dem jeweiligen historischen Kontext entsprechenden Varianten gebraucht, alternative oder wissenschaftlich exakte Schreibweisen in jedem Falle aber auch als Ergänzungen im Register aufgelistet.

Alle Vampirberichte unterliegen seit der Reformation konfessionellen Deutungen und spiegeln seit dem Zeitalter des Nationalismus auch ethnische Animositäten wider. Eingedenk dessen soll dieses Buch in Bezug auf die Bewusstseinslagen von Menschen vergangener Epochen, welche meist keine eigenen schriftlichen Zeugnisse hinterlassen haben, folgenden Fragen nachgehen: Warum halten menschliche Körper mitunter vermeintlich der Verwesung stand? Handelt es sich um die Leichen der Frommen, wie bereits im Alten Testament angedeutet, oder um diejenigen der Exkommunizierten, wie die griechisch-orthodoxe Kirche nach dem Untergang des Byzantinischen Reiches behauptete? Wie passen die Verehrung von Engeln und Heiligen auf der einen Seite und die Verdammung von Geistern und Dämonen auf der anderen Seite zusammen? Unterliegt deren ambivalente Existenz nicht einfach nur der Imagination einer Rivalität zwischen Gott und dem Teufel beim Ringen um die christlichen Seelen? Und schließlich: Welche Rolle spielten die angeblichen Blutsauger in den vormodernen Gesellschaften des östlichen Europa im eigentlichen Sinne? Stellt die Gestalt des Vampirs bloß eine Verballhornung des christlichen Martyriums und der heiligen Kommunion dar? Meine Antworten resultieren aus der Auseinandersetzung mit historischen Texten, die das Schicksal verblichener Generationen thematisieren. Meinen provokativen Thesen haftet in der Überzeichnung daher vielleicht ein Schuss Rhetorik an. Dennoch möchte ich mit den ins Akademische gehenden Interpretationen niemandem zu nahe treten, der die Realität des Todes in seinem sozialen Umfeld auf ganz persönliche Weise erfahren hat.

Zu Dank verpflichtet bin ich für Hilfe bei der sprachlichen Erschließung des Materials Lidia Gläsmann, Birol Gündogdu, Nazarii Gutsul, Helmut Krasser, Kolja Lichy, Henadz' Sahanovič, Ana Marija Spasojević, Sebastian Willems und Albert Weber. In technischer und redaktioneller Hinsicht habe ich bei Ludwig Bohn, Nazim Diehl, Cora Dietl, Markus Jakob, Svetlana Malyševa, Viktor Schneider und Anne Seidel Unterstützung gefunden. Der Böhlau Verlag, namentlich Dorothee Rheker-Wunsch, hat dafür gesorgt, dass aus dem Manuskript ein gutes Buch wurde. Eine Erfahrung der besonderen Art bescherte mir das Lektorat. Angeregt durch den Puls der Sprache hat Meinrad Böhl einen unheimlichen Biss an den Tag gelegt und dem Text zu Vitalität verholfen. Gedacht sei auch der Studierenden an der Justus-Liebig-Universität Gießen, die im Sommer 2014 im Anschluss an eine Vorlesung der anderen Art die Klausur bestanden haben, und auch derjenigen, die mich in unserem leidigen Prüfungssystem Flex Now immer noch als Karteileichen verfolgen. Widmen möchte ich dieses Buch im Speziellen der besten Ehefrau von allen.

Thomas Bohn
Gießen, 2. November 2015

1 · DER VAMPIR ALS IMPERIALE KATEGORIE

„Man verstehet dadurch todte menschliche Körper,
welche aus Gräbern hervor spatzieren,
den Lebendigen das Blut aussaugen,
und sie dadurch umbringen sollen."
ZEDLERS UNIVERSALLEXIKON, 1745

„... das ist der Name von angeblichen Dämonen,
die nachts lebendigen Körpern
das Blut entziehen und es Leichen übertragen,
denen es offenbar aus Mund, Nase und Ohren fließt."
ENCYCLOPÉDIE OU DICTIONNAIRE RAISONNÉ, 1765

Bei der Definition des Vampirismus kreuzen sich bis heute Missverständnisse der Aufklärung mit Fehldeutungen der Romantik. Im Endeffekt werden dadurch stets aufs Neue negative Stereotype über das östliche Europa produziert. Woher kommt das?

In den ersten beiden Jahrzehnten des 19. Jahrhunderts revoltierten zuerst die Serben und dann die Griechen gegen die Herrschaft der Osmanen auf der Balkanhalbinsel. Von den nationalromantisch gesinnten Intellektuellen im übrigen Europa wurde diese Entwicklung mit Interesse und Sympathie verfolgt. Debatten über die mächtepolitische Konstellation gingen dabei einher mit der Stereotypisierung des exotischen Lokalkolorits. Im Begriff „Orientalische Frage" fand dieser Diskurs einen symbolträchtigen Ausdruck. Weil aber seit der vergeblichen Belagerung Wiens im Jahre 1689 von einer „Türkengefahr" nicht mehr ernstlich die Rede sein konnte, avancierte die südosteuropäische Peripherie in der abendländischen Sichtweise zum Hort der Rückständigkeit.[1]

Dieser Ansicht entsprechend veröffentlichte der französische Schriftsteller Prosper Mérimée im Jahre 1827 anonym die aus dem fiktiven Werk des ausgedachten Barden Hyacinthe Maglanovich schöpfende Sammlung „Die

Gusle oder Sammlung illyrischer Poesie, gefunden in Dalmatien, Bosnien, Kroatien und der Herzegowina" (La guzla, ou choix de poésies illyriques, recueilles dans la Dalmatie, la Bosnie, la Croatie et l'Herzegowine). Bei der Gusle handelt es sich um eine Schalenhalslaute, die traditionell beim Vortrag von Heldenliedern zum Einsatz kam, in Mérimées Interpretation aber nicht nur bei der Beschwörung des jahrhundertelangen Befreiungskampfes gegen die Türken Verwendung fand, sondern auch bei der Zelebrierung vorsintflutlicher Abwehrriten gegen Vampire.

Obgleich sich der französische Schriftsteller unter Berufung auf die antiken Illyrer auf die nordwestlichen Landstriche der Adria konzentrierte und sowohl die Bulgaren und Serben als auch die Albaner und Griechen aus seiner Betrachtung ausklammerte, übernahm der deutsche Dichter Wilhelm Gerhard im Jahre 1828 einen Großteil des frei erfundenen Materials in seine dem balkanischen Hochland gewidmete Sammlung „Wila. Serbische Volkslieder und Heldenmärchen". Gerhard wählte lediglich statt der Gusle die Vila als Aufhänger, einen weiblichen Naturgeist der slawischen Volksmythologie.

Inhaltlich von Mérimées Betrug genauso hinters Licht geführt wie Gerhard, versuchte sich an der Jahreswende 1832/33 auch der russische Nationaldichter Alexander Puschkin an diesem Stoff (er bekam allerdings noch unmittelbar vor der 1835 erfolgten Publikation seines Werkes Wind von der Mystifikation). Irritierend wirkt die geographische Zuordnung in Puschkins Titel „Lieder der westlichen Slawen" (Pesni zapadnych slavjan), geht es inhaltlich doch weniger um das Schicksal der Polen, die Ende des 18. Jahrhunderts die Aufteilung ihres Staatsgebiets durch die kontinentalen Großreiche über sich ergehen lassen mussten, als vielmehr um das Los der orthodoxen Christenheit unter dem „Joch" der osmanischen Herrschaft.

Alles in allem spiegelt die bewusst lancierte oder unbewusst tradierte balkanische Fiktion die Tatsache wider, dass die Auseinandersetzung mit dem Vampirismus im westlichen wie im östlichen Europa von fehlgeleiteten Projektionen bestimmt wurde. Der Vampir fungierte im Sinne eines beliebig einsetzbaren kulturellen Codes als eine imperiale Kategorie. Es handelte sich bei ihm im wörtlichen und übertragenen Sinne um ein Grenzphänomen, das an den Rändern der Vielvölkerreiche oder in den Grauzonen der westlichen

Hemisphäre verortet wurde. Namentlich in der Ballade vom unverhofften Gast, der die fiktive Familie des Kroaten Konstantin Jakubović (oder „Constantin Yakoubovich" bei Mérimée, „Konstantin Jakubowitsch" bei Gerhard, „Marko Jakubovič" bei Puschkin) im dalmatinischen Hochland heimsucht, manifestiert sich der gestörte Blick der europäischen Kulturhauptstädte Paris, Leipzig und St. Petersburg auf die balkanische Peripherie:

Quasi aus dem Nichts taucht ein serbischer Krieger auf, der im Kampf mit den Türken eine lebensgefährliche Verletzung erlitten hat. Unmittelbar nach seiner Ankunft stirbt er auf Konstantin Jakubovićs Hof. Wegen seiner militärischen Verdienste erhält er ungeachtet seines orthodoxen Bekenntnisses auf dem katholischen Friedhof ein Ehrengrab. Damit nimmt das Schicksal eine unheilvolle Wendung. Denn wenig später erkrankt Konstantin Jakubovićs Sohn und beginnt dahinzusiechen. Schließlich entdeckt ein weiser Eremit am Hals des Jungen einen roten Fleck, den er auf den Biss eines Vampirs zurückführt. In Verdacht gerät sofort der fremde Krieger. Nach Öffnung seines Grabes findet sich – wie nach der kurzen Bestattungszeit auch nicht anders zu erwarten – eine frisch anmutende Leiche mit blutigen Lippen. Derart seiner Untaten überführt, droht dem vermeintlichen Vampir die Pfählung. Allerdings weiß sich der Tote seiner Vernichtung durch die Flucht zu entziehen. Immerhin können sich nun der Kranke und sämtliche Familienangehörige mit der Erde des Vampirgrabes einreiben und auf diese Weise die Abwehrkräfte ihrer Körper stärken. Darüber hinaus weiß der Eremit mittels Weihrauchs und Gebets die dreimalige Rückkehr des Untoten in Gestalt eines Riesen, eines Kriegers und eines Zwerges erfolgreich abzuwehren. Auf diese Weise kommt der Spuk zu einem Ende.

Wie also imaginierten Vertreter des aufgeklärten Europa die südslawische Volksüberlieferung? Abgesehen davon, dass es sich bei diesem authentisch anmutenden Lied um einen „Fake" handelt, vertraten seine Interpreten Ansichten, die für die Rezeption des Vampirismus symptomatisch sind. So antwortete etwa Puschkin in einer Fußnote auf die Frage „Was sind Vampire?" seinem poetologischen Credo von Kürze und Exaktheit entsprechend weniger ausschweifend als seine westeuropäischen Konterparts, indem er zwei konstruierte, südslawisch anmutende Bezeichnungen und einen altrussischen oder ukrainischen Begriff als Übersetzung heranzog – *„vurdalaki, vudkodlaki, upyri"* – und die Debatte der Aufklärung bilanzierte: „Tote, die aus ihren Gräbern kommen und das Blut lebender Menschen aussaugen".[2] So lautete auf den Punkt gebracht die europäische Sicht der Dinge.

War mit dem Vampirbegriff im Zuge des „mental mapping" im Zeitalter der Aufklärung noch ein orientalisches Stereotyp konnotiert, so verschob sich die Bedeutung in der Epoche der Romantik und des Nationalismus zu einem slawophoben Klischee. Darüber hinaus ist darauf hinzuweisen, dass Prosper Mérimée das Patent auf den Vampirzahn beanspruchen kann. Er sorgte mit seiner Inszenierung für die kognitive Verankerung der reißerischen Pose des Vampirs, lange bevor Christopher Lee als zwielichtiger Graf Dracula die Kinos erobern und eine Visualisierung des Vampirbisses auf der Leinwand zelebrieren konnte. Schließlich ist bemerkenswert, dass der Franzose Mérimée und der Deutsche Gerhard, nicht aber der Russe Puschkin die Ursache der Wiedergängerei benennen: die Bestattung eines „Griechen", will heißen eines Anhängers der orthodoxen Kirche, in geweihtem „lateinischem" Boden. Was in Bezug auf das Zarenreich vor dem Hintergrund des napoleonischen Russlandfeldzuges von 1812 und des gescheiterten Dekabristenaufstandes, der russischen Offiziersrevolte von 1825, auffällt, ist die Tatsache, dass Puschkin in Ausblendung jeglicher Entwicklungsdefizite seines Heimatlandes das Diktum Katharinas II. verinnerlicht hatte: „Russland ist eine europäische Macht!" Europa war Puschkin zufolge somit sowohl durch militärische Stärke als auch durch politische Aufklärung definiert, nicht aber durch konfessionelle Eigenart. Dessen ungeachtet spie die katholisch geweihte Erde in Mérimées und Gerhards Lesart einen Orthodoxen nach der Bestattung wieder aus. Damit wurde das Phänomen des Vampirismus in den Zusammenhang eines kulturellen Gegensatzes gestellt. Es handelte sich dabei wohlgemerkt um ein Kunstprodukt, das der Phantasie vermeintlich fortschrittlich gesinnter Köpfe entsprungen war, welches einen „clash of civilizations" indizierte.

Vom Dorfmonster zum Vampirgrafen

Mit dem Donau-Balkan-Raum hat die von Mérimée und Konsorten vertretene Vampirdefinition zwar wenig oder nichts zu tun, doch fand in der Dichtung seit dem letzten Drittel des 18. Jahrhunderts eine neuerliche Rückbindung dieser Vorstellung an ihr ursprüngliches kulturhistorisches Milieu statt. Der „Vampir" hatte als ein Medienereignis der habsburgischen Militärgrenze zum Osmanischen Reich 1732 seinen Siegeszug in den gebildeten Diskursen des westlichen Europa angetreten und mit Heinrich August Ossenfelders „Mein liebes Mägdchen glaubet" 1748 als poetische Figur und mit John William Polidoris „The Vampyre, a tale" als Prototyp der Gothic Novel 1819 Einzug in die vornehmen Salons gefunden. In seiner Adaption für das westeuropäische Publikum wurde der Vampir seiner Identität beraubt, hatte gleichzeitig aber weiterhin als Element einer negativen Kontrastfolie herzuhalten. Aus Sicht der Herrschenden erwiesen sich unter diesem Blickwinkel politische Unruhen im Innern und diffuse Sozialverhältnisse an den Rändern als bedrohlich. Dementsprechend war der Vampirismus als Ausdruck des Aberglaubens und der Volksüberlieferung bei den Repräsentanten der europäischen Pentarchie, also in Großbritannien, Frankreich, Preußen, im Habsburger- und im Zarenreich, unerwünscht.

Als aufschlussreich erweist sich in diesem Zusammenhang eine um 1840 in französischer Sprache verfasste Erzählung des russischen Diplomaten und Schriftstellers Alexei Tolstoi, eines Cousins Lew Tolstois. Dem Beispiel Prosper Mérimées folgend beruft sich auch Tolstoi in seiner Novelle „Die Familie des Vurdalak" (La famille du vourdalak; Erstveröffentlichung in russischer Übersetzung 1884, des französischen Originals 1950) auf einen anonymen Chronisten, der angeblich nach dem Wiener Kongress den in einem vornehmen Salon vorgetragenen Bericht des Marquis d'Urfé niederschrieb. Bei der Terminologie folgt Tolstoi dabei Puschkins Begriffsbildung. Die Rede ist bei ihm von einer Begebenheit aus dem Jahre 1759, die sich wie folgt zugetragen haben soll:

Auf einer in diplomatischer Mission unternommenen Reise in die Moldau macht d'Urfé in einem serbischen Dorf Station. Er findet Unterkunft in einem Haus, dessen Vorstand namens Gortscha bereits seit zehn Tagen an einer Strafaktion gegen türkische Banditen teilnimmt, die im Grenzgebiet ihr Unwesen treiben. Die Stimmung ist angespannt, denn Gortscha hatte vor Beginn der Aktion seine Familie mit der Vorhersage konfrontiert, nur binnen einer Frist von zehn Tagen lebend zurückkehren zu können. Danach sei nur noch mit dem Auftauchen seiner Gestalt als „Vurdalak" – ein Kunstwort Alexander Puschkins – zu rechnen. Bei einem Vurdalak handelt es sich dem Erzähler zufolge um einen Vampir der slawischen Völker, der im Unterschied zur europäischen Spezies vorzugsweise Angehörige umbringe und ihre unverweslichen Leichen ebenfalls zum Blutsaugen animiere. – Implizit ist dabei bereits die „Gefahr aus dem Osten" angesprochen, die spätestens Bram Stoker mit seinem Roman „Dracula" kultivieren wird. – Auf diese Weise seien im südlichen Ungarn und nördlichen Bosnien die Angehörigen ganzer Gemeinden zu einer Existenz als unsterbliche Vurdalaken verdammt worden. Entsprechend ziehen die Umtriebe Gortschas nach seiner Metamorphose zum Vampir weite Kreise. „Der Vampirismus ist ansteckend", urteilt ein Einsiedler in einem nahe gelegenen Kloster, als d'Urfé nach einem zwischenzeitlichen Aufenthalt in der Moldau an den Ort des Geschehens zurückkommt. Unerwarteterweise versucht Gortschas Tochter Zdenka, in die er sich unsterblich verliebt zu haben glaubt, ihn ins Verderben zu stürzen. Da d'Urfé eingangs der Geschichte als Erzähler in einem Wiener Salon auftritt, ist von vornherein klar, dass er aus seiner bitteren Erfahrung nur seelischen Schaden davontragen wird. Er entzieht sich dem drohenden Unheil durch eine waghalsige Flucht. Zurück lässt er einen brodelnden Balkan, weniger Pulverfass denn Hexenkessel.

Das weitere Schicksal von Gortschas Familie bleibt im Dunkeln. Auch auf die Frage, ob sich die Vampirepidemie über den Balkan hinaus ausweitet, gibt es keine Antwort. In seiner Erzählung konfrontiert Alexei Tolstoi vordergründig nur die in die Jahre gekommenen Damen eines Wiener Salons mit diesem Problem, ohne das europäische Publikum direkt anzusprechen. Signifikanterweise wurde der Text erst posthum veröffentlicht.

Als Schriftsteller hervorgetreten ist Tolstoi lediglich durch die 1841 noch unter einem Pseudonym veröffentlichte Erzählung „Der Vampir" (Upyr'), die auf einen Begriff des ostslawischen Volksglaubens rekurriert, aber lediglich Querelen russischer Aristokratenfamilien thematisiert, ohne der Angelegenheit in ihrer anthropologischen Dimension gerecht zu werden.

Welche Motive lagen Alexei Tolstois schriftstellerischer Tätigkeit zugrunde? Einerseits ließ er sich an der Wende von den dreißiger zu den vierziger Jahren des 19. Jahrhunderts vom Vampirsujet dazu inspirieren, zwischenzeitlich den diplomatischen Dienst zu quittieren und seinen literarischen Neigungen nachzugehen. Andererseits wurden in Moskau just zu dieser Zeit zwischen Westlern und Slawophilen heftige Debatten um das Verhältnis von „Russland und Europa" geführt. Im Verein mit dem ab 1855 im Ausland lebenden Schriftsteller Iwan Turgenew, der sich 1864 mit der Erzählung „Gespenster. Eine Phantasie" (Prizraki. Fantasija) der Vision einer Liebe spendenden und blutsaugenden Schönheit hingab, wollte Tolstoi offenbar die Zugehörigkeit der russischen Literatur zur europäischen Kultur unterstreichen. Um den Ost-West-Gegensatz zu durchbrechen, integrierte er in bizarrer Weise den „Vampir" der westlichen Literatur in die russische Kultur und stilisierte andererseits, Puschkins Wortschöpfung folgend, den „Vurdalak" des südosteuropäischen Volksglaubens willkürlich zu einem Symbol der Andersartigkeit. Durch die Anbindung des orthodoxen Russland an den lateinischen Okzident wurde der osmanische Balkan dem Orient zugeordnet.

Erstaunlicherweise blieben der dem Vampirismus widerstehende Kroate Konstantin Jakubović und der dem Vampirismus erlegene Serbe Gortscha Ausnahmeerscheinungen in der Prosa des 19. Jahrhunderts. Seit den Gedichten „Lenore" (1773) von Gottfried August Bürger und „Die Braut von Korinth" (1797) von Johann Wolfgang von Goethe war das Vampirsujet in der europäischen Literatur zum einen stark an die untote Braut bzw. den untoten Bräutigam gebunden und zum anderen vor allem mit dem Wechselverhältnis von Eros und Thanatos, von Liebe und Tod, konnotiert. Daher sollten im Westen weniger rezipierte Schriftsteller aus der slawischen Welt nicht ganz außer Acht gelassen werden. 1823 besann sich der polnische Schriftsteller Adam Mickiewicz in seinem nationalpatriotischen Drama „Die Ahnenfeier" (Dziady) auf die Totengeister in den Volkserzählungen seiner weißrussisch-litauischen Heimat (vgl. Kap. 5.1). Und der russisch-ukrainische Schriftsteller

Nikolai Gogol knüpfte in seinen Erzählbänden „Abende auf dem Weiler von Dikanka" (Večera na chutore bliz Dikan'ki) 1831/32 und „Mirgorod" (die euphemistische Ortsbezeichnung lautet zu Deutsch „Friedensstadt" oder „Weltstadt") 1835 an die ukrainischen Legenden seiner Kindheit von Teufeln, Hexen und Nixen an. Vampiristisch liest sich insbesondere Gogols den Mustern von Phantastik und Nachtmagie folgende Erzählung „Der Wij" (Vij) über die Erfahrungen eines Studenten mit einer dämonischen Hexe, einem Sukkubus, die als Untote böse Geister heraufbeschwört. Offensichtlich war das Vampirsujet nicht nur im Inneren Südosteuropas, sondern auch an den Rändern Ostmittteleuropas bekannt.

Hatte der Vampir noch als Ausdruck des Animalischen und des Blasphemischen Einzug in die Poesie des 18. Jahrhunderts gehalten, mutierte der unsterbliche Blutsauger in der Gothic Novel des 19. Jahrhunderts vom Dorfmonster zum dekadenten Dandy. Eine Ausnahme von der aristokratisch und männlich dominierten Tradition bildete allenfalls die Figur der „Carmilla", einer lesbischen Vampirin, die Sheridan Le Fanu in seiner 1872 veröffentlichten Erzählung erwähnt. Vor diesem Hintergrund ist bemerkenswert, dass der „Vater des modernen Vampirs", Bram Stoker, den Schauplatz der Handlung in seinem 1897 erstmals veröffentlichten Roman „Dracula" wieder an den authentischen Ort verlegte, auch wenn Transsilvanien, die Walachei und der Balkan als geographische Räume nebulös dargestellt sind. Zwar sind die Anklänge des Vampirgrafen an den historischen Dracula eher marginal, doch wird auf Vlad den Pfähler, den Fürsten der Walachei zur Zeit der Eroberung Konstantinopels durch die Osmanen, eindeutig als Türkenkrieger oder Kreuzritter Bezug genommen.

Werden die „Orientalische Frage" und der Berliner Kongress von 1878 als Hintergrundfolie des Dracula-Romans vergegenwärtigt und die russischbritische Rivalität bei der territorialen Neuordnung des Balkans und der Kontrolle der Schifffahrtswege zwischen dem Schwarzen Meer und dem Mittelmeer in Betracht gezogen, so zeigt sich, dass der Niedergang des Osmanischen Reiches und die Meerengenfrage in Stokers Interpretation einen Widerhall fanden. In der Tat ist die Literaturwissenschaft im Zeichen des New Historicism einem multiperspektivischen Deutungsangebot folgend dazu übergegangen, die Dracula-Figur als „Symbol Europas" zu begreifen[3] und das Leitmotiv der „Gegenkolonisation" (reverse colonization) als maßgeblich für den Roman zu erachten[4]. Schließlich sei das Thema die Bedrohung der zivilisierten Welt durch primitive Kräfte aus den peripheren Einflusszonen. Aus der Unvereinbarkeit von kulturellem Gewissen und geopolitischem Abenteuer erwachse bei der Definition der Handlungsmaximen ein innerer Konflikt. Dem Dracula-Roman liege als Subtext gewissermaßen eine Interdependenz von Sünde und Buße zugrunde. Die verbrecherische Ignoranz gegenüber den Balkanchristen werde mit dem unkontrollierbaren Import der Vampirepidemie bestraft. So gesehen erweise sich die von Repräsentanten der westlichen Welt vorgenommene Ermordung Draculas als kollektive Aktion der Großmächte zur Wiederherstellung der inneren Ordnung und zur Zementierung des territorialen Status quo. Bram Stoker habe dieser Ansicht folgend bewusst oder unbewusst Maßnahmen unterstützt, die sich sowohl gegen eine Balkanisierung als auch gegen eine Russifizierung Südosteuropas richteten.

Jenseits der geopolitischen Erwägungen, die sich in historischer Perspektive eher auf einer Metaebene erschließen, bietet der Dracula-Roman in empirischer Hinsicht quasi einen Schlagwortkatalog zum Vampirismus, der sich aus damals gängigen Klischees und aus Stokers eigenen Horrorvorstellungen speiste. Zu Stokers Quellen zählte der 1885 als Zeitschriftenartikel und 1888 in Buchform erschienene Bericht „The Land Beyond the Forest" von Emily Gerard, die sich 1883–1885 an der Seite ihres Gatten, eines Offiziers der österreichischen Kavallerie, in den siebenbürgischen Städten Hermannstadt und Kronstadt aufgehalten hatte.[5] Von Gerard entlehnte Stoker im Wesentlichen das Kunstwort „Nosferatu" als Bezeichnung für die rumänische Variante des Vampirs und die Angaben über die vom Volk ergriffenen Abwehrmaßnahmen.

Allerdings war Gerard einem Irrtum unterlegen. Terminologisch kann im Rumänischen in Bezug auf einen wiederkehrenden Toten nämlich lediglich vom *strigoi*, alternativ auch vom *moroi* die Rede sein (vgl. Kap. 5.2), womit die ruhelose Seele eines Verstorbenen bezeichnet wird; Gerard maß diesen Begriffen aber eher eine untergeordnete Bedeutung bei. Möglicherweise handelte es sich bei Gerards Wortwahl um ein Missverständnis in Bezug auf das heute noch umgangssprachliche Wort *necuratul*, wörtlich „der Unreine", ein Ausdruck, der

Der Vampir als imperiale Kategorie   25

für den Teufel gebraucht wird. Tatsächlich bestand der Zweck von Gerards Buch keinesfalls darin, ethnologische Einsichten aus einer multikulturellen Region zu vermitteln, sondern vielmehr darin, den Geschmack einer breiten Leserschaft anzusprechen, die sich über die „Hinterwäldler" aus dem seit dem Mittelalter von deutschstämmigen Kolonisten besiedelten Siebenbürgen oder eben – in lateinischer Lesart – „Transsilvanien" informieren wollte. Der Biss des Untoten sei ansteckend und bedeute ewige Verdammnis, führte Gerard im Sinne einer Exotisierung der Region aus. Abhilfe verschaffe allein ein Exorzismus, entweder durch Pfählung des Körpers oder durch einen Pistolenschuss in den Sarg. Noch radikalere Abwehrmaßnahmen seien das Abschneiden des Kopfes und das Ausstopfen der Körperöffnungen mit Knoblauch oder gar die Entnahme und Verbrennung des Herzens. In den rumänischen Dörfern stünden vorsorglich Klageweiber bereit, die bei Beerdigungen Abwehrriten vollzögen, unter anderem die Platzierung des dornigen Zweiges einer wilden Rose über dem Sarg.

Im Dracula-Roman definiert Professor van Helsing den Vampirgrafen als die Verkörperung des Bösen und als Auswuchs der Schläue. Er sei unsterblich und ziehe seine überwältigende Kraft aus dem Blut, das er den Menschen aussauge. Eine Reihe von Eigenschaften verschaffe ihm eine ungeheure Überlegenheit: Er besitze gleichermaßen die Macht über die Toten wie über die Elemente; auch könne er seine Gestalt ändern, sich verjüngen und sogar unsichtbar machen. Auf diese Weise sei er imstande, sich überall Eingang zu verschaffen und zugleich die Dunkelheit mit seinen Blicken zu durchdringen. Zur Abschreckung verbünde er sich ferner gern mit allerlei Ungeziefer, von den Ratten bis zu den Wölfen. Dennoch sei der Mensch diesem furchtbaren Wesen nicht völlig ausgeliefert. Immerhin sei der Vampir, sofern er sich unter die Menschen begebe, daran zu erkennen, dass er keinen Schatten werfe und kein Spiegelbild erzeuge. Darüber hinaus habe er sich einigen ominösen Regeln zu beugen, die seinen Handlungsspielraum einengten. Zum einen hänge sein Einfluss davon ab, dass ihm die Menschen Vertrauen schenkten. Denn er dürfe ein Haus so lange nicht betreten, bis er dazu eingeladen werde. Nach einem ersten Besuch vermöge er dann aber nach Belieben wiederzukommen. Zum anderen sei er im Wesentlichen nachtaktiv, da seine Kräfte bei

Tageslicht dahinschwänden. Darüber hinaus könne er sich außerhalb seines Stammsitzes nur um die Mittagszeit sowie bei Sonnenauf- und -untergang verwandeln. Ferner vermöge er fließendes Wasser nur bei eintretender Ebbe oder Flut zu passieren. Schließlich reagiere er auf Knoblauch oder das Kreuz allergisch. Summa summarum stellt sich Stokers Vampirgraf somit als Übermensch oder Monster dar. Voraussetzung seines ewigen Lebens ist das Stillen seines Blutdursts. Die Gefahr der Ansteckung wird zwar thematisiert, die Bedrohung durch eine unendliche Kette der Reproduktion bleibt hingegen unausgesprochen. Seine menschlichen Opfer erleben den Vampir vor allem als Nachtdämon, haben aber die Möglichkeit, sich seiner zu erwehren.[6]

Mit diesem Kanon von Merkmalen war Dracula lange Zeit der dominierende Prototyp der westlichen Vampirfiguren des 20. Jahrhunderts. Durch die allmähliche Emanzipation der Untoten vom Vampirgrafen trat dann allerdings auch ein Verblassen des historischen Schauplatzes ein. Transsilvanien wurde beim Publikum in dem Maße zu einem fiktiven Ort herabgestuft, wie Dracula in der Massenkultur zu einem Scherzartikel verkam.

Fiktionale Vampirmetamorphosen

Die Amerikanisierung und Domestizierung des Vampirs kommt am deutlichsten in den Bestsellern von Anne Rice – „Interview with the Vampire" von 1976 – und Stephenie Meyer – „Twilight" von 2005 – zum Ausdruck. Bei Rice machen sich die frustrierten Protagonisten aus New Orleans Mitte des 19. Jahrhunderts auf den Weg nach Europa, um dort das Rätsel ihrer vampirischen Identität zu lösen. In „Osteuropa", das in mancherlei Hinsicht an das Transsilvanien Bram Stokers erinnert, werden sie zunächst mit den barbarischen Sitten konfrontiert, die die Dorfbevölkerung bei der Vampirbekämpfung pflegt. Der einzige europäische, sprich „authentische" Vampir, auf den sie treffen, erweist sich als ein Monster, das sie wegen seines animalischen Wesens vernichten müssen, ohne die Möglichkeit zu bekommen, Fragen zu stellen. Immerhin treffen sie in einem Pariser Theater dann doch noch auf einen zivilisierten Vampirclan, dessen interne Konflikte sie aber ebenfalls in den Abgrund reißen. Im Unterschied dazu steht Stephenie Meyer für die

Vermenschlichung des Vampirs. Ihre Helden werden von edlen Geschöpfen verkörpert, die sich im Umgang mit den gewöhnlichen Sterblichen eine grundsätzliche Askese auferlegt haben.

Alternative Erzählungen boten zuletzt unter bewusstem Rückgriff auf die Originalschauplätze Autoren, die im Grenzbereich von magischem Realismus und phantastischer Literatur ihre Ausbildung als Fachhistoriker einbringen konnten. Während die amerikanische Schriftstellerin Elizabeth Kostova im Jahre 2005 in ihrem medienwirksam veröffentlichten Debütroman „The Historian" den mittelalterlichen walachischen Fürsten Vlad den Pfähler als Alter Ego des Vampirgrafen Dracula zu seinem Recht kommen ließ, bezogen der deutsche Fantasy-Autor Markus Heitz im Jahre 2007 in seinem Vampirroman „Kinder des Judas" und die französische, unter dem Pseudonym Fred Vargas veröffentlichende Archäologin und Schriftstellerin Frédérique Audoin-Rouzeau im Jahre 2008 in ihrem Kriminalroman „Der verbotene Ort" (Un lieu uncertain) authentische Vorkommnisse an der habsburgischen Militärgrenze aus dem ersten Viertel des 18. Jahrhunderts in die Handlung mit ein. Darüber hinaus zeigte Wolfgang Hohlbein mit seiner „Chronik der Unsterblichen" seit 1999, dass aus der realen Geschichte sogar Stoff für erfolgreiche Bücher in der Sparte Trivialliteratur zu holen ist. Ungeachtet der Tatsache, dass sich in der Vampirliteratur wieder ein Trend zum historischen Roman abzuzeichnen scheint, bleiben als zentrale Topoi das Blutsaugen und die Unsterblichkeit unangefochten.

Der Vampir als imperiale Kategorie

Unter diesen Voraussetzungen gilt es, in Bezug auf Dracula den Spieß umzudrehen und dem Vampir erneut den Spiegel vorzuhalten. Auf den ersten Blick nicht zu erkennen, bei tieferem Nachbohren aber zumindest in Konturen zu erfassen ist ein Bild – so lautet die Hypothese –, das den Blutsauger als eine Kreatur des lateinischen Abendlandes zeigt. Über eine diffuse südosteuropäische Schauerfigur wurde seitens habsburgischer Militärärzte am 21. Juli 1725 durch eine unauffällige Schlagzeile und am 7. Januar 1732 durch einen aufsehenerregenden Rapport nachhaltig eine begriffliche Hülle gestülpt, die das

Phänomen der umgehenden Toten inhaltlich fassbar machte. Es handelte sich dabei um den volkssprachlichen serbischen Ausdruck *vampir*, zu dessen Etymologie es allerlei phantastische Deutungen, aber keine überzeugende Erklärung gibt, zumal sich in der im 19. Jahrhundert formierenden serbischen Literatursprache eher der Begriff *vukodlak* („Wolfspelz" oder „Werwolf") etablierte.[7]

Die Frage, wie und warum es in den westlichen Medien zu einem „Siegeszug der Vampire" kam, steht unmittelbar mit dem Problem in Zusammenhang, wann und weshalb das östliche Europa zum „Refugium des Aberglaubens" stilisiert wurde.[8] Im Folgenden wird daher der Fokus auf die Entstehung und Entwicklung eines Diskurses gerichtet, der im Spannungsfeld von osteuropäischem Volksglauben und westeuropäischen Klischees verortet ist.[9] Der Vampirismus wird auf diese Weise als ein Phänomen sichtbar, welches in der Grenzregion zwischen dem lateinischen Abendland und der byzantinisch-orthodoxen Welt angesiedelt ist, ein Gebiet, das der österreichische Literatur- und Kulturwissenschaftler Clemens Ruthner treffend als „europäischen Vampirgürtel" (vgl. Karte auf Vorsatz) bezeichnet hat.[10]

Um im Dickicht der Terminologien und Denkfiguren eine Orientierung zu bieten, seien im Folgenden zwei weitere Leitthesen vorangestellt. Es handelt sich um den Versuch einer Rehabilitierung der Sündenböcke ost- und südosteuropäischer Dorfgemeinschaften sowie der Revitalisierung eines europäischen Mythos, der schlicht das unerklärliche Schicksal der Verstorbenen thematisiert.

Der Glaube an „lebende Leichname" ist ein universelles Phänomen. Phantasien von Wiedergängern, die nach ihrem Tode ihr Unwesen treiben, hat es zu allen Zeiten und in allen Kulturen gegeben. Die Erzählungen darüber wiederholen sich und weichen nur in Nuancen voneinander ab. Während in der mitteleuropäischen Variante sogenannte „Nachzehrer" ihre Angehörigen durch telepathische Kräfte ins Grab locken, fallen in der südosteuropäischen Version Verwandte vermeintlicher Vampire durch Blutsaugen der ewigen Verdammnis anheim (vgl. Karte auf Nachsatz). Im Unterschied zu den in Vergessenheit geratenen Nachzehrern, die vor allem in Pestzeiten von sich reden machten, verdanken die Vampire ihre Popularität der Aufklärung. Sie wurden zum Ausdruck einer barbarischen Welt stilisiert, von der sich das zivilisierte Europa abgrenzen konnte. Im 18. Jahrhundert vollzog sich in den „mental maps", in den kognitiven Landkarten, bei der Beurteilung von Rückständigkeit und Fortschritt eine Schwerpunktverlagerung von der Gegenüberstellung von ‚Nord' und ‚Süd' zum Antagonismus zwischen ‚Ost' und ‚West'. In den gelehrten Diskursen verschob sich dadurch die angebliche Heimat der Vampire von Serbien und Ungarn über Mähren und Schlesien nach Polen und in die Ukraine.

Das Schlagwort „Vampirismus" ist eine imperiale Kategorie. Es wurde bevorzugt auf die Grenzgebiete der Vielvölkerreiche bezogen, die sich in der Mitte Europas gegenüberstanden. Für die Herrschaftszentren wurden das Phänomen der unverwesten Leichen und die Epidemie vampirischer Infizierungen dadurch bedrohlich, dass sie Unruhe in der Bevölkerung nach sich zogen. Folglich mussten Strategien zur Stabilisierung des inneren Friedens entwickelt werden. Während die Eindämmung der Vampirfälle in Südosteuropa den Militärverwaltungen oblag, übernahmen in Ostmitteleuropa die kirchlichen Ordinarien die Verantwortung. Ein Aspekt des diachronen kulturellen Transfers trug zur Verschärfung des Problems bei: Hatte sich die Hexenverfolgung im 16. und 17. Jahrhundert allmählich vom Westen in den Osten des Kontinents ausgedehnt, so schien sich im Gegenzug die posthume Pfählung und Verbrennung von Vampiren im 18. und 19. Jahrhundert von Osten nach Westen zu verbreiten. Aus kolonialer Perspektive ließ sich der Vampirismus daher als Invasion primitiver Kräfte deuten und mit einer slawophoben Haltung verbinden.

2 · VAMPIRISMUS IM OKZIDENT

2.1 Der Wiedergänger des Mittelalters
Die Präformierung der Vampirvorstellung

Von Vampirismus ist im Okzident dann die Rede, wenn Tote vermeintlich ihre Gräber verlassen und die Lebenden schädigen, ihnen gar das Blut aussaugen. Unter diesen Voraussetzungen finden sich die historischen Ursprünge des Vampirismus allerdings weder in Transsilvanien, der angeblichen Heimat des Grafen Dracula, noch auf dem Balkan, der mutmaßlichen Brutstätte der ihm verwandten blutrünstigen Nachtdämonen. Vielmehr sind die Wurzeln des Vampirismus bei dieser Lesart im England des 12. und im Böhmen des 14. Jahrhunderts zu suchen. Ein ohne das Blutsaugen auskommender Prototyp findet sich zudem noch in den Isländersagas des 13. Jahrhunderts.

Bei den Umtrieben der am Anfang des Vampirismus stehenden angelsächsischen Monster und tschechischen Magier handelt es sich allerdings um Fälle, die weniger in ihrer Zeit selbst als vielmehr erst in der späteren Kolportage für Aufsehen sorgten. Einerseits repräsentieren sie Extreme im Umgang des lateinischen Mittelalters mit dem Rätsel des Todes und dem Übergang ins Jenseits. Andererseits stehen sie an der Schnittstelle des Auseinandertretens der Vorstellungen von Wiedergängern auf der einen Seite und Gespenstern auf der anderen. Im Zuge ihrer Dämonisierung ergab sich in beiden Fällen, bei den Monstern wie den Magiern – auf beide wird im Folgenden noch näher eingegangen –, ein Zusammenhang zur Hexerei. Und beide bilden in empirischer Hinsicht die Hintergrundfolie für die aus römisch-katholischer Feder stammende Deutung des Vampirismus. Der altnordische Wiedergänger (*draugr*) verkörpert demgegenüber eine vorchristliche Tradition.

Um die Entwicklung der kirchlichen Interpretationslinie nachzuzeichnen, bedarf es einer Vergegenwärtigung der Antworten, die die lateinische Christenheit auf die Frage nach dem Sinn des Lebens und dem göttlichen

Heilsplan bereithielt. So verschob sich im Verlauf des Mittelalters die Haltung der Menschen zum Tod allmählich von der Unterwerfung unter den natürlichen Lauf der Dinge und dem Erdulden der von Gott auferlegten Strafen zu einer schmerzhaften Erfahrung konkreter Sterbefälle, zu einer Erfahrung, die von der Vergegenwärtigung individueller Schicksale und der Hoffnung auf Erlösung im Jenseits geprägt war. Als unveränderliche Grundkonstanten der verschiedenen Betrachtungsweisen menschlichen Sterbens sind demgegenüber das Bewusstsein von der Unvermeidlichkeit des Todes und die Ungewissheit über die weiteren Konsequenzen zu bezeichnen. Aus der daraus resultierenden Angst erschließen sich sowohl das Bedürfnis nach einem geordneten Übergang vom irdischen Dasein zum ewigen Leben als auch die Sorge um die Totenruhe.

Jede auf den Tod bezogene Sinnstiftung basiert auf der Unterscheidung des Diesseits von einem Jenseits, das sich allenfalls metaphorisch erfahrbar machen lässt. Die Lösung, die die christlichen Kirchen anbieten, besteht darin, die Vorladung der Lebenden und der Toten vor das Jüngste Gericht als Chance auf Erlösung zu definieren. Dabei wird eine über den Zerfall des Körpers hinausgehende Existenz der Seele vorausgesetzt. Darauf gründen sich sowohl die Hoffnung auf den Einzug in das Paradies als auch die Furcht vor der Verbannung in die Hölle. Der Mensch wird im Tod also mit der Alternative zwischen ewigem Leben und immerwährenden Qualen konfrontiert.

Unter diesen Voraussetzungen unterlag der Tod im Mittelalter einer konsequenten Ritualisierung. Zum einen wurde der Tod als allgegenwärtig empfunden. Zum anderen vollzog sich der Akt des Sterbens im Rahmen einer öffentlichen Zeremonie, die im Zeichen des Abschieds von den Lebenden und der Fürbitten für den Dahinscheidenden stand. Nach dem Eintritt des Todes folgte die feierliche Bestattung, die einer Reihe von Übergangsriten zu entsprechen hatte. Auf der einen Seite sollte das Schließen von Mund und Augen eine Rückkehr der Seele verhindern. Auf der anderen Seite hatten Totenklage, Totenwache und Totenmesse dafür zu sorgen, der Vitalität des Leichnams nach der Beerdigung Grenzen zu setzen.[1]

Auch wenn Philippe Ariès dafür kritisiert worden ist, in seiner „Geschichte des Todes" (L'homme devant le mort, 1978) weniger von den tatsächlichen

Einstellungen der Menschen als vielmehr von den Normen der Gelehrten ausgegangen zu sein und durch die Idealisierung früherer Zeiten einen sich über Jahrhunderte hinziehenden moralischen Niedergang des Sterbeprozesses beschrieben zu haben, bleiben seine Epochenbegriffe für das Verständnis der abendländischen Entwicklung instruktiv. Ausgehend von vier psychologischen Parametern – dem individuellen Selbstbewusstsein, dem gesellschaftlichen Überlebenskampf, dem Jenseitsglauben und der Furcht vor dem Bösen – meinte er, bei den Sterbekonzeptionen spezifische Schwerpunktverlagerungen feststellen zu können. Ariès zufolge stellte der in den Bezugsrahmen von Ritualen und Zeremonien eingeordnete „gezähmte Tod" seit dem frühen Mittelalter eine Antwort der Gesellschaft auf die aus der Erbsünde resultierende Furcht dar. Im Hochmittelalter verschob sich der Fokus von der Totenruhe auf die Unsterblichkeit der Seele. Unter den Eliten erfuhr der „eigene Tod" als Ausdruck eines persönlichen Dramas durch die Abfassung des Testaments in der Sterbestunde und durch die Verhüllung des Leichnams nach dem Dahinscheiden eine Versinnbildlichung. Angeregt durch die ambivalente Erfahrung von Verwilderung auf der einen Seite und Rationalismus auf der anderen, das heißt von Pest und Hungersnöten einerseits und von Aufklärung und Wissenschaft andererseits, begannen sich in der Frühen Neuzeit sowohl der Eindruck eines „langen und nahen Todes" als auch die Angst vor dem Scheintod zu verbreiten. Ausgelöst durch die Sorge um einen geliebten Menschen rückte in der Neuzeit ferner der „Tod des Anderen" in den Mittelpunkt. Durch den Verlust des Glaubens an die Hölle wurde mit der Fokussierung auf den Himmel eine Chance auf die Überwindung der Trennung von den Verstorbenen offenbar, was einen pathetischen Umgang mit dem Sterben ermöglichte. Aus der fortschreitenden Säkularisierung resultierte in der Moderne dann der „ins Gegenteil verkehrte Tod". Denn im Zuge der Medikalisierung unterlag das Sterben einer zunehmenden sozialen Isolierung. Ohnmacht und Ekel bilden Voraussetzungen für Schweigen und Gefühlskälte.[2]

In der mittelalterlichen Volkskultur sorgten animistische Vorstellungen, die eine christliche Überformung erfuhren, dafür, dass im Alltag ein Leben mit den Toten praktiziert wurde. Die Kirche strebte neben der Diabolisierung heidnischer Glaubensgestalten eine Verchristlichung des Dualismus von Körper und Seele an. Die Allgegenwart des Todes beflügelte die Phantasie der Lebenden. In ihrer Vorstellungswelt blieb ein Verstorbener vor der Grablegung noch präsent und wurde sogar zu den Mahlzeiten geladen. Die eigentlich nicht vorgesehene Wiederkehr eines bereits Bestatteten wurde nicht als außergewöhnlich angesehen, ein Toter konnte sogar strafrechtlich belangt werden. Das Phänomen der Wiederkehr eines Toten ließ sich mit einer Störung beim Übergang der Seele ins Jenseits oder mit der Notwendigkeit der Rückkehr zur Regelung von Angelegenheiten im Diesseits erklären. Unterschieden wurde dabei zwischen Geistern im Allgemeinen und Wiedergängern im Besonderen. Geister, so die Vorstellung, entspringen der Einbildungskraft der Lebenden, ganz gleich, ob es sich um würdige Ahnen, göttliche Engel oder böse Dämonen handelt. Sie stehen an der Schnittstelle zwischen Immanenz und Transzendenz und versinnbildlichen eine Umkehrung der Reise der Toten ins Jenseits. Wiedergänger hingegen sind der mittelalterlichen Auffassung zufolge „lebende Leichname". Sie tauchen im Zusammenhang unnatürlicher Todesfälle oder im Rahmen ungeklärter Schuldfragen auf. Daher spiegeln sich in den Berichten über sie immer auch Normen und Werte wider, die das Leben im Diesseits strukturieren.[3]

Nicht zuletzt durch die Etablierung des Gedenktages Allerseelen kam den Toten seit der Wende vom 10. zum 11. Jahrhundert zunehmend die Funktion von Botschaftern im Jenseits zu. Die Erfindung des Fegefeuers als eines „dritten Ortes" zwischen Himmel und Hölle sorgte im 12. Jahrhundert für die Verbannung der Wiedergänger in das Reich der Traumerscheinungen. Zuvor war die fehlende Möglichkeit eines Toten, Ruhe zu finden, als Strafe für Verstöße gegen die göttlichen Gebote angesehen worden. Nun löste sich die Angst vor einer dauerhaften Buße im Jenseits in die Hoffnung auf das ewige Leben nach dem Purgatorium auf. Seit dem 13. Jahrhundert wurden Gespenster in der theologischen Literatur folglich nur noch als körperlose Tote vorgestellt. In der lateinischen Kirche tauchten sie dementsprechend als Geister Verstorbener auf, die im Fegefeuer schmoren, als „arme Seelen", die auf die Fürbitten der Lebenden angewiesen sind. Die Vorstellung einer physischen Präsenz Verstorbener sollte erst wieder unter dem Einfluss der Reformation virulent werden, als diese einerseits zu Ordnungshütern stilisiert

1 ✦ SKELETTE VERTREIBEN AUF DEM FRIEDHOF
DEN ANGREIFER EINES EDELMANNS

Im Stundenbuch für Caspar Neuhauser, das 1496 von Georg Hölz geschaffen wurde und im Kloster Neustift in Südtirol aufbewahrt wird, findet sich eine Buchmalerei, die eine Legende wiedergibt, nach der ein regelmäßig für das Seelenheil der Toten betender Kavalier von Verstorbenen beschützt wird.

Der Wiedergänger des Mittelalters

wurden und andererseits als Beispiele für das Wirken dämonischer Kräfte herhalten mussten.

Insgesamt gesehen erfüllten die mittelalterlichen Berichte von Geistererscheinungen die Funktion, die Gottesfurcht der christlichen Gemeinschaft zu stärken. Den Lebenden wurde die Verantwortung auferlegt, den Verstorbenen die Qualen im Fegefeuer zu verkürzen und den Übergang ins Paradies zu ermöglichen. Durch die Einhaltung von Bestattungsriten und Trauerzeremonien sowie die Achtung des Totengedenkens sollte eine Trennung der Lebenden von den Verstorbenen bewirkt und eine etwaige sündhafte Vergangenheit der Toten vergessen gemacht werden. Mit Unheil bringenden Toten hatte die Gemeinschaft indes dann zu rechnen, wenn Totschlag, Selbstmord oder Sterbefälle von Wöchnerinnen oder ungetauften Kindern vorlagen und Menschen damit schuldhaft oder nicht schuldhaft gegen göttliche Gebote verstießen und sich damit dem Heilsversprechen entzogen.[4]

Wiedergänger in isländischen Sagen

Vorläufer des europäischen Vampirmythos finden sich in den Isländersagas aus dem 13. Jahrhundert, die Wiedergängerfälle aus der Zeit der Christianisierung um 1000 behandeln. In den altnordischen Erzählungen firmiert der „lebende Leichnam" oder „umgehende Tote" als *draugr*. Mit diesem gleichwohl selten auftretenden Begriff wurde ein Verstorbener bezeichnet, der seinen Grabhügel verlässt, den Hinterbliebenen Schaden zufügt und davon nur durch physische Vernichtung abgehalten werden kann. Im Rahmen einer imaginierten Überlagerung von Lebenswelt und Anderswelt wurde die Präsenz von Wiedergängern nicht infrage gestellt. Ihre Persönlichkeit wurde als real wahrgenommen und erfuhr eine plastische Schilderung. Menschen, die sich mit magischen Elementen oder bösen Vorzeichen in Verbindung bringen ließen, erschienen als für die Wiedergängerei besonders prädestiniert. In der Regel wurde Wiedergängerei aber auf Störenfriede bezogen, sodass sich in den zeitgenössischen Geschichten soziale Konflikte spiegeln.[5] Als Besonderheit der Isländersagas darf dabei die Tatsache gewertet werden, dass die anonymen Autoren weder einer Chronik der laufenden Ereignisse noch einer

Kanonisierung von Heiligenlegenden verpflichtet waren. Vielmehr schrieben sie in literarischem Gewand eine Geschichte der in Island ansässigen Sippen.

Die „Saga von den Leuten auf Eyr" (Eyrbyggja saga) schildert die Entwicklung der Halbinsel Snaefellsnes im Westen Islands vom letzten Drittel des 9. Jahrhunderts bis zum ersten Drittel des 11. Jahrhunderts. Am Beginn dieses Zeitraums steht die Landnahme durch die norwegischen Wikinger um 870, seinen Höhepunkt bildet die Herausbildung eines Freistaates, welcher sich seit 930 auf den Althing, eine alljährliche Versammlung der Goden oder Häuptlinge, und seit 1000 auf die gesetzlich vollzogene Annahme des Christentums stützte. Mit dem Tod des Goden Snorri Thorgrimsson im Jahre 1031 kommt die Erzählung zum Abschluss. Den Hintergrund für die Abfassung der Saga bildete die seit 1180 von Geschlechterfehden und bürgerkriegsähnlichen Zuständen geprägte Sturlungenzeit, die 1262/63 in der Ableistung eines Treueids durch die Goden gegenüber König Hakon Hakonsson von Norwegen gipfelte.[6]

In der „Eyrbyggja saga" begegnen uns zwei Varianten von Wiedergängern. Da ist zunächst der schädigende Tote. Dieser wird durch Thorolf Baegifot („Hinkebein") vom Hof Hvamm verkörpert, der zu Lebzeiten in Besitzstreitigkeiten verwickelt war, die in Mord und Totschlag mündeten. Seinen Spitznamen erhielt er wegen des Verlusts eines Beines. Kurz nach der Aussöhnung mit seinem Sohn Arnkel soll er im Jahre 988 vor Gram gestorben sein. Gemäß der Erzählung gestalteten sich die weiteren Ereignisse wie folgt:

Die Leichenhilfe, die Arnkel seinem Vater angedeihen ließ, bezeugte bereits sein Misstrauen. Zur Verhinderung des „bösen Blicks" wurde Thorolf ein Kleidungsstück um den Kopf gebunden. Um eine Rückkehr in das Haus zu verhindern, wurde der Tote nicht über die Türschwelle, sondern durch ein in die rückwärtige Wand gebrochenes Loch hinausgetragen. Dennoch lag er nicht lange ruhig unter seinem Grabhügel. Nach Sonnenuntergang konnten die Menschen der Umgebung im Freien kaum noch Frieden finden. In der Nähe von Thorolfs Grab verendete zunächst das Vieh, dann wurde auch noch ein Hirte tot aufgefunden. Später wurden die Bewohner seines Hofes durch ein nächtliches Getöse erschreckt, das den Eindruck erweckte, ein höllischer Reiter sei auf dem Dach. Schließlich begann Thorolf, seine Frau heimzusuchen, die daran irrewurde und buchstäblich ihren Geist aufgab. Der Erzähler enthält sich diesbezüglich jeglicher Anzüglichkeiten und lässt auch den Hinweis unkommentiert stehen, dass die Witwe neben ihrem Mann begraben wurde. Seinen Sohn Arnkel verschonte Thorolf und wandte sich stattdessen nach und nach anderen Höfen zu, deren Bewohner ihr Heil in der Flucht suchten. Seine nächtlichen Züge unternahm er im Übrigen in Begleitung seiner Opfer, die sich gleichfalls in Wiedergänger verwandelt hatten. Aufgrund dessen wurde Arnkel verpflichtet, Thorolf wegzuschaffen. Sein Leichnam erwies sich bei Graböffnung nicht nur als unverwest, sondern auch als außerordentlich schwer. Mehr als ein Dutzend Männer mussten Hand anlegen. Zwei Zugochsen scheuten vor dem Toten zurück. Schließlich wurde er auf einer Landspitze erneut bestattet und durch einen Wall von den Lebenden abgeschottet. Danach machte Thorolf erst wieder von sich reden, nachdem Arnkel einem Racheakt zum Opfer gefallen war. Durch seinen neuerlichen Spuk starben wieder Menschen und Vieh. Daraufhin wurde das Grab erneut geöffnet und die schwarze und aufgedunsene, im Wesentlichen aber unverweste Leiche mittels einer Stange hervorgezogen und auf dem Scheiterhaufen verbrannt.[7]

Einen Epilog erfuhr die Geschichte dadurch, dass eine infizierte Kuh einen Stier namens Glaesir gebar, der durch seine Aggressivität zu einer Bedrohung wurde. Nachdem er einen Widersacher Thorolfs getötet hatte, versank er aber auf der Flucht im Moor.[8]

Genau wie zu Lebzeiten vermochte Thorolf der Saga zufolge also auch nach seinem Tode nicht, mit seinen Nachbarn Frieden zu halten. Vorchristliche und christliche Vorstellungen scheinen sich hier zu mischen. Aufgrund seines frevelhaften Lebenswandels galt der Sterbende bei seinen Angehörigen als verdächtig. Um seine Wiederkehr zu verhindern, wurde – wie in anderen Kulturen auch – der Abtransport seiner Leiche über die Türschwelle vermieden. Spuk wurde von den Isländern also vor allem innerhalb des Hauses befürchtet. Dass seine Witwe Thorolf im wahrsten Sinne des Wortes ins Grab nachzufolgen hatte, stellt der Erzähler beinahe als Selbstverständlichkeit hin. Ungewöhnlich lang erscheint die Zeitdauer, über die die Nachbarn das Treiben auf dem Hof Hvamm trotz akuter Ängste tolerieren. Die Regelung des Konflikts wird zu einer Familienangelegenheit erklärt und Thorolfs

Sohn Arnkel überantwortet. Außer Gefecht gesetzt wird Thorolf zunächst nur durch die Verlagerung seines Grabes in die Wildnis, wodurch der Radius seiner posthumen Aktivitäten anscheinend nicht mehr bis an die menschlichen Behausungen heranreicht. Erst die Rachegelüste scheinen ihm nach dem Mord an seinem Sohn Flügel zu verleihen. Aus „vampiristischer" Sicht mutet der Umstand, dass sich Thorolf eine Gefolgschaft aus Untoten schafft, nahezu modern an. Als schlagender Beweis seiner nächtlichen Umtriebe muss der aufgedunsene, unverweste Leichnam herhalten. Der tote Körper scheint im Übrigen mit einem Tabu belegt zu sein. Erst geraume Zeit nach der Umbettung kommt der Scheiterhaufen als Radikallösung in Betracht. Im Gegensatz zu jüngeren Vampirerzählungen dient der Pfahl dabei lediglich als Instrument zur Bergung der Leiche. Die Reinkarnation in Tiergestalt muss als Spezifikum der Isländersagas gewertet werden.

Im zweiten Wiedergängerfall der „Saga von den Leuten auf Eyr" geht es um Thorgunna, die um das Jahr 1000 – das Jahr, in dem das Christentum zur Staatsreligion Islands erhoben wurde – als wohlhabende und reife Frau von den Hebriden zum Hof Froda gekommen war. Der Erzählung gemäß führte die allen Vorzeichen zum Trotz erfolgte Missachtung des letzten Wunsches der sterbenden Thorgunna dazu, dass ihre Leiche wiederbelebt wurde. Dieser Sachverhalt sei von den Bewohnern des Hofes als Auslöser einer Seuche und eines Schiffsunglücks gedeutet worden. In der Erzählung wird der Ereignisverlauf folgendermaßen beschrieben:

In Gestalt einer schwarzen Wolke, die während der Heuernte aufgezogen war und aus der sich blutiger, eventuell mit Vulkanasche angereicherter Regen entlud, kündigte sich Unheil an. Im Unterschied zu den anderen kümmerte sich Thorgunna jedoch nicht um das frisch gemähte Gras. Dass die Nässe außer am Gras auch an ihrem Rechen haften blieb, wurde als böses Omen gewertet. Tatsächlich erkrankte Thorgunna daraufhin. In weiser Voraussicht bat sie den Hausherrn Thorodd, für den Fall ihres Todes Vorkehrungen zu treffen. – Nicht von ungefähr schiebt ihr der Erzähler die Forderung eines christlichen Begräbnisses in Skalaholt (heute Skálholt) unter, wo 1056 ein Bischofssitz eingerichtet werden sollte. – Als Entschädigung offerierte Thorgunna Teile ihrer Habe, drang aber auf die Verbrennung ihrer Bettwäsche und ihrer Bettvor-

hänge. Nach Thorgunnas Ableben wurde zunächst ihre Leiche in die Kirche geschafft und danach ein Sarg angefertigt. Die vorgesehene Verbrennung des Bettzeugs wurde indes durch die Habgier von Thorodds Frau verhindert. Schließlich brach der Zug mit Thorgunnas in Leinentücher gehüllter, aber nicht in diese eingenähter Leiche auf. Unterwegs baten die Teilnehmer des Zuges in einem Gehöft um Unterkunft, die ihnen der dort lebende Bauer gewährte, allerdings ohne sie zu verköstigen. In der Nacht begann es dann unversehens, im Vorratshaus, in dem die Leiche aufgebahrt worden war, zu rumoren. Es stellte sich heraus, dass die tote Thorgunna sich aus dem Leichentuch gewunden hatte und in nacktem Zustand Essen zubereitete. Als sie sich anschickte, den Tisch zu decken, gelobte der Bauer, die Leichenbegleiter zu bewirten. Daraufhin verschwand Thorgunna. Um den Spuk gänzlich zu bannen, wurde zum einen über die Speisen das Kreuzzeichen gemacht und zum anderen das Gehöft mit Weihwasser besprengt. Danach verlief die Weiterreise glimpflich. Thorgunna wurde am vorgesehenen Ort bestattet.[9]

Auf Froda wurde indes anhand des Schattens auf der Küchenwand ein Unheilsmond ausgemacht, der ein großes Sterben anzukündigen schien. In der Tat kam es mit Einbruch des Winters zu neuen Vorkommnissen, die zudem heftiger waren als die vorangegangene Erscheinung Thorgunnas. Der Spuk begann mit dem Tod eines Schafhirten. Als Wiedergänger tat er den Lebenden Gewalt an und beförderte sie durch die Verbreitung einer Krankheit vom Leben zum Tod. Auf diese Weise sammelte er sich genau wie Thorolf Baegifot eine Gefolgschaft. Ein aus der Feuergrube auftauchender Seehundskopf, der sich dem verruchten Bettzeug zuwandte und somit als Thorgunnas Geist angesehen wurde, konnte nur mühsam durch heftige Schläge in die Unterwelt zurückgedrängt werden. Unterdessen kamen Thorodd und seine Leute auf einem Schiff ums Leben, ohne dass die Leichen gefunden werden konnten. Infolgedessen wurde die Tatsache, dass die Verstorbenen in durchnässtem Zustand zu ihrem eigenen Totenmahl erschienen, von den Bewohnern des Hofes als gutes Zeichen gewertet. – Der Erzähler räumt an dieser Stelle ein, dass heidnische Vorstellungen von einer persönlichen Verabschiedung der Toten trotz der erst kurz zuvor erfolgten Taufe der Isländer noch lebendig waren. – Am Abend nach der Abreise der Trauergäste erschienen am Feuer nicht nur die durchnässten Ertrunkenen, sondern auch die mit Erde behafteten Wiedergänger. Während sich die Lebenden fortan an einem Feuer zusammenfanden, nutzten die Toten ein anderes. Schließlich *machte sich im Lagerraum etwas an den Stockfischen zu schaffen. Vom Verursacher war lediglich ein gesengter Rinderschwanz oder ein borstiger Seehundschwanz zu sehen – ein erneuter Hinweis auf das Wirken Thorgunnas. Zwar verschwand das Geschöpf nach einem vereinten Gezerre am Schwanz, doch erwiesen sich alle Fische zu diesem Zeitpunkt bereits als ausgelutscht. Dann brach wieder eine Krankheit aus, der diesmal vor allem Frauen zum Opfer fielen. Vom Herbst bis zum Winter sollen von 30 Leuten insgesamt 18 gestorben und sieben geflohen sein.*

Die Erzählung endet mit dem Hinweis, dass der Gode Snorri schließlich Anfang Februar einen Priester entsandt und zugleich empfohlen habe, Thorgunnas Bettzeug zu verbrennen und über die Wiedergänger ein Türgericht zu halten. Der Bannspruch, der über jeden Wiedergänger gefällt wurde, soll diese veranlasst haben, das Feld zu räumen. Dabei verlieh der Segen eines Priesters dem Ganzen noch den Nimbus einer gottgefälligen Tat.[10]

Anders als Thorolf Baegifot wird Thorgunna weniger als schädigende denn als fürsorgende Tote eingeführt. Wenn die wiederbelebte Thorgunna in der Erzählung als Köchin auftritt, die den Menschen auf wundersame Weise Unterstützung zukommen lässt, dann ist damit offenbar keine Anspielung auf das Wirken Jesu Christi verbunden, sondern eine Belehrung wenig gastfreundlicher Wirtsleute vorgesehen. Als Überleitung zum Unheil, das die Bewohner des Hofes Hvamm und seiner Umgebung in Form einer Epidemie ereilt, dient die Episode mit dem gefräßigen Seehund, der in Stellvertretung von Thorgunnas mahnendem Geist die Vorräte für den Winter verzehrt. Die Jultage, das heißt die Zeit vor Weihnachten, bieten denn auch einen idealen Hintergrund für Spukgeschichten. Dass die Bewohner des Hofes einen Preis für ihre Respektlosigkeit gegenüber der sterbenden Thorgunna zu zahlen haben, wird indes nur indirekt angedeutet. Dafür treten die Wiedergänger in doppelter Form auf: als sich aus der Erde herauswühlende Leichen und als vor Nässe triefende Körper von Ertrunkenen. Obgleich Herd und Feuerstätte als Begegnungsorte dienen, findet eine Kommunikation nicht statt. Die Symbiose von Lebenden und Toten scheint nur vordergründig zu bestehen, Misstrauen oder Angst vor einer ansteckenden Krankheit sorgen seitens der Hofbewohner vielmehr dafür, dass die jeweiligen Gruppen an unterschiedlichen

Feuerstellen platziert werden. Überraschend erscheint die Hilflosigkeit oder Schicksalsergebenheit der Lebenden. Erst das Machtwort des Goden und der durch die Anwesenheit eines Priesters sanktionierte Bann durch ein weltliches Schöffengericht vermögen Abhilfe zu schaffen.

Monster im mittelalterlichen England

Möglicherweise kann das überraschend frühe Auftreten vermeintlicher Vampire in England auf kulturelle Einflüsse von Angelsachsen oder Normannen respektive Wikingern zurückgeführt werden. Ein erster Beleg findet sich bereits in der von Geoffrey of Burton im zweiten Viertel des 12. Jahrhunderts verfassten Vita der heiligen Modwenna, die 2002 erstmals als lateinisch-englische Ausgabe ediert wurde. Auch der unter Mediävisten als zuverlässig geltende Augustinermönch William of Newburgh schildert in seiner in der zweiten Hälfte des 12. Jahrhunderts geschriebenen und 1610 erstmals vollständig gedruckten „Englischen Geschichte" (Historia rerum Anglicarum), die den Zeitraum von der normannischen Eroberung 1066 bis 1197 thematisiert, vier Wiedergängerfälle. Eine weitere Erwähnung schädigender Toter stammt von dem Waliser Walter Map, der es als weltlicher Kirchendiener bis zum Archidiakon von Oxford brachte. Seine in den 1180er Jahren entstandene Sammlung „Von höfischen Possen" (De nugis curialium; Erstdruck: 1850) trug er noch als Domherr und Kanzler von Lincoln zusammen.[11]

Geoffrey of Burton wurde 1114 Abt des Klosters Burton upon Trent in der Grafschaft Staffordshire. Die Verehrung der heiligen Modwenna als Klostergründerin setzte ab 1119 ein. Geoffrey garnierte deren Vita mit einer Sammlung von Wundergeschichten aus der Umgebung, die er vom Hörensagen oder aus eigener Erfahrung kannte. Bemerkenswert erscheint die Erzählung um die Verwicklungen, die sich aus der eigenmächtigen Übersiedlung zweier Bauern von der Klosterherrschaft in diejenige des Grafen Roger von Poitevin ergaben:

Aus dem Streit um die von den getürmten Bauern zurückgelassene Ernte entstand ein bewaffneter Konflikt zwischen dem Kloster und dem Grafen. Während die fried-

fertigen Mönche sich im Angesicht des Schreins der heiligen Modwenna dem Gebet hingaben, besiegten die mit ihnen verbündeten Ritter in einer eigenmächtigen Aktion die übermächtigen Truppen des Grafen. Danach nahm das Verhängnis seinen Lauf.

Am nächsten Tag fielen die beiden flüchtigen Bauern beim Essen tot um. Obgleich sie in ihrem Heimatdorf beerdigt wurden, traten sie am folgenden Abend in ihrer neuen Heimat mit Särgen auf den Schultern wieder auf. Fortan wanderten die beiden Toten des Nachts teils in Gestalt von Sargträgern, teils in Gestalt von wilden Tieren durch die Gassen, wobei sie an die Häuser klopften und die Bewohner aufforderten, sich eiligst zu ihnen zu gesellen. In der Folge erlagen fast alle Dorfbewohner einer Seuche. Daraufhin bat der Graf beim Abt um Verzeihung und versprach eine angemessene Entschädigung. Der Vogt leitete die entsprechenden Maßnahmen ein, suchte sich dann aber seinerseits dem Unheil zu entziehen. In der Tat befiel die Krankheit auch die letzten beiden im Dorf verbliebenen Bauern.

Schließlich wurde mit bischöflicher Genehmigung eine Öffnung der Gräber der ursprünglichen Störenfriede vorgenommen, welche unverweste Tote zutage treten ließ, deren Leichentuch im Bereich des Gesichts mit Blut durchtränkt war. Zunächst wurden ihnen die Köpfe abgeschlagen und zwischen die Füße gelegt. Dann wurden ihnen auch die Herzen herausgerissen und verbrannt. Aus den Flammen schien dämonischerweise noch eine Krähe zu entweichen. Damit verschwanden sowohl die Wiedergänger als auch die Epidemie. Die zuletzt Erkrankten genasen und verließen mit ihren Familien das Dorf, welches daraufhin verödete.[12]

Neben den Konfliktlinien, die zwischen Bauern und Obrigkeit sowie zwischen weltlicher und kirchlicher Herrschaft verliefen, wird in dieser Erzählung auch das Verhältnis von Volksglauben und kirchlicher Dogmatik thematisiert. Je nach dem, ob menschliches Handeln gottgefällig ist oder nicht, zieht es Gerechtigkeit oder Unheil nach sich. Grabschändung wird Geoffrey of Burton zufolge vom Bischof noch nicht als Aberglauben bewertet und dem Bann unterworfen, sondern als gängige Praxis toleriert. Der Wiedergänger tritt als Todesbote auf und wird durch den Nachweis frischen Blutes im Grabe entlarvt.

Ungeachtet des frühen Zeugnisses Geoffreys of Burton beschrieb William of Newburgh die Wiedergängerei als ein bis dato unbekanntes, aber um sich greifendes Phänomen. William wusste von ihnen nach eigenem

Bekunden nur vom Hörensagen. Um die Zuverlässigkeit seiner Informationen zu bekräftigen, berief er sich aber auch auf kirchliche Gewährsleute.

In der klerikalen Interpretation, wie sie bei William begegnet, folgen Wiedergängererscheinungen stets demselben Muster: Die Leiche eines frevelhaften Menschen erhebt sich unter satanischem Einfluss aus dem Grab und terrorisiert – mitunter begleitet von Höllenhunden – die Hinterbliebenen. Weil der Volksmund die Untoten als Überträger einer „Seuche" (*pestis*) identifiziert, sieht sich der Klerus mit der Forderung nach Verbrennung der Leichen konfrontiert. Eine Lösung des Konflikts ergibt sich aus dem Zusammenspiel von gelehrtem Rat, bischöflichem Gebet und pöbelhafter Selbstjustiz. William spricht dabei allerdings nicht vom „Wiedergänger", sondern vom „Monster" (*monstrum*), aber immerhin tritt auch schon ein „Blutsauger" (*sanguisuga*) auf den Plan.[13]

ERSTER VORFALL:

In der Grafschaft Buckingham begann William zufolge ein Verstorbener in der Nacht nach seiner Beerdigung, die Bettruhe seiner Witwe zu stören. Durch sein Gewicht drohte er sie sogar zu erdrücken. Als sich die umtriebige Frau daraufhin für die dritte Nacht Wächter bestellte, sah sich der Störenfried genötigt, ersatzweise seine Brüder und dann die Nachbarn aufzusuchen. Schließlich trieb er seinen Schabernack auch bei Tageslicht. Dabei tauchte er an verschiedenen Orten gleichzeitig auf, ohne indes für jeden sichtbar zu sein. Der Spuk wurde erst dadurch beendet, dass das Grab geöffnet und ein Absolutionsbrief des Bischofs auf der Brust des Toten platziert wurde.[14]

ZWEITER VORFALL:

Im nordenglischen, an der Mündung des Flusses Tweed gelegenen Berwick wurden einem Verstorbenen posthume Aktivitäten nachgesagt. In diesem Zusammenhang wurde der zu Lebzeiten wohlhabende Mann als Gauner diffamiert. Angeblich gab der Verstorbene seinen Widersachern den jovialen Rat, seinen Leichnam zu verbrennen, wenn sie Frieden finden wollten. Nach vollzogener Tat brach indes quasi als späte Rache die Pest aus.[15]

DRITTER VORFALL:

Im Kloster Melrose, das sich ebenfalls am Tweed befindet, fiel der Kaplan einer Lady

*durch unlauteren Lebenswandel auf und wurde dementsprechend als „hundeprest"
(sic) bezeichnet. Nach dem Ableben soll er als Wiedergänger sein Unwesen getrieben
haben. Daraufhin nahm die Lady die Hilfe einer Handvoll Klosterbrüder in Anspruch,
von denen einer den nächtlichen Unhold mit einer Axt verletzt haben soll. Nach
Öffnung des Grabes seien an der Leiche des Kaplans Wunden zutage getreten. Der
Körper wurde daraufhin verbrannt.*[16]

VIERTER VORFALL:
*Etwas fiktionaler und deswegen umso dramatischer gestaltet sich eine Episode im
heute nicht mehr lokalisierbaren Schloss Anantis. In besagtem Schloss soll sich ein
wegen weltlicher Vergehen auf der Flucht befindlicher Mann niedergelassen und
durch Bußübungen Läuterung erlangt haben. Mit der Ehelichung einer Einheimischen
sei seine Integration in die Gemeinschaft bezeugt und die Rehabilitierung seiner
Person perfekt gemacht worden. Indes habe die Krux darin bestanden, dass es
sich bei seiner Ehefrau nicht um ein treues Weib gehandelt habe. Als der Mann
diesbezüglichen Gerüchten nachgegangen sei und seiner Frau eine Falle zu stellen
versucht habe, sei er selbst hineingetappt. Überrascht, sie in flagranti mit einem
anderen Mann zu erwischen, sei er so unglücklich zu Boden gestürzt, dass er sich
lebensgefährliche Verletzungen zugezogen habe.*

*Auf Anraten eines Priesters sei das Sterbesakrament vorbereitet worden, doch
habe sich der Kranke in seinem Zorn geweigert, das Unvermeidliche zu akzeptieren
und die letzten religiösen Handlungen eines Christen in gebührender Weise zu
vollziehen. Angesichts dessen sei eine ordentliche Beerdigung nicht möglich gewesen. – Retrospektiv erklärt sich damit seine spätere nächtliche Wiedergängerei. –
Offenbar geworden sei dieses den Hinterbliebenen auferlegte Unglück nicht nur durch
den Unfug, den der umgehende Tote anstellte, sondern auch durch den Ausbruch
einer Seuche.*

*Während weise Männer noch über die zu ergreifenden Maßnahmen beraten
hätten, seien zwei Jünglinge bereits beherzt zur Tat geschritten und hätten eine
posthume Hinrichtung vorgenommen. – Motive späterer Nachzehrerlegenden vorwegnehmend präsentiert sich in dieser Geschichte die Leiche nach Öffnung des Grabes
in aufgeschwollenem Zustand. – Als man die aufgequollene Leiche durchstochen
habe, sei ein Blutstrahl hervorgestoßen, der alle Beteiligten zu dem Schluss motiviert
habe, dass es sich bei dem nächtlichen Unhold um einen „Blutsauger" (sanguisuga)*

handelte. Aus diesem Grund sei zuerst das Herz entnommen und dann der Körper verbrannt worden. Nach der Vernichtung des Wiedergängers habe sich niemand mehr angesteckt. Die Seuche sei eingedämmt worden.[17]

Anders als William of Newburgh schildert der Waliser Walter Map seine beiden Wiedergängerfälle eher aus der Perspektive des Chronisten und verleiht ihnen dadurch eine gewisse Authentizität. Die Berichte zeichnen sich dadurch aus, dass sie den Einfluss des jeweiligen Bischofs in keinem guten Licht erscheinen lassen. Eine befriedigende Lösung wird nur von furchtlosen Edelleuten herbeigeführt. Interessanterweise findet bei ihm das später im Kontext des Vampirismus relevant werdende Motiv des an die Tür klopfenden und seine Opfer namentlich benennenden Gevatters Tod erstmals Erwähnung.[18]

ERSTER VORFALL:

Mitte des 12. Jahrhunderts wandte sich der englische Ritter William Laudun um Rat an den im walisischen Hereford residierenden Bischof Gilbert Foliot. In seinem Dorf sei ein Waliser, der ein frevelhaftes Leben geführt habe, im Unglauben gestorben. Vier Tage nach seinem Ableben habe er begonnen, nächtens wieder aufzutauchen und seine Nachbarn namentlich auszurufen. Die Genannten erlägen drei Tage später einer Krankheit. Der Bischof schloss daraus, dass ein böser Geist in den toten Körper gefahren sei. Die Leiche sei folglich zu exhumieren, der Kopf mit einem Spaten abzutrennen und das Grab samt Körper mit Weihwasser zu benetzen. Diese Maßnahmen halfen jedoch nicht. Als kurze Zeit später sogar William Laudun namentlich von dem Wiedergänger gerufen worden sei, habe der Ritter den Toten kurz entschlossen angegriffen, bis ins Grab verfolgt und mit dem Schwert unschädlich gemacht. Dadurch hätten die Heimsuchungen ein Ende gefunden.[19]

ZWEITER VORFALL:

In den sechziger oder siebziger Jahren des 12. Jahrhunderts habe ein Toter in Worcester, der unchristlich verstorben sei, sowohl am Tag als auch in der Nacht in seinem Sterbekittel Spaziergänge unternommen. Die Nachbarn hätten ihn in einem Obstgarten gestellt und drei Tage lang an ihm ihre Sensationslust befriedigt. Bischof Roger habe unterdessen empfohlen, ein Kreuz auf dem Grab zu platzieren. Als der Tote in Begleitung der Menge zurückgekommen sei, habe er vor Schreck die Flucht ergriffen. Folglich sei das Kreuz vorübergehend entfernt worden. Erst nachdem der Tote das Grab erneut aufgesucht habe, sei das Kreuz wieder aufgestellt worden. Damit sei Ruhe eingekehrt.[20]

Erstaunlicherweise treten bereits bei William of Newburgh und andeutungsweise auch bei Walter Map alle Motive und Elemente späterer Vampirgeschichten auf. Vom Schadenzauber betroffen scheinen im englischen Fall indes immer zuerst die höheren Schichten der Gesellschaft gewesen zu sein. In allen Beispielen wird die Rolle des Wiedergängers Männern zugeschrieben, die sich im Kontext sozialer Konflikte einen weltlichen oder religiösen Frevel haben zuschulden kommen lassen. Der Verdächtige wird als Unruhestifter oder Krankheitsherd diffamiert, in der christlichen Interpretation wird er dämonisiert. Bei der Lösung des Problems treten weltliche und geistliche Eliten auf der einen Seite sowie der Pöbel oder Wagemutige auf der anderen Seite auf. Christliche und vorchristliche Abwehrmaßnahmen scheinen dabei in Konkurrenz zueinander zu stehen.

Was an den Berichten frappiert, ist ihre Einzigartigkeit. In der späteren englischen Literatur tauchen derartige Vorkommnisse nur noch am Rande auf. Möglicherweise lag dies an der Verbannung „lebender" oder physisch präsenter Leichen aus der theologischen Literatur des 12. Jahrhunderts. Darüber hinaus ist anzunehmen, dass die ersten Blutsaugererzählungen in der öffentlichen Wahrnehmung von der Ritualmordlegende verdrängt wurden.

Als Ritualmord wurde erstmals der Tod Williams of Norwich im Jahre 1144 bezeichnet. Der Legende nach handelt es sich bei diesem Vergehen um die zur Osterzeit vollzogene Kreuzigung eines christlichen Knaben durch Angehörige der jüdischen Minderheit, die ihrem Gott ein Opfer darbringen und zugleich das Schicksal Jesu verspotten wollen. Popularisiert wurde diese Legende über die zu Beginn der 1150er Jahre geschriebene Heiligenvita des Benediktinermönchs Thomas of Monmouth. Vor diesem Hintergrund kam es in den Jahren 1189/90, also unmittelbar vor den Aufzeichnungen Williams of Newburgh, in verschiedenen englischen Städten zu Massakern an der jüdischen Bevölkerung. Die Vorstellung, Juden würden das Blut christlicher Knaben für rituelle oder magische Zwecke nutzen, fand hingegen erst nach der

Der Wiedergänger des Mittelalters 47

2 ♦ DIE HL. KATHARINA VON SIENA TRINKT AUS DER SEITENWUNDE CHRISTI
Die 1461 heiliggesprochene Mystikerin Katharina von Siena (1347–1380)
wird auf dem aus der Zeit um 1648 stammenden Gemälde von Louis Cousin
(ca. 1606–1667/68) ganz im wörtlichen Sinne als Anhängerin der
Transsubstantiationslehre dargestellt.

Verkündigung der Transsubstantiationslehre 1215 durch das Vierte Laterankonzil Verbreitung. Durch die plastische Annahme einer Verwandlung von Brot und Wein in den Leib und das Blut Christi schuf diese Lehre die Voraussetzung für den Vorwurf des Hostienfrevels. Es entstand eine entsprechende antijüdische Publizistik, welche die Blutsaugererzählungen Williams of Newburgh überlagert und so ihr Vergessen bewirkt zu haben scheint.[21]

Reanimierte Tote oder wandelnde Leichen tauchen indes in der Lanercost-Chronik und in den sogenannten Byland-Erzählungen wieder auf. In der die englische Geschichte von 1272 bis 1346 umfassenden Chronik des an der schottischen Grenze gelegenen Klosters Lanercost wird ein Wiedergängerfall erwähnt, der sich Mitte der 1290er Jahre im Hause des Ritters Duncan de Delisle in Clydesdale bei Glasgow zugetragen haben soll:

Der Körper eines unlängst verstorbenen Sünders, der sogar exkommuniziert worden sein soll, habe begonnen, den Klosterbrüdern bei Nacht zu erscheinen. Dann sei er dazu übergegangen, das Haus des genannten Ritters heimzusuchen, möglicherweise, um im Auftrag Gottes diejenigen zu entlarven, die an dessen Missetaten beteiligt waren. In einer undefinierbaren körperlichen Gestalt sei er im Gewande eines schwarzen Mönches gelegentlich zur Mittagsstunde aufgetaucht. Mit Waffen sei ihm nicht beizukommen gewesen, da diese sogleich zu Staub zerfallen seien. Als sich der älteste Sohn des Hauses dennoch der „Kreatur" in den Weg zu stellen versucht habe, sei er zu Tode gekommen.[22]

Um 1400 hielt ein anonymer Chronist in der Abtei Byland in der Grafschaft Yorkshire zwölf Geistergeschichten fest, die in der näheren Umgebung die Runde machten. Die Begebenheiten verlaufen nach einem einheitlichen Muster, sie folgen dem Motiv der „armen Seele": Ein Geist, entweder ein Verstorbener in tierischer Gestalt oder eine umgehende Leiche, erscheint einem Lebenden und erzählt von seinen Leiden, die von einer Sünde herrühren, für die er bisher noch keine Vergebung erhalten hat. Daraufhin informiert der Lebende einen Priester, der die Absolution erteilt und dem Toten damit ewige Ruhe verschafft.[23]

Nach 1400 waren Blutsauger in der englischen Literatur, abgesehen vom Auftauchen „schädigender Toter" in Pamphleten des 17. Jahrhunderts, weitgehend ausgestorben, bis sie im Laufe des 19. Jahrhunderts von Bram Stoker und anderen als literarisches Motiv wieder revitalisiert wurden.

Der Hirte von Blow und die Hexe von Lewin in der böhmischen Chronistik

Als Klassiker oder als Vorläufer der Vampire wurden von den Experten der „Magia posthuma" im 18. und 19. Jahrhundert (vgl. Kap. 4.2) immer wieder der ein wenig in den Hintergrund tretende Hirte von Blow (1336) und die etwas prominentere Hexe von Lewin (1344) herangezogen. Ursprünglich stammten die diesbezüglichen Berichte von Neplach von Opatowitz (Opatovice nad Labem, ein im östlichen Böhmen an der Elbe gelegenes ehemaliges Klostergut). Bekannt geworden sind sie aber durch die Überlieferung des Hajek von Libotschan (Libočany, eine im westlichen Böhmen rechts der Eger gelegene Ortschaft). Jan Neplach schrieb in den 1360er Jahren als Abt des Benediktinerklosters Opatowitz und Berater des deutschen Kaisers und böhmischen Königs Karl IV. eine „Kleine Summe der römischen wie böhmischen Chronik" (Summula chronicae tam Romanae quam Bohemicae). Bei der Schilderung der Zeit bis 1266 schöpfte Neplach im Wesentlichen aus anderen Chroniken, verfolgte die Entwicklung bis 1346 aber aufgrund eigenständig gesammelter Informationen weiter.[24] Wenzeslaus Hajek verfasste als Verwalter des Vyšehrader Kapitels an der Prager St.-Peter-und-Paul-Kirche in den 1530er Jahren eine „Böhmische Chronik" (Kronika česká). Die bis an das Jahr 1526 heranreichende Geschichte besticht durch literarische Spannungsmomente, enthält aber auch Ungenauigkeiten und Ausschmückungen. Sie wurde 1596 ins Deutsche übersetzt und in dieser Form von der Nachwelt in der Frühen Neuzeit dankbar rezipiert.[25]

Über den Hirten Myslata (Mislata), der 1336 im Dorf Blow oder Vlow (vermutlich Flahe bzw. Flahä im Bezirk Leitmeritz/Litoměřice) unweit der an der Eger gelegenen Stadt Kaaden verstorben war, weiß Neplach von posthumen nächtlichen Umtrieben und physischen Attacken zu berichten:

Der Spuk habe im Würgen der Nachbarn gegipfelt. Als seine Opfer versucht hätten, den Störenfried mit einem Stock zu stechen, habe Myslata diesen an sich gerissen und gespottet, damit künftig die Hunde vertreiben zu wollen. Daher habe sich die Dorfgemeinschaft entschlossen, die Leiche zu exhumieren und zu verbrennen. Man sei auf einen aufgeschwollenen Körper gestoßen, der einem Ochsen geglichen und ein entsprechendes Gebrüll angestimmt habe. Gegen die Durchbohrung mit einem Pfahl habe sich der Tote diesmal nicht wehren können. Das Blut sei in einem anhaltenden Strahl wie aus einem vollen Gefäß aus seinem Körper herausgeflossen. Anschließend habe er noch wie ein Lebendiger die Füße angezogen. Auch mit der Verbrennung der Leiche sei der Spuk noch nicht endgültig vorbei gewesen. Denn jeder, der meinte, nachts von ihm gerufen zu werden, habe binnen acht Tagen sterben müssen.[26]

Was lernen wir aus der Geschichte? Um den verstorbenen Myslata, einen namentlich bekannten Vertreter des aus biblischer Sicht unehrlichen Hirtenstandes, rankten sich im ländlichen Milieu Gerüchte eines Schadenzaubers, in den die Motive des Aufhockens und des Alpdrucks integriert waren. Bemerkenswerterweise konnte der Tote entgegen den Gepflogenheiten, die in der theologischen Überlieferung kolportiert wurden, physisch erscheinen und nicht nur allerhand Schabernack treiben, sondern auch noch mit den Lebenden kommunizieren. Interessant erscheinen die beiden mit unterschiedlichen Konsequenzen verbundenen Varianten der Pfählung. Bei der ersten Aktion wird die Bekämpfung eines rastlosen Untoten geschildert, dessen Unverletzlichkeit seine Widersacher überrascht. Bei der zweiten Aktion handelt es sich weniger um den Versuch, den Unhold ans Grab zu fesseln, als vielmehr um das hilflose Bestreben, die überdimensionierte Leiche auf ein menschliches Maß zurückzustutzen. Für ungeübte Leichengräber müssen die Zuckungen und Geräusche des Toten grauenvoll gewesen sein. Die Darstellung bleibt naturalistisch. Überraschenderweise wird dem Hirten weder etwas Dämonisches angedichtet noch wird zwischen seinem Körper und seiner Seele unterschieden. Nach mittelalterlicher Auffassung wurde die Höchststrafe vielmehr insofern vollzogen, als dem Delinquenten mit der Verbrennung der Übergang ins Paradies erschwert wurde. In Erinnerung blieben den Dorfbewohnern die magischen Worte, die für weitere Sterbefälle verantwortlich gemacht wurden. Sie symbolisieren das Anklopfen und Rufen des allzeit an der Schwelle stehenden Todes. Insgesamt gesehen scheint Neplach das Sujet aufgegriffen zu haben, um eine unterhaltsame Fabel präsentieren zu können.

In der knapp zweihundert Jahre später geschriebenen Nacherzählung Hajeks wird zum einen die Handlung in das Jahr 1337 verlegt, zum anderen werden die stichpunktartigen Notizen Neplachs systematisiert und noch leserfreundlicher dargeboten. Durch die Geschlossenheit der Darstellung werden zugleich die Interpretationsspielräume eingeschränkt. Beispielsweise werden die beiden Abwehrmaßnahmen gegen die ungewöhnlichen Veränderungen des toten Körpers als zielgerichtete Justierungen der Leiche an den Boden des Grabes begriffen und wird als Waffe ein Pfahl aus Eichenholz empfohlen. Wurden bei Neplach nur Zuckungen und Geräusche eines deformierten Leichnams registriert, schildert Hajek Notwehrattacken eines seiner Freiheit beraubten Übeltäters. In metaphorischer Hinsicht geraten die Etikettierungen ins Animalische. Als logische Konsequenz des Ochsengebrülls, das der Ergriffene ausgestoßen haben soll, gestaltet sich in Hajeks Darstellung der Blutstrahl des von den Henkern auf den Scheiterhaufen verfrachteten Opfers wie bei einem Rind auf der Schlachtbank. Wenn schließlich eine Analogie zwischen dem Todesschrei des Hingerichteten und dem Blöken eines Esels hergestellt wird, so haftet dem letztendlich nur noch purer Zynismus an.[27]

Noch verwickelter erwies sich eine zweite Erzählung, die von Neplach und Hajek überliefert wurde. Von dem namenlosen Weib, das 1344 in dem geographisch nicht näher bestimmten Ort Lewin das Zeitliche gesegnet und sich der gleichen posthumen Aktivitäten schuldig gemacht haben soll wie der Hirte von Blow, berichtet Neplach lediglich, dass es im Grabe sein Leichentuch zur Hälfte verschlungen haben soll. Eine Pfählung des verstorbenen Weibes habe zwar dazu geführt, dass reichlich Blut geflossen sei, aber nicht die Bewegungsfreiheit der Toten mindern können. Erst das auf Anraten alter Frauen vorgenommene Verbrennen auf einem Scheiterhaufen aus Dachsparren der Kirche habe ein drohendes Unheil abzuwenden geholfen. Im Vergleich zu den Vorgängen um den Hirten von Blow entwickelt sich diese Episode bei Neplach unspektakulär. Der Verweis auf das Verschlingen des Leichentuchs scheint Motive späterer Nachzehrergeschichten vorwegzunehmen. In Neplachs Exegese wird Volkes Stimme auf die Gerüchteküche alter Weiber reduziert und darüber hinaus auf die Verquickung vorchristlicher Rituale mit sakralen Elementen hingewiesen.[28]

Hajek verlegt die Zeit der Handlung auf das Jahr 1345 und benennt im Unterschied zu Neplach im Hinblick auf das östlich von Kaaden befindliche Lewin Böhmen als Ort des Geschehens. In Hajeks freier Interpretation handelte es sich bei dem Weib um Brodka, die Ehefrau des Töpfers Duchacz (Ducháč):

Zu Lebzeiten habe sich Brodka mit teuflischer Zauberei befasst. Mahnungen des Klerus missachtend habe sie ihr Werk im Geheimen betrieben. Dennoch sei sie der Bestrafung nicht entgangen. Im Zuge einer nicht näher erläuterten Zusammenkunft von Geistern habe sie auf mysteriöse Weise geradezu zwangsläufig der Tod ereilt. Wegen ihres fragwürdigen Lebenswandels sei ihr die Bestattung auf dem Friedhof verwehrt und stattdessen eine Verscharrung an einem Scheideweg vorgenommen worden, an dem sprichwörtlichen Sammelplatz von Geistern und Dämonen. Entsprechend habe sie das Grab wieder verlassen und habe teils leibhaftig, teils in Gestalt eines Tieres die Hirten und das Vieh in der Umgebung aufgescheucht. Als sie begonnen habe, die Menschen in der Stadt und in den Dörfern heimzusuchen und Tod und Schrecken zu verbreiten, seien Gegenmaßnahmen ergriffen worden. Bei der Öffnung des Grabes sei festgestellt worden, dass der bei der Beerdigung noch um den Kopf geschwungene Schleier in Blut getunkt und offensichtlich von der Leiche verzehrt worden war. Nachdem der Toten ein Eichenpfahl in die Brust gerammt worden sei, sei das Blut wie aus einem geschlachteten Rind ausgeströmt. Unerwarteterweise habe sich die Tote davon jedoch nicht beirren lassen, sondern habe es noch toller als zuvor getrieben. Dabei habe sie sogar in sadistischer Weise mit den Füßen auf ihren toten Opfern herumgetrampelt. Bei einer erneuten Exhumierung sei zutage getreten, dass sie den Pfahl aus dem Körper gezogen hatte und noch in den Händen hielt. Daraufhin sei die Leiche verbrannt und die Asche ins Grab geschüttet worden. Eine Zeit lang sei an der Hinrichtungsstätte noch ein Wirbelwind zu vernehmen gewesen.[29]

Sensationell an dieser Geschichte ist die Bezugnahme auf Teufelspakt und Hexentanz, die als Vorstufe zur Wiedergängerei und Blutsaugerei angesehen werden (vgl. Kap. 2.2). Das zu Beginn des 15. Jahrhunderts virulent werdende Phänomen der Hexerei wurde von den Zeitgenossen mit dem Hexenflug, dem

Hexensabbat, dem Teufelspakt, der Teufelsbuhlschaft und dem Schadenzauber in Verbindung gebracht. Akut wurde es vor allem in denjenigen Regionen, in denen im Zuge der Reformation konfessionelle Auseinandersetzungen stattfanden. Bei den Mitte des 15. Jahrhunderts einsetzenden und sich bis in die Mitte des 18. Jahrhunderts hinziehenden Hexenverfolgungen handelte es sich teilweise um gegen Häresien gerichtete Aktionen, teilweise um Reaktionen auf die vermeintliche Ausübung von Magie (vgl. Kap. 4.2).[30] Von einer Einflussnahme der Obrigkeit ist signifikanterweise weder bei Neplach noch bei Hajek die Rede.

Der Hirte von Blow und die Hexe von Lewin in der vampiristischen Kolportage

Die literarische Ausschmückung der Legenden um den Hirten von Blow und die Hexe von Lewin durch Hajek sollte in der Folgezeit Schule machen. Bemerkenswerterweise kam es dabei zu Missverständnissen hinsichtlich der geographischen Zuordnung. Der evangelische Pfarrer Georgius Aelurius (Georg Katschker) übernahm die Passage über die Hexe von Lewin 1624 aus der deutschen Übersetzung der „Böhmischen Chronik" von 1594 in seine „Glaciographica, oder Glaetzische Chronica".[31] Damit verlagerte sich der Schauplatz des Geschehens zugleich von Lewin (tsch. Levín) an der Eger zum Ort gleichen Namens in der Grafschaft Glatz im böhmisch-schlesischen Grenzgebiet. Die von Matthäus Merian verlegte „Topographie Böhmens, Mährens und Schlesiens" (Topographia Bohemiae, Moraviae et Silesiae) folgte 1650 diesem Beispiel.[32] Über die in Olmütz im Jahre 1704 unter dem Titel „Magia posthuma" publizierte Schrift des Carl Ferdinand von Schertz (vgl. Kap. 4.2) gelangte die Episode des Hirten von Blow als Untermalung des Falles einer schädigenden Toten, deren Aktivitäten an diejenigen der Hexe von Lewin erinnern, in Augustin Calmets erstmals 1749 in französischer Sprache veröffentlichtes Handbuch, das 1751 unter dem Titel „Gelehrte Verhandlung der Materi, Von Erscheinungen der Geisteren, Und denen Vampiren in Ungarn, Mähren etc." in deutscher Übersetzung erschien.[33] Der schlesische Publizist Joseph Kögler vereinnahmte den Fall als erste urkundliche Erwähnung oder

Gründungslegende für seine 1793 verfasste „Historische Beschreibung der Königlichen Stadt Lewin", die 1842 gedruckt wurde. Kögler weiß sogar zu berichten, dass auf dem eine Viertelstunde Fußweg von seiner Geburtsstadt befindlichen Scheideweg, an dem die „berüchtigte Zauberin" verbrannt worden sein soll, in den Jahren 1727 bis 1730 die St.-Johannes-Kapelle errichtet wurde.[34]

Jenseits aller slawophoben Stereotype, die mit dem Vampirismus verbunden waren (vgl. Kap. 5.1), stritten sich tschechische und deutsche Autoren im Zeitalter des Nationalismus darüber, wo die vermeintliche Hexe ursprünglich zu Hause gewesen war, im nordböhmischen Levín oder im schlesischen Lewin.[35] Die Schwierigkeit bei der Zuordnung lag darin begründet, dass der polnische König Kasimir III. (der Große) im Trentschiner Vertrag 1335 Schlesien samt dem Glatzer Land an den böhmischen König Johann von Luxemburg abgetreten hatte, um Ansprüche auf den eigenen Thron abzuwehren. Historisch gesehen standen die beiden Ortschaften gleichen Namens also bis ins 18. Jahrhundert unter böhmischer Oberherrschaft.

In Joseph Virgil Grohmanns Sammlung „Aberglauben und Gebräuche aus Böhmen und Mähren" aus dem Jahre 1864 wurde das Thema weniger als eine geographische denn als eine ethnische Angelegenheit behandelt. Vampirismus war in Form der blutsaugenden Mora (můra) Grohmanns Ansicht nach eher bei den Böhmen als bei den Deutschen beheimatet.[36] In der 1868 in erster und 1903 in zweiter Auflage erschienenen „Chronik der Stadt Lewin" des Schullehrers Wilhelm Mader taucht die Geschichte der „Hexe von Lewin" als bizarres Zeugnis des schlesischen Aberglaubens auf.[37] In anderen Sammlungen wurde sie hingegen bewusst zum Sagenschatz des deutschen Volkes gezählt, beispielsweise in Johann Grässes „Sagenbuch des Preußischen Staats" von 1871.[38] In den „Schlesischen Sagen", die Richard Kühnau 1910 herausgab, erfuhr die Sage in der Erzählung „Der Grund zur Erbauung der Johanneskapelle bei Lewin" sogar noch eine Fortsetzung. Darin lässt eine Hexe mit roten Haaren und roten Augen die Felder unfruchtbar werden und das Vieh sterben und wird daher zum Feuertod verurteilt. Später treibt ein Gespenst an der Stelle, an der sich der Scheiterhaufen befunden hat, seinen Spuk. Daher errichtet der benachbarte Müller eine hölzerne Kapelle, die er dem heiligen Johannes Nepomuk widmet.[39] Auf diese Weise ging die „Hexe von Lewin" seit dem Ende des 19. Jahrhunderts endgültig in den Kanon der Glatzer Sagen ein. Noch 1928 vertrat Ernst Boehlich in den *Glatzer Heimatblättern* die Ansicht, dass der nordböhmische Ort Levín im Bezirk Leitmeritz nicht als Ursprung für die Legende infrage komme, weil er erst 1384 mit einem Pfarrer besetzt worden und bis ins 15. Jahrhundert hinein Leben genannt worden sei, später indes – wie von Hajek beschrieben – eine Töpfertradition aufgewiesen habe.[40]

2.2 Der Nachzehrer der Frühen Neuzeit
Germanen und Slawen

Mit den Begriffen „Germania Slavica" oder „Slavia Germanica" wird aus Sicht der deutschen respektive polnischen Geschichtswissenschaft eine historische Landschaft in Ostmitteleuropa beschrieben. Es geht um die deutsch-polnische Kontaktzone, die durch die mittelalterliche deutsche Ostsiedlung begründet worden war. Der Landesausbau in den Gebieten östlich von Elbe und Saale zwischen dem 8. und 13. Jahrhundert geschah nicht nur über Herrschaft und Recht, sondern manifestierte sich auch in Wirtschaft und Kultur. Die spätere Polnisch-Litauische Union ist vor diesem Hintergrund als Transitraum zwischen dem lateinischen und römisch-katholischen Westen und dem kyrillischen und griechisch-orthodoxen Osten zu betrachten. Die Entwicklung einer spezifischen Adelskultur führte in dieser multikulturellen Region in der Frühen Neuzeit zu einer Schwächung der Zentralgewalten und zum Niedergang der Städte.[41] Andersherum gewendet können unter imperialen Gesichtspunkten auch das Königreich Preußen und später das Deutsche Kaiserreich (zumindest an seiner östlichen Peripherie) als Vielvölkerstaaten begriffen werden. Transnationale Aspekte wurden in der Überschreitung von territorialen und konfessionellen Grenzen sichtbar, etwa beim Warenverkehr oder beim Marienkult (vgl. Kap. 5.1).

Was Magie und Aberglauben anbelangt, so kommt die Volkskunde wohl oder übel nicht umhin, eine kulturelle Diskrepanz zwischen Germanen und Slawen festzuhalten. Immerhin rückt dabei ein Phänomen ans Tageslicht, das seit den dreißiger Jahren des 20. Jahrhunderts aus dem Bewusstsein der deutschen

Öffentlichkeit verschwunden zu sein scheint: Auch in Deutschland hat es ein moderates Pendant zum vermeintlich radikalen Vampirglauben gegeben – die Nachzehrervorstellung (vgl. Karte auf Nachsatz). Während dem südosteuropäischen Vampir das Verlassen des Grabes und das Saugen von Blut zugeschrieben wurde, bestand das Kennzeichen des mitteleuropäischen Nachzehrers lediglich im Verschlingen des Leichentuches und dem Verbreiten von Krankheiten.[42]

Einer der ersten Berichte geht auf die an der Wende vom 16. zum 17. Jahrhundert verfasste Breslauer Chronik des Lehrers und Diakons Nikolaus Pol zurück, die Anfang des 19. Jahrhunderts veröffentlicht wurde. Für das Jahr 1517 wird der Tod von 2000 Menschen in der unter der Oberhoheit der böhmischen Krone stehenden Region Breslau verzeichnet:

Weil der verstorbene Schäfer von Groß Mochbern, dem heutigen Breslauer Stadtteil Muchobór Wielki, in seinem Grab „wie eine Sau geschmatzet" habe, sei der Eindruck entstanden, er fresse an seinem Leichentuch. Der Verdacht habe nach der Öffnung des Grabes dadurch eine Bestätigung gefunden, dass blutige Kleidungsteile aus dem Schlund des Toten gezogen werden mussten. Nachdem der Kopf vom Körper abgetrennt und vor den Kirchhof gelegt worden war, habe das Sterben im Dorf aufgehört.[43]

Zentren des Nachzehrerglaubens, der in der Zeit zwischen den vierziger und achtziger Jahren des 16. Jahrhunderts einen ersten Höhepunkt erfuhr, waren einerseits Ostpommern, Westpreußen, das Hannoversche Wendland und Nordhessen, andererseits das historische Ostdeutschland und die angrenzenden slawischen Länder. Die überlieferten Berichte folgen dem oben genannten Beispiel. Interessanterweise unterlassen sie es, das Phänomen beim Namen zu nennen. Das Substantiv „Nachzehrer" findet erst retrospektiv seit dem 19. Jahrhundert Verwendung. Von den Zeitgenossen selbst wurde lediglich das „Schmatzen der Toten in Gräbern" registriert. Bedingt durch die zentrale Lage der Begräbnisstätten auf dem Kirchhof oder verursacht durch weniger ordnungsgemäße Bestattungen in Krisenzeiten wurden offenbar Verwesungsgeräusche wahrgenommen.

Zwar finden sich in Pestzeiten gehäuft Berichte über Nachzehrer, für ihr Auftreten war eine solche Epidemie aber nicht zwingend erforderlich. Auslösende Faktoren für Abwehrmaßnahmen gegen Aktivitäten von Toten waren gemeinhin die Furcht der Angehörigen vor der unmittelbaren Bedrohung ihres Lebens oder Gerüchte über den Ort eines Krankheitsherdes. Im Volksglauben scheint ein Konsens darüber bestanden zu haben, dass durch eine Leichenexekution eine Gefahr abgewendet werden könne. Kam man zu der Überzeugung, dass ein Toter an seiner Kleidung oder am eigenen Körper zehrte, galt er als der bösen Absicht überführt. In der Obrigkeit gab es zum Umgang mit diesem Problem keine einheitliche Meinung. Weltliche und kirchliche Autoritäten hatten sich mit der Tatsache abzufinden, dass der Eindruck, ein Toter verzehre im Grab schmatzend seine Kleidung oder seinen Körper, den Betroffenen offenkundig bedrohlicher erschien als der Zorn Gottes über eine Grabschändung. Ursprünglich war die Furcht ohnehin noch schichten- oder ständeübergreifend. Möglicherweise hatte man aber dennoch Angst vor Sanktionen der Obrigkeit, denn die Selbstjustizaktionen verlagerten sich zunehmend in die Nacht. Als Ruhestörer wurden vor allem verstorbene Frauen ausgemacht.

Jüngeren Berichten über Nachzehrer zufolge verschob sich die Opfergruppe seit dem 17. Jahrhundert von der Nachbarschaft oder Gemeinde auf die Familie oder die Freunde des bzw. der Toten. Seit dem 19. Jahrhundert lassen sich als Ergebnis volkskundlicher Feldforschungen landschaftlich unterscheidbare Nachzehrertypen feststellen. Vampirähnliche Vorstellungen hat es demnach in der Lausitz, in Ostpommern, Westpreußen und im Hannoverschen Wendland gegeben. Während Vampiren ein individuelles Schicksal zugeschrieben wurde, traten Nachzehrer quasi anonym auf. Nachzehrer waren der gängigen Auffassung zufolge unbeseelte Wesen, die ihre Aktivitäten auf das Grab begrenzen und über sympathetische Kräfte eine schädigende Wirkung entfalten, keinesfalls aber mit den Lebenden in Kontakt treten. Im Unterschied zum Vampir wurden die posthumen Aktivitäten des Nachzehrers als nicht von Freveltaten motiviert angesehen, sondern dunklen Kräften zugerechnet; eine Vorherbestimmung zum Nachzehrer wurde lediglich auf körperliche Anomalien zurückgeführt. Mangels fixierbarer Identität hat der Nachzehrer im Gegensatz zum Vampir keine literarische Ausgestaltung erfahren.[44]

Reformation und Gegenreformation

Während die Begriffe Reformation und Gegenreformation das Zeitalter der Glaubenskämpfe zwischen Luthers angeblichem Thesenanschlag von 1517 und dem Augsburger Religionsfrieden von 1555 einerseits und zwischen dem Konzil von Trient von 1545 bis 1563 und dem Dreißigjährigen Krieg von 1618 bis 1648 andererseits beschreiben, fokussiert der Terminus der Konfessionalisierung auf den Prozess der Modernisierung, der unter anderem mit der Herausbildung landeskirchlicher Strukturen im Protestantismus verbunden war. Auf spirituellem Gebiet wurde die spätmittelalterliche Frömmigkeit durch einen frühneuzeitlichen Antiklerikalismus ergänzt. Hatten im Mittelalter die Pestepidemien eine Sensibilisierung für die Allgegenwart des Todes zur Folge gehabt, so ließ sich die Angst vor dem Jenseits in der Folgezeit zumindest noch durch den Ablass kanalisieren. Die Verweltlichung des Papsttums und der Ämterkauf unter den Vertretern des höheren Klerus sorgten für den Missmut breiter Bevölkerungsschichten. Vor diesem Hintergrund ist die Reformation als kirchliche Erneuerungsbewegung zu verstehen, die zur Spaltung des westlichen Christentums in verschiedene Konfessionen führte.[45] Sozioökonomische Umwälzungen, die mit dem Aufstieg der Städte und der Erhöhung der Abgabenlast durch den Adel in Zusammenhang standen, mündeten 1525 in den Deutschen Bauernkrieg. Mit der Eroberung Ungarns durch die Osmanen in der Schlacht von Mohács 1526 und der anschließenden Belagerung Wiens 1529 wurde zugleich die „Türkengefahr" im Abendland sprichwörtlich.[46]

Die Gegenreformation stellte einen mit Mitteln der Gewalt, der Diplomatie und der Propaganda unternommenen Versuch der Rekatholisierung dar. Gemäß der Formel „cuius regio, eius religio" (wessen Gebiet, dessen Religion) wurde die religiöse Orientierung der Bevölkerung im Heiligen Römischen Reich Deutscher Nation beginnend mit dem Augsburger Religionsfrieden von 1555 und noch einmal sanktioniert durch den Westfälischen Frieden von 1648 an das jeweilige Bekenntnis des Landesherrn gebunden. Aus der Verschränkung religiöser und politischer Ziele resultierte zugleich das Bemühen um eine umfassende Sozialdisziplinierung.

In dieser ambivalenten Atmosphäre nahm nicht nur die Hexenverfolgung exzessiven Charakter an. In fast schon auffälliger Weise grassierte darüber hinaus die Nachzehrerproblematik, insbesondere in den protestantischen Ländern, in denen die Gelehrten um eine Rationalisierung des Glaubens stritten. Konnten die Katholiken mit der Anrufung der Heiligen als Vermittler zu Gott und der Konzentration auf die Bewährung im Fegefeuer die Furcht vor der ewigen Verdammnis verdrängen, führte die Reformation dergestalt zu einer Dämonisierung des Gespenstes durch die Protestanten, dass transzendente Erscheinungen aus dem Jenseits als Reflexe auf Verfehlungen im Diesseits gedeutet wurden. Weil insbesondere der Protestantismus in Gespenstern betrügerische Einbildungen erblickte, hinter denen der Teufel steckte, sorgte er für ihre Umdeutung von Totengeistern zu Polter- und Rumpelgeistern, die danach trachteten, die Gläubigen in Versuchung zu führen.

Während die Zeit bis zur Mitte des 17. Jahrhunderts aus protestantischer Sicht somit im Zeichen einer „Konfessionalisierung des Geisterglaubens" gestanden hatte, wurde von der Mitte bis zum Ende des 17. Jahrhunderts in umgekehrter Weise auf „Geister als Bollwerk gegen die Atheisten" Bezug genommen. Im Rahmen des Übergangs von der lutherischen Orthodoxie zum Pietismus vollzog sich im 18. Jahrhundert bei der Instrumentalisierung des Gespensterglaubens schließlich eine weitere Schwerpunktverlagerung: Das „Spektakel der teuflischen Besessenheit" – der Spuk im Pfarrhaus – wich dem „Spektakel der göttlichen Begeisterung" – der Inszenierung von spirituell motivierten Bekehrungserlebnissen.[47]

Schmatzende Tote im Protestantismus

Die erste protestantische Stellungnahme zum Geisterglauben ist unmittelbar auf Martin Luther zurückzuführen. In einer seiner Tischreden aus den dreißiger oder vierziger Jahren des 16. Jahrhunderts soll er die Anfrage eines Wittenberger Pfarrers, wie mit der Panik eines Dorfes vor schädigenden Toten umzugehen sei, mit Spott beantwortet haben. Luther zufolge konnte es sich bei dem vermeintlichen Gespenst allenfalls um einen Betrug des Teufels handeln und war das Sterben lediglich auf den Einfluss des Aberglaubens zurückzuführen. Nach Luthers Überzeugung hatte unter dem Pöbel bloß ein übles Gerücht Verbreitung gefunden. Als Mittel gegen die dämonische Suggestion ließ er nur das Gebet gelten und empfahl den fehlgeleiteten Gläubigen daher, im Gottesdienst Buße zu tun.[48]

Noch plastischer wurde die Angelegenheit von dem evangelischen Pastor Martin Böhm aus dem oberlausitzischen Lauban veranschaulicht. In seinen 1601 veröffentlichten Predigten über die „Die drey großen Landtplagen Krieg, Teuerung und Pestilenz" heißt es: „Man hat in Pestilentzzeiten erfahren, das todte Leute, sonderlich Weibespersonen, die an der Pest gestorben, im Grabe ein Schmätzen getrieben, als eine Saw, wenn sie isset: und das bey solchem Schmätzen die Pest hefftig zugenommen, und gemeinigleichen im selben Geschlecht die Leut häuffig nach einander gestorben." Mit dieser Aussage war bereits der Motivkanon für alle folgenden Interpretationen festgelegt. Als Anlass für das Einsetzen des überregionalen Massensterbens wird die Verbreitung der Pest erachtet, die Ursache für die Übertragung der Krankheit vor Ort aber auf das Schmatzen von Toten in Gräbern zurückgeführt. Eine konkrete Bezeichnung erfährt der derart dingfest gemachte Erreger jedoch nicht. Hingegen werden wie in dem bereits erwähnten Breslauer Chronikeintrag von 1517 der Vergleich mit einer „Sau" und die Schuldzuweisung an das weibliche Geschlecht im Kanon der Überlieferung etabliert.

Da der Fall bereits von Luther grundsätzlich geklärt worden war, oblag es Böhm nur noch, die Abwehrmaßnahmen zu diskutieren, die gemeinhin aus Graböffnung und Enthauptung bestanden. Ein Verdacht, so Böhm, gelte für gewöhnlich dann als erhärtet, wenn der Tote den Eindruck erwecke, das Leichentuch zu verschlingen. Sollte nach der posthumen Exekution aus dem Körper ferner noch scheinbar pulsierendes Blut austreten, gelte die Beweisführung als erfolgreich abgeschlossen. Unter Berufung auf die Heilige Schrift und unter Besinnung auf den gesunden Menschenverstand meinte Böhm, dieses Gebaren mit Fug und Recht als Aberglauben abtun zu können. Daher warnte er seine Gemeinde, derartige Freveltaten zu wiederholen.[49]

Ausgehend von den Tischreden Luthers und den Predigten Böhms ging die Auseinandersetzung mit den schmatzenden Toten in die gelehrten Debatten ein. 1610 veröffentlichte Heinrich Kornmann seine Schrift „Über die Wunderdinge der Toten" (De miraculis mortuorum), 1670 der in Leipzig promovierte Mediziner und Chemnitzer Stadtphysikus Christian Friedrich Garmann ein viel zitiertes Buch mit dem gleichen Titel. Garmann bezeichnete die Nachzehrer in seiner auf Latein verfassten, aber mit deutschen Phrasen versehenen Abhandlung schlicht als „Schmezzende Tode". Die in diesem Zusammenhang zitierte Auffassung des Volkes gab er ebenfalls in deutscher Sprache wieder: „Sie propheceien, es werde der Tode die nächsten Anverwandten und Freunde nachhohlen."[50] Aus der Substantivierung des Verbes „nachholen" ergab sich indirekt eine neue Namensgebung. Denn die Kombination der Bezeichnungen „Verzehrer des Leichentuchs" und „Nachholer von Angehörigen" führte zur Entwicklung des Terminus technicus „Nachzehrer". Wissenschaftlich auf den Punkt gebracht wurde die Problematik für die Frühaufklärer zunächst noch einmal in Philip Rohrs 1679 historisch-philosophischer Dissertation „Über das Schmatzen von Toten" (De masticatione mortuorum).[51] Mit dieser Begriffsfassung sollte der Diakon Michael Ranft aus dem thüringischen Nebra dann in den zwanziger und dreißiger Jahren des 18. Jahrhunderts in seinen Arbeiten über das „Kauen und Schmatzen der Toten in Gräbern" die Brücke zum Vampirismus schlagen (vgl. Kap. 4.2).

Aufhocker und Poltergeister in der schlesischen Überlieferung

Bis heute wenig bekannt ist die Tatsache, dass Schlesien in der deutschen Volkskunde des ausgehenden 19. Jahrhunderts als Eldorado der Vampirforscher galt. Diese an Mythen und Sagen reiche Region stieß bei den Heimatkundlern im Zeitalter des Nationalismus aufgrund der ethnischen Gemengelage von Deutschen, Polen und Tschechen und aufgrund der wechselnden politischen Zugehörigkeit zur polnischen und böhmischen Krone, aber auch zu Habsburgern und Preußen naturgemäß auf ein besonderes Interesse.[52]

Ursprünglich im Einflussbereich des Großmährischen Reiches gelegen, geriet Schlesien im Hochmittelalter unter polnische Herrschaft. Nach dem Mongolensturm riefen die Piasten im 13. Jahrhundert deutsche Siedler in die entvölkerten Gebiete. Während in Niederschlesien die Slawen allmählich assimiliert oder marginalisiert wurden, kristallisierte sich in Oberschlesien ein multikulturelles Milieu von Deutschen und Slawen heraus. Mit dem 1348 erfolgten Anschluss an das Königreich Böhmen wurde Schlesien im Spätmittelalter ein Bestandteil des Heiligen Römischen Reiches Deutscher Nation. 1526 gelangte es unter den Einfluss der Habsburger. Im 16. Jahrhundert setzte sich in Niederschlesien der Protestantismus durch, in Oberschlesien behielt hingegen der Katholizismus sowohl bei Deutschen als auch bei Slawen die Oberhand. Die im ersten Viertel des 17. Jahrhunderts einsetzende Gegenreformation hatte den Abschluss von allerlei Toleranzvereinbarungen zur Konsequenz. Nach den Schlesischen Kriegen geriet der größte Teil der Region 1742 unter die Kontrolle des Königreichs Preußen. Den Habsburgern verblieben lediglich Gebiete im Südosten, das sogenannte Österreichisch-Schlesien.[53]

Durch die multikulturelle Prägung überlappten sich im schlesischen Volksglauben Nachzehrer- und Wiedergängervorstellungen ohne jegliche konfessionellen oder ethnischen Unterschiede. Retrospektiv lassen sich den in Schlesien kolportierten Berichten und Erzählungen über den „Alpdruck" und den „Aufhocker" oder den „Poltergeist" in der Tat vampiristische Qualitäten abgewinnen, obwohl das zentrale Motiv des Blutsaugens fehlt. Immerhin scheint sich das Sujet an der polnisch-lausitzischen und der böhmisch-mährischen Grenze, also beim Übergang zu den vorwiegend slawisch besiedelten Gebieten, radikalisiert zu haben.

Bei näherem Hinsehen verfestigt sich der Eindruck, dass die Hexerei als Vorstufe der vampiristischen Wiedergängerei betrachtet wurde (vgl. Kap. 2.1). Als eine Art Faustregel lässt sich für die Übergangszone zwischen Ost und West die folgende Beobachtung festhalten: Während sich die Hexenverfolgung und die Hinrichtung von Sündenböcken auf dem Scheiterhaufen im 16. und 17. Jahrhundert von Westen nach Osten verbreitete, dehnten sich quasi als Gegenbewegung der Vampirglaube und die Verbrennung scheinbar unverwester Leichen im 17. und 18. Jahrhundert von Osten nach Westen aus (vgl. Kap. 4.2). Interessant ist dabei die unterschiedliche Haltung der Obrigkeit: Hatten die Hexen offiziell den Status einer verschwörerischen Gemeinschaft, die es zu bekämpfen galt, wurde die volkstümliche Abwehr von Vampiren zwar als Leichenschändung abgelehnt, doch in der Praxis recht hilflos toleriert.[54]

Posthume Umtriebe eines Schusters und eines Bürgermeisters

Legendär sind im wörtlichen wie im übertragenen Sinne die Wiedergängergeschichten, die der Breslauer Gymnasiallehrer Martin Weinrich in lateinischer Sprache dokumentiert hat. Sie wurden von seinem Sohn Karl 1612 in der Vorrede einer Straßburger Edition von Giovanni Picos della Mirandola Schrift „Die Strix oder Von der Verspottung der Dämonen in drei Dialogen" (Strix sive de ludificatione daemonum dialogi tres) veröffentlicht.[55] Eine Zusammenfassung der Fälle referierte der englische Philosoph Henry More bereits 1653 in seinem Traktat „An Antidote against Atheism"[56], ein bibliographischer Hinweis findet sich in der „Silesiographia renovata", einer 1704 durch den Verleger Michael Joseph Fibiger veröffentlichten Neufassung einer Landeskunde des Historikers und Juristen Nicolaus Henel von Hennefeld aus dem Jahre 1613. In Bezug auf den prominenten Fall Johannes Cunze (bzw. Kunze) wird darin in Anlehnung an die Geister von Verstorbenen in der römischen Mythologie die lateinische Begrifflichkeit des Lemuren *(lemur)* gebraucht.[57] Die Geschichten vom verstorbenen Schuster und vom verstorbenen Bürgermeister wurden von dem Breslauer Gymnasiallehrer Christian Stieff ins Deutsche übersetzt und 1735 im „Schlesischen Historischen Labyrinth" unmittelbar mit der zeitgenössischen Debatte um die serbischen Vampire an der österreichischen Militärgrenze in Verbindung gebracht (vgl. Kap. 4.1).[58] Stieffs Fassung wurde des Öfteren nachgedruckt, an prominenter Stelle unter den Überschriften „Der gespenstige Schuster zu Breslau" und „Der Poltergeist und Vampyr zu Bendschin" in Johann Grässes „Sagenbuch des Preußischen Staates" von 1871[59] und im Kapitel „Vampirsagen" in Richard Kühnaus Sammlung „Schlesische Sagen" von 1910[60] (vgl. Kap. 5.1). Martin Weinrich hatte Folgendes mitzuteilen:

Im September 1591 habe sich in einer nicht unbedeutenden schlesischen Stadt – die von späteren Kompilatoren als Breslau identifiziert wurde – ein Schuster die Kehle durchgeschnitten. Um ihm ein christliches Begräbnis zu ermöglichen, habe seine Ehefrau den Selbstmord zu kaschieren versucht. Dennoch sei über die Gerüchteküche die Wahrheit ans Licht gekommen. Mangels eindeutiger Beweise hätten sich die Angehörigen des Schusters den im Stadtrat erhobenen Forderungen nach einer Exhumierung der Leiche vorerst noch zu widersetzen vermocht. Weil jedoch den Wahnvorstellungen einer steigenden Anzahl von Zeugen zufolge ein Gespenst sein Unwesen zu treiben begann, dessen Aktivitäten sich zunehmend radikalisierten – vom Drücken und Würgen der Schlafenden und dem Verursachen blauer Flecken war die Rede –, sei es den verängstigen Bürgern dann aber dennoch gelungen, ihre Interessen durchzusetzen.

Als das Grab im April 1592 geöffnet worden sei, habe man die Leiche in quasi unversehrtem Zustande vorgefunden. – In Anlehnung an eine von Leo Allatius in Bezug auf den griechischen Vampir verwendete Metapher (vgl. Kap. 3.2) wird einschränkend angemerkt, der Körper habe den Eindruck erweckt, „wie eine Trommel aufgeblasen (inflatum […] tympani modo)" zu sein. – Von einer Leichenstarre sei nichts zu bemerken gewesen, im Gegenteil, die Glieder hätten einen lebendigen Eindruck gemacht. An den Füßen habe sich die Haut teilweise abgeschält und dann erneuert. Weil der Auffassung des Volkes zufolge Zauberer ein körperliches Zeichen trugen, sei ein Mal an der großen Zehe der Leiche als Rose identifiziert worden, ohne jedoch die Bedeutung des Symbols zu thematisieren. Angeblich hätten lediglich die Leichentücher gerochen, die die mörderische Wunde am Hals verdeckten; an der Leiche selbst sei keinerlei Gestank wahrzunehmen gewesen.

Über einen Zeitraum von zwei Wochen sei der Tote danach öffentlich ausgestellt und einer Bewachung unterzogen worden. Dennoch hätten die Gerüchte über seine nächtlichen Umtriebe nicht nachgelassen. Nachdem der Körper zur Abschreckung unter den Galgen gelegt worden sei, habe er es noch toller getrieben. Schließlich habe selbst die Witwe klein beigegeben und einer posthumen Exekution zugestimmt. In der Zwischenzeit habe sich herumgesprochen, dass der Körper an fleischlicher Fülle zuzunehmen begonnen habe.

Daraufhin habe der Rat am 7. Mai 1592 den Henker bestellt, den Kopf abschlagen sowie Hände und Füße zerteilen und das Herz vom Rücken her herausschneiden lassen. Der malträtierte Körper habe einem geschlachteten Kalb geglichen. Schließlich sei der Leichnam auf einem Scheiterhaufen verbrannt worden. Dabei habe man Sorge dafür getragen, dass keiner sich an Asche und Knochenresten zum

Zwecke der Hexerei bedienen konnte. Stattdessen sei alles im Fluss entsorgt worden. Das Gespenst sei danach nicht mehr erschienen.

Die Geschichte ist deshalb instruktiv, weil sie Beobachtungen vorwegnimmt, die in den 1730er Jahren in Bezug auf vermeintlich unverweste Leichen im Bereich der habsburgischen Militärgrenze in Serbien zu einer Sensation gemacht werden sollten. Markant und aufschlussreich in Bezug auf mögliche Hintergründe der serbischen Fälle, die von den Quellen verschwiegen werden, sind die Motive, die dem Verhalten der städtischen Gesellschaft in Schlesien zugrunde liegen. Der religiöse Frevel des Selbstmords zeigt nicht nur individuelles Fehlverhalten, sondern auch ein Versagen der Gemeinschaft an. Über ein Gerücht findet die Wahnvorstellung des Alpdrucks, der sich plastisch in Wundmalen niedergeschlagen haben soll, weite Verbreitung. Interessant ist die Routine beim Umgang mit der Wiedergängerei. Einerseits wird das Verlassen des Grabes intuitiv als selbstverständlich erachtet. Andererseits folgen die Abwehrmaßnahmen gegen den Quälgeist einer Logik, der sich selbst die Obrigkeit nicht widersetzen kann. Die archaischen Elemente bei der posthumen Exekution zeigen, wie stark vorchristliche und magische Vorstellungen unter der Bevölkerung verbreitet waren.

Dem Kommentar Martin Weinrichs zufolge war diese „Geschichte eines neuen Haus-Gespenstes *(lemur)*" in Schlesien so verbreitet, dass von Zweifeln nicht die Rede sein könne, zumal noch Zeitgenossen aufzufinden seien, „welche selbst in eigner Persohn diese teuflische Possen-Spiele *(phantasma)* mit angesehen, und von dem Polter Geiste *(larva)* selber geplaget worden" seien.[61] Für noch mehr Furore als der selbstmörderische Schuster sorgte jedoch der Fall des Johannes Kunze, der 1592 in „Pentsch" (so die umgangssprachliche Variante bei Weinrich) oder „Bendschin" (laut Stieff die korrekte Bezeichnung zu Beginn des 18. Jahrhunderts) aufgetreten sein soll. „Bendschin" findet neben den Varianten „Bentzen" und „Benitsch" auch in der „Topographia Bohemiae Moraviae et Silesiae" Erwähnung, die der Kupferstecher und Verleger Matthäus Merian 1650 veröffentlichte.[62] Es handelt sich um die freie Bergstadt Bennisch im Fürstentum Jägerndorf.

Das heute unmittelbar an der Grenze zu Polen im Osten Mährens gelegene Jägerndorf (tsch. Krnov) erlangte 1377 den Status eines Herzogtums und fiel bereits 1411 an das Königreich Böhmen. Zu seinen Untertanen zählten vor allem deutsche Kolonisten. 1523 wurde das zwischen Mähren und Schlesien gelegene Gebiet von den Hohenzollern käuflich erworben und bis zur Schlacht am Weißen Berg 1620 zu einem Zentrum des evangelischen Glaubens gemacht. Danach übernahmen die Habsburger die Herrschaft und leiteten die Rekatholisierung ein. Nach dem Ersten Schlesischen Krieg von 1742 verblieb das Fürstentum bei Österreichisch-Schlesien.

Obwohl Bennisch als freie Bergstadt 1590 mit einer Bergordnung ausgestattet worden war und über ein Silber- und ein Eisenbergwerk verfügte, hatte es nach dem Dreißigjährigen Krieg nicht mehr viel zu bieten. Möglicherweise hatten die Wassernot im Stollen und die Entwertung der Edelmetalle den Bergbau bereits vor dem Dreißigjährigen Krieg ins Stocken gebracht. Neben den wirtschaftlichen Problemen taten sich auch soziale Differenzen auf. Denn die Bergordnung hatte den Bergleuten nicht nur Privilegien verliehen, sondern für sie zugleich auch die Errichtung einer neuen Siedlung beim Bergwerk vorgesehen. Weil die alteingesessenen Ackerbürger zinspflichtig waren und Arbeitsleistungen zu verrichten hatten, lag ihnen daran, die privilegierten Bergleute vom Stadtregiment fernzuhalten. Konjunkturell bedingt vergrößerte sich die Einwohnerzahl von 500 im Jahre 1559 auf 1000 im Jahre 1610, ging bis 1651 aber wieder auf 548 zurück. Den zwischenzeitlichen Aufschwung spiegelt auch die Verabschiedung einer Schulordnung im Jahre 1602 wider. Auf dem Gebiet der Rechtsprechung wurden hingegen noch zu Zeiten Kunzes Beschneidungen der Kompetenzen wirksam. Bis 1584 wurde die Blutgerichtsbarkeit eigenständig vom Erbvogt und seinen Schöffen vertreten. Mit Einführung des römischen Rechts, das unter anderem zu einer Verschärfung des Strafmaßes führte, beanspruchte indes die brandenburgische Oberhauptmannschaft in Jägerndorf die Bestätigung aller Urteile des Bennischer Hochgerichts. 1589 trat der letzte Erbvogt sein Amt an.[63]

Johannes Kunze wurde um 1532 in Lichten im Fürstentum Jägerndorf geboren. Nach seiner Übersiedlung nach Bennisch gelangte er zunächst als Holzhauer und Schindelmacher zu Ansehen. Er wurde in den Stadtrat aufgenommen und übernahm in den Jahren 1573, 1580 und 1592 jeweils für kurze Zeit das Amt des Bürgermeisters.[64] Sein guter Leumund wurde erst nach seinem Tod angezweifelt. Nach seiner posthumen Verbrennung wurde gemunkelt, die Eltern und der Bruder seiner zweiten Frau seien nach ihrem Ableben ebenfalls wegen Wiedergängerei belangt worden. Eine Autorität wie der Pastor soll sich darüber mokiert haben, dass Kunze während des Gottesdienstes mitunter eingeschlafen sei. Der Kompilator und Übersetzer Stieff vermutet nicht ganz zu Unrecht in dem evangelischer Pfarrer Johann Vogt den Urheber des Berichts, der von Anspielungen auf magische Vorzeichen nur so wimmelt.[65]

Martin Weinrich zufolge haben sich die Ereignisse folgendermaßen zugetragen:

Vier Tage vor seinem durch einen Reitunfall verursachten Tod sinnierte Kunze anlässlich einer Taufe öffentlich darüber nach, ob er jemals wieder Pate werden könne. Seine dritte Ehefrau und seine Kinder schlossen daraus später, er habe seinen Tod vorausgesehen. Implizit wurde durch diese Vermutung ein Bündnis mit dem Teufel unterstellt. So ließ sich Kunzes beachtliches Vermögen weder aus einer Erbschaft noch aus den Erträgen seines Berufes herleiten. Andere Leute argwöhnten denn auch, er habe eines seiner Kinder an einen Unbekannten verkauft.

Am 4. Februar 1592 schlug Kunzes Lieblingsross vor seinem Hause aus und traf ihn schwer. Obgleich keine Wunde zu sehen war, klagte er über innere Verletzungen. Einige Leute behaupteten nach seinem Tod, der Tritt durch das Pferd sei eine List gewesen, mit der vertuscht werden sollte, dass der Teufel ihn holen wollte. Als sein jüngster Sohn an sein Bett trat, drückte Kunze verzweifelt den Wunsch aus, um seinetwillen noch ein paar Jahre auf Erden weilen zu dürfen. Einerseits flehte er Gott diesbezüglich um Gnade an. Andererseits suchte er den anwesenden Paten des Knaben, einen Ratskollegen, in die Pflicht zu nehmen. Die Inanspruchnahme eines Geistlichen hielt er indes für überflüssig. Schließlich wurde der in der Nähe wohnende älteste Sohn geholt, der bis zur Todesstunde seines Vaters um drei Uhr nachts am Sterbebett ausharrte. Zuvor drang noch ein schwarzer Kater durch das Fenster ein, sprang auf das Krankenbett und stürzte sich wie ein Raubtier auf Kunzes Gesicht.

Trotz der persönlichen Verfehlung und ungeachtet des bösen Omens konnte sein Sohn am nächsten Morgen beim Pfarrer ein ordentliches Begräbnis erwirken. Als

Ratsmitglied wurde Kunze ein Platz in der Kirche rechts neben dem Altar angewiesen. Nachträglich war von einer großzügigen Spende die Rede. Als die Leiche gewaschen wurde, schnellte angeblich eine Hand vor und legte sich auf die Stelle, die vom Pferdehuf in Mitleidenschaft gezogen worden war. Der Reigen an bösen Vorzeichen war damit aber noch nicht abgeschlossen. Während der Prozession setzte plötzlich ein heftiges Gewitter mit Blitz, Donner und Hagelschlag ein.

Drei Tage nach der Beerdigung verbreitete sich in der Stadt das Gerücht, es lasse sich ein „Alpgespenst" (incubus) oder „höllischer Geist" (ephialtes) in Gestalt Kunzes sehen. Bereits am Tag vor dem Begräbnis habe der Verstorbene eine Frau angefallen, umgerissen und drangsaliert. Nach der Bestattung habe er einen Schlafenden aufgesucht und bedroht. Die Nachtwächter erzählten, im Haus von Kunzes Witwe sei nachts ein Gepolter und Getöse zu vernehmen. Einer Magd zufolge war jemand ebenfalls in der Nacht zu Pferde um ein Haus geritten und hatte an Fenster und Türen gestoßen. Als Beweis für den Vorfall wurden Spuren im frisch gefallenen Schnee angeführt. Am 24. Februar teilte der Taufpate von Kunzes Sohn dem Pfarrer mit, der Verstorbene sei ihm nachts erschienen und habe ihm um Unterstützung seines jüngsten Sohnes gebeten. Seine Sorge habe darin bestanden, dass der älteste Sohn eine Schatzkiste mit 400 Gulden veruntreuen würde. Ungeachtet seiner gut gemeinten Worte habe das Gespenst noch im Hause herumgepoltert und die Kühe verschreckt.

Aus Furcht vor dem nächtlichen Treiben bestellte Kunzes Familie Wachleute, die sich ordentlich Mut antranken und das Gespenst zu provozieren trachteten. Kunze habe daraufhin seinen Unmut an den Tieren ausgelassen und sich insbesondere an dem Pferd gerächt, das für seinen Tod verantwortlich war. Der unruhige Gaul musste dem Henker übergeben werden. Manche forderten deshalb die Verbrennung des dämonischen Wesens auf dem Scheiterhaufen. Sobald die Lichter ermatteten, meinte die Familie, die Anwesenheit des Gespenstes zu vernehmen. Die Hinterbliebenen vermieden den Schlaf, weil sie angeblich trotz der Anwesenheit ihrer Wächter immer wieder vom Alpdruck heimgesucht und von Ohnmachtsanfällen gepeinigt wurden. Des Öfteren soll der Tote einfach nur im Sterbekittel am Ofen gesessen haben. Zu leiden habe insbesondere die Witwe gehabt, die Kunze sogar zum Beischlaf genötigt haben soll. Darüber hinaus habe er die Milchtöpfe ausgesoffen. Dem gerade abgestillten jüngsten Kind habe er zudem Goldmünzen versprochen, wenn es ihm ins Grab nach-

folge. Einen mutigen Familienangehörigen habe Kunze derart gewürgt und gedrückt, dass er blaue Flecken bekam.

Nach und nach soll der Verstorbene auch in der Stadt und auf dem Land sein Unwesen getrieben haben. Ihm wurde nachgesagt, mit übermenschlichen Kräften Pfeiler ausgerissen und auf einem dreibeinigen Pferd reitend die Gegend unsicher gemacht zu haben. Karnevalesk wurden dabei ungeschriebene Gesetze auf den Kopf gestellt. Kunze habe einer Magd den Abwasch abgenommen, die es nach gängiger Sitte an einem Donnerstag unterlassen habe, sich darum zu kümmern. Einen Betrunkenen, der sich gegen seine Frau zur Wehr setzte, habe er dazu verleitet, sich mittels Luftschlägen an der Wand zu verletzen. Seine Possen seien so weit gegangen, den Kühen die Euter auszusaugen und die Schwänze zusammenzubinden. Als lebensbedrohlich erwies sich der Horror für die Schwachen der Gemeinschaft, für Greise und Waisen. Gefährlich soll die Lage insbesondere für Wöchnerinnen gewesen sein, denen er angeblich nicht nur die Brüste ausdrückte, sondern auch die Kinder aus den Wiegen stahl. – Ein impliziter Rückschluss auf den Vampirismus lässt sich indes nur auf die Behandlung von Kälbern beziehen, denen er durch „Aussaugen", wohl bezogen auf die Mutterkühe, die Lebenskraft genommen haben soll. – Wie bei den Gräbern von Pilweisen (Zauberern) und Hexenmeistern (Magiern) glaubte das gemeine Volk auch bei Kunzes Ruhestätte in der Kirche, Mäuselöcher entdecken zu können. Der Versuch, sie abzudichten, war jedoch vergeblich. Stattdessen wurde eine Besudelung von Altar und Taufbecken mit Blut registriert. Spuk und Schabernack hätten selbst vor dem Pfarrhaus nicht haltgemacht. Am 8. Juli soll das Gespenst die Familie des Pfarrers terrorisiert haben, indem es stinkende, krankheitserregende Dämpfe ausspie.

Nachdem Bennisch derart in Verruf geraten war, besannen sich die Einwohner auf das altbewährte Heilmittel der Leichenexekution. Zur Lokalisierung des Unruheherdes waren sie trotz der im Sinne Luthers vorgenommenen Ermahnungen des Pfarrers bereit, eine Reihe von Familiengräbern zu öffnen. Folglich waren sich die Menschen zu diesem Zeitpunkt noch gar nicht im Klaren, welcher Tote überhaupt für den Schadenzauber verantwortlich zu machen sei. Viele Begebenheiten dürften daher erst in der Retrospektive Kunze zugeschrieben worden sein. Des Rätsels Lösung lieferte für die Zeitgenossen offenbar erst die am 20. Juli erfolgte Öffnung von Kunzes Grab. Im Unterschied zu denjenigen, die vor und nach Kunze verstorben waren, schien der Leichnam des Bürgermeisters unversehrt zu sein, obwohl er bereits ein Vierteljahr im Grab gelegen hatte. Die schwärzlichen Verfärbungen der Haut im Gesicht und an der Brust wurden darauf zurückgeführt, dass diese Stellen bei der Bestattung mit Löschkalk bestreut worden waren. Mit dieser Art der Desinfizierung ist eine vorübergehende Konservierung des Leichnams verbunden, was ursprünglich also offenbar durchaus erwünscht war. Möglicherweise hatte bei der Grablegung in der Kirche auch nur der Fäulnisprozess eingedämmt werden sollen, um die Geruchsbildung zu vermeiden. Statt der zu erwartenden Mumifizierung wurde nun aber die Regeneration der Haut festgestellt. Von einer Leichenstarre konnte nicht die Rede sein. Alle Gliedmaßen schienen beweglich zu sein. Ein dem Toten in die Hand gegebener Stab wurde von den Fingern im Klammergriff gehalten. Nachdem man den Toten aufgerichtet hatte, habe er über Nacht das Gesicht von der einen auf die andere Seite gedreht. Seine Vitalität habe er zudem dadurch unterstrichen, dass sein Körper aussah wie bei „gemästeten speckfetten Schweinen".

Mit dieser Erkenntnis war die Beweisführung in puncto Wiedergängerei abgeschlossen. Per Selbstjustiz kam man überein, Kunzes Leichnam dem Scheiterhaufen zu übergeben. Zur Sicherheit sollte aber noch die Zustimmung des Landesfürsten eingeholt werden. Nachdem eine hinhaltende Antwort eingetroffen war, wurde kurzerhand der Scharfrichter einer Nachbargemeinde rekrutiert, der sich mit Kunzes Pferd als Honorar zufriedengab. Um den Toten aus der Kirche zu schaffen und um ihm den Wiedereintritt zu verwehren, musste ein Loch in die Wand gehauen werden. Aus dem Umstand, dass der Leichnam extrem schwer zu transportieren war, wurde geschlossen, dass sich der Tote gegen sein Schicksal sträube. Seine Hinrichtung wurde dadurch, dass sich alle Einwohner an der Sammlung von Brennholz beteiligten, als kollektive Aktion inszeniert. Zunächst fingen nur der Kopf und die Hände Feuer. Die deshalb unternommene Zerstückelung des Körpers zog reichliches Blutspritzen nach sich. Nachdem alle sterblichen Überreste unter Bewachung verbrannt waren, wurde die verbliebene Asche in den Fluss gestreut. Danach habe der Spuk aufgehört.

Von einer Reaktion der Obrigkeit ist nichts überliefert. Allerdings hatte die Angelegenheit ein Nachspiel anderer Art, welches das fortwirkende Gären der Gerüchteküche bezeugt. Als eine Magd aus dem Haus der Familie Kunze starb, wurden ihr allerlei Grabbeigaben mitgegeben, um etwaige Hexereien zu verhindern. Dennoch erschien acht Tage nach ihrem Tod ein Poltergeist, der einen Monat lang sein Unwesen trieb. Daraufhin wurde mit der Verstorbenen genauso verfahren wie mit Kunze.

Dem Kompilator Stieff zufolge gleicht das Phänomen des Poltergeists demjenigen des Vampirs, allerdings seien durch das plastische Auftreten in Bennisch „noch viel seltsamere Umstände" als bei den Vampirfällen an der österreichischen Militärgrenze zu verzeichnen gewesen.[66] Der Urheber der Geschichte, Weinrich, verwendete auf der Grundlage lateinischer Begrifflichkeiten zwar den Ausdruck „Alp" (incubus). Doch ist Kunzes Geschichte in der Tat auch deshalb bemerkenswert, weil sie genauso wie diejenige des selbstmörderischen Schusters alle Motive enthält, die später den südosteuropäischen Vampiren angedichtet wurden (vgl. Kap. 4.1). Trotz der Ausschmückungen, die der Phantasie der Zeitgenossen entsprangen, haftet beiden Fällen aufgrund ihrer spezifischen Überlieferung noch eine gewisse Authentizität an. Dazu zählt auch das Aufquellen der vermeintlich schädigenden Leiche im Grab. Daneben spiegeln die Berichte allerlei Interessenkonflikte innerhalb der betroffenen Familien und mancherlei soziale Probleme innerhalb der Gemeinde wider. Sie verdeutlichen, dass es bereits eine Vorstellung vom Vampir gab, bevor der Begriff überhaupt bekannt geworden ist. Kunze wurde post factum angelastet, seine Seele dem Teufel verkauft zu haben. Über die Gerüchteküche wurden Banalitäten zu dämonischen Vorzeichen stilisiert. Was noch fehlte, war die explizite Auslegung des Schadenzaubers als Blutsaugen; das Rauben der Lebenskräfte wurde allenfalls auf die Muttermilch bezogen. Sexuelle Gewalt kam nur in Bezug auf den Alpdruck und auch dort nur unterschwellig zum Ausdruck: Wurde das Quälen der Kühe offen angesprochen, erfuhr das Schänden von Frauen nur eine oberflächliche Thematisierung. Auch die Vernachlässigung von Kindern war ein Problem, das in den zeitgenössischen Erörterungen mehrfach auf die Tagesordnung gesetzt wurde. Jenseits aller Unterstellungen, die die Verletzung sittlicher Normen betrafen, ist Kunzes Wiedergängerei im Kern der Erzählung lediglich durch die Sorge um das Schicksal des jüngsten Sohnes und durch den Familienstreit um sein Erbe motiviert gewesen.

Bis zum 19. Jahrhundert erfuhr der Wiedergängerbericht noch allerhand Verfremdungen, durch die er schließlich Züge einer Sage annahm. So wusste Theodor Bernaleken 1859 in seinem Buch „Mythen und Gebräuche des Volkes in Österreich" zu berichten, dass Bürgermeister Kunz nachts mit einem dreibeinigen Schimmel ausreite. Wenn die Fuhrleute Schwierigkeiten hätten, einen Grenzhügel zu überwinden, könnten sie mit dem Ruf „Wenn nur Herr Kunz käme!" Unterstützung anfordern.[67] Anton Peter, ein Gymnasiallehrer aus Troppau, überlieferte 1867 im zweiten Band seiner Sammlung „Volksthümliches aus Österreichisch-Schlesien" eine mit noch größerer dichterischer Freiheit ausgestattete Variante der Geschichte vom „Hexenmeister Kunze aus Bennisch". Seiner Version zufolge hatte der „Hexenmeister" nachts Kinder aus den Gräbern gelockt und war mit ihnen durch die Gegend gezogen. Als er nach seinem Tod begonnen habe, Schabernack zu treiben, sei er in ein Grab in der Kirchenmauer verbannt worden. Genau wie bei Bernaleken stehe er seither den Fuhrleuten zur Seite.[68]

Verdächtigung eines verstorbenenen Schöffen

Als letzter prominenter Poltergeist in Schlesien vor dem Auftreten der Vampire ist der durch den Gerichtsschreiber Johann Christoph Raab dokumentierte Fall des am 20. Mai 1709 gestorbenen Gerichtsgeschworenen Georg Eichner zu verzeichnen. Der Fall findet sich in der in den *Schlesischen Provinzialblättern* 1868 veröffentlichten Dorfchronik von Reimswaldau:

Unmittelbar nach Eichners am 23. Mai 1709 erfolgter Beerdigung machte das Gerücht vom Auftreten eines Poltergeistes die Runde. Die Angehörigen des Verstorbenen beharrten auf seiner Rechtschaffenheit und Frömmigkeit und stellten zu seiner Ehrenrettung sogar eine Exhumierung in Aussicht. Hierauf wurde vorerst allerdings noch verzichtet. Stattdessen ließ der Graf von Schloss Fürstenstein zur Beruhigung der Bevölkerung ab dem 5. Juli Wachen an Eichners Grab aufstellen. Zwischenzeitlich mehrten sich die Aussagen seiner Bekannten, er sei bis zu seinem Tod ganz auf Geldgeschäfte fixiert gewesen und habe es nach seinem Ableben an Leichenstarre vermissen lassen. Die Wachen meinten, dass schmetterlingsartige Gestalten aus dem Grabe entwichen. Eine Frau behauptete sogar, Eichner habe sich in eiskaltem Zustand nackt zu ihr ins Bett gelegt.

Aufgrund dessen wurde das Grab am 11. Juli zum ersten Mal geöffnet. Nach Angaben von Augenzeugen, die der Öffnung des Sarges beiwohnten, habe die Leiche keine Verwesungsanzeichen gezeigt. Die Verletzung des Körpers habe darüber hinaus zu Blutungen geführt. Deswegen wurde die Bewachung des Grabes fortgesetzt und die immer noch nicht das erwartete Geständnis liefernde Witwe unter Hausarrest gestellt.

Weil die Klagen über den Poltergeist nicht nachließen, bestellte die Obrigkeit am 18. Juli einen erfahrenen Totengräber, der den Einsatz des Scharfrichters empfahl. Nach der Einbeziehung eines Erzpriesters, der sich im Wesentlichen auf die erfolglose Vernehmung der Witwe konzentrierte, wurde am 24. August eine bischöfliche Untersuchungskommission bestellt. Aus Respekt vor den Autoritäten gestand die Witwe des Toten nun, ihr Mann sei ihr bereits in der ersten Nacht nach der Aufbahrung erschienen. Daher wurde der Tote am 24. September von der geistlichen an die weltliche Jurisdiktion übergeben und wegen Betätigung als Poltergeist zur Enthauptung und Verscharrung an einem unbekannten Ort verurteilt.[69]

Offenbar verdichteten sich Gerüchte über einen nächtlichen Spuk in Reimswaldau zu dem Verdacht, ein Poltergeist gehe um. Für die Gemeinde scheint das Problem interessanterweise vor allem darin bestanden zu haben, dass eine schnelle Lösung durch das Zögern der Witwe, ihren verstorbenen Mann anzuklagen, verhindert wurde. Zwar ließ es sich die Obrigkeit nicht nehmen, die Totenruhe zu stören und die Leiche im übertragenen Sinne aus der Welt zu schaffen, doch wurde durch den Verzicht auf die posthume Verbrennung der Seele des Verstorbenen immerhin noch die Chance der Erlösung belassen.

Giure Grando als slowenischer Prototyp des Vampirs

Die Wiedergänger Giure Grando aus dem kroatischen Kringa (1672) und Michael Kasparek aus dem oberungarischen Lubló (1718) (vgl. Kap. 5.1) gelten bei den Spezialisten für „Magia posthuma" als Prototypen der serbischen Vampire. In beiden Fällen lag der Schauplatz des Geschehens zwar an der Peripherie der abendländischen Geschichte. Die Rezeption der ersten Berichte und die weitere Überlieferung der Geschehnisse standen aber eindeutig im Zeichen des Publikumsgeschmacks im deutschsprachigen Raum. Giure Grando und Michael Kasparek sprachen vor allem die sexuellen Phantasien an. Diese Verbindung bezeugt auf der einen Seite die archetypische Verwobenheit von Eros (Liebe) und Thanatos (Tod), auf der anderen Seite resultiert aus ihr die narrative Trivialisierung posthumer Aktivitäten. Typologisch sind die beiden Helden irgendwo zwischen Gespenstern, Schadenzauberern und Nachzehrern angesiedelt. Erst das Gerücht und die Kolportage geben ihren Fällen eine gewisse Signifikanz. Beide Gestalten stehen für die Personifizierung des Vampirs, wenngleich Giure Grando zumindest in dem Bericht des Ghostwriters, der bei der Überlieferung seiner Geschichte mit Hand anlegte, eher als Nachzehrer oder Poltergeist westlicher Spielart erscheint.

Giure Grando ist durch den „Vampir"-Roman (2006) des kroatischen Schriftstellers Boris Perić der zwischenzeitlichen Vergessenheit entrissen worden. Neuerdings wird der angebliche Vampir sogar durch die kroatische Tourismusbranche vermarktet. Dabei stellt der Fall in der umfangreichen Landesgeschichte „Die Ehre des Hertzogthums Crain", die der ambitionierte slowenische Naturforscher, Topograph und Ethnologe Freiherr Johann Weichard Valvasor 1689 veröffentlichte, nicht mehr als eine Anekdote dar.[70]

Das habsburgische Herzogtum Krain wurde 1364 auf dem Territorium des heutigen Slowenien errichtet. Vor dem Hintergrund feudaler Unterdrückung und mehrerer Türkeneinfälle erlebte die Region vom Ende des 15. bis zur Mitte des 16. Jahrhunderts permanente Bauernunruhen und den Einzug der Reformation. In diesem Zusammenhang kam es zur Übersetzung der Bibel ins Slowenische und zur Abfassung einer slowenischen Grammatik, zudem wurden in Tübingen slowenische Bücher gedruckt. Allerdings sorgten der Klerus und der Adel für eine gewaltsame Rekatholisierung des Herzogtums. In den nächsten drei Jahrhunderten blieb das Land dann von weiteren Unruhen verschont. Unter Maria Theresia wurde in der zweiten Hälfte des 18. Jahrhunderts sogar ein ökonomischer Aufschwung erzielt.[71]

Eine Besonderheit von Valvasors monumentalem Werk besteht darin, dass es unter aktiver Mitarbeit von Erasmus Francisci veröffentlicht wurde, der beim Nürnberger Buchhändler und Verleger Johann Andreas Endter als Lektor tätig war und die kommerziellen Interessen des Unternehmens zu vertreten hatte. Der Polyhistor, Kompilator und Kirchenlieddichter

Francisci war für esoterische Themen empfänglich. Parallel zu seiner Arbeit an der „Ehre des Herzogthums Crain" veröffentlichte er 1690 die umfangreiche Abhandlung „Der Höllische Proteus oder Tausendkünstige Versteller". Ausgehend von der Teufelsallegorie präsentierte Francisci zunächst einen umständlichen Untertitel, der den Glauben an Gespenster in einem Zirkelschluss anscheinend auf „Einbildung", „Wahn" und „Irrthum" zurückführte. Doch dann wartete Francisci in der Einleitung seines Buches effektvoll mit einer Gegenthese auf, indem er sein Interesse an einem wirklichen und wesentlichen Geist unterstrich, „der in mancherley Gestalt sich sehen oder ohne Sichtbarkeit mit einem Gepolter oder mit blosser Stimme hören und vernehmen lässt". Um seine Argumente empirisch zu untermauern, zog er schließlich im Kapitel über die „schmatzenden Toten" alle bis dato bekannten Nachzehrer- und Wiedergängerfälle heran.[72]

Während Francisci der Faszination von Wundern erlegen war und sich von den Debatten um Dämonologie und Hexenverfolgung inspirieren ließ, versuchte Valvasor, seiner wissenschaftlichen Gelehrsamkeit entsprechend, natürliche wie mirakulöse Erscheinungen rational zu erklären. Die Widersprüche beider Herangehensweisen haben sich nicht nur im umfangreichen Anmerkungsapparat des Werks, sondern auch im Text niedergeschlagen, insbesondere dann, wenn der Redakteur die Position des „Haupt-Autors" kenntlich machte.[73] Auf diese Weise wurden westliche „Vampirvorstellungen" auf Wiedergängerphänomene im südöstlichen Europa übertragen, bevor der im Balkanraum teilweise verbreitete Ausdruck „Vampir" im Westen überhaupt bekannt wurde.

Auf Zauberer und Hexenmeister, die dem Volksglauben nach „den Kindern das Blut aussagen", kamen die beiden Autoren im sechsten Band ihres gemeinsamen Werkes zu sprechen. Unberücksichtigt blieb dabei ein Zeugnis aus der ersten Hälfte des 17. Jahrhunderts, das erst 1837 zur Veröffentlichung gelangte. Der italienische Gelehrte Giacomo Filippo Tommasini hatte nämlich in einer Landesbeschreibung Istriens das Phänomen des *kresnik* oder *krsnik* (in der Druckfassung: „cresnidi") erwähnt und als Pendant zum *vukodlak* (dort: „uncodlachi") präsentiert (vgl. Kap. 6.1). In der slowenischen Mythologie des 19. Jahrhunderts wurde der Krsnik zu einem Sonnenheros verklärt. Die

Volkskunde hingegen definierte ihn gemäß der wörtlichen Bedeutung seines Namens von „Kreuz" und „Taufe" als einen Menschen, der mit einer um den Kopf gewundenen Plazenta geboren wird und imstande ist, in die Gestalt derjenigen Tiere zu schlüpfen, in welche Schaden bringende Tote einfahren. Krsnik und Vukodlak stammen Tommasini zufolge aus derselben Sippe, und im Duell mit ihnen siegt stets das Gute.[74]

Derartige Eigenschaften werden bei Valvasor respektive Francisci für die Wiedergänger nicht erwähnt. Auch ihre Benennung ist eine andere. So wurden die „Blut-Aussauger" gemäß der deutschen Ausgabe der „Ehre des Herzogthums Crain" im Volksmund „Strigon" oder „Vedarez" genannt (bezeugt ist jedoch nur der Ausdruck *vedomec* für „böser Geist"; laut dem kroatischen Sprachwissenschaftler Vatroslav Jagić fand in der Küstenregion der Ausdruck *kodlak* und im Hinterland der Begriff *štrigun* Verwendung[75]). In einer Anmerkung wird „Strigon" von dem lateinischen Wort „Strix" abgeleitet und auf den Hexenvogel der römischen Mythologie zurückgeführt, der den Ammen die Milch entzieht und das Leben von Kindern bedroht. Da sich die Motive jedoch vermischen, bleibt die Aussage von Valvasors Landesbeschreibung unklar. Im Haupttext wird das angebliche Blutsaugen jedenfalls wieder relativiert. So gehe der Štrigun nach seinem Tod in seinem Dorf umher und klopfe an die Haustüren. Aus jedem betroffenen Haus müsse jemand sterben. Von denjenigen, die verfrüht das Zeitliche segneten, werde behauptet, der Štrigun habe sie „gefressen".

Neben dem vermeintlichen Blutsaugen interessieren sich die beiden Autoren aber auch noch für eine andere Komponente der Wiedergängerei: Bauern sollen erzählt haben, der Štrigun betreibe nicht nur Schadenzauber, sondern lebe auch seine Sexualität aus. Dass damit sowohl auf die Maßregelung von Witwen als auch auf die Anrüchigkeit des Ehebruchs angespielt wurde, ergab sich für die beiden gelehrten Autoren von selbst.

Als letzten Punkt erörterten sie die Abwehrmaßnahmen gegen den Štrigun. Demnach warteten die Bauern die Zeit bis zur um Mitternacht erfolgenden Rückkehr des Štrigun ins Grab ab, um ihn dann mit einem Pfahl aus Dornenholz zu durchstoßen. Die Verletzung ziehe den heftigen Austritt von Blut und ein impulsives Krümmen des Körpers nach sich. Weil derartige

3 • KRINCK ALS HEIMAT VON GIURE GRANDO
Der Marktflecken Krinck erweckt in der zeitgenössischen Darstellung mit der katholischen Kirche und den steinernen Wohnhäusern den Eindruck eines ackerbürgerlichen Milieus. Von Stadtmauern oder Befestigungen ist nichts zu sehen.

4 • DIE VERMARKTUNG GIURE GRANDOS ALS VAMPIR
Die von der Tourismusbranche vorgenommene Stilisierung Jure Grandos zu einer Dracula-Figur findet in der heutigen 500-Seelen-Gemeinde Kringa ungeachtet der Integration Kroatiens in die Europäische Union durch ein Vampir-Cafe Unterstützung.

Grabschändungen dem christlichen Glauben widersprächen, würden sie von der Obrigkeit allerdings nicht toleriert.[76]

Die einzigartige und damit sensationelle Geschichte des „Nachtgängers" Georg oder Giure (slow. Jure) Grando aus dem im heutigen Kroatien gelegenen Kringa aus dem Jahre 1672 findet in der „Ehre des Herzogthums Krain" gleich dreimal Erwähnung, im 6., 8. und im 11. Buch.[77] Der in Istrien unweit Pazins – zeitgenössisch auch Mitterburg genannt – befindliche Markt „Krinck" zeichnete sich Valvasor zufolge einst durch eine Ringmauer und Türme aus, habe mittlerweile aber an Häusern und Einwohnern eingebüßt.[78] Für die Authentizität des Wiedergängerfalls verbürgt sich Valvasor ausdrücklich: „An der Gewißheit dieses Verlaufs hafftet kein Zweifel, denn ich habe Selbst mit

Personen geredet, die mit dabey gewesen."[79] Was hat uns der „Haupt-Autor" diesbezüglich mitzuteilen?

Die in der slowenischen Landesbeschreibung zu lesende Aussage, Giure sei 16 Jahre vor ihrem Erscheinen verschieden, gibt der Tourismusbranche Anlass, zu behaupten, der Tote habe jahrelang sein Unwesen getrieben. Wichtiger erscheint jedoch die Vergegenwärtigung des zeitlichen Abstands zwischen dem an anderer Stelle ausdrücklich auf 1672 datierten Fall und seiner Verschriftlichung 1688. Für die Nachwelt erhält das Ereignis damit von vornherein einen anekdotischen Charakter. Zumindest lässt der ironische Ton, in dem der Bericht verfasst ist, an seiner Ernsthaftigkeit zweifeln. Denn über den vermeintlichen Schadenzauber wird der Leser erstaunlicherweise nicht informiert, als ob von diesem nie groß die Rede gewesen wäre. Es bleibt bei dem Hinweis, Giure habe nach Sonnenuntergang sein Grab verlassen und sich als „Nachtgänger" herumgetrieben, obgleich er christlich bestattet worden sei:

Von Pater Georgio, der die Beerdigung vorgenommen habe, sei Giure als Erster wiedergesehen worden. Georgio habe den Verstorbenen hinter der Tür erblickt, als er im Haus der Witwe zusammen mit Freunden des Toten ein Gedenkmahl eingenommen habe. – Im Rahmen eines Totengedenkens mag dieser Eindruck gerechtfertigt erscheinen, zumindest lässt sich diese Begebenheit bei der Erklärung der nachfolgenden Unregelmäßigkeiten im Nachhinein als Indiz aufbauschen. – Der Pater sei noch mit dem Schrecken davongekommen. In der Folgezeit seien dann aber in all denjenigen Häusern Menschen gestorben, an deren Tür der Tote geklopft und sich den Lebenden damit noch einmal nachhaltig in Erinnerung gerufen habe. Schließlich sei er dazu übergegangen, seine Witwe sexuell zu belästigen. Diese habe in ihrer Not beim Suppan, d. h. bei dem dem Landesfürsten unterstehenden Schultheißen, Schutz gesucht.

In der Erzählung verlagert sich der Schwerpunkt nun völlig von der Bedrohung der Gemeinde, deren innere Verfassung diffus bleibt, auf die dilettantische und skurrile Bekämpfung des angeblichen Wiedergängers: Der Suppan habe eigenmächtig die Nachbarn zusammengetrommelt und sich Mut antrinken lassen. Daraufhin hätten sich neun beherzte Männer mit Windlichtern und Kruzifixen ausgerüstet auf den Weg zum Friedhof gemacht. Im Grab hätten sie einen frischen, roten Körper

Der Nachzehrer der Frühen Neuzeit   79

gefunden, der sie frech angelacht und das Maul aufgerissen habe. Vor Schreck seien die „Gespenst-Bezwinger" davongelaufen. Der Suppan habe die Fahnenflüchtigen zu disziplinieren versucht. Doch hätten sie es nicht mehr vermocht, dem Toten einen Hagedornpfahl in den Bauch zu rammen. Deshalb habe der Suppan dem angeblichen Štrigun das Kruzifix vor die Nase gehalten und ihn wie ein Geistlicher beschworen. In bizarrer Weise seien dem Gespenst vor Rührung die Tränen gekommen. Zu guter Letzt hätten zunächst ein weniger Verwegener aus sicherer Entfernung und dann ein eher skrupelloser Draufgänger aus unmittelbarer Nähe versucht, den Kopf des Toten mit einem Haken abzuhauen. Dabei habe der Verstorbene nicht nur geschrien und sich gewunden, sondern auch wie ein Lebendiger geblutet.

Stellt man die grauenhafte Situation und die humoristische Erzählung gegenüber, kann man sich des Eindrucks nicht erwehren, die versprochene Authentizität des Falles beziehe sich lediglich auf die amateurhafte Vampirbekämpfung. Bemerkenswert ist hierbei allerdings die Tatsache, dass das Verfahren bereits zu einem Zeitpunkt allgemeine Bekanntheit erlangt hatte, als von dem Begriff „Vampir" noch lange nicht die Rede war. Im Falle Giure Grandos soll es zum Erfolg geführt haben. Nach Schließung des Grabes sei in der Siedlung wieder Ruhe eingekehrt. Möglicherweise stellte für die Bewohner von Kringa weniger das Auftreten des verstorbenen Giure Grando, über dessen Leben wir gar nichts erfahren, als vielmehr das Gebaren seiner Frau den eigentlichen Skandal dar. Sie wurde von dem Suppan zu sehr hofiert.

3 · VAMPIRISMUS IM ORIENT

3.1 Der Upyr oder Upiór im Kiewer Reich und in Polen-Litauen
Wurzeln des Vampirismus bei den Ostslawen

Die Spuren, die der Vampirglaube in der frühen Geschichte der Russen und Polen hinterlassen hat, sind nur noch undeutlich zu entziffern. Für das altrussische Wort *upir'* (russ. *upyr'*, ukr. *upyr*, wruss. *vupor*) lassen sich im 11. und 12. Jahrhundert einige wenige Belege finden. Im Zuge der fortschreitenden Christianisierung des im 9. Jahrhundert gegründeten Kiewer Reiches und der zunehmenden antilateinischen Publizistik des im 14. Jahrhundert erstarkenden Moskauer Reiches verschwand der Begriff aber allmählich aus dem Sprachgebrauch. Zu bedenken ist auch, dass Altrussland durch die vom 13. bis zum 15. Jahrhundert währende Tributherrschaft der Mongolen von der westeuropäischen Entwicklung abgeschnitten war. Das Wort tauchte dann erst wieder am Ende des 17. Jahrhunderts in der altpolnischen Variante *upir* oder *upier* (poln. *upiór*) auf.

Vermutlich hat der Vampirglaube auf dem Territorium des Großfürstentums Litauen und der polnischen Adelsrepublik bei den Ruthenen überdauert, also beim ostslawischen und orthodoxen Bevölkerungsteil, aus dem im 15. und 16. Jahrhundert Ukrainer und Weißrussen hervorgingen. Im Begriff der „unreinen" (*nečistye*) Toten – Erschlagene, Selbstmörder, vorzeitig Verstorbene – und im Konzept der „verdeckten" (*založnye*) Toten – die unter Gestrüpp Verscharrten – lag eine ostslawische Variante der „Magia posthuma" begründet.[1] Der estnisch-amerikanische Finno-Ugrist und Slavist Felix J. Oinas vertrat jedenfalls die Auffassung, dass die Bezeichnung *upir'* in der theologischen Literatur des Zarenreichs im 16. und 17. Jahrhundert vom Begriff „Häretiker" (*eretik*) verdrängt wurde, der polemisch konnotiert war und semantisch für „Menschenfresser" stand.[2] Im Zeitalter des Nationalismus ließ sich vor diesem Hintergrund von deutschen Mythologen durchaus argumentieren, der Vampir sei von der Ostgrenze aus nach Preußen eingedrungen, während polnische Ethnologen bis heute mit gutem Grund sagen können, die Vorstellung als solche habe in russischen Gefilden ihre Wurzeln und sei in der polnischen Volkskultur erst über die Gespenstergeschichten der Romantik populär geworden (vgl. Kap. 5.1).

Wiedergänger in Altrussland

Ein erster Hinweis auf Wiedergängervorstellungen findet sich in der ältesten, in der Blütephase des Kiewer Reiches im zweiten Jahrzehnt des 12. Jahrhunderts kompilierten ostslawischen Chronik, der sogenannten Nestorchronik, und zwar in dem Eintrag für das Jahr 1015. In diesem wird vom Tod Wladimirs des Heiligen berichtet, der nach seinem Wandel vom Saulus zum Paulus im Jahre 988 die Taufe empfangen und für das Kiewer Reich das Christentum nach byzantinischem Ritus verbindlich gemacht hatte. Dennoch sollen es seine Gefolgsleute – offenbar aus Furcht vor der Rückkehr seines belebten Leichnams – vermieden haben, ihn zur Aufbahrung in der Kirche über die Schwelle aus dem Haus zu tragen. Stattdessen hätten sie die Zimmerdecke durchbrochen und seine in einen Teppich eingewickelte Leiche über eine Winde ins Freie transportiert.[3]

Das Auftreten von bösen Geistern vermerkt die Nestorchronik unter anderem Vorzeichen. Wie beim Begräbnis Wladimirs des Heiligen bleibt der Spuk im Unterschied zu den Isländersagas (vgl. Kap. 2.1) in der orthodoxen Auslegung aber schemenhaft. Der Chronik zufolge wurde Altrussland im Jahr 1092 nicht nur in kriegerische Konflikte mit den benachbarten Steppenvölkern hineingezogen, sondern auch von Dürre und Bränden heimgesucht. Infolgedessen hätten Epidemien grassiert. Sage und schreibe 7000 Särge seien in diesem Zusammenhang hergestellt worden. In der auf dem Territorium der heutigen Republik Belarus gelegenen Stadt Polozk sei es vor diesem Hintergrund zu trügerischen Erscheinungen gekommen:

5 ♦ „TOTE SCHLAGEN DIE POLOZKER"
In der Miniatur aus der aus dem 13. Jahrhundert stammenden und in Abschriften aus dem 15. Jahrhundert überlieferten Radziwiłłchronik werden Trugerscheinungen festgehalten, die der Bevölkerung der heutigen weißrussischen Stadt im Seuchenjahr 1092 zu schaffen machten.

Nachts hätten unsichtbare Dämonen auf den Straßen ihr Unwesen getrieben. Wenn jemand sich von dem veranstalteten Lärm dazu habe verleiten lassen, auf der Straße nach dem Rechten zu sehen, sei er auf geheimnisvolle Weise mit einer tödlichen Krankheit infiziert worden. Deshalb hätten die Menschen begonnen, sich in ihren Häusern zu verbarrikadieren. Daraufhin seien die Dämonen auch tagsüber erschienen, sie seien aber nur über die Hufabdrücke ihrer Reitpferde wahrnehmbar gewesen.

Die Erklärung der Nestorchronik lautet: „Tote (*navi*) schlagen die Polozker."[4] Bei den *navi* (Sg. *nav'e*) handelt es sich um die unsichtbaren Seelen von Toten. Wiedergängerei war also auch im alten Russland nicht gänzlich unbekannt. Von Vampirismus im Sinne der westlichen Vorstellung des Blutsaugens kann hingegen nicht die Rede sein.

Allerdings tauchte das altrussische Wort für Vampir, *upir'*, im Kontext einer Übersetzung der alttestamentlichen Prophetenbücher indirekt wieder im Altrussischen auf. Für das Nachwort einer 1047 verfassten Abschrift dieser Übersetzung zeichnete nämlich der „Pop Upir' Lichyj" verantwortlich. Der entsprechende Namensvermerk ist in Handschriften des 15. Jahrhunderts überliefert, die sich im nordrussischen Kirillo-Beloserski-Kloster und im unweit Moskaus gelegenen Dreifaltigkeitskloster von Sergijew Possad befanden.

Der schwedische Slavist Anders Sjöberg führt den merkwürdigen Eigennamen des Popen oder Priesters auf den uppländischen Runenschnitzer Ofeigr Upir zurück. „Ofeigr" oder „lichoj" bedeutet Sjöberg zufolge „über das

Maß hinausgehend" (im modernen Russisch kann beides aber auch „kühn"
oder „Unheil bringend" heißen). Sjöberg ist deshalb der Ansicht, dass es sich
bei dem genannten Autor des Nachworts um eine Person handelte, der das
Schicksal ein langes Leben bescherte. Upir wiederum werde eine laute Person
genannt. Folglich sei davon auszugehen, dass sich ein nordrussischer Pope
namens Upir Lichoj in Uppland als Missionar betätigt und mit Runeninschrif-
ten seinen Lebensunterhalt bestritten habe. Um 1100 sei seine Tätigkeit in
Skandinavien mit dem Triumph des Katholizismus jedoch hinfällig geworden.
Mit seiner Person sei in der Folge aber das Wort *upir'* verbunden geblieben,
welches später zur Bezeichnung der Vampirproblematik verwendet wurde.

Eine Konkretisierung erfuhr der Vampirbegriff vermutlich in der Zeit
nach dem Zerfall des Kiewer Reiches in Teilfürstentümer (11.–13. Jahrhundert),
als eine mit „Erläuterungen" versehene Übersetzung einer Predigt Gregors von
Nazianz aus dem 4. Jahrhundert über heidnische Vorstellungen konzipiert
wurde. Diese als „Wort über die Götzen" (*Slovo ob idolach*) bekannt gewordenen Erläuterungen sind durch Abschriften des 16. und 17. Jahrhunderts
überliefert. Sie verwenden die Bezeichnungen *upir'* und *beregina* („Uferfee")
als Ausdrücke für einen vorchristlichen Totenkult. Vermutlich sollten damit
die Seelen im Unfrieden Verstorbener einerseits und die Seelen Ertrunkener
andererseits bezeichnet werden.

Als die Erläuterungen Mitte des 19. Jahrhunderts in einer Sammlung des
Kirillo-Beloserski-Klosters entdeckt wurden, bezogen sich die Experten bei der
Deutung unkritisch auf die zeitgenössische Volksüberlieferung und verwiesen
auf umgehende Tote in der altrussischen Kultur.[5] Ob die in den „Erläuterungen"
vorgenommene Polarisierung zwischen Gut und Böse ein Kunstgriff gewesen
ist, um der Botschaft Jesu Christi zum Durchbruch zu verhelfen, oder ob darin
ein Hinweis auf die Entwicklung des Vampirglaubens aus der Kombination
animistischer Vorstellungen mit der Erdbestattung zu sehen ist, lässt sich
nicht eindeutig klären. Schließlich verwendete kein Geringerer als Iwan IV.,
im Deutschen „der Schreckliche" genannt, den Ausdruck *upir'* 1573 in einem
Sendschreiben an das Kirillo-Beloserski-Kloster, das in einer Abschrift aus
dem frühen 17. Jahrhundert erhalten ist, und gebrauchte den Begriff dabei in
einer Aneinanderreihung von Schimpfwörtern wie „Narr" und „böser Geist".[6]

Wiedergänger in Polen-Litauen

Die Frage nach dem Vampirismus stellte sich auf dem zeitweilig von der Ostsee bis zum Schwarzen Meer reichenden Territorium Polen-Litauens, eines Gebildes, das sich 1385 in Krewo als in Personalunion regiertes Herrschaftsgebiet auf römisch-katholischer Grundlage konstituiert und 1569 in Lublin als Realunion staatsrechtlich reorganisiert hatte, erst im Zeitalter der Konfessionalisierung. Von den Zeitgenossen wurden die verheerenden, zwischen Schweden, Russen und Polen geführten Kriege der fünfziger und sechziger Jahre des 17. Jahrhunderts um die Vorherrschaft im Baltikum „Sintflut" genannt. Die polnische Adelsrepublik (Rzeczpospolita) zeichnete sich durch ein Parlament (Sejm) aus, das sich seit 1505 auf den Grundsatz der Gesetzgebungskompetenz *(Nihil novi)* und seit 1652 auf das Prinzip der Einstimmigkeit *(Liberum veto)* stützte. Weil die Zentralmacht politisch geschwächt war, kam der katholischen Kirche als moralischer Instanz die besondere Rolle eines Ordnungsfaktors zu.[7] Wiedergängerberichte, die häufig aus den Gebieten der heutigen Westukraine stammten, finden sich daher weniger in Prozessakten als vielmehr zunächst in Anfragen des Klerus an geistliche Autoritäten im Ausland, im fortschrittlichen Zeitalter der Aufklärung dann vor allem in theologischen Traktaten über den Aberglauben. Dabei wurde ein Phänomen erörtert, das volkssprachlich eher als ‚Hexer' *(strzygoń)* denn als ‚Vampir' *(upiór)* bezeichnet wurde. Vampirismus scheint aus Sicht der Quellen eine Angelegenheit intellektueller Diskurse gewesen zu sein.

Der erste, noch an die Nachzehrervorstellungen erinnernde Fall (vgl. Kap. 2.2) wird von dem Paduaner Mediziner Hercules Saxonia geschildert. In seiner 1600 erschienenen Schrift „Vom Weichselzopf, den die Polen Nagel und die Sarmaten Haarbüschel nennen" (De plica quam Poloni gwoźdźiec, Roxolani kołtunum vocant) kam er auf den Ausbruch der Pest in Lemberg im Jahr 1572 zu sprechen: Die Seuche sei mit einer im Umland bestatteten Frau in Verbindung gebracht worden, die bezichtigt worden sei, zu Lebzeiten Magie betrieben zu haben. Bei der Öffnung ihres Grabes sei sie nicht nur in unbekleidetem Zustand vorgefunden worden, sondern habe auch noch den Eindruck erweckt, ihr Leichentuch verschlungen zu haben.

Nachdem man sie nach altbewährter Sitte enthauptet habe, sei die Seuche verschwunden.[8]

Möglicherweise ließ sich Pierre Des Noyers, der Sekretär der französischen Prinzessin Luisa Maria Gonzaga, die seit 1645 die Ehefrau eines polnischen Königs war, davon inspirieren, als er dem Astronomen Ismael Bouillaud am 13. Dezember 1659 von einer fabulösen „Krankheit aus der Ukraine" berichtete, die aber von ehrenwerten Personen bezeugt werde. Ein Mensch, der mit Zähnen geboren werde, beginne nach seinem Tod, im Grab sein Leichentuch und seine Hände zu verzehren. Gleichzeitig setze unter seinen Angehörigen das Sterben ein. Daher sei sein Grab zu öffnen und der Leiche im Falle posthumer Aktivitäten der Kopf abzuschlagen. Im Unterschied zu Hercules Saxonia griff Des Noyers bei seiner Schilderung auf die ruthenische Bezeichnung „Upior" (ukr. *upyr*; poln. *upiór*) und den polnischen Ausdruck „Friga" (poln. *strzyga*) zurück.[9]

Der zweite, bereits dem Vampirglauben entsprechende Fall datiert aus dem Jahr 1674. Er ist an der Universität Thorn als handschriftliche Notiz auf der letzten Seite des 1692 erschienenen Buches „Die Angelo'sche [bzw. Angelo Carlettis] Summe der Gewissensdinge" (Summa Angelica de casibus conscientiae; Originalausgabe 1486) überliefert und mit dem Titel „Fälle von Hexern" (Casus de Strigis) versehen. In der auf den volkssprachlichen polnischen Ausdruck *strzygoń* (fem. *strzyga*) Bezug nehmenden Notiz wird von einem Mann aus dem Dorf Trzeszawa beim Städtchen Bodzentyn im Landkreis Kielce berichtet, der nach seinem Tod das Grab verlassen und seine Verwandten gewürgt und geschlagen haben soll. Bei Graböffnung sei eine mit frischem Blut gefüllte Leiche in Erscheinung getreten. Eine dem gängigen Brauch zur Abwehr von Wiedergängern entsprechende Drehung des Körpers in Bauchlage habe keine Wirkung erzielt. Im Gegenteil, der Tote soll in der folgenden Nacht seinen Sohn heimgesucht und totgeschlagen haben. Danach sei die Leiche enthauptet worden, obgleich der Pfarrer an der Rechtmäßigkeit dieser Maßnahme gezweifelt habe.[10]

Der dritte Fall ist 1693/94 in Frankreich verhandelt worden, möglicherweise motiviert durch die Anfrage eines Polen an die durch das Renommee ihrer theologischen Fakultät bekannte Sorbonne, wie es Augustin Calmet mit dem Abdruck dreier ansonsten nicht belegter Dokumente glauben machen will. Jedenfalls hat der vermeintliche Tatbestand der Blutsaugerei auf dem Territorium des alten Polen seinen Widerhall auch in mehreren Ausgaben des Pariser *Mercure galant* erfahren. Augustin Calmet führt dazu Folgendes aus:

Eine junge Frau sei in einem nicht näher bezeichneten Ort in Polen vom Geist ihrer toten Mutter gequält worden. Während der Körper der Tochter unter zunehmender Auszehrung gelitten habe, sei die Leiche der Mutter nach Öffnung des Grabes durch eine erstaunliche Frische aufgefallen. Sie habe sich als biegsam, aufgeschwollen und rötlich erwiesen. Nachdem das Herz der Toten durchstochen und ihr Kopf abgeschlagen worden sei, habe die Genesung der Tochter eingesetzt. Das Ganze sei unter Mitwisserschaft von Priestern geschehen. Nun stelle sich die Frage, wie sich ein Beichtvater in solch einer Situation zu verhalten habe.

Die Pariser Professoren kamen in ihrem Gutachten zu dem Schluss, dass sowohl Grabschändung als auch Leichenfledderei als schwerwiegende Sünde zu gelten habe, für die eine Absolution nicht erteilt werden könne. Außerdem unterstellten sie den Grabschändern indirekt, sich auf einen Bund mit dem Teufel eingelassen zu haben. Denn die Unsitte, das Blut eines schädigenden Toten mit Mehl zu vermischen und daraus Brot zu backen, dessen Genuss Schutz vor ominösen Krankheiten biete, bedeute, teuflische Missetaten mit gottlosem Frevel zu vertreiben.[11]

Eine französische Debatte über die polnischen Wiedergänger

Mehr oder minder unabhängig davon initiierte der *Mercure galant* eine wohl eher aus einer Randnotiz resultierende Debatte.[12] Der Theologe und Mathematiker Claude Comiers vertrat in der Ausgabe vom März 1693 und anschließend in der separat erschienenen Studie „La Baguette justifiée" (Die gerechtfertigte Wünschelrute) die These, die Seelen Ermordeter könnten einen Rutengänger so beeinflussen, dass er mit seiner Rute den Täter entlarve. Wegen seines frühen Todes kam Comiers jedoch nicht mehr dazu, den geplanten Vergleich mit den polnischen Vorfällen zu vertiefen. Er verwies lediglich darauf, dass die Polen ja ihre Verstorbenen enthaupteten, wenn diese ihr Leichentuch verzehrten oder ihren Angehörigen mittels telepathischer Kräfte das Blut aussaugten.[13]

Im Mai 1693 folgte dazu ein Kommentar Des Noyers, der sich mehr als dreißig Jahre zuvor in einem Brief bereits zu den ukrainischen Vorfällen geäußert hatte. Mittlerweile bezog er den Schauplatz auf Polen und auf Russland, mithin auf die ruthenisch, d. h. weißrussisch und ukrainisch besiedelten Territorien der Adelsrepublik. In drastischer Art und Weise behauptete er nun, sogenannte „striges" (m. *strzygoń*; fem. *strzyga*), in der Sprache des Volkes auch „upierz" (m. *upir*; fem. *upierzyca*) genannt, verließen von Mittag bis Mitternacht die Gräber, um den Menschen und dem Vieh das Blut auszusaugen. Die Auszehrung führe nach und nach unweigerlich zum Tod. Weil der Blutsauger vor niemandem haltmache, sei das Grab zu öffnen, die Leiche zu enthaupten und durch Öffnung des Herzens das Blut wieder zu entziehen. Das Blut werde dann üblicherweise mit Brot vermischt und den Lebenden zur Desinfektion gereicht.[14] Bestätigt wurden diese Angaben in einem Bericht über eine polnische Kuriosität, der im Juni 1693 im Pariser *Mercure historique et politique* erschien.[15]

Schließlich veröffentlichte der Anwalt Marigner im Januar und Februar 1694 unter der Überschrift „Creatures des elemens" bzw. „Sur les stryges de Russie" eine zweiteilige Abhandlung im *Mercure galant*. Marigner schloss aus dem Dahinsiechen der vermeintlichen Opfer eines Blutsaugers und aus der Genesung der Kranken nach dessen angeblicher Vernichtung, dass hier nicht das Wirken eines Dämons im Spiel sein könne. Er ging vielmehr davon aus, dass bei der Beziehung von Lebenden und Toten eine Interaktion körperlicher und spiritueller Kräfte vorliege. Die „russische" Variante des Vampirismus konstituiere sich im Kontext von Dämonen und verdammten Seelen allenfalls als Ausdruck einer göttlichen Strafe für abergläubisches oder gar barbarisches Verhalten. Die Seele werde nach dem Tode einfach davon abgehalten, in den Himmel einzuziehen. Blutsaugen stelle sich nicht als lebensbedrohliche Epidemie, sondern als moralischer Appell dar.[16]

Bilanz der polnischen Nachzehrervorstelllung

In der Folge nahmen die beiden polnischen Jesuiten Jerzy Gengell und Gabriel Rzączyński zu dem Phänomen Stellung. Gengell kommentierte in seiner 1716 erschienenen Schrift „Die Widerlegung des Atheismus" (Eversio Atheismi) Berichte über die Beweglichkeit und Mobilität von Leichen. Er berief sich dabei auf seiner Ansicht nach glaubwürdige Augenzeugen aus Polen, Russland und Litauen, die unversehrte Leichname gesehen hätten, welche den Eindruck erweckt hätten, das Leichentuch und Teile des Köpers zu verschlingen. In diesem Zusammenhang hielt er eine radikalisierte Variante der deutschen Nachzehrervorstellung fest. Denn er wusste zu berichten, dass ein verdächtiger Leichnam mitunter umgehe und die Menschen würge. Zur Bezeichnung eines männlichen schädigenden Toten zog Gengell das angeblich aus dem Ruthenischen stammende Wort *upier* sowie die feminine Entsprechung *upierzyca* heran. Etymologisch lasse sich der Begriff auf ‚Flaum' oder ‚Federn' zurückführen und von daher mit einem fliegenden Nachtdämon in Verbindung bringen. Dementsprechend stünden posthume Aktivitäten mit der Besitzergreifung eines toten Körpers durch einen Dämon in Verbindung. Solange der Schadenzauber anhalte, könne sich der Körper nicht auflösen und die Seele nicht entfleuchen. Um die Verwesung in Gang zu setzen, bediene sich das Volk des Mittels der Enthauptung. Gengell sah darin eine gewisse Logik. Denn durch diese Maßnahme würden nicht nur die Lebenden von einer Plage, sondern auch der Tote von dem Dämon befreit. Einschränkend bekannte Gengell aber auch, dass römische Revisoren nur medizinische Heilmittel und den Exorzismus, u. a. die Spende von Sakramenten und die Anrufung von Heiligen, akzeptierten.[17] Obgleich Rzączyński in seiner 1721 erschienenen „Naturgeschichte der Kuriositäten des Königreichs Polen" (Historia naturalis curiosa regni Poloniae) die von Gengell geschilderten Merkmale des Nachzehrens und der Wiedergängerei nur in konziser Form wiederholte, wurde sein Werk in der Folge des Öfteren zitiert.[18]

Spezifiziert wurde die ruthenische, will heißen ostslawische Herkunft der polnischen Wiedergängervorstellung noch einmal in dem Artikel „Von dem Polnischen Upiertz oder sich selbst fressenden Todten, und der daraus entstandenen Furcht vor Pest und Vieh-Sterben", der im Januar 1722 in der Schriftenreihe *Sammlung von Natur- und Medicin- Wie auch hierzu gehörigen Kunst- und Literatur-Geschichten* erschien. In dem Artikel werden Meldungen aus Podolien – einem Landstrich in der südwestlichen Ukraine –, die im Dezember 1721 in Warschauer Zeitungen erschienen waren, als Beweis verwendet, um Nachzehrervorstellungen in deutschen Landen als Betrug zu entlarven und mit dem Scheintod zu erklären. Den Anlass bildete ein diesbezüglicher Kommentar des lutherischen Pfarrers und Botanikers Georg Andreas Helwing aus der ostpreußischen Garnisonsstadt Angerburg im nördlichen Masuren. Er berichtete, dass Briefen aus der Stadt Kamieniec Podolski zufolge Podolien von einer Viehseuche heimgesucht worden sei. Als Ursache seien die Umtriebe eines „upiertz" genannt worden. Den Zeitungen zufolge habe es sich um einen toten menschlichen Körper gehandelt, der sich selbst verzehrt und das Grassieren der Pest hervorgerufen habe, weshalb ihm der Kopf abgeschlagen werden müsse. Helwing betrachtete die Zeitungsmeldungen als Ausdruck des Aberglaubens, der unter Juden und Ungläubigen – gemeint waren wohl orthodoxe Christen – herrsche. Paradoxerweise konnte er aber nicht umhin, darauf hinzuweisen, dass seine Heimat durchaus als Vorbild für die angeblich polnische Unsitte dienen könne. Denn in Harschen bei Angerburg seien zur Abwehr der Pest im Jahre 1710 ebenfalls Graböffnungen vorgenommen worden. Weil die Totengräber aber keine Verdächtigen hätten finden können, hätten sie eine Leiche den abergläubischen Erwartungen entsprechend präpariert. Allerdings sei die Strafe auf dem Fuße gefolgt. Nach der Exekution des Toten seien die Beteiligten infolge von Infekten verstorben.[19]

3.2 Der Vrykolakas bei den Griechen im Osmanischen Reich
Mittelalterliche Grabschändungen

Entgegen der landläufigen Vorstellung, der Vampir sei ein genuiner Spross der Balkanslawen, lassen sich bei diesen anders als in der zentraleuropäischen Überlieferung kaum Quellen dazu aus der Zeit vor dem 18. Jahrhundert finden. Einen indirekten Hinweis auf das Auftreten von Wiedergängern bei den Serben im Mittelalter bietet allenfalls das Gesetzbuch des Zaren Stefan Duschan, unter dessen seit 1331 bestehender Herrschaft das Serbische Reich seine Vormachtstellung auf dem Balkan in beeindruckender Weise festigen konnte. Im Zusammenhang mit seiner Zarenkrönung hatte Stefan 1346 einen serbischen Patriarchen berufen. Das Gesetzbuch von 1349 sah für den Zaren im Gegenzug die Rolle eines Verteidigers der orthodoxen Kirche vor. Bis zum Übergreifen der Osmanen von Kleinasien auf Europa konnte eine Bedrohung der orthodoxen Kirche allerdings nur von den Katholiken ausgehen, die in ihrer Lehre der orthodoxen Auffassung zufolge von den Beschlüssen der ökumenischen Konzilien des ersten christlichen Jahrtausends abgewichen waren.

Interessanterweise kennt Stefans Gesetzbuch den Straftatbestand der Exhumierung und Verbrennung von Toten. Offenbar war es zu entsprechenden kollektiven Aktionen unter Beteiligung des lokalen Klerus gekommen. Den für schuldig befundenen Dorfgemeinschaften wurde eine Strafgebühr auferlegt, und für die verantwortlichen Popen war der Entzug der Priesterwürde vorgesehen.[20] In diesem Zusammenhang bleibt offen, ob es sich um die Bekämpfung einer heidnischen bzw. vorchristlichen Tradition handelte, in der Wiedergänger eine Rolle spielten, oder um eine Maßnahme gegen die Marginalisierung von Sündenböcken, denen die Ausbreitung der Großen Pest zugeschrieben wurde, die 1348 via Konstantinopel auf dem Balkan Einzug gehalten hatte.

Ähnlich ist der Fall einer umgehenden Toten namens Priba zu werten, der im Juni 1403 in der ungarisch beherrschten kroatischen Hafenstadt Zadar dokumentiert wurde. Überliefert ist eine Notiz des Statthalters Pavle Pavlović über ungewöhnliche Vorgänge auf der vorgelagerten Insel Pašman: Weil die Bewohner angaben, von der verstorbenen Priba terrorisiert zu werden, wurde ihnen eine Graböffnung gestattet. Als eine unverweste Leiche zutage trat, wurde ihr ein Keil durch das Herz gestoßen. Obgleich die schädigende Tote im lateinischen Original mit keinem speziellen Begriff bezeichnet wird, vertrat der Herausgeber der Quelle, der kroatische Historiker Vjekoslav Klaić, im Jahre 1896 in der Zeitschrift *Zbornik za narodni život i običaje južnih slavena* („Sammlung zum Volksleben und zu den Sitten der Südslawen") die Auffassung, es handele sich um ein frühes Beispiel für einen „Vampir" (*vukodlak*).[21]

Exkommunikation und Unverweslichkeit im orthodoxen Patriarchat

Vampirismus scheint in Südosteuropa alles in allem erst mit der 1354 einsetzenden osmanischen Expansion relevant geworden zu sein. Nach der Eroberung Konstantinopels durch Mehmed II. im Jahre 1453 wurde das orthodoxe Patriarchat zwar dem Osmanischen Reich unterstellt, in Gemeindeangelegenheiten behielt die orthodoxe Kirche aber weiterhin das Recht der Selbstverwaltung.[22] Einer These von Karen Hartnup zufolge bediente sich das orthodoxe Patriarchat seit der Mitte des 15. Jahrhunderts der Exkommunikation als Mittel zur Sozialdisziplinierung. Denn sie beanspruchte das Monopol auf die Entscheidung über die Trennung von Körper und Seele, welche eine Voraussetzung für den Einzug eines Verstorbenen ins Paradies darstellte. Der Clou bestand darin, dass nach orthodoxer Auffassung der unverwesliche Körper eines Exkommunizierten die Seele dauerhaft einschloss. Während das Volk die Vernichtung des schädigenden Toten auf dem Scheiterhaufen forderte, sah die Kirche darin nicht nur eine Überantwortung potenziell durch den Glauben Erlöster an die Verdammnis, sondern auch eine Infragestellung ihrer Vermittlerrolle zwischen dem Diesseits und dem Jenseits. Die Kirche stilisierte den Vrykolakas daher einerseits zu einer teuflischen Illusion, andererseits beanspruchte sie für sich, die Zerstörung der umgehenden Leiche eines Sünders durch die Absolution bewerkstelligen zu können.[23] Sämtliche Wiedergängergeschichten aus dem Umfeld der griechischen Kirche aus der Zeit vor der Entdeckung des Vampirs müssen daher aus dem Konflikt zwischen dem Volksglauben und der Orthodoxie heraus begriffen werden.

In dert Tat sorgte eine Legende über den Zusammenhang von Kirchenbann und Nichtverwesung bei den Griechenlandkennern des 17. und 18. Jahrhunderts für Aufmerksamkeit. Die Geschichte wurde 1584 von dem Tübinger Altphilologen Martin Crusius in dem Band „Turcograeciae", einer Sammlung von Texten über die Lage der Griechen unter osmanischer Herrschaft, in griechischer und lateinischer Sprache veröffentlicht. Durch die auf Manuel Malaxos zurückgehende Geschichte habe sich kein Geringerer als Mehmed der Eroberer von der Allmacht des Patriarchen in Bezug auf Exkommunikation und Absolution überzeugen lassen.

Den Hintergrund der Legende bildete die unter dem von 1476 bis 1482 amtierenden Patriarchen Maximos III. gestellte Frage, ob unverwesliche Körper von Exkommunizierten nach Erteilung der bischöflichen Absolution noch zu Staub zerfallen könnten. Malaxos zufolge erinnerte man sich an die Witwe eines Priesters namens Clero, die trotz Ermahnungen des von 1454 bis 1464 amtierenden Patriarchen Gennadios II. Scholarios Unzucht getrieben habe:

Die Witwe Clero sei sogar so weit gegangen, den Patriarchen zu beschuldigen, ihr Gewalt angetan zu haben. Derart in Verruf gebracht, habe der Patriarch in der heiligen Messe ein Gottesurteil herbeiführen müssen. Sollte die Witwe die Wahrheit gesagt haben und bei Gott Gnade finden, werde ihr Körper nach ihrem Tod zerfallen, kündigte er in seiner Predigt an. Andernfalls drohe ihr die Verbannung aus der Gemeinschaft der Gläubigen und ein Zustand dauerhafter Unverweslichkeit. 40 Tage danach soll die Frau verstorben sein.

Mehr als ein Jahrzehnt später habe der Patriarch Maximos das Grab öffnen lassen. Erwartungsgemäß sei eine unverweste schwarze Leiche vorgefunden worden, die ausgesehen habe wie eine aufgeblähte Pauke. Um Manipulationen zu verhindern, habe der Sultan die Leiche in Verwahrung genommen. – Unter diesen Bedingungen erscheint die Art und Weise, wie der Patriarch die von Mehmed dem Eroberer vorgenommene Prüfung bestand, umso überzeugender. – Just in dem Moment des folgenden Gottesdienstes aber, in dem der Patriarch der frevelhaften Verstorbenen die Absolution erteilt habe, hätten die Anwesenden einem Wunder gleich das Geräusch sich zersetzender Knochen vernommen. Mit der Auflösung des Körpers habe die Verstorbene göttliche Barmherzigkeit erfahren. Von den Qualen der Hölle befreit, habe es ihre Seele nun vermocht, ins Paradies einzuziehen.

Als Quintessenz der Erzählung hält Malaxos fest, Mehmed der Eroberer habe, von dem Vorgang unterrichtet, den Vorrang des Christentums vor dem Islam anerkannt.[24]

Ein frühes Zeugnis für die in der Bevölkerung verbreiteten Auffassungen stellt „Stephan Gerlachs deß Aelteren Tage-Buch" dar, das 1674 gedruckt wurde. Von 1573 bis 1578 war der Tübinger Theologe Gesandtschaftsprediger und Hausgeistlicher des kaiserlichen Gesandten in Konstantinopel. In seiner Reisebeschreibung erwähnt er für das Jahr 1575 den Fall eines Griechen, der zwei Jahre nach seinem Tod verbrannt wurde, weil er nachts umgegangen und Menschen umgebracht haben soll. In diesem Zusammenhang weiß Gerlach noch zu berichten, dass die Griechen überzeugt seien, dass diejenigen, die die Letzte Ölung empfangen hätten, 30 Jahre lang vor der Verwesung bewahrt blieben. Hingegen notiert Gerlach unter der Überschrift des Jahres 1577 die Aussage eines Dolmetschers, dass vor allem diejenigen Verstorbenen nicht verwesten, über die der Kirchenbann verhängt worden sei oder die zu Lebzeiten Sünder gewesen seien. Nachts bemächtige sich der Teufel ihrer Leichname und erschrecke in ihrer Gestalt die Lebenden oder bedrohe sie mit lebensgefährlichen Krankheiten. Daher sei es üblich, schadenbringende Tote durchaus unter Beteiligung von Priestern auszugraben und zu verbrennen.[25]

Schädigende Tote im Osmanischen Reich

Autochthone Erzählungen über das Phänomen unverwester Leichen oder das Unwesen von Wiedergängern aus der Zeit vor der Entdeckung des Vampirs durch die europäische Aufklärung sind rar, lassen sich aber sowohl aus griechischer als auch aus osmanischer Feder aufspüren. Es handelt sich einerseits um Verhaltensregeln für die Mönche vom heiligen Berg Athos auf der östlichen Chalkidiki-Halbinsel und andererseits um Rechtgrundsätze für die Muslime des osmanischen Balkan.

Das Verfahren des Pfählens und Verbrennens unverwester Leichen, denen schädigende posthume Aktivitäten nachgesagt werden, wird in den „Untersuchungen des Markus von Serres über Wiedergänger" beklagt, die in einem Kodex des Iviron-Klosters aus dem 16. Jahrhundert überliefert sind und 1904 in der Zeitschrift *Ellinomnimon* („Griechisches Gedächtnis") veröffentlicht wurden. Wichtig ist der attributive Nachsatz zum Titel, in dem die Kirche die Deutungshoheit über das Phänomen für sich in Anspruch nimmt: „… warum die Heilige Kirche Gottes nicht akzeptiert, dass diese Seuchen verursachen und Menschen fressen, wie man annimmt".²⁶ Bezeichnenderweise ist an dieser Stelle vom Schadenzauber oder Menschenverschlingen, nicht aber vom Hexensabbat oder Blutsaugen die Rede.

In einer Instruktion über die Austreibung von Dämonen, die dem Ende des 19. Jahrhunderts erstellten Katalog des Xeropotamou-Klosters zufolge aus dem 16. Jahrhundert stammt, von ihrem Übersetzer Charles Stewart aber auf das ausgehende 17. oder beginnende 18. Jahrhundert datiert wird, ist in dem leider Fragment gebliebenen Abschnitt über den Vrykolakas Folgendes ausgeführt: „Er ist nicht wahrhaftig, sondern eine Schöpfung des Teufels, und er ist eine Einbildung infolge unserer Unvollkommenheit im Glauben." Bei Auffinden einer unverwesten Leiche müssten eine Messe und ein Totenmahl abgehalten werden. Anschließend seien über der Leiche Gebete zu sprechen und sei Weihwasser zu versprühen. Mit dieser Aussage bricht die Quelle ab.²⁷ Es lässt sich lediglich darüber spekulieren, ob einer verkommenen Seele durch Aufhebung der Exkommunikation der Weg ins Paradies geebnet werden sollte, oder ob in Betracht gezogen wurde, die Lebenden durch die Zerstörung eines unglücklichen Leichnams vor Schaden zu bewahren.

Weil das Gebaren ihrer christlichen Untertanen nicht nur ein öffentliches Ärgernis darstellte, sondern auch ansteckend auf die Muslime wirken konnte, mussten sich auch die osmanischen Behörden der Angelegenheit annehmen. Bereits in der Mitte des 16. Jahrhunderts hatte der Rechtsgelehrte Mehmed Ebussuud Efendi in seinen Rechtsgutachten (*fatwā*) diesbezüglich Antworten zu liefern. Die Wiederbelebung von Leichen im Grabe betrachtete er als ein dem Willen Gottes unterliegendes Mysterium, das den Menschen unzugänglich sei. Schädigende Tote, die durch die ihnen zu Lebzeiten innewohnende Bosheit beseelt werden, hielt er aber in Bezug auf „Ungläubige", d. h. Nicht-Muslime, für ein ernst zu nehmendes Phänomen. Weil er davon ausging, dass verstorbene Muslime nicht in Mitleidenschaft gezogen werden können, warnte er auf der einen Seite vor Grabschändungen und empfahl stattdessen die Konsultation der Behörden. Auf der anderen Seite sah er in dem christlichen Wiedergänger, der in einem Dorf bei Selanik, dem heutigen Thessaloniki, ein Sterben provoziert haben soll, eine Gefahr für die übrigen Ungläubigen und zog traditionelle

Abwehrmaßnahmen wie Pfählen, Köpfen und Verbrennen durchaus in Betracht.[28]

Konsequenterweise beschäftigte sich auch der Dichter Mustafa Cinânî mit diesem Thema, als er 1590 im Auftrag Sultan Murads III. unter dem Titel „Kostbare Geschichten" (Bedâyiü'l-âsâr) eine Sammlung von Ammenmärchen aus Anatolien, Afrika und vom Balkan veröffentlichte und darin auch vier Gespenstererzählungen berücksichtigte. In einer ist von der Festung Dıraç, dem albanischen Durrës, die Rede, wo die Seelen in die Körper Sterbender eindringen und mit deren Stimmen die Angehörigen um Fürbitten angehen. Der Erzähler macht dabei keinen Unterschied zwischen Muslimen und Christen. In beiden Fällen kommt ein Rechtsgelehrter (Ulama) oder Priester (Pope) ins Spiel, der die Sache mit Beschwörungsformeln aus dem Koran respektive der Bibel regelt. Hinter allem sei das Wirken des Allmächtigen zu spüren. Es handele sich bei diesen Geschichten um eine allgemein anerkannte Wahrheit.

In einer weiteren, auf dem Peloponnes verorteten Erzählung sucht ein muslimisches Dienstmädchen Hilfe bei dem Schriftgelehrten Piri Dede:

Das Mädchen behauptet, sein verstorbener Herr habe angefangen, es drei oder vier Monate nach der Bestattung sexuell zu belästigen. Obgleich der Schriftgelehrte den Geist bei Tageslicht mit einem Eisenspieß verscheuchen kann, folgt das Mädchen seinem Herrn zehn Tage später ins Grab.[29]

Einerseits hatten die Osmanen auf die Ängste der Bevölkerung zu reagieren, andererseits stellten sie Wiedergängerei bei aller Skepsis nicht grundsätzlich infrage. Dabei blieb zunächst noch offen, ob es sich um einen Ausdruck osmanischer Toleranz gegenüber ihren orthodoxen Untertanen handelte oder ob die muslimische Gemeinschaft selbst von der Hysterie infiltriert war. Zumindest bedeutete die Selbstjustiz im Umgang mit Toten eine Konkurrenz zu den diesbezüglichen Kompetenzen, die das orthodoxe Patriarchat in Konstantinopel für sich beanspruchte.

1701 meldete der Richter von Edirne dem Großwesir die Furcht der Bevölkerung vor Zauberei bzw. Magie (*cādū*) in einem unweit der Stadt am rechten Ufer der Marica gelegenen Dorf, dem heutigen griechischen Marásia.

Es handelte sich bei dem Verstorbenen sogar um einen muslimischen Mann. An seinem Grab sollen böse Geister ihr Unwesen getrieben haben. In diesem Zusammenhang verwies der Richter auf das Rechtsgutachten Mehmed Ebussuud Efendis, das bei christlichen Wiedergängern immerhin eine Vernichtung der Leiche in Betracht gezogen hatte. Der Großwesir bestellte daraufhin eine Kommission, die im Hinblick auf den verstorbenen Muslim eine etwaige Veränderung der Position der Leiche oder eine mögliche rötliche Färbung zu melden hatte. Was danach passierte, ist unbekannt. Im Falle einer muslimischen Frau, die ebenfalls der Wiedergängerei bezichtigt wurde, wies der Großwesir den Polizeivogt an, eine Begutachtung durch vier Frauen vornehmen zu lassen und zur Beruhigung der Bevölkerung gegebenenfalls die erforderlichen Gegenmaßnahmen zu treffen. Bemerkenswert ist zum einen, dass der Vampirismus von den Christen auf die Muslime übergriff, und zum anderen, dass die osmanische Obrigkeit im Interesse des sozialen Friedens eine gewisse Toleranz im Umgang mit Grabschändungen obwalten ließ.[30]

Der Vrykolakas aus der Sicht westlicher Theologen

Die griechische Wiedergängerproblematik und die diesbezügliche Instrumentalisierung der Exkommunikation durch das orthodoxe Patriarchat in Konstantinopel stießen zunehmend auf das Interesse katholischer Theologen und westlicher Forschungsreisender. Hintergrund waren die Bemühungen Roms um eine Fortführung des Unionsgedankens, also der Vereinigung von katholischer und orthodoxer Kirche. Diese fanden ihren Ausdruck in der Einrichtung des „Päpstlichen Griechischen Kollegs vom Heiligen Athanasius" für Seminaristen aus Südosteuropa und dem Nahen Osten in Rom im Jahre 1577 sowie in der Gründung der „Kongregation für die Glaubensverkündigung" zur Förderung der Seelsorge in der katholischen Diaspora und des Dialogs mit den übrigen christlichen Konfessionen im Jahre 1622.[31]

Für das katholische Interesse am orthodoxen Umgang mit der Wiedergängerei steht neben anderen Leo Allatius. Dieser auf der ostägäischen, Kleinasien vorgelagerten Insel Chios geborene katholische Konvertit machte sich in Rom als Theologe und Bibliothekar um die Erforschung der orthodoxen

Traditionen im Osmanischen Reich verdient. Er verstand sich dabei als Vermittler zwischen den seit dem Schisma von 1054 getrennte Wege gehenden christlichen Konfessionen. Weil Allatius die dauerhafte Übersiedlung nach Italien bereits im Alter von neun Jahren vollzogen hatte, war sein Wissen über seine griechische Heimat weitgehend akademisch, stammte also nicht unbedingt aus eigener Anschauung. Er besuchte das Päpstliche Griechische Kolleg in Rom, an dem er in der Folge auch unterrichtete. Aufgrund seiner Belesenheit wurde er 1623 Bibliothekar des Kardinals Francesco Barberini. 1661 wechselte er an die Bibliothek des Vatikans. Seiner Profession entsprechend dürfte Allatius sowohl mit dem katholischen Schrifttum zu den Wiedergängern als auch mit den protestantischen Werken zu den Nachzehrern vertraut gewesen sein.[32]

In seiner 1645 erschienenen Schrift „Von den neueren Tempeln der Griechen" (De templis Graecorum recentioribus) berief sich Allatius auf Malaxos' Erzählung von der wundersamen Bekehrung Mehmeds des Eroberers und setzte damit erstmals das Phänomen des Vampirismus auf die Tagesordnung der vatikanischen Theologen. Dabei verwendete er die griechischen Bezeichnungen „vrukolakas" bzw. „burcolaca". Er leitete die Begriffe von den Ausdrücken „vurka" bzw. „burka" ab. Unter beiden verstand er den von einem bestialischen Gestank begleiteten Moder verwesender Leichen, wollte seinen Lesern gegenüber diese unangenehme Eigenschaft aber nur für einen „sehr schlechten und verbrecherischen Menschen" gelten lassen. Allatius ging es in der Tat nicht um einen moralischen Appell. Vielmehr wollte er auf ein bis dato unbekanntes Spezifikum unverwester Exkommunizierter hinweisen, das im Volksglauben Bestand hatte. Weil ihr mit einer ledrigen Haut überzogener aufgeblähter Körper mit der Hand wie eine Trommel (Tympanon) geschlagen werden könne, finde für sie auch die Bezeichnung „tympaniaios" Verwendung. Aus eigener Anschauung wusste er von einem Fall zu berichten, den er als Kind auf Chios erlebt hatte: Eines Tages hätten Schüler unter den Treppen der Kirche ein geöffnetes Grab entdeckt, in dem sich ein unverwester Toter befunden habe. Er habe ausgesehen wie eine Pauke. Weder Steine noch Stöcke hätten seiner festen Haut etwas anhaben können. Nach ein paar Tagen hätten die Geistlichen das Grab dann wieder verschlossen.

6 • AUSTRITT VON FÄULNISFLÜSSIGKEIT AUS EINER AUFGEQUOLLENEN LEICHE
Mit diesem Foto aus seiner beruflichen Praxis dokumentierte der Gerichtsmediziner Christian Reiter bei einer Wiener Tagung im Jahre 2008 das vermutliche Aussehen der vermeintlichen Vampirleichen, die die Militärärzte im Jahre 1731/32 identifizierten.

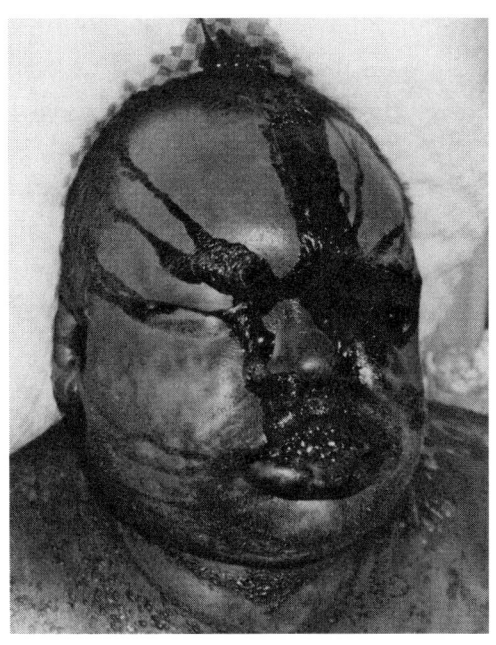

Die Auffassung des Volkes, dass ein Wiedergänger dadurch entstehe, dass ein Dämon in den Körper eines Toten einfahre, wies Allatius als der offiziellen kirchlichen Lehre widersprechend zurück, zumal wenn behauptet werde, der Dämon halte die Leiche an, das Grab vorrangig bei Nacht zu verlassen und die Lebenden aufzusuchen. Die Leiche, so der Volksglaube, klopfe an Türen und rufe mit lauter Stimme. Weil diejenigen, die antworteten, sterben müssten, unterließen es die Bewohner bei Nacht strikt, auf ihren Ruf zu reagieren. Schützen könnten sich die Menschen indes dadurch, dass sie die Erscheinung als Erste ansprechen. Allerdings erwiesen sich nicht nur Worte oder Berührungen, sondern auch Blicke als tödlich. Da sich das Sterben epidemisch gestalte, ließen die Betroffenen alle infrage kommenden Gräber in Anwesenheit von Priestern öffnen. Sobald eine unverweste und aufgeblähte Leiche auftauche, werde diese durchstochen und verbrannt. Um diesen Brauch als Aberglauben zu entlarven, zitierte Allatius aus einer Sammlung von Kirchengesetzen, einem Nomokanon, der die entsprechenden Einbildungen angeblicher Zeugen als Teufelswerk bezeichnete und die Grabschändung als Sünde definierte.[33]

Zum Schluss bemühte sich Allatius noch, den Widerspruch zwischen der Annahme der Unverweslichkeit exkommunizierter Verstorbener, die in der griechischen Kirche herrschte, und der Annahme der Unverweslichkeit der Heiligen, die von der älteren katholischen Kirche vertreten wurde, aufzulösen. Allatius setzte dabei die Sichtbarkeit der Leichen voraus, sei es durch Aufbahrung oder Umbettung. Er argumentierte phänotypisch, indem er behauptete, die Körper der Exkommunizierten seien nicht nur aufgeschwollen wie eine Pauke, sondern verbreiteten auch durch ihre Hässlichkeit Schrecken; die Körper der Frommen hingegen lüden durch ihre Anmut und ihren Wohlgeruch zur Verehrung ein.[34]

Interessant ist darüber hinaus ein Gedanke, den Allatius 1655 in seiner Schrift „Von der fortwährenden Übereinstimmung zwischen den beiden Kirchen des Westens und des Ostens in der Lehre vom Fegefeuer" (De utriusque ecclesiae occidentalis atque orientalis perpetua in dogmate de Purgatorio consensione) weiter ausführte. Er versuchte darin, die Exkommunikation als Fesselung der Seele an einen unauflöslichen, paukenähnlichen Körper *(tympaniaios)* darzustellen, als einen dritten bzw. „anderen Ort" zwischen Himmel und Hölle, der der katholischen Auffassung vom Purgatorium nahekommt.[35]

Von den Schriftstellern des 17. und 18. Jahrhunderts wurde der von Allatius gebrauchte Ausdruck „Vrukolakas" übernommen (in Anlehnung an moderne Schreibweisen findet im Folgenden aber der Begriff „Vrykolakas" Verwendung). Zuerst setzte sich der Jesuit François Richard in einem 1657 veröffentlichten „Bericht über die bemerkenswertesten Vorkommnisse auf der Insel Santorin" (Relation de ce qui s'est passé de plus remarquable a Saint-Erini) damit auseinander. Als „Missionar" der Kongregation für die Glaubensverkündigung galt für Richard dabei allerdings die Auflage, sich jeglicher Politik zu enthalten und stattdessen eine kulturelle Anpassung vorzunehmen. Eine produktive Kooperation mit der orthodoxen Kirche auf dem Boden des Osmanischen Reiches wurde von der Kongregation gutgeheißen. Der Bericht Richards ist daher durch eine gewisse Zurückhaltung gekennzeichnet, ohne einen schulmeisterlichen Ton jedoch ganz zu verbergen.

Richard beschreibt zunächst verhalten die vermeintliche Inbesitznahme toter Körper durch den Teufel und die damit einhergehende angebliche

Schädigung der Lebenden. An den Samstagen, an denen nach gängiger Meinung die Toten die Gräber nicht verließen, fänden Exorzismen statt. Wenn die Verwesung dadurch nicht vorangetrieben werden könne, werde das Herz entnommen und der Körper verbrannt. Hin und wieder nähmen die Toten den Einheimischen zufolge auch am Leben ihrer Familien teil oder kämen zurück, um weltliche Angelegenheiten zu regeln. Beispielsweise habe der Schuhmacher Alexander aus dem Dorf Pyrgos nach seinem Ableben noch bis zum Einschreiten der Nachbarn für seine Familie gesorgt.

Mehr zu sagen hat Richard zum Wucherer Ianettis:

In seiner Todesstunde soll Ianettis, der in seinem letzten Lebensjahr geläutert worden sei, seine Frau gebeten haben, seine verbliebenen Schulden zu regeln. Weil dies nicht geschehen sei, habe er die Bevölkerung heimgesucht und allerlei Schaden angerichtet. Richard will bei der Exhumierung dabei gewesen sein, er habe aber nur einen zögerlichen Verwesungsprozess feststellen können. Durch Exorzismen habe sich der böse Geist nicht bändigen lassen. Erst als die Witwe für die Begleichung der Schulden gesorgt habe, sei der Spuk verschwunden.

In diesem Zusammenhang vermag Richard sich die Bemerkung nicht zu verkneifen, dieses Vorbild möge in puncto finanzielle Verpflichtungen auch den französischen Atheisten als Lehre dienen.

Darüber hinaus berichtet Richard von dem Kaufmann Patino von der Insel Patmos:

Patino sei während einer Fahrt nach Anatolien verstorben und habe trotz eines christlichen Begräbnisses in seiner Heimat begonnen, seine Nachbarn zu schädigen. Diese hätten ihr Heil darin gesucht, den Leichnam nach Anatolien zurückzuschicken. Allerdings hätten die Seeleute bei der ersten unbewohnten Insel haltgemacht und den Körper verbrannt.

Als Erklärung reicht Richard den Hinweis nach, dass eine Verbannung verdächtiger Leichen auf einsame Inseln deshalb vorgenommen werde, weil Wiedergänger angeblich Salzwasser nicht überqueren könnten.

Schließlich erwähnt Richard ein Streitgespräch, auf das er sich mit einem einheimischen Geistlichen eingelassen habe und in dem Beispiele von Wiedergängern aus dem orthodoxen wie dem muslimischen Milieu zur Sprache gekommen seien. Richard behauptet, die Lateiner, also die Katholiken, seien durch die Wirkung der Öle bei der Krankensalbung, durch die Kraft des Weihwassers und die Heiligkeit ihrer Friedhöfe vor Anfeindungen durch den Teufel geschützt. Die Imagination des Vrykolakas symbolisiere demgegenüber die ewige Verdammnis orthodoxer Sünder und ihren Ausschluss aus dem göttlichen Heilsplan. Im Analogieschluss kommt Richard auch auf die Rolle des Purgatoriums in der römisch-katholischen Kirche zu sprechen, allerdings ohne Allatius oder den Tympaniaios zu erwähnen. Letztendlich könne posthume Aktivität sowohl auf Magie als auch auf natürliche Phänomene wie das Auslaufen überflüssigen Urins zurückgeführt werden.[36]

Der Vrykolakas in den Schriften westlicher Forschungsreisender

Das Problem der unverwesten Leichen wurde in der zweiten Hälfte des 17. Jahrhunderts darüber hinaus noch von etlichen Reiseschriftstellern registriert, die die griechischen Inseln besuchten, aber nur noch wenig Originelles beitragen konnten. Den Anfang machte der französische Sprachwissenschaftler und Botaniker Jean de Thévenot mit seiner von 1655 bis 1659 unternommenen Rundfahrt durch die Länder des östlichen Mittelmeers. In seinem 1664 veröffentlichten „Bericht über eine Reise in die Levante" (Relation d'un voyage fait au Levant) teilte er unter anderem mit, was er über unverweste Exkommunizierte in Allatius' Heimat Chios erfahren hatte. Die Einwohner des Städtchens St. Helena glaubten, dass sich ein toter Körper in einen „zorzolacas" oder „nomolocas" verwandele, wenn er innerhalb von 40 Tagen nicht zerfalle. Ein Gewährsmann habe im April 1637 30 Meilen vor der Stadt einen Priester getroffen, der einen toten Körper beschworen habe, dessen Verwesung 50 Tage nach der Bestattung immer noch nicht festzustellen sei. Lediglich ein Wurm sei aus dem Auge des Toten gekrochen. Diesen abstoßenden Umstand habe der Erzähler aber nicht zur Untermalung der gruseligen Szene erwähnt. Vielmehr sei dieses Zeichen als Trick gedeutet worden, mit dem der Teufel zu verstehen gegeben haben will, wie vergänglich der menschliche Körper sei. Allatius' Ausführungen kolportierend, teilte Thévenot noch mit, eine lebende Leiche oder ein untoter Geist sei nachts durch das von armen Schäfern bewohnte Dorf gelaufen und habe an Türen geklopft und die Namen der Bewohner gerufen, um diejenigen, die ihm antworteten, binnen dreier Tage in das Reich des Todes zu holen.[37]

Als nächster Zeitzeuge folgte der englische Reiseschriftsteller Paul Ricaut, der in den sechziger Jahren des 17. Jahrhunderts zunächst als Sekretär des britischen Botschafters in Konstantinopel diente und dann in den siebziger Jahren das Konsulat der mehrheitlich von Christen bewohnten Hafenstadt Smyrna in Kleinasien leitete. Ricaut veröffentlichte 1679 „The Present State of the Greek and Armenian Churches, Anno Christi, 1678". Darin setzte er sich ausführlich mit dem Problem der Unverweslichkeit von Exkommunizierten auseinander. Posthume Aktivitäten erwähnte er hingegen nur am Rande. Von Wiedergängern im eigentlichen Sinne ist bei ihm daher nicht die Rede. Nicht einmal die landesübliche Bezeichnung des Phänomens wird erwähnt.

Der griechischen Vorstellung zufolge würden die Körper von Exkommunizierten von einem bösen Geist in Besitz genommen, der einerseits den Zerfall der Leiche verhindere und andererseits den „living body" animiere, für seine Ernährung zu sorgen. In diesem Zusammenhang gebrauchte Ricaut das englische Verb „walk", ohne jedoch das Verlassen des Grabes ausdrücklich zu beschreiben. Allerdings wusste er vom Hörensagen zu berichten, dass die toten Körper 40 Tage nach der Beerdigung einen rötlichen und frischen Eindruck hinterlassen konnten. Wenn der Körper mit einem Spieß durchstochen werde, entweiche ein Strahl frischen Bluts. In diesem Zusammenhang berief er sich auf eine Erzählung des Predigers Sofronio aus Smyrna:

Wegen einiger Vergehen sei ein Mann vom Peloponnes auf die Kykladeninsel Milos geflohen, ohne sich dadurch jedoch dem Kirchenbann entziehen zu können. Nach seinem Tod seien die Bauern wegen „seltsamer und ungewöhnlicher Erscheinungen" in Panik geraten. Als sie daraufhin das Grab geöffnet hätten, sei ein frischer Leichnam zutage getreten. Um ihn zu besänftigen, habe man den Sarg mit Obst und Nüssen gefüllt. Sofronios Ordensbrüder hätten vorgeschlagen, die Leiche nach alter Väter Sitte zu zerteilen und in Wein zu kochen, um den bösen Geist zu verscheuchen. Aus Sorge um das Seelenheil des Toten hätten es die Freunde des Toten indes vorgezogen, notfalls über eine Bestechung von Geistlichen beim Patriarchen in Konstantinopel eine Begnadigung zu erwirken. Die Leiche soll denn auch just in dem Moment eines Gottesdienstes zerfallen sein, in dem der Patriarch die Absolution erteilte.

Ricaut will selbst einmal die Gelegenheit gehabt haben, der Öffnung des Grabes eines der Wiedergängerei Verdächtigen beizuwohnen, dessen nächtliches Erscheinen unter den Dorfbewohnern Schrecken verbreitet hatte. Allerdings habe er weder von den vermeintlichen Umtrieben noch von den angeblichen Zeichen der Nahrungsaufnahme etwas mitbekommen. Verwundert hat ihn dies jedoch nicht. Sechs bis sieben Tage nach dem Tod seien derartige Spektakel in Kleinasien üblich, sowohl bei den Christen als auch bei den Türken.[38]

Schließlich veröffentlichte der französische Botaniker und Forschungsreisende Joseph Pitton Tournefort im Jahre 1717 noch einen „Bericht über eine Reise in die Levante" (Relation d'un voyage du Levant). Er hatte die Reise von April 1700 bis Juni 1702 im Auftrag König Ludwigs XIV. unternommen. Sie hatte ihn von Kreta über zahlreiche ägäische Inseln nach Konstantinopel und von dort weiter entlang des Schwarzen Meeres und dann über Land bis nach Armenien und Georgien geführt. Im Kapitel über den Zustand der griechischen Kirche ging Tournefort ausführlich auf die Rolle des Todes und die dortigen Bestattungsriten ein. Am meisten scheinen ihn die Klageweiber beeindruckt zu haben, die gegen entsprechende Vergütung ihr Bestes gaben, um den Übergang der Toten vom Diesseits ins Jenseits zu begleiten und ihnen den Eintritt ins Paradies zu ermöglichen. Auf der Kykladeninsel Mykonos wurde Tournefort ferner Zeuge eines Wiedergängerfalls. Seine Bekanntschaft mit einem Vrykolakas bot ihm indes lediglich Anlass zu der spöttischen Bemerkung, die Bevölkerung habe ihm die Schriften des Jesuiten Richard vorgelegt, um die Authentizität posthumer Aktivitäten zu belegen. Ansonsten wusste er Folgendes zu berichten:

Zwei Tage nach der Beerdigung eines Bauern, der auf dem Felde getötet worden sei, habe sich das Gerücht verbreitet, er treibe sich des Nachts in den Häusern herum und stifte Unruhe. Anfangs sei über seine Possen noch gelacht worden. Der Versuch, dem Spuk durch das Verlesen von Messen ein Ende zu bereiten, habe indes nicht gefruchtet. Eine Versammlung der Vornehmen habe dennoch beschlossen, noch einige Zeit abzuwarten. Am zehnten Tag nach der Bestattung sei dann das Grab geöffnet und auf stümperhafte Weise versucht worden, das Herz des Toten herauszureißen. Ein entsetzlicher Gestank habe allen Anwesenden die Sinne vernebelt. In diesem Zustand sei das Blut als rot und der Körper als warm befunden worden.

Nach der Verbrennung des Herzens sei die Farce um den toten Bauern noch weiter ausgeartet. Angeblich habe der Verstorbene um sich geschlagen, Häuser heimgesucht und Flaschen und Krüge geleert – um seinen Durst zu stillen, wie Tournefort kommentiert. Dennoch sei das Ganze von der Bevölkerung ernst genommen worden, es sei sogar eine Massenhysterie ausgebrochen. Die Leute hätten Haus und Hof verlassen, um auf dem Marktplatz zu übernachten. Zwar habe die Obrigkeit Wachen aufstellen lassen, doch hätten sich vorübergehend festgenommene Landstreicher von ihrer Festnahme wenig beeindrucken lassen. Schließlich habe man den Leichnam am 1. Januar 1701 verbrannt. Aus Furcht vor Sanktionen des Bischofs hätten es die Geistlichen unterlassen, sich daran zu beteiligen. Die Türken hätten daraufhin die Gemeinde mit einer Geldstrafe belegt.[39]

Auf den von Malaxos und Allatius geschilderten „Burcolaccas" und die Annahme der Unverweslichkeit Exkommunizierter ging ferner auch der Hallenser Pastor Johann Michael Heineccius im Jahre 1709 in seiner Dissertation „Von der Absolution der verstorbenen Exkommunizierten oder Tympaniaios in der griechischen Kirche" (De absolutione mortuorum excommunicatorum seu tympanicorum in ecclesia Graeca) und im Jahre 1711 in seinem Buch über die „Eigentliche und wahrhafftige Abbildung der alten und neuen Griechischen Kirche" ein.[40] Obgleich Heineccius wichtigte Erkenntnisse über den griechischen Vrykolakas zusammengetragen hatte, sollten seine Argumente zwei Jahrzehnte später in der Debatte über die südslawischen Vampire aber kein Gehör finden.

Exkommunikation und Vervampierung in den Donaufürstentümern

Die Auseinandersetzung des ökumenischen Patriarchats von Konstantinopel mit dem Vampirismus rief in der zweiten Hälfte des 17. Jahrhunderts unter Klerikern aus den ebenfalls unter osmanischer Oberhoheit stehenden Fürstentümern Moldau und Walachei ein lebhaftes Echo hervor.

Beispielsweise verzeichnete der Metropolit der Moldau, Varlaam Moțoc, 1645 in seinem Werk „Die sieben Sakramente der Kirche" (Sapte taine ale Bisericii) unter Verwendung griechischer Begrifflichkeiten Schändungen von Gräbern und Leichen angeblich mit Blut vollgesogener „Vrykolakas" (*vârcolac*).[41] Dass es sich bei der Wiedergängerproblematik eher um eine theologische Angelegenheit handelte, spiegelt sich an den Erörterungen über die dämonischen Gestalten im Volksglaubens wider, die der ehemalige Woiwode der Moldau, der ab 1711 in St. Petersburg tätige Universalgelehrte Dimitrie Cantemir, in seiner um 1714 auf Latein verfassten „Beschreibung der Moldau" (Descriptio Moldaviae) vornahm. Das 1771 in deutscher Sprache unter dem Titel „Historisch- geographisch- und politische Beschreibung der Moldau" veröffentlichte Werk nennt allenfalls Figuren wie „Dracul im Tal" (*drac* – dt. Drache), i. e. ein Wassergeist, „Zburatorull" (*zburător* – dt. Flugsand), i. e. ein unsichtbarer Geist, der sich in Gestalt eines schönen jungen Mannes insbesondere über Verlobte hermacht, „Miaza nopte" (*miazănoapte* – dt. Norden), i. e. ein mitternächtliches Gespenst, das sich in Tiergestalt an Scheidewegen herumtreibt, „Striga" (*strigoica* – dt. Hexe), i. e. ein altes Weib, das durch Zauberwerk Säuglinge umbringt, und „Prikolitsch" (*prikolici* – dt. Werwolf), i. e. ein sich nachts in einen Wolf verwandelnder Mensch (in Cantemirs Buch fälschlicherweise „Trikolitsch" geschrieben).[42]

Immerhin fanden „Zauberer und Hexer" (*strigoi*), die sich einer „diabolischen Illusion" zufolge im Grab als „Vrykolakas" (*vârcolac*) gebärdeten, in der auf byzantinischen Grundlagen beruhenden Gesetzessammlung der Walachei Berücksichtigung, die 1652 unter dem Fürsten Matei Basarab erstellt wurde. Hinsichtlich des Vrykolakas konstatierte die Gesetzessammlung lediglich das Phänomen des aufgedunsenen Leichnams, während sie es vermied, das als

Trugschluss erachtete Blutsaugen zu thematisieren.⁴³ Dass der Vampirglaube darüber hinaus als Instrument bei der Austragung konfessioneller Auseinandersetzungen Verwendung fand, kommt in dem Traktat „Über die Exkommunikation" zum Ausdruck, den der Patriarch von Jerusalem, Chrysanthos Notaras, im Auftrag des Fürsten der Walachei, Constantin Brâncoveanu, an der Wende vom 17. zum 18. Jahrhundert verfasste. In Anlehnung an Leo Allatius hielt Notaras fest, die Exkommunikation habe die Verdammung zum Tympaniaios zur Folge. Es handele sich um ein Wunder, das die Ostkirche der römischen Kirche voraushabe. Allerdings bliebe es Gott vorbehalten, exkommunizierte Tote vom Vampirismus freizusprechen oder nicht exkommunizierte Tote mit dem Vampirismus zu bestrafen.⁴⁴

4 ⋅ VAMPIRISMUS IN DEN SCHLAGZEILEN

4.1 Die Entdeckung der Vampire
Das Vorspiel – Peter Plogojowitz

Am 21. Juli 1725 erschien in der österreichischen Staatszeitung *Wienerisches Diarium* ein Bericht aus einer Verwaltungsbehörde unter dem nichtssagenden Titel „Copia eines Schreibens aus dem Gradisker District in Ungarn [Gradiška in Nordbosnien]". Der für den nordbosnischen Abschnitt der habsburgischen Militärgrenze verantwortliche Kameralprovisor Frombald berichtete darin von einer unbekannten Seuche im Dorf Kisolova, die binnen dreier Monate nach dem Tod eines gewissen „Peter Plogojoviz" ausgebrochen war. Bei der Person, dessen Name in entstellter Form später als „Plogojowitz" wiedergegeben wurde, muss es sich um einen südslawischen Bauern namens Petar Blagojević gehandelt haben. Die Erwähnung des Patronyms Blagojević, eine Ableitung aus dem Vatersnamen Blago („Schatz"), weist darauf hin, dass es sich um einen Alteingesessenen handelte, für den aus der Sicht der Dorfgemeinschaft eine konkrete familiäre Zuordnung bestand. Bei der Ortschaft handelte es sich vermutlich um das unweit der serbisch-rumänischen Grenze unmittelbar an der Donau gelegene Kisiljevo. Frombalds Bericht zufolge waren dort neun Personen innerhalb von zwei Tagen gestorben. Vor ihrem Tod hätten sie ausgesagt, Petar sei ihnen im Schlaf erschienen, habe sich auf sie gelegt und sie gewürgt. Für Aufregung habe die Aussage von Petar Blagojevićs Witwe gesorgt, ihr verstorbener Mann habe sie aufgesucht, um seine Schuhe zu holen. Ganz gleich, welcher Sinn dieser Handlung beizumessen ist, liegt ihr doch die Vorstellung einer physischen Präsenz des Toten zugrunde. Hinter dem indirekten Hinweis auf das Vorhaben einer längeren Wanderschaft kann sich implizit durchaus auch eine sexuelle Anspielung verbergen.

Zur Identifizierung von Petar Blagojević als schädigenden Wiedergänger, so berichtete Frombald weiter, hätten die Dorfbewohner die Öffnung des

Grabes angeregt. Was sie in derlei Verdachtsfällen befürchteten, sei, eine unverweste Leiche vorzufinden, die Veränderungen an Haut, Haaren und Nägeln aufweise, welche ein natürliches Wachstum suggerierten. Solche Leichen nenne die einheimische Bevölkerung „Vampyri". Weil die Bewohner gedroht hätten, das Dorf zu verlassen, habe er, Frombald, sich im Verein mit dem einheimischen Popen genötigt gesehen, der Exhumierung Petar Blagojevićs beizuwohnen. In der Tat habe die Leiche den Eindruck eines frischen und beweglichen, lebendigen Körpers hinterlassen. Neben dem „wilden Zeichen" einer Erektion scheint Frombald noch ein anderer Tatbestand gefesselt zu haben: Aus dem Mund des Toten sei frisches Blut geflossen, das er nach allgemeiner Aussage seinen Opfern ausgesogen habe. Derart seiner Untaten überführt, sei der Angeklagte posthum hingerichtet worden. Auf die Durchbohrung des Herzens mit einem Pfeil sei die Verbrennung des Körpers auf dem Scheiterhaufen gefolgt. Die Verantwortung für die Grabschändung und Leichenfledderei lastete Frombald dem Pöbel an. Angesichts der allgemeinen Panik verwahrte er sich gegenüber seinem Dienstherrn davor, einen Fehler begangen zu haben.[1]

Aus heutiger Sicht vermag Frombalds Bericht nicht nur deshalb zu faszinieren, weil er zum ersten Mal den schillernden Ausdruck „Vampir" in die Schlagzeilen brachte, sondern auch, weil er der Vorstellung des Blutsaugens eine gewisse Authentizität verleiht. Offenbar stieß der Fall sogar auf überregionales Interesse. Immerhin fühlte sich der evangelische Theologe Michael Ranft im fernen Leipzig durch eine lokale Zeitungsmeldung angeregt, eine Dissertation über das „Kauen und Schmatzen der Toten in Gräbern" zu verfassen (vgl. Kap. 4.2). Er vermutete, dass „Peter Plogojowitz" mit seinen Nachbarn in Streit gelegen habe und von seiner Frau vergiftet worden sei.[2] Ranfts Forschungen erfuhren aber erst dann größere Relevanz, als in den 1730er Jahren die Vampirfälle von Medvedja in die Schlagzeilen gerieten.[3] Im Jahr 1725 war die Zeit noch nicht reif dafür, dass ein Vampirbericht in einer breiten Öffentlichkeit für Aufsehen gesorgt hätte. Seitens der habsburgischen Militärbehörden wurde der Fall zu den Akten gelegt, ohne dass den Vampiren eine besondere Bedeutung beigemessen worden wäre. Wie aber kam es dann dazu, dass die österreichische Militärgrenze in der Folge dennoch zur Brutstätte des Vampirismus verklärt werden konnte?

Die Militärgrenze als Brutstätte des Vampirismus

Die habsburgische Militärgrenze stellte eine Schutzzone gegen das Osmanische Reich dar, die sich seit dem ersten Viertel des 16. Jahrhunderts entwickelt hatte. Rechtlich zu einer Einheit zusammengefasst wurde das Gebiet, das sich von Kroatien (1538) über Slawonien (1702), das Banat und Nordserbien (1742–1765) bis nach Siebenbürgen (1761–1764) erstreckte, aber erst Mitte des 18. Jahrhunderts (vgl. Karte auf Vorsatz).

Die Besiedlung der kroatisch-slawonischen Militärgrenze erfolgte weitgehend durch Flüchtlinge aus den zentralen Gebieten des Balkans, die sich zu unbesoldetem Kriegsdienst verpflichteten und im Gegenzug in den Genuss persönlicher Freiheit und des Rechts auf Eigentum an Grund und Boden kamen. Da es weder Adel noch Großgrundbesitz gab, zeichnete sich die Grenzergesellschaft durch das Prinzip der Gleichheit aus. Und weil weder Händler noch Gewerbetreibende existierten, herrschte eine Naturalwirtschaft vor.[4] Im Banat und in Nordserbien siedelten „Heiducken" genannte Wehrbauern (im zeitgenössischen Sprachgebrauch auch unter dem Sammelbegriff „Walachen" zusammengefasst). Es handelte sich bei ihnen ursprünglich um Wanderhirten, die sich einerseits als Viehtreiber verdingten und andererseits zu Räuberbanden zusammenschlossen. Als Hirtenkrieger traten sie sowohl in den Dienst des habsburgischen als auch des osmanischen Heeres.[5]

Nach der zweiten Belagerung Wiens 1683 durch die Osmanen kam es an der Grenze im Zuge territorialer Veränderungen und exorbitanter Migrationsbewegungen zu mannigfachen Turbulenzen. Seit dem Ende des 16. Jahrhunderts hatten die südslawischen Bauern innerhalb des Osmanischen Reiches aufgrund der allmählichen Verdrängung der „Militärlehen" (timar) durch „Landgüter" (çiftlik) nicht nur eine Verringerung ihrer Rechte, sondern auch eine Erhöhung der Abgabenlast hinzunehmen gehabt. Vor diesem Hintergrund schlossen sich in Serbien nach Ausbruch des Großen Türkenkrieges tausende Freiwillige der vorrückenden habsburgischen Armee an. Allerdings wurden ihre Hoffnungen enttäuscht. Als die Osmanen zum Gegenschlag ausholten, sahen sich im Jahre 1690 etwa 30.000–35.000 Familien mit dem Patriarchen von Peć an der Spitze zur Flucht in den Norden genötigt. In der

Folge wurden die Emigranten im Rahmen der Restituierung Ungarns, die 1699 mit dem Frieden von Karlowitz besiegelt wurde, im Banater Bereich der Militärgrenze angesiedelt. Nachdem dann die Verwaltung der Militärgrenze im Jahre 1704 vom Grazer auf den Wiener Hofkriegsrat übertragen worden war, wurde die militärische Jurisdiktion ausgebaut. Hieraus resultierten unter anderem die Einteilung der Grenzbereiche in Regimenter, die Zusammenfassung der Dörfer in Kompanien und – im Interesse einer Abstellung von in der Landwirtschaft entbehrlichen Rekruten – das Verbot der Familienteilung.[6]

Unter diesen Bedingungen unterlag die im westlichen Balkan gängige Lebensform der „Hauskommunion" *(zadruga)* einem wechselnden Prozess des Zerfalls und Wiedererstehens. Es handelte sich bei diesem Phänomen um eine Güter- und Produktionsgemeinschaft, die Verwandte verschiedener Generationen umfasste und patrilinear zusammengesetzt war. Weil sich der komplexe Balkanfamilienhaushalt als Abstammungsgruppe definierte, wurde zugleich für die Integration seiner Mitglieder gesorgt und die Ausgrenzung von Fremden betrieben.[7]

Insgesamt gesehen handelte es sich bei der Militärgrenze um eine Region, die nicht nur von ökonomischer Rückständigkeit und der Permanenz des Kleinkrieges, sondern auch von traditionellen Lebensverhältnissen und von synkretistischen Vorstellungen geprägt war. Signifikanterweise wurde der Ausbruch der vermeintlichen Vampirkrankheit durch die Militärverwaltung erst zu einem Zeitpunkt zur Kenntnis genommen, als die betroffenen Gebiete Nordbosniens und Nordserbiens vorübergehend an das Habsburgerreich gelangt waren, nämlich zwischen den Friedensschlüssen von Passarowitz 1718 und Belgrad 1739.[8]

Zur Bewachung dieser neu erworbenen Gebiete, der sogenannten Neoaquisita, wurde 1718 mit der Einrichtung einer aus Heiducken bestehenden Nationalmiliz begonnen, die von 1719 bis 1733 in Belgrad stationiert war und von Carl Alexander von Württemberg kommandiert wurde.[9] Dass ein solcher Schutz erforderlich war, hatte sich bereits bei der ersten, unmittelbar nach der Eroberung vorgenommenen Inspektion gezeigt, als die habsburgischen Militärbehörden große Verwüstungen in der Gegend feststellen mussten. Auch der Besiedlungsgrad war gering. In den äußeren Grenzdistrikten wurden nur 415 bewohnte und 342 unbewohnte Orte mit 2456 Untertanen respektive Familien registriert. Durchschnittlich kamen auf jede bewohnte Ortschaft also nur sieben Haushalte. Offenbar zogen es viele Einheimische aus Skepsis gegenüber der neuen Herrschaft vor, noch auf der osmanischen Seite zu verharren. Bis 1721 verbesserte sich die Situation nur geringfügig. In 15 Distrikten wurden 446 Dörfer mit 6020 Hausvorständen gezählt. Weil auf den Höfen auch 507 verheiratete Brüder, 459 unverheiratete Brüder und 383 verheiratete Söhne lebten, ist davon auszugehen, dass die Großfamilie im Grenzstreifen nicht die Norm bildete. Neben Ackerbau wurde Viehzucht betrieben. Im Durchschnitt verfügte jede Familie über bis zu zwei Zugochsen, bis zu zwei Milchkühe, drei bis vier Schweine, vier bis fünf Schafe und fünf bis sechs Ziegen. Nur jede zweite Familie nannte ein Pferd ihr Eigen. Es handelte sich um Subsistenzwirtschaften.

Einem Bericht aus dem Jahre 1724 zufolge verhielten sich die steuerpflichtigen Untertanen ihrer neuen Herrschaft noch misstrauisch gegenüber, zogen sogar das „türkische Joch" der „christlichen Regierung" vor. Offensichtlich erachteten sie die einheitliche osmanische Besteuerung günstiger als das ausdifferenzierte habsburgische Abgabensystem. Nach einem Bericht der Zivilbehörden aus dem Jahre 1727 schließlich hatten die Heiducken die schönsten Dörfer und fruchtbarsten Böden in Beschlag genommen und auf diese Weise für die Verdrängung von Steuerzahlern gesorgt. Mittlerweile sei die Hälfte des Landes in den Besitz der Heiducken übergegangen. Sie monopolisierten darüber hinaus die Frachtfuhren und andere Erwerbsquellen.

Um einen weiteren Rückgang der Zahl der Steuerzahler zu vermeiden, erging 1728 die Anweisung, nur noch Rekruten in die Nationalmiliz aufzunehmen, die aus der türkischen Nachbarschaft stammten und daher als Selbstversorger in die bestehenden Dorfgemeinschaften integriert werden mussten. Die Miliz bestand 1729 aus 18 Kompanien, die sich aus 4500 Mann zusammensetzen sollten, de facto aber nur 2390 Mann zählten. Der Dienst in der Truppe scheint trotz der erzielten Vergünstigungen daher nicht besonders attraktiv gewesen zu sein. Letztendlich musste der Spagat zwischen der Befriedung und gleichzeitigen Militarisierung der Grenzregion eine Reihe sozialer

Konflikte schaffen. Schließlich wurden die rund neunzig Heiduckendörfer sogar von den übrigen Ortschaften abgetrennt.[10]

Bei der Bewahrung von Ruhe und Ordnung wurde die Haltung des Wiener Hofkriegsrats von zwei weiteren Faktoren bestimmt: von der Abwehr der Seuchengefahr und von der Durchsetzung der Union von katholischer und orthodoxer Kirche gegen lokale Widerstände. Vom 16. bis zum 18. Jahrhundert erregte der „Morbus hungaricus" – aus heutiger Sicht als Fleckentyphus zu identifizieren –, dem in den Feuchtgebieten der pannonischen Tiefebene nicht nur Söldner, sondern auch Kolonisten zum Opfer fielen, die Gemüter der lateinischen Gelehrten in den deutschsprachigen Ländern. Die Resistenz von Ungarn und Türken wurde dabei interessanterweise auf deren Achten auf Hygiene und gesunde Ernährung – inklusive des Genusses von Knoblauch – zurückgeführt.[11]

Nachdem die Pest in der zweiten Hälfte des 17. Jahrhunderts allmählich aus West- und Mitteleuropa verschwunden war, bestand die Gefahr eines neuerlichen Ausbruchs der Krankheit im 18. und 19. Jahrhundert nur noch an den östlichen und südöstlichen Rändern, insbesondere an der Grenze zum Osmanischen Reich. Durch das Pestpatent von 1728 versuchten die Habsburger daher, die Militärgrenze als „ewigen Kordon gegen die Pest" zu etablieren, einerseits durch die Einschränkung des Waren- und Personenverkehrs, andererseits durch die Einrichtung von Quarantänestationen.[12]

Nahezu zeitgleich führten das kolonialistische Gebaren der lokalen Militärverwaltung und die Beschneidung der Befugnisse des orthodoxen Bischofs von Marča – östlich von Zagreb bei Ivanić gelegen – 1728 zu einem Volksaufstand in der Lika, einer sich bis an die Küste erstreckenden Landschaft im Zentrum Kroatiens. Als Einheiten von Wehrbauern 1733 erstmals außerhalb der Militärgrenze, nämlich in Italien, eingesetzt werden sollten, kam es erneut zum Aufruhr. Obgleich der Hofkriegsrat Zugeständnisse beim Sold und in der Kirchenfrage machte, wurden die Unierten 1735 vorübergehend von orthodoxen Mönchen aus Marča vertrieben.[13] Aus habsburgischer Sicht gärten in den nach dem Großen Türkenkrieg gewonnenen Territorien also nicht nur konfessionelle, sondern auch soziale Konflikte. Darüber hinaus wurde das Gebiet als Hort der Rückständigkeit und des Aberglaubens sowie als Ursprung von Krankheiten angesehen. Das betraf insbesondere die nordserbischen und nordbosnischen Gebiete des slawonischen Teils der Militärgrenze.

Der Hauptakt – Arnond Paole

Vor diesem Hintergrund ist verständlich, warum die Vampirfälle, die zu Beginn der 1730er Jahre bekannt wurden, mehr Aufmerksamkeit erregten als der in der Tradition westlicher Nachzehrerlegenden stehende Fall aus der Mitte der 1720er Jahre. Dabei tauchte der in der westeuropäischen Debatte später zum Prototyp stilisierte Vampir „Arnond Paole" oder „Arnold Paul" im ersten der beiden hier zu verhandelnden Militärarztberichte noch gar nicht auf.

In den letzten beiden Monaten des Jahres 1731 starben in dem jeweils rund zweihundert Kilometer von Kisiljevo und Belgrad entfernten Dorf Medvedja – in den Quellen in einer ungarischen Schreibweise als „Medvegya" bezeichnet – an der Westlichen Morava 13 Personen an einer unbekannten Krankheit. Als aber der in Paraćin (nördlich von Stalać) stationierte Seuchenarzt Glaser am 12. Dezember 1731 am Ort des Geschehens eintraf, vermochte er außer den Nachwirkungen der Völlereien, die der vorweihnachtlichen Fastenzeit vorangegangen waren, keine ansteckenden Krankheiten festzustellen. Zumindest für die Angehörigen der habsburgischen Militärverwaltung schien also keine akute Gefahr zu bestehen. Nach Auskunft der Dorfbewohner trieben jedoch „Vambyres oder Bluthseiger" ihr Unwesen:

Weil sie das Sterben ihrer Angehörigen nicht allein auf Fieber und Gliederschmerzen hätten zurückführen können, sei unter den Dorfbewohnern eine regelrechte Panik ausgebrochen. Nachts fänden sich mehrere Familien in einem Haus zusammen, um abwechselnd Wache zu halten. Darüber hinaus trügen sich die Bauern mit dem Gedanken, ihren Heimatort zu verlassen. Als einzige Lösung des Problems sei für sie die Exekution der Vampire in Betracht gekommen.

Glaser verwies in diesem Zusammenhang in seinem Bericht an die Wiener Behörde auf das Vorhandensein einer zwar nur imaginierten, gleichwohl aber für real gehaltenen Ansteckungsgefahr durch den Akt des „(Sich-)

Vervampyrens". Derart unter Druck gesetzt, ließ der Seuchenarzt zehn Gräber öffnen, ohne jedoch Obduktionen vorzunehmen. Bei den Hauptverdächtigen handelte es sich um Flüchtlinge aus dem Osmanischen Reich, um ein altes Weib namens „Miliza" (Milica), das angeblich Fleisch von Schafen gegessen hatte, die Vampiren zum Opfer gefallen waren, und um eine junge Frau namens „Stanno" (Stana), die sich angeblich mit Vampirblut eingerieben hatte und dann im Kindbett verstorben war.

Weil Glaser selbst mehrere Leichen „suspect" erschienen, regte er die Militärverwaltung mit dem Hinweis auf die außergewöhnliche Größe der Siedlung an, eine Untersuchungskommission zu entsenden, um die Bewohner zu beruhigen.[14] Der Hinweis auf die Bedeutung des Dorfes gestattet indirekt einen Einblick in die sozialen Verhältnisse seiner Bewohner. Unmittelbar am Grenzfluss zu den Osmanen siedelte – wie aus weiteren Informationen hervorgeht – eine bunt gemischte Bevölkerung, die aus alteingesessenen Familien, aus Flüchtlingen aus dem Osmanischen Reich und aus Angehörigen der habsburgischen Miliz bestand. Es handelte sich somit um ein Milieu, das nicht ganz frei von Konflikten gewesen sein kann.

Darüber hinaus informierte der Seuchenarzt seinen Vater, den Arzt Johann Friedrich Glaser, über die Vorgänge. Letzterer wandte sich am 13. Februar 1732 mit einem Schreiben an die Nürnberger Redaktion des *Commercium litterarium*, das am 12. März 1732 veröffentlicht wurde. Darin führte Glaser sen. aus, dass über die Art und Weise des Blutsaugens bei den Grenzern Unklarheit herrsche, da lediglich Trugbilder im Schlaf bezeugt seien.[15] Mehr als einen Hinweis auf den Einfluss des Alpdrucks hatte Glaser jun. also nicht zur Erklärung des Vampirphänomens beizutragen gehabt. Sein Erkenntnisinteresse galt offenbar weniger den unverwesten Leichen als der unbekannten Krankheit.

Die vom Seuchenarzt Glaser eingeforderte Kommission nahm in der zweiten Januarwoche 1732 unter der Leitung des Regimentsfeldschers Flückinger ihre Arbeit auf. Gegenstand der Untersuchung war der Verdacht, dass die sogenannten „Vampyrs" Menschen durch das Aussaugen von Blut umgebracht haben. Ergänzend zu Glasers Krankenbesuchen und Leichenvisitationen wurden mehr oder minder professionelle Obduktionen durchgeführt, die

7 ♦ „VISUM ET REPERTUM" – DIE FLÜCKINGER-HANDSCHRIFT

Auf den Bericht des Regimentsfeldschers Flückinger geht die Entdeckung der Vampire durch das aufgeklärte Europa zurück. Der Titel lautet: „Visum et Repertum. Über die so genannten Vampyrs, oder Blut-Aussauger, so zu Medvegya in Servien, an der Türckischen Granitz, den 7. Januarii 1732 geschehen."

Aufschluss über den Sterbeverlauf und den Verwesungsprozess geben sollten. Flückingers mit „Visum et Repertum" (Erscheinung und Erfindung) überschriebenem Bericht zufolge waren zehn von 16 Leichen unverwest und des Vampirismus verdächtig. Sie waren binnen dreier Tage einer Seuche erlegen und hatten sechs Wochen bis drei Monate im Grab gelegen. Betroffen waren vor allem die Schwachen, das heißt sehr junge und alte Menschen.

Beiläufig erwähnte Flückinger in seinem Bericht, dass das zwanzigjährige Heiduckenweib „Stanoicka" (Stanojka) ausgesagt habe, nachts von dem im Alter von 25 Jahren verstorbenen Heiduckensohn „Miloe" (Miloje) am Hals gewürgt worden zu sein. Das lässt auch Alpdrücken in Betracht kommen. Allerdings wies Flückinger in diesem Zusammenhang auf einen fingerlangen roten Fleck unter dem rechten Ohr hin, ohne diesen jedoch mit dem Vorgang

Die Entdeckung der Vampire

des Blutsaugens in Verbindung zu bringen. Der Leipziger Vampirexperte Michael Ranft schloss wenig später auf einen „unzuläßigen Umgang", den die beiden jungen Leute gepflegt hätten.[16]

Um die Ordnung im Dorf wiederherzustellen, stimmte die Untersuchungskommission einer posthumen Exekution der Verdächtigen zu. Sie wurden geköpft und verbrannt. Das Henkeramt hatten im Dorf lebende Roma zu übernehmen, die als Außenstehende offenbar skrupelloser vorzugehen bereit waren als die Einheimischen. Glimpflich davon kamen lediglich die verstorbenen Angehörigen der militärischen Führungsleute von Medvedja, welche im Unterschied zu anderen für unverdächtig erklärt worden waren.[17]

Wie stellt sich die Vampirkrankheit aus heutiger Sicht dar? Aus den festgehaltenen Obduktionsbefunden und den eruierbaren Klimadaten schloss der Wiener Pathologe Christian Reiter unlängst, dass es sich bei der Seuche von Medvedja mit hoher Wahrscheinlichkeit um Milzbrand handelte. In den sumpfigen Wiesen der Umgebung habe der Erreger gut überdauern können. Der trockene Sommer 1731 habe dann dazu geführt, dass sich Schafe bei der Nahrungssuche im harten Boden verletzten und dadurch infizierten. Darüber hinaus wies er als Gerichtsmediziner in wahrhaft kriminalistischer Manier seinen Kollegen aus dem 18. Jahrhundert einen regelrechten Betrug nach. Denn die vollständige Verwesung eines Menschen im Grabe sei frühestens nach zehn Jahren zu erwarten. Nach Ablauf eines halben Jahres gleiche das Erscheinungsbild eines beerdigten Toten demjenigen, welches ein unbestatteter Verstorbener schon nach wenigen Tagen aufweise. Bei der Aufblähung des Leichnams handele es sich um die erste, durch Gasbildung im Körper ausgelöste Stufe eines langwierigen Zerfalls- und Auflösungsprozesses. Daher habe der eigentliche Skandal bei den Untersuchungen von Medvedja darin bestanden, dass die Militärärzte behaupteten, einige ausgewählte Tote seien bereits nach wenigen Wochen im Erdreich völlig verwest gewesen. Die Ärzte seien damit nicht nur den Interessen der Dorfvorsteher nachgekommen, die um das Seelenheil ihrer Angehörigen besorgt waren, sondern hätten auch ihren eigenen Einsatz gerechtfertigt. Letztlich sei es den Ärzten darum gegangen, sich auf dem Gebiet der Exhumierungen eine Einnahmequelle zu verschaffen. Dass sie mit ihren Zuschreibungen „verwest" oder „suspekt" dazu beitrugen, die Vorstellung des lebenden Leichnams oder blutsaugenden Vampirs beim westlichen Publikum zu verankern, steht auf einem anderen Blatt.[18]

An der Lebenswelt der Grenzer waren die Militärärzte in der Tat wenig interessiert.[19] Als mögliche Erklärung für den Ursprung der Vampirkrankheit fügte Flückinger jedoch immerhin eine Reminiszenz an einen etwa fünf Jahre zuvor durch einen Sturz vom Heuwagen ums Leben gekommenen Heiducken ein, den die Dorfbewohner offenbar zum Sündenbock stilisierten. Von der Lebens- und Leidensgeschichte dieses Heiducken ist nicht allzu viel in Erfahrung zu bringen. Flückinger war Folgendes zugetragen worden:

Der Heiduck habe vor seinem unglücklichen Tode angegeben, im Kosovo von einem Vampir geplagt worden zu sein und sich zum Schutz mit dessen Blut eingeschmiert und Erde von dessen Grab gegessen zu haben. Drei bis vier Wochen nach seiner Beerdigung habe der Heiduck begonnen, die Einwohner des Dorfes heimzusuchen. Dabei habe er nicht nur Menschen, sondern auch das Vieh angegriffen. Vier Todesfälle seien ihm zur Last gelegt worden. Als der Leichnam 40 Tage nach der Bestattung exhumiert worden sei, habe er sich als unverwest erwiesen. Deshalb sei er in einem Akt der Selbstjustiz, der auf Erfahrung im Umgang mit derartigen Phänomenen schließen lässt, gepfählt und verbrannt worden.

Flückinger kam zu dem Schluss, dass die Vampirseuche offenbar deshalb wieder ausgebrochen sei, weil sich damals auch das Vieh infiziert habe.[20] Die neuerliche Einschaltung der Militärverwaltung könnte mit der zunehmenden herrschaftlichen Durchdringung der Region durch die Habsburger in Verbindung gestanden haben oder mit der Tatsache, dass sich diesmal mit 16 Opfern ein Massensterben andeutete, das auch vor den Türen der Dorfvorsteher nicht Halt machen würde.

Auch wenn somit nicht allzu viel über die Lebensgeschichte des Heiducken bekannt ist, lassen sich doch einige Details aus seinem Namen erschließen, der in der im Österreichischen Staatsarchiv überlieferten handschriftlichen Form „Arnond Paole" lautete, in der Kolportage aber mitunter verballhornt als „Arnold Paul" wiedergegeben wurde.[21] Aus naheliegenden Gründen ist anzunehmen, dass bei der Übertragung eines serbischen Namens in eine

8 ٭ AUSZUG AUS DEM FLÜCKINGER-BERICHT MIT DEM SCHRIFTZUG „ARNOND PAOLE"

Über die Identität des ersten in Europa bekannt gewordenen „Vampirs" ist später viel spekuliert worden. Wegen der missverständlichen Schreibweise wurde der Name oft entstellt. Vermutlich ist es bei der Reinschrift des ersten Entwurfs zu Lesefehlern gekommen. Sinn macht nur die Bezeichnung „der Arnaut (d. h. Albaner) Pavle".

9 ٭ „ARNOND PAOLE" ALS PANDUR?

In der ersten Hälfte der 1740er Jahre erstellte der Augsburger Kupferstecher Martin Engelbrecht (1684–1756) einen illustren Reigen von exotischen Soldatengestalten aus der habsburgischen Armee. Das Porträt eines Wehrbauern oder Milizangehörigen – in der Militärgrenze Heiduck, in Slawonien Pandur genannt – könnte dem nach seinem Ableben zum Vampir stilisierten „Arnond Paole" entsprochen haben.

österreichisch-ungarische Akte eine Lautverschiebung vor sich ging. Die Dorfbewohner dürften ihren Landsmann „Arnaut Pavle" genannt und dabei auf die osmanische Bezeichnung „Arnaut" für Albaner zurückgegriffen haben. Pavles Spitzname „der Albaner" korrespondiert mit seiner offensichtlichen Herkunft aus dem Kosovo oder dem Amselfeld, einer Region, die seit der berühmten Schlacht zwischen Serben und Osmanen 1389 nach und nach von Albanern besiedelt worden war und in der der später nach Medvedja geflohene Heiduck möglicherweise als Wanderhirte gelebt hat.

Ein Patronym oder Vatersname wie bei Petar Blagojević aus Kisiljevo ist bei Pavle nicht überliefert. Ist dies aber ein Indiz dafür, dass er in Medvedja ohne eigenen Familienanhang in die Rolle eines Außenseiters geriet, sein Auskommen gar als Knecht verdienen musste? Oder weist seine Position als von außen rekrutierter Grenzsoldat nicht eher darauf hin, dass er sich im Dorf Privilegien zulasten der Alteingesessenen verschaffte? Sein Tod, der nach einem Arbeitsunfall eingetreten sein soll, erscheint zumindest ominös: Warum ein erfahrener Hirte vom Heuwagen gefallen und sich dabei das Genick gebrochen haben soll, bleibt unklar. Vielleicht bediente er sich des Fuhrwerks nur, um für einen Auftraggeber eine wertvolle Last zu transportieren. Wurde er letzten Endes Opfer eines Gewaltaktes? Waren der Hintergrund soziale Konflikte oder fiel er der Blutrache zum Opfer? Über all das wurden die Behörden wohlweislich nicht informiert.

Als der britische Mediziner und Publizist Herbert Mayo Mitte des 19. Jahrhunderts bei seiner Auseinandersetzung mit dem Mesmerismus auf den klassischen Vampirfall stieß, ließ er es sich nicht nehmen, daraus eine tragische Liebesgeschichte zu konstruieren. „Arnod [sic] Paole" sei nach der Entlassung aus dem Kriegsdienst im Jahre 1727 aus der Levante mit einem schrecklichen Geheimnis in sein Heimatdorf zurückgekehrt, habe sich aber dennoch unsterblich in die im Nachbarhaus lebende 17 Jahre alte Nina verliebt. Unmittelbar nach der Hochzeit habe er dann aber eingestehen müssen, im Kosovo von einem Vampir geplagt worden zu sein, der jederzeit seinen Tribut fordern könne. Das Unheil habe sich aber erst nach „Arnods" Sturz vom Heuwagen eingestellt.[22]

Das Jägerlatein österreichischer Militärs

Bei aller dichterischen Freiheit, die sich Mayo nahm, lassen sich Zeugen finden, die in Sachen Vampirismus noch weitaus gewagtere Thesen vortrugen. Dem Schreiben eines Angehörigen des württembergischen Regiments in Belgrad, Fähnrich Alexanders von Kottwitz, an den Direktor der Kaiserlich Leopoldinischen Akademie der Naturforscher in Altdorf (Altdorfiana), Johann Friedrich Ettmüller, vom 26. Januar 1732 etwa ist ein Ammenmärchen zu entnehmen, das Gewaltphantasien und sexuelle Visionen der in der Region stationierten Söldner offenbart. Kottwitz spricht dabei von „Vampyren" oder „Menschen-Saugern" und leitet den Begriff aus dem Türkischen her. Anschließend schildert er Fälle aus „Kucklina" (Kukljin), einem Nachbarort von Medvedja.

ERSTER FALL:

Zwei Brüder hätten eine Nacht durch abwechselnde Wachzeiten zu überstehen versucht, seien aber dennoch von einem Vampir im Schlaf überrascht worden. Vom Blutaussagen habe einer der Brüder einen roten Fleck unter dem Ohr davongetragen. Drei Tage später sei er dahingeschieden.

ZWEITER FALL:

Darüber hinaus sei eine Witwe von ihrem tags zuvor verstorbenen Gatten aufgesucht und geschwängert worden. Sie habe dem Militärvorsteher des Ortes Meldung erstattet und im Hinblick auf die erlebten sexuellen Freuden bekannt, lediglich die Kälte des Samens beklagen zu müssen. Ihr Kind sei völlig entstellt ohne jegliche Gliedmaßen zur Welt gekommen und habe wie ein rohes Stück Fleisch ausgesehen, das binnen dreier Tage wie eine Wurst zusammengerunzelt sei.

Zwei Dinge zeigen sich in diesen Berichten. Zum einen wurde der Vampirbiss von den westlichen Zeugen von Anfang an wörtlich genommen. Zum anderen scheinen die Themen Ehebruch und Kindstötung im Zusammenhang mit Vampirismus eine enorme Rolle gespielt zu haben.[23]

Veröffentlicht wurden in den wisssenschaftlichen Journalen hingegen nur Aussagen, die einer Versachlichung unterzogen waren. Beispielsweise meldete das *Commercium litterarium* am 7. Mai 1732 einen Vampirfall in der in Slawonien gelegenen Grenzstadt Požega:

Bereits Anfang 1730 soll sich die Familie eines Panduren – wie die Grenzsoldaten auch genannt wurden – am Fleisch eines Schafes vergiftet haben, dessen Blut zuvor von einem in Gestalt einer Schlange auftretenden Vampir ausgesaugt worden sei. Die ganze Familie sei gestorben, und weil die Leichen nach 20 Tagen im Grab immer noch nicht verwest gewesen seien, seien sie gepfählt, geköpft und verbrannt worden.[24]

In dieser Version wird die Vampirkrankheit auf eine Lebensmittelvergiftung reduziert und als Ursache ein Schlangenbiss genannt. Als Sensation bleibt lediglich die posthume Hinrichtung stehen.

Ein weiteres Zeugnis für vampiristische Umtriebe findet sich hingegen in Augustin Calmets 1749 erstmalig veröffentlichtem Handbuch zum

Vampirismus. Es handelt sich um ein Schreiben des ehemaligen Hauptmanns von Beloz an Ferdinand de Saint-Urbain, den Hofarchitekten der lothringischen Herzöge. Letzterer informierte Calmet über Beloz' Erfahrungen in einer Abordnung Carl Alexanders von Württemberg mit, die an der Wende von den 1720er zu den 1730er Jahren einem Vampirfall in einem Grenzdorf nachging. Beloz hatte seiner Überzeugung Ausdruck verliehen, dass Vampire gemeinhin nur ihren eigenen Verwandten nachstellten:

Ein drei Jahre zuvor verstorbener Vampir habe seinen eigenen Bruder und drei seiner Enkelinnen und Enkel getötet und einer weiteren Enkelin bereits zweimal das Blut ausgesaugt. Über die genaueren Umstände hätten die Gewährsleute keine Angaben machen können. Wegen der Schwäche des geplagten Mädchens sei das Grab des Vampirs, über dem Laternenschein (oder ein Irrlicht) zu sehen gewesen sei, geöffnet worden. Man habe eine frische Leiche mit halb geöffneten Augen und einem pochenden Herzen gefunden, welche keinerlei Geruch hinterlassen habe. Beim Durchstechen des Herzens und beim Abschlagen des Kopfes sei neben einer weißlichen Materie viel Blut ausgetreten. Nach der erneuten Bestattung des Toten sei die Enkelin genesen.

Die Stelle des Körpers, an denen die Vampire saugen, so gab Beloz weiter an, wechsele, sei aber an einem blauen Mal zu erkennen.[25] Letzten Endes wird auch an diesem Bericht deutlich, dass der angebliche Vampirbiss immer nur von wenig zuverlässigen Gewährsleuten kolportiert wurde. Publiziert wurde aber längst nicht alles, was der Gerüchteküche entstammte.

4.2 Die Vampirdebatte der Aufklärung
Orientalisierung des Balkans an Akademien und Universitäten

Das Zeitalter der Aufklärung währte im Wesentlichen von den 1680er Jahren bis zur Französischen Revolution von 1789. Es handelte sich um eine geistige Bewegung, die sich einerseits auf den Zerfall des Feudalismus und den Aufstieg des Bürgertums und andererseits auf die Auflösung des christlichen Weltbildes und den Triumph des modernen Rationalismus gründete. Neben der Erziehung der Menschen zu mündigen Bürgern stand die Durchsetzung politischer Reformen auf dem Programm. Zu den Foren des gelehrten Austauschs und der öffentlichen Meinungsbildung zählten neben den Universitäten die wissenschaftlichen Akademien, die 1662 in London, 1666 in Paris und 1711 in Berlin eröffnet wurden. Lesegesellschaften profitierten von der Entwicklung des Pressewesens. Die erste deutsche Tageszeitung erschien 1650 in Leipzig, die erste deutsche Zeitschrift 1674 in Nürnberg.

Während sich die Zeitungen bis zur Französischen Revolution auf das unkommentierte Referieren von Nachrichten beschränkten, gingen die sogenannten Monatsschriften frühzeitig von der Diskussion tagespolitischer Ereignisse zur Debatte gesellschaftlicher Schlüsselprobleme über. Eine relevante Komponente für die auch in diesen stattfindende Auseinandersetzung mit dem Phänomen des Vampirismus war die Neubestimmung des Verhältnisses von Körper, Seele und Geist. Es ging dabei sowohl um den Nachweis der Unsterblichkeit der Seele als auch um die Erfassung von Lebens- und Bewusstseinsprozessen. Die Seele wurde als reflektierender Geist begriffen und zugleich in den göttlichen Verstand integriert. Demgegenüber wurden irrationales Denken und Handeln, die ihren Ausdruck im Wirken von Zauberern oder Wunderheilern fänden, als Ausdruck dämonischer Vorstellungen oder okkulter Naturkräfte aufgefasst und ihre Verbreitung auf den Einfluss der Magie auf breite Bevölkerungsschichten zurückgeführt. Dementsprechend entwickelte sich der Aberglaube zu einem Kampfbegriff der Aufklärung.[26] Aus diesem Grund wurde das Thema Vampirismus auch von Anfang an mit Spott überfrachtet. Nicht von ungefähr stellte der Nebraer Vampirspezialist Michael Ranft in seinem Standardwerk von 1734 fest, dass die „Gelehrten ersten Ranges" Äußerungen zu diesem Thema scheuten.[27]

Das aus dem Unverständnis lokaler Traditionen resultierende Desinteresse der habsburgischen Seuchenärzte und Offiziere an der Lebenswelt der Bevölkerung auf dem Gebiet der österreichischen Militärgrenze übertrug sich in der Folgezeit auf die gelehrten Interpretationen der unverwesten Leichen. Unvoreingenommene Aussagen wie die Infragestellung der Einzigartigkeit des Vampirs im Erfurter Journal *Neu-eröffnetes Welt- und Staats-Theatrum* blieben eher die Ausnahme. Das Journal hatte es sich im April 1732 nicht nehmen lassen, Phantasiegebilde wie „derer Sclavonier ihre Vampyren, derer Polacken ihre Upiertz und derer Teutschen ihre Schmatzende Todten" auf eine Stufe zu heben.[28] Ansonsten ist darauf hinzuweisen, dass die vermeintlichen Blutsauger im westlichen Europa zu einem Zeitpunkt öffentliches Interesse erlangten, zu dem von einer Türkengefahr nicht mehr die Rede sein konnte und sich die Aufklärung auf der Basis der Aberglaubenskritik konstituierte. In diesem Zusammenhang vollzog sich in den „mental maps" allmählich eine Schwerpunktverlagerung. War bis dato die räumliche Wahrnehmung von dem auf die Antike zurückgehenden Gegensatz zwischen dem „zivilisierten" Süden und dem „barbarischen" Norden geprägt, konzentrierten sich die kognitiven Landkarten fortan auf den Antagonismus zwischen dem „fortschrittlichen" Westen und dem „rückständigen" Osten.[29]

Gerüchteküche und Gutachten

Zu den maßgeblichen Quellen für die Verbreitung von Nachrichten über Vampire zählte im deutschsprachigen Raum Carl Alexander von Württemberg, der ab 1719 als Kommandierender General und Vorsitzender der serbischen Administration in Belgrad fungierte. Im Winter 1731/32, in dem in Medvedja die Vampirkrankheit untersucht wurde, weilte Carl Alexander im württembergischen Schloss Winnental bei seiner schwangeren Frau. Nach dem Tod des Erbprinzen Friedrich Ludwig von Württemberg im November 1731 nutzte er sogleich die Gelegenheit, in seiner Heimat seine Ansprüche auf den württembergischen Thron geltend zu machen. Aus erster Hand über die Lage an der Militärgrenze informiert, hatte er in diesem Zuge auch Gelegenheit, die deutschen Fürstenhöfe über die dort vorkommenden Vampire zu unterrichten. Im Herbst 1733 übernahm er schließlich die Regierung im Herzogtum Württemberg.[30]

Für Aufsehen sorgte in der Zwischenzeit auch die in Nürnberg erscheinende Zeitschrift *Commercium litterarium*, die im Februar 1732 von ihrem Wiener Korrespondenten über die Vampirfälle in Kenntnis gesetzt worden war (vgl. Kap. 4.1). Die aus der Ärzteschaft stammenden Redakteure, die ihre Informationen aus über 28 Städten bezogen, trieben die Debatte in doppelter

Weise voran. Gemäß der Devise ihres Journals, wissenschaftliche Briefe in ganz Europa in lateinischer Sprache zu verbreiten, ließen sie nicht nur Stellungnahmen weiterer Gelehrter zu, sondern popularisierten das Thema darüber hinaus noch dadurch, dass sie sämtliche Veröffentlichungen zum Vampirismus mit Besprechungen bedachten. Im Laufe des Jahres 1732 erschienen auf diese Weise acht Rezensionen sowie eine Reihe von Kommentaren, in denen auf Wiedergängerfälle in Schlesien, in der Walachei und in Griechenland hingewiesen wurde.[31]

Die von den Gelehrten im Verein mit den staatlichen Autoritäten betriebene Entzauberung der Welt hatte aber einen Haken. Denn der preußische König Friedrich Wilhelm I. forderte in seinem Bemühen, bürgerliche Emanzipation und Partizipation zurückzudrängen, von der Berliner Sozietät (später: Akademie) der Wissenschaften quasi wider den tierischen Ernst ein Gutachten zu den Vampirfällen ein, das diese im Bestreben um die eigene Integrität am 11. März 1732 notgedrungen vorlegte. Mit einem Gutachten betraut worden war einer aus Wien stammenden Meldung vom 9. März 1732 zufolge auch der Altdorfer Mediziner und Geologe Johann Jakob Baier, der 1730 zum Präsidenten der Leopoldina, der Deutschen Akademie der Naturwissenschaften in Nürnberg, berufen worden war. Der 1735 verstorbene Baier kam seiner Verpflichtung entgegen dem ausdrücklichen Wunsch des österreichischen Kaisers Karl VI. aber offenbar nicht nach.[32] Stattdessen veröffentlichte der spätere Ingolstädter Professor für Arzneiwissenschaften, Franz Anton Stebler, 1737 eine kritische Studie zum Vampirismus in der Schriftenreihe der Leopoldina.[33]

Was war der Anlass gewesen für die Erstellung des brisanten Berliner Gutachtens? Friedrich Wilhelm I. hatte nach seiner Inthronisation 1717 seiner Geringschätzung des Gelehrtenstandes dadurch Ausdruck verliehen, dass er zum einen den Etat der erst 1711 eröffneten Akademie beschnitt und zum anderen 1718 mit dem Historiker Jakob Paul Freiherr von Grundling einen Präsidenten bestellte, der zugleich als Hofnarr herhalten musste. In der Folge verstieg sich Friedrich Wilhelm im Herbst 1731 dazu, im Etat für die Personalkosten der Akademie einen Posten „vor die sämtliche Königl. Narren" einzurichten. Am 19. Januar 1732 bestellte er dann den aus Österreich stammenden Sagenforscher und Konvertiten Otto von Graben zum Stein zum

Vizepräsidenten der Akademie, obgleich – oder gerade weil – dieser 1731 wegen seiner bis dato in zwei Bänden erschienenen „Monathlichen Unterredungen von dem Reiche der Geister zwischen Andrenio und Pneumatiophilo" mit einem Publikationsverbot belegt worden war. Zu seinen Aufgaben als amtierender Akademieleiter sollte es gehören, „Kobolde, Gespenster und Nachtgeister" zu jagen sowie „Jesuiter, und andere dergl. Geschmeis und Ungeziefer von Rom" zu vertreiben.[34]

Als Friedrich Wilhelm von Carl Alexander von Württemberg über die serbischen Vampire unterrichtet wurde, muss ihm das wie ein gefundenes Fressen für die Verhöhnung seiner ungeliebten Königlich Preußischen Sozietät der Wissenschaften erschienen sein. Also gab er dieser den Auftrag, ein Gutachten über Flückingers Report „Visum et Repertum" vom 26. Januar 1732 zu erstellen. Am 11. März legte die Sozietät ihr „Ehrenwertes Gutachten" vor. Dieses hatten die Vorsitzenden aller Wissenschaftsklassen gegenzuzeichnen; über das interdisziplinäre Votum wurde also die gesamte Akademie in die Pflicht genommen.

Interessanterweise wurden für das Gutachten keine weiteren Quellen herangezogen, es beruhte allein auf Flückingers Bericht. Inhaltlich war es dem Geist der Aufklärung verpflichtet. Die Gelehrten unterschieden zwischen Fakten, die lediglich vom Hörensagen bekannt sind, und Tatsachen, die aus eigener Anschauung stammen. Für die Laute, die „Arnond Paole" bei der Pfählung von sich gegeben haben soll, und für den Zustand der Unverwestheit einiger Leichen, die Flückinger beschrieben hatte, benannten sie natürliche Ursachen. Ferner gaben sie zu bedenken, dass für den Akt des Blutsaugens keinerlei Zeugen vorhanden waren. Als Erklärung für das Vampirphänomen führten sie daher „melancholische Complexionen" oder Weiberphantasien zu nachtschlafender Zeit an.[35]

Weiterer Stellungnahmen enthielten sich die Berliner Wissenschaftler wohlweislich. In einer bibliographischen Übersicht zur Vampirliteratur von Michael Ranft aus dem Jahr 1734 findet sich für die Zeit nach dem Gutachten lediglich ein einzelner, umständlich formulierter Titel des anrüchigen Vizepräsidenten der Sozietät, der jedoch nicht veröffentlicht wurde: „Otto, Grafens zum Stein unverlohrnes Licht und Recht derer Todten unter den

Lebendigen, oder gründlicher Bericht der Erscheinung der Todten unter den Lebendigen, und was jene vor ein Recht in der Obern Welt über diese noch haben können, untersucht in Ereignung der vorfallenden Vampyren, oder so genannten Blut-Saugern im Königreich Servien und andern Orten in diesen und vorigen Zeiten".[36] Vor dem lichten Horizont der Aufklärung nahmen sich offenbar nur zweifelhafte Gelehrte des Okkulten an.

Der Vampir als transnationales Medienereignis

Im westlichen Europa erfuhr der Vampir nicht nur in Zeitungen und Journalen eine Resonanz. Bemerkenswerterweise erschienen im mitteldeutschen Raum darüber hinaus binnen kurzer Zeit ein gutes Dutzend Vampirtraktate, die sich auf medizinische und theologische Fragen konzentrierten.[37] Elf wurden noch 1732 veröffentlicht, zwei weitere folgten 1733. In alphabetischer Reihenfolge der Autoren zählten dazu die folgenden Arbeiten:

Christoph Friedrich Demel: Philosophischer Versuch, ob nicht die merckwürdige Begebenheit derer Blutsauger in Nieder-Ungarn, A. 1732 geschehen, aus denen principiis naturae, insbesondere aus der sympathia rerum naturalium und denen tribus facultationibus hominis können erleutert werden. Weimar 1732.

Johann Christoph Fritsche (anonym): Eines Weimarischen Medici Muthmaßliche Gedancken Von denen Vampyren, Oder sog. Blut-Saugern. Leipzig 1732.

Johann Christoph Harenberg: Vernünftige und Christliche Gedancken Uber die Vampirs Oder Bluthsaugende Todten. Wolfenbüttel 1733.

Johann Christoph Meinig (alias Putoneos): Besondere Nachricht, von denen Vampyren oder so genannten Blut-Saugern. Leipzig 1732.

Johann Christoph Pohl: Dissertatio de hominibus post mortem sanguisugis, vulgo sic dictis Vampyren. Leipzig 1732.

Johannes Christian Stock: Dissertatio physica de cadaveribus sanguisugis. Von denen so genannten Vampyren oder Menschen-Säugern. Jena 1732.

Gottlob Heinrich Vogt: Kurtzes Bedencken Von denen Acten-mäßigen Relationen Wegen derer Vampiren, oder Menschen- und Vieh-Aussaugern. Leipzig 1732

Johann Heinrich Zopf: Dissertatio de vampyribus serviensibus. Duisburg 1733.

10 | 11 • VAMPIRTRAKTATE AUS DER ZEIT DER AUFKLÄRUNG
Einem Automatismus folgend wurden Vampire in den zeitgenössischen Traktaten mit Blutsaugern in Verbindung gebracht und auf den balkanischen Einflussbereich des Osmanischen Reiches bezogen.

Dazu kamen noch einige anonyme Schriften wie:

Actenmässige und Umständliche Relation von denen Vampiren oder Menschen-Saugern. Leipzig 1732.

Christliche Betrachtungen über die wunderbarliche Begebenheit mit den Blutsaugenden Todten in Servien. Leipzig 1732.

Curieuse Und sehr wunderbare Relation, von denen sich neuer Dingen in Servien erzeigenden Blut-Saugern oder Vampyrs. o. O. 1732 (unter dem Kürzel W. S. G. E.).

Schreiben eines guten Freundes an einen andern guten Freund, die Vampyren betreffend". Frankfurt am Main 1732.

Visum & Repertum. Über die so genannten Vampirs, oder Blut-Aussauger. Nürnberg 1732.

Die Vampirdebatte der Aufklärung

Die Vampirtraktate stützten sich auf die Protokolle der Militärbehörden und versuchten, mittels des Rationalismus und der Wissenschaft die Aussagen der Betroffenen als Aberglauben zu diffamieren. In den Brennpunkt rückten dabei das Leib-Seele-Problem und die damit in Zusammenhang stehenden Theorien von Aristoteles und Paracelsus. Aristoteles hatte die Seele in drei Vermögen unterteilt: ein das organische Wachstum förderndes Seelenvermögen (*anima vegetativa*), ein sinnliches Seelenvermögen (*anima sensitiva*) und ein intellektuelles Seelenvermögen (*anima rationalis*). Auf dieser Grundlage ließ sich die Unverweslichkeit eines Leichnams als fortwährende Wirkung des vegetativen Seelenvermögens deuten. Paracelsus wiederum hatte die Lehre von den drei wesentlichen Teilen des Menschen entwickelt, die nach dem Tod zu ihren Ursprüngen zurückkehrten, der Körper zur Erde, die Seele zu Gott und der Geist zu den Elementen. Diesen sogenannten Astralgeist erachtete er zwar nicht für unsterblich wie die Seele, er ging aber von einer längeren Existenzdauer als beim Körper aus. Daher bot sich die Vorstellung eines für eine gewisse Zeit weiterlebenden Geistes als Erklärung für alle Grenzphänomene zwischen Phantasie und Wirklichkeit an.

Vor diesem Hintergrund unterließen es die protestantischen Diskutanten im mitteleuropäischen Raum, auf die um 1700 im Heiligen Römischen Reich Deutscher Nation gebannte Pest oder auf das gegen eine neuerliche Bedrohung aus dem Osmanischen Reich gerichtete habsburgische Pestpatent von 1728 Bezug zu nehmen. Solange die Gefahr der Ansteckung mit der unter dem Phänomen des Vampirismus subsumierten Krankheit auf die orthodoxen Bauern beschränkt blieb, wie die österreichischen Militärärzte behaupteten, und somit von einem endemischen Phänomen gesprochen werden konnte, handelte es sich für die westeuropäischen Gelehrten nämlich lediglich um eine akademische Angelegenheit.[38] Und obgleich auch das 1728 erfolgte Verbot der Hexenprozesse in Preußen einen naheliegenden Anknüpfungspunkt geboten hätte, erlaubte sich keiner der Beteiligten, zur mitteleuropäischen Hexenverfolgung Stellung zu nehmen und auf diese Weise die Vorstellung von den archaischen Zuständen im Südosten Europas zu relativieren.[39]

12 • MICHAEL RANFTS „TRACTAT VON DEM KAUEN UND SCHMATZEN DER TODTEN IN GRÄBERN"

Wie das diesbezügliche Handbuch von Michael Ranft bezeugt, war das „Kauen und Schmatzen der Toten Gräbern" in deutschen Landen bereits ein großes Thema, bevor vom Blutsaugen südosteuropäischer Vampire überhaupt die Rede sein konnte.

13 • „MORTUUS NON MORDET" – TOTE BEISSEN NICHT

In Anlehnung an die lateinische Redensart „canis mortuus non mordet" (ein toter Hund beißt nicht) setzt Michael Ranft mit dieser Ruhe und Ordnung symbolisierenden Illustration eines Friedhofs seinem Buch ein Motto voran, das den vermeintlichen Vampirbiss von vornherein ad absurdum führt. Der allgemeine Kreislauf der Dinge kann lediglich von teuflischen Täuschungen durchbrochen werden.

Im Jahre 1734 fasste schließlich der Nebraer Diakon und Publizist Michael Ranft, der sich bereits 1725 mit einer Dissertation über die Nachzehrerproblematik hervorgetan hatte, die Debatte über die Vampire von Medvedja in einem „Tractat von dem Kauen und Schmatzen der Todten in Gräbern" zusammen. Zum einen brachte er die bisher unbekannte Plage mit den Beklemmungen des Alpdrucks und der Blutkrankheit des Fiebers in Verbindung. Zum anderen führte er die vermeintliche Unverweslichkeit der Leichen, den Ausfluss von Blut aus den Körperöffnungen und das Nachwachsen von Haaren und Nägeln auf klimatische Bedingungen und natürliche Umstände zurück. Unter diesen Voraussetzungen präsentierte sich das Phänomen des Vampirs als ein Produkt der Phantasie bzw. des Aberglaubens, das nur jenseits von Ranfts protestantischem Horizont im ungarischen Einflussbereich des Osmanischen Reiches eine Rolle spielte.[40]

Auf europäischer Ebene fanden die Ereignisse von Medvedja ihren Widerhall in den Pariser Zeitschriften *Mercure de France* und *Le Glaneur* und in Londoner Zeitungen wie *The Craftsman* und *The Gentleman's Magazine*. Im *Craftsman* spekulierte ein Kommentator darüber, ob der Vampirismus im Osten eine Parabel auf die staatliche Verwaltung darstelle und also der 1732 in Medvedja als Vampir bekannt gewordene Heiduck „Arnold Paul" oder „Paul Arnold" Steuereintreiber gewesen sei, der dem „Blood-sucker of State" gedient und Leute unterdrückt habe. In den englischen Journalen wurde der Gedanke unter dem Titel „Political Vampyres" weitergesponnen, indem das Blutsaugen erst metaphorisch zur Herrschaftsform stilisiert wurde, ehe dann konkrete Adelsfamilien und bestimmte Berufsgruppen in den Ruch des so verstandenen Vampirismus gebracht wurden.[41]

Abgesehen davon erfuhr der Terminus Vampir im deutschen Reichsgebiet im Zusammenhang mit der antijüdischen Kampagne gegen Joseph Süß Oppenheimer, dem Hoffaktor Carl Alexanders von Württemberg, eine Umdeutung zum politischen Kampfbegriff. Über die Analogie zwischen Blutkreislauf und Geldzirkulation ließ sich „Jud Süß" als Vampir diffamieren.[42] Gegen die Popularität dieses Stereotyps war in der Folge niemand gefeit. Einer Aussage des Heidelberger Gymnasialdirektors und Universitätsdozenten Johann Friedrich Abegg zufolge soll kein Geringerer als Immanuel Kant am

14. Juni 1789 die Juden als „Vampyre der Gesellschaft" bezeichnet haben.[43] Die Einbindung der Blutsaugermetapher in den Kanon antijüdischer Stereotype zeigt die Beliebigkeit des Diskurses auf.

Hexenverfolgung und „Magia posthuma" im Habsburgerreich

Vor dem Hintergrund, dass die Hexenprozesse in den westlichen Ländern seit dem ausgehenden 17. Jahrhundert sukzessive eingestellt wurden – in Frankreich wurden sie 1682 verboten, in Preußen 1728 –, lieferten die im zweiten Drittel des 18. Jahrhunderts vom Westen „entdeckten" Vampire gewichtige Argumente für Bestrebungen, den osmanisch beherrschten Balkan kulturell dem Orient zuzurechnen. Der Vampirismus wurde als eine Schimäre betrachtet, in deren Dunstkreis erstaunlicherweise auch das Habsburgerreich geriet. In den Provinzen Mähren und Schlesien, insbesondere in der dem Olmützer Konsistorium unterstellten Deutschordensherrschaft Freudenthal, wurden seit Mitte des 16. Jahrhunderts, schwerpunktmäßig seit Beginn des 17. Jahrhunderts Berichte über Nachzehrer und Poltergeister registriert. Dabei kristallisierte sich heraus, dass das Hexenwesen von der Bevölkerung als Vorstufe zur schadenstiftenden Wiedergängerei begriffen wurde. Ebenso wie die Obrigkeit die Hexenprozesse im Sinne der Sozialdisziplinierung zu nutzen wusste, so suchte sie auch die an den vermeintlichen Wiedergängern vorgenommenen Leichenschändungen einzudämmen; dem abergläubischen Gebaren der einfachen Leute hingegen stand sie oft hilflos gegenüber.[44]

Ein typischer Fall spiegelt sich in einer Aktennotiz des Pfarrarchivs von Engelsberg vom 30. September 1674 wider:

Nachdem im März 1674 im benachbarten Lichtewerden Christoph Englisch gestorben war, der zu Lebzeiten einen schlechten Leumund gehabt haben soll, machte sich angeblich im Dorf ein Poltergeist bemerkbar. Auf Drängen der Bewohner ordnete die Obrigkeit am 17. September eine Exhumierung an, die am 26. September in Anwesenheit weltlicher und kirchlicher Würdenträger vollzogen wurde. Weil der Freudenthaler Totengräber unter Zuhilfenahme einer Stange nicht imstande war, zu konkreten Aus-

sagen über den Zustand der Leiche zu kommen, wurde das Prozedere am nächsten Tag wiederholt. Der Totengräber aus dem benachbarten Friedland ging rabiater vor, stieg in das Grab hinab, malträtierte die Leiche mit einer Sichel und stellte – damit seinen Auftrag erfüllend – fest, dass das Fleisch noch frisch und Blutverlust noch nicht zu verzeichnen sei. Nach der kirchlicherseits vollzogenen Verbannung des Toten vom Friedhof bestellte die weltliche Herrschaft einen Scharfrichter. Am 28. September wurde der Sarg samt allen zuvor verwendeten Gerätschaften über die Friedhofsmauer gehoben und an die Bezirksgrenze geschafft, um den Toten auf dem Scheiterhaufen verbrennen zu können. Das in Lichtwerden verbliebene Grab wurde indes mit Steinen versiegelt.[45]

Obgleich derartige Fälle in der Region um sich griffen, verfügten offenbar weder die weltliche noch die kirchliche Obrigkeit über klare Regeln. Als sich Carl Ferdinand von Schertz der Sache vom juristischen Standpunkt aus gutachterlich annahm, wählte er in seiner um 1706 in Olmütz erschienenen Schrift einen Titel, der in der Folge sprichwörtlich werden sollte: „Magia posthuma". Schertz schilderte den Fall einer Frau, die vier Tage nach ihrem Tod als Gespenst das Grab mal in Gestalt eines Menschen, mal eines Hundes verlassen und sowohl die Hinterbliebenen als auch das Vieh gewürgt und geplagt haben soll. In diesem Zusammenhang stellte sich Schertz die Frage, ob eine Exhumierung und Verbrennung des Leichnams rechtens sei. Zur Abwehr derartiger Fälle empfahl er in seiner dem Olmützer Bischof gewidmeten Schrift einen Gerichtsprozess mit posthumer Exekution, räumte aber auch den Exorzismus als Alternative ein.[46]

Das Problem, vor das sich der Olmützer Bischof gestellt sah, bestand darin, dass sich im ostmitteleuropäischen Raum die Hexenverfolgungen und die Nachzehrervorstellungen überlappten. Hexenprozesse gab es in Mitteleuropa im Zeitraum von 1430 bis 1780. Entstanden war der Hexenglaube im 15. Jahrhundert aus der Konkurrenz zwischen oder gar der Kombination von magischen Vorstellungen und christlicher Theologie. Zauberer und Hexen wurden von der Kirche des Teufelspakts, der Teufelsbuhlschaft, des Schadenzaubers, des Hexenflugs und der Hexenversammlungen bezichtigt und dadurch diabolisiert. Durch die von der Inquisition in diesem Sinne geschürte

14 • „MAGIA POSTHUMA" – POSTMORTALE ZAUBEREI

Mit der Platzierung des Ausdrucks „Magia posthuma" auf einem Titelblatt prägte der Jurist Carl Ferdinand von Schertz im Habsburgerreich einen Begriff, der für Schlagzeilen sorgen sollte. Mit dem Attribut „post(h)umus" bzw. „post(h)uma" wurden eigentlich Söhne und Töchter von Vätern bezeichnet, die noch vor der Geburt ihrer Sprösslinge verstorben waren. Übersetzt lautet der Titel sinngemäß: „Die posthume Magie durch dieses Rechtsgutachten in Anbetracht des Aussetzens des gesunden Menschenverstandes für und wider untersucht durch Carl Ferdinand von Scherz im Jahr des Heils 1706, wo dadurch diesbezüglich Ruhe hergestellt werden soll. Mit Erlaubnis des Ordinarius. Im mährischen Olmütz, gedruckt von Ignatius Rosenburg."

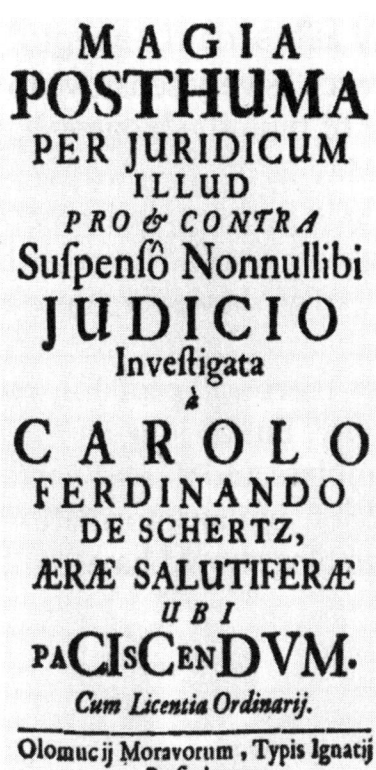

Verschwörungstheorie ließen sich vor dem Hintergrund von Endzeiterwartungen in Krisenzeiten allerorten Sündenböcke ausmachen. Dergestalt gingen die Interessen des Volkes und der Obrigkeit an der Abwehr von Schadenzauber und der Bekämpfung von Störenfrieden Hand in Hand (vgl. Kap. 2.1).

Ost- und Südosteuropa blieben vom Hexenwahn weitgehend verschont. In Russland beispielsweise spielte die Dämonologie bei der Anklage von Zauberern keine Rolle.[47] Für Ostmitteleuropa galten hingegen andere Bedingungen. Aufgrund der Schwäche der Zentralgewalt hielt die Hexenverfolgung in der Mitte des 17. Jahrhunderts auch in der polnischen Adelsrepublik Einzug und kam in einem phasenverschobenen Prozess erst 1775 zum Abschluss. In Ungarn gingen die Vampirfälle an der Peripherie des Königreichs faktisch mit dem Ende der Hexenprozesse einher, die dort ihren Höhepunkt vom Ausgang des 17. Jahrhunderts bis zur Mitte des 18. Jahrhunderts erlebten. Ausgehend von dieser Chronologie entsteht somit der Eindruck, der Hexenglaube sei im Laufe des 16. und 17. Jahrhunderts vom Westen in den Osten des Kontinents gewandert, während Vampirvorstellungen um die Wende vom 17. zum 18. Jahrhundert im Gegenzug vom Osten in den Westen eingedrungen seien (vgl. Kap. 2.2).[48]

Römisch-Katholische Stellungnahmen zum Vampirismus

Vor dem Hintergrund der „Magia posthuma" im Habsburgerreich setzte der Abt des Benediktinerklosters von Sénones in Lothringen, Augustin Calmet, mit seinen „Dissertations sur les Apparitions des Esprits, et sur les Vampires et Revenants de Hongrie, de Moravie", die 1746 erstmals erschienen und 1749 neu ediert wurden, neue Akzente in der Vampirdebatte. Der Titel der deutschen Erstausgabe von 1751 lautete „Gelehrte Verhandlung der Materi, Von Erscheinungen der Geisteren, Und denen Vampiren in Ungarn, Mähren". Mit seinen Ausführungen verschob Calmet den Fokus von den orthodoxen Gegenden im südlichen Ungarn auf die katholischen Gebiete Mähren und Schlesien. Calmets Ausführungen beruhten nicht nur auf der Wiederentdeckung älterer Berichte über das sogenannte „Kauen und Schmatzen der Toten in Gräbern", sondern auch auf eigenen Recherchen und Materialien zu den aktuellen Vampirfällen. Als Aufhänger diente ihm die Beobachtung einer sukzessiven Abfolge von Wahnvorstellungen: Wallfahrten, Geißlerbewegung und Hexenverfolgung seien in dieser Hinsicht die Vorläufer der zeitgenössischen Leichenschändungen gewesen.[49]

Calmets Studie ist in theologischer Hinsicht in die Stellungnahmen des Vatikan zum Phänomen des Vampirismus eingebettet. So fügt sie sich zum einen in die vierbändige Abhandlung „Von der Seligsprechung der Diener Gottes und der Heiligsprechung der Seligen" (De servorum Dei beatificatione et beatorum canonizatione; Bologna 1734–1738) ein, die der seit 1740 unter dem Namen Benedikt XIV. amtierende Papst noch unter seinem bürgerlichen Namen Prosper Lambertini verfasst hatte, zum anderen in die „Dissertation über die Vampire" (Dissertazione sopra i vampiri; Neapel 1774), die der

15 ♦ AUGUSTIN CALMETS „GELEHRTE VERHANDLUNG DER MATERI, VON ERSCHEINUNGEN DER GEISTEREN, UND DENEN VAMPIREN IN UNGARN, MÄHREN ETC."

Im zweiten Band des hier in deutscher Übersetzung vorliegenden Standardwerks zur Dämonologie des 18. Jahrhunderts lenkte der französische Benediktiner Augustin Calmet das Augenmerk auf die ostmitteleuropäischen Territorien des Habsburgerreiches als Ursprungsort des Vampirismus.

Erzbischof von Trani, Giuseppe Davanzati, um 1740 als Manuskript vorgelegt hatte.

Lambertini war es im Wesentlichen darum gegangen, den Unterschied zwischen magischen Vorstellungen und göttlichen Wundern aufzuzeigen, um die Lehre der Kirche von den Heiligen rechtfertigen zu können, deren Leichname nach älterer Auffassung nicht unbedingt der Verwesung unterlagen. Auf Vampire („vampiros") ging der Papst mit Bezugnahme auf das Nürnberger *Commercium litterarium* erst im vierten Band der 2. Auflage von 1743 ein (die unter der Redaktion von Emmanuel de Azevedo 1757 erschienene Synopse der verschiedenen Auflagen enthält allerdings nur eine kurze Notiz). Dem Papst zufolge ist die Wiedererweckung der Toten lediglich als göttliches Wunder denkbar, auf natürlichem Wege aber ein Ding der Unmöglichkeit. Vampire seien eine Sache der Einbildung oder der Täuschung. Indem jedoch von der Obrigkeit eine Autorisierung der Abwehrmaßnahmen gegen sie eingeholt werde, erfahre die Annahme einer Wiederauferstehung von gewöhnlichen, frevelhaften Sterblichen in Form von Vampiren eine nachträgliche Sanktion. Dabei ließen sich für die Unverweslichkeit von Leichen unter bestimmten Bedingungen zahlreiche Beispiele finden. Als Ausdruck der Heiligkeit sei dies nur anzusehen, wenn der Betreffende zuvor ein frommes Leben geführt habe. Auch das vorübergehende Wachstum von Haaren und Nägeln nach dem Ableben sei nichts Außergewöhnliches. Für den Austritt frischen Blutes aus dem Körper eines Toten kämen hingegen lediglich göttliche oder dämonische Ursachen in Betracht.[50]

Im Gegensatz dazu nahm Davanzati – angeregt durch den als Bischof von Olmütz amtierenden Vizekönig von Neapel, Kardinal Wolfgang Hannibal Graf von Schrattenbach – dezidert Stellung zu den Wiedergängerfällen auf dem Gebiet der Militärgrenze und im mährisch-schlesischen Grenzgebiet. Seiner Ansicht nach gehörten Vampire als Ausdruck der Einbildungskraft in das Reich der Phantasie. Ihre Existenzgrundlage beruhe auf Unwissenheit und Furcht.[51]

Anknüpfend an Papst Benedikt XIV. ging es Calmet inhaltlich darum, die Blasphemie infrage zu stellen, die der Vampirglaube in dreifacher Weise mit sich gebracht habe: durch die Verballhornung der heiligen Kommunion, die Umkehrung der These von der Unverweslichkeit der Heiligen und die Infragestellung der Lehre von der Auferstehung der Toten. Das zentrale Dilemma, vor das sich Calmet bei seinem Unterfangen gestellt sah, bestand darin, die Existenz von Geistern und Nachtdämonen negieren zu wollen, die von Engeln aber rechtfertigen zu müssen. Um Widersprüche zu vermeiden, unterschied er zwischen den Wundern Gottes und Teufelswerk. Letzten Endes, so sein Fazit, gestalte sich die Welt nach dem Willen des Allmächtigen.[52] Ganz überzeugend fiel Calmets Versuch allerdings nicht aus. So beschwerte sich 1772 kein Geringerer als Voltaire in seinen „Fragen an die Enzyklopädie" (Questions sur l'Encyclopédie) über die Inkonsistenz von Calmets Argumentation und bezeichnete die Börsenspekulanten und

Geschäftsleute als die wahren Blutsauger und die Mönche als die wirklichen Vampire.⁵³

Was Calmets Werk sonst noch leistete, war die Übertragung des vermeintlich südslawischen Terminus technicus „Vampir" auf ähnliche Phänomene in Ostmitteleuropa, nicht zuletzt durch die Verwendung des polnischen Ausdrucks „Upir" (*upiór*). Indirekt wurde das Phänomen des Vampirismus darüber hinaus in den Kontext der griechisch-orthodoxen Kirche gestellt.

„Magia posthuma" in den Karparten: Georg Tallar versus Dorothea Pihsin

Signifikanterweise gerieten zu einem Zeitpunkt, zu dem Calmets Abhandlung im deutschen Sprachraum Verbreitung fand, im Habsburgerreich erneut Wiedergänger in die Schlagzeilen. Den Auftakt bildete ein Fall in der durch Gold- und Silberbergwerke sowie eine Münzwerkstatt bekannten Siedlung Kapnik bei Nagybánia, dem heutigen Baia Mare an der rumänischen Grenze zur Ukraine. Überliefert ist der Fall durch einen am 28. Februar 1753 von einem Inspektor, einem Münzmeister und einem Hofrichter aus Nagybánia – die allesamt deutsche Namen trugen – verfassten Bericht an das Kaiserliche Direktionshofkollegium für Münz- und Bergwesen. Dem Bericht zufolge hatte im Herbst 1752 eine Seuche zu grassieren begonnen, von der auch einige Bergleute betroffen waren. Neben dem Bergwerksfeldscher wollte man auch den Nagybánier Apotheker und Chirurgen sowie den Feldscher aus dem benachbarten Felsőbánya hinzuziehen, doch gingen die Todesfälle schon bald wieder zurück. Die bereits anberaumte Untersuchung der Krankheit wurde daher vorerst nicht durchgeführt. So nahmen die Dinge ihren Lauf:

Nachdem von Mitte Januar bis Mitte Februar 1753 erneut fünf Bergleute nach drei- bis viertägiger Krankheit, zu deren Symptomen Frostgefühle, blutiger Speichel und Brennen im Leibesinneren zählten, verstorben waren, wurde die Obduktion der Leiche eines gewissen Johannes Jablonovski anberaumt. Dem Namen nach zu urteilen handelte es sich um einen Slawen, welcher am 16. Februar der Krankheit zum Opfer gefallen war. Die Feldschere von Kapnik, Nagybánia und Felsőbánya konnten am

17. Februar zwar keine Todesursache feststellen, sie fanden in dem blutleeren Körper aber – so der Bericht – eine Menge Wasser vor. Dieser Tatbestand reichte offenbar aus, um im Ort Gerüchte über das Umgehen eines Blutsaugers zu befeuern.

Erzählungen von nächtlichen Besuchen durch Gespenster und Alpdrücken im Schlaf machten zu dieser Zeit bereits die Runde. Der Verdacht der Bevölkerung richtete sich auf zwei Frauen, die am 13. Oktober und am 8. November gestorben waren, Dorothea Pihsin und Anna Tonnerin. Gegen beide wurde posthum ein Inquisitionsverfahren eingeleitet. Im Zuge der Graböffnungen wurde am 20. Februar bei der später Gestorbenen ein vollständig abgeschlossener, bei der früher Gestorbenen hingegen ein nur teilweise in Gang gekommener Verwesungsprozess festgestellt. Im Unterschied zum Gesicht wurden Hände und Füße nämlich nicht für verwest, sondern für frisch und unversehrt befunden. Zudem habe der Leib einen vollgefressenen Eindruck hinterlassen. Das Leichentuch schien im Bereich des Halses mit frischem Blut getränkt zu sein. Daraufhin wurde Anna Tonnerin per Ratsentschluss für unschuldig erklärt und eine Obduktion der Leiche von Dorothea Pihsin vorgenommen, die den Befund erbrachte, dass ihr Körper gut durchblutet war. Infolgedessen kam es in einem Eilverfahren zu einer posthumen Verurteilung von Dorothea Pihsin wegen Zauberei und Blutsaugerei. Die Leiche wurde dem Scharfrichter übergeben, der sie noch am gleichen Tag unter dem Galgen auf einem Scheiterhaufen verbrannte. Hierbei sei ein heftiger Blutfluss festzustellen gewesen, hält der Bericht fest und bestätigt damit die Richtigkeit des Urteils.

Wie der Bericht weiter ausführt, sei später noch ein bereits vor der Exekution der Leiche von Dorothea Pihsin erkrankter Bergmann gestorben, doch habe die Seuche mit dem Prozess ihren Zenit überschritten. Und um Gerüchten von einem ansteckenden Übel den Wind aus den Segeln zu nehmen, seien die umliegenden Verwaltungsbezirke hierüber informiert worden.

Summa summarum liest sich der gesamte Bericht wie eine von den Behörden vorgenommene Rechtfertigung eines Hexenprozesses ohne kirchliche Beteiligung, bei dem Dorothea Pihsin als Sündenbock herhalten musste, um im lokalen Rahmen Ruhe und Ordnung zu stiften und zudem gegenüber der Reichszentrale das Funktionieren der Bergbauverwaltung zu dokumentieren. Stimmt dieser Eindruck, dann bediente sich die Obrigkeit der

16 • GEORG TALLARS „GRÜNDLICHER BERICHT VON DEN SOGENANNTEN BLUTSÄUGERN"
Georg Tallar nimmt mit der lateinischen Phrase des Titels seines Memorandums von 1756 auf den berühmten Flückinger-Bericht von 1732 Bezug, verschiebt die Perspektive aber vom südslawischen Vampir auf den walachischen Moroi.

Wiedergängervorstellungen nur als Mittel zur Verfolgung ihrer eigenen Zwecke.[54]

Vor dem Hintergrund ihrer Peuplierungspolitik, d. h. der Ansiedlung von deutschen Kolonisten in den nur dünn besiedelten südöstlichen Territorien des Habsburgerreichs[55], ließ Maria Theresia eine Kommission zur Untersuchung des Vampirwesens unter Leitung des Wundarztes Georg Tallar in die Randgebiete Ungarns entsenden. Das 1756 von der Kommission vorgelegte Gutachten, das den „Morbus hungaricus" bzw. das Fleckfieber und dessen zahlreiche Opfer gänzlich ausklammert, wurde indes erst 1784 unter dem Titel „Visum repertum anatomico-chirurgicum oder Gründlicher Bericht von den sogenannten Blutsäugern, Vampier, oder in der wallachischen

Sprache Moroi, in der Wallachey, Siebenbürgen, und Banat" veröffentlicht (vgl. Kap. 5.2).

„Magia posthuma" in Mähren: Gerard van Swieten versus Rosalia Polakin

Für öffentliches Interesse sorgte der Fall der westlich von Freudenthal in (Frei-)Hermersdorf bei Bennisch an der heutigen tschechisch-polnischen Grenze als Wunderheilerin bekannt gewordenen Rosa(lia) Polakin:

Aufgrund ihres Berufes wurde die Frau mit dem slawisch klingenden Namen von der einheimischen Bevölkerung mit der Hexerei in Verbindung gebracht und nach ihrem Ableben am 22. Dezember 1754 schließlich auch der Wiedergängerei bezichtigt. Damit stellte sie für die noch nicht ins Paradies eingezogenen Seelen der übrigen auf dem Friedhof ruhenden Toten eine Bedrohung dar. Dementsprechend kam das bischöfliche Konsistorium von Olmütz im Anschluss an die am 19. Januar 1755 erfolgte Exhumierung am 30. Januar 1755 den Forderungen der Hermersdorfer Bevölkerung nach und ließ die noch nicht in Verwesung begriffene Leiche Rosa Polakins verbrennen.

Im Anschluss an diese Aktion weitete sich der Vorgang am kaiserlichen Hof Maria Theresias zu einem Skandal aus, weil eine lokale Behörde gegen die Leichen von insgesamt 19 Toten vorgegangen war. Allerdings schweigen sich die Wiener Zeitungen diesbezüglich aus Zensurgründen aus. Hinter den Kulissen leitete die Kaiserin jedoch umgehend eine Kampagne gegen die „Magia posthuma" ein. Am 8. Februar 1755 ließ sie ihren Leibarzt Gerard van Swieten beauftragen, einen Anatomen und einen Militärarzt eine Untersuchung vor Ort vornehmen zu lassen und ein Gutachten zu erstellen. Am 9. Februar wies sie zudem die böhmisch-schlesische Landesverwaltung an, den Anatomen Johannes Goser und den Feldarzt Christian Vabst bei den Recherchen vor Ort zu unterstützen. Sie sollten herausfinden, wen „diese sogenannte Wampier oder Blutsauger" wann und unter welchen Umständen heimsuchten. Dabei interessierten insbesondere die vermeintliche Gestalt des Dämons und die Motive hinter den Aussagen der Opfer.[56]

17 • „VAMPYRISMUS VON HERRN BARON GERHARD VAN SWIETEN"
Das in französischer Sprache für Maria Theresia verfasste Memorandum van Swietens erschien auf verwirrenden Wegen mit dreizehnjähriger Verspätung im Anhang einer „Abhandlung über das Dasein der Gespenster".

Dem Memorandum van Swietens zufolge beruhte die ganze Misere auf Unwissenheit und Dummheit. Seiner Ansicht nach waren die mit der Leichenschau beauftragten Ärzte, von ihm „Bader", das heißt Kurpfuscher, genannt, überfordert gewesen. Die Verwesung einer Leiche im strengen Winter binnen eines Monats sei auf keinen Fall zu erwarten gewesen. Darüber hinaus seien vom bischöflichen Konsistorium ominöse Zeichen und Male als Beweise genannt, aber nicht weiter beschrieben worden. Auch habe sich niemand über ein etwaiges Blutsaugen beklagt. Der Henker habe zwar zunächst behauptet, das Blut habe sich bei der Zerstückelung des Körpers in einem Strahl auf den Boden ergossen, dann aber einschränkend angemerkt, dass die Menge über einen Löffel nicht hinausgegangen sei. Die Dorfbewohner schließlich hätten nachträglich lediglich auf Alpträume oder Beklemmungen zu verweisen vermocht, nicht aber das tatsächliche Erscheinen eines Toten bezeugen können.

Als Urheberin der ganzen Vorkommnisse in Hermersdorf hatten die Lokalbehörde offenbar die 18 Monate vor Rosa(lia) Polakin verstorbene Marianna Saligerin ausgemacht. Nicht nur aufgrund ihres anrüchigen, auf eine zauberkundige Sagengestalt der Alpenregion verweisenden Beinamens „Saligerin", sondern auch wegen ihrer durchaus verdienstvollen Betätigung als Heilkundige war die auch als „Wenzel Richterin" – will heißen böhmische Wahrsagerin – bekannte Frau in den Verdacht der Hexerei geraten. Nach ihrem Tod und ihrer Beerdigung wurden daher 28 umliegende Gräber geöffnet und 19 vermeintlich unverweste Leichen verbrannt. Van Swieten warf dem Konsistorium in seinem Bericht vor, bei der Exekution der Leichen vor der Zeit gehandelt und die Totenruhe gestört zu haben. Als besonders empörend erachtete er die Tatsache, dass die von dem Konsistorium gebilligte Leichenschändung in Olmütz offenbar Tradition hatte. Zumindest war er bei seinen Nachforschungen auf einen Fall aus dem Jahre 1731 gestoßen, bei dem die Leichen von zwei Erwachsenen und sieben Kindern verbrannt worden waren, weil sie in unmittelbarer Nähe eines vermeintlich schädigenden Toten bestattet worden waren. Nicht zuletzt aufgrund dieser in seinen Augen schreienden Ungerechtigkeit nahm van Swieten den Staat in die Pflicht und forderte eine gesetzliche Regelung.[57]

Die Kaiserin reagierte prompt. Am 1. März 1755 entzog sie den kirchlichen Institutionen durch eine Verordnung jegliche Kompetenz in diesen Dingen und übertrug die Verantwortung für die Untersuchung der „Magia posthuma" oder der illegalen Leichenverbrennung, der Hexerei, der Schatzgräberei und Teufelsbesessenheit den weltlichen Instanzen. Zur Vermeidung des Vampirbegriffs wurde in der Verordnung im Übrigen die Formulierung „ein solcher Fall eines Gespenstes" gebraucht. Für die aufgeklärte Kaiserin kamen zur Erklärung derartiger Phänomene allenfalls Traum oder Einbildung infrage. Sie machte aber nicht nur die Leichtgläubigkeit der Bevölkerung dafür verantwortlich, sondern prangerte auch die Vorurteile der Geistlichkeit an. Letzten Endes ging es Maria Theresia darum, den zugrunde liegenden Betrug aufzuklären.[58]

Das Direktorium der 1749 eingerichteten Zentralstelle für die öffentliche Verwaltung, die unter anderem für das Sanitätswesen zuständig war, übernahm diese Haltung. Das Protokoll seiner Sitzung vom 17. März 1755 folgte im Hinblick auf die Vampire von Hermersdorf, welches das Direktorium in Schlesien verortete, sprachlich dem Duktus von Maria Theresias Verordnung und inhaltlich den Argumenten van Swietens. Die arbeitsteilig durch ein geistliches und ein weltliches Gericht vorgenommene Verbannung verdächtiger Leichen vom Friedhof und ihre anschließende Verbrennung wurden als Anmaßung bezeichnet. In Bezug auf Marianna Saligerin habe ein Eingriff in die weltliche Gerichtsbarkeit vorgelegen, welche für Magie zuständig sei. Abgesehen davon habe sich die Obrigkeit durch die Zulassung abergläubischer Handlungen, etwa durch die Öffnung der Friedhofsmauer für den Transport der Leichen und die Bestellung von Verwandten und Freunden zu Leichenträgern, selbst strafbar gemacht. Zur Beruhigung der Lage sah das Direktorium die Entsendung zweier Jesuiten aus Troppau und des zuständigen Landarztes nach Hermersdorf vor, die der Bevölkerung geistigen und medizinischen Beistand leisten sollten.[59] Die empfohlene Veröffentlichung des Memorandums van Swietens kam indes nur inoffiziell zustande. Eine deutsche Fassung erschien 1768 als Anhang zu einer „Abhandlung des Daseins der Gespenster" in Augsburg.

Friedrich des Großen Pressekrieg gegen Maria Theresia

Vor dem Hintergrund der politischen Auseinandersetzungen um Schlesien boten die Vampirfälle den Preußen ungeachtet dessen, dass Friedrich der Große mit der „Magia posthuma" prinzipiell toleranter umging als sein Vater Friedrich Wilhelm I., einen Grund für einen Pressekrieg gegen die Habsburger. Denn der seit der Jahreswende 1741/42 am preußischen Hof lebende und seit 1744 zum Direktor der Historisch-Philologischen Klasse der Akademie der Wissenschaften berufene französische Schriftsteller und

Philosoph Jean-Baptiste de Boyer, der Marquis d'Argens, hatte es sich nicht nehmen lassen, zum Vampirismus Stellung zu nehmen. In einem seiner viel beachteten „Jüdischen Briefe", der 1737 im französischen Original, in deutscher Übersetzung zunächst 1748 in der Zeitschrift *Der Naturforscher* und dann noch einmal 1764 in einer Gesamtausgabe erschien, kommentierte er die 1736 im *Mercure historique et politique* veröffentlichten Berichte über die Fälle von Medvedja in aufgeklärter Manier. Seiner Ansicht nach waren unverweste Tote und Blutsaugen durch natürliche Ursachen und Einbildung zu erklären.[60]

Der österreichisch-preußische Streit um Schlesien war auch in der Folgezeit der wichtigste Faktor für die politische Instrumentalisierung des Vampirglaubens. Nach dem Ersten Schlesischen Krieg (1740–1742) hatte Österreich bereits Ober- und Niederschlesien bis zur Oppa sowie die Grafschaft Glatz an Preußen abgetreten. Den Habsburgern verblieben als Österreichisch-Schlesien nur noch die Herzogtümer Troppau und Jägerndorf sowie das jenseits der Oppa gelegene Herzogtum Teschen. Im Zweiten Schlesischen Krieg (1744/45) wurde dieser Status quo bestätigt. In diesem Zusammenhang nutzte die Berliner Presse die Vorgänge in Österreichisch-Schlesien im Jahre 1755, um die Habsburger mit dem Vorwurf der Rückständigkeit zu konfrontieren. Während Maria Theresia ihren Presseorganen Schweigen auferlegte, suchte Friedrich II. die öffentliche Meinung in seinem Sinne zu beeinflussen. Die *Berlinische privilegierte Zeitung*, nach dem Herausgeber Christian Friedrich Voß auch „Vossische Zeitung" genannt, und die *Berlinischen Nachrichten von Staats- und gelehrten Sachen* druckten in ihren Ausgaben vom 3. April 1755 eine Meldung aus Oberschlesien vom 16. März 1755. Sie bestand in der Nachricht, dass in Hermsdorf eine unter dem österreichischen Spitznamen „Tyroler Doctorin" bekannte Kräuterhexe gestorben sei:

Die Tiroler Doktorin soll vor ihrem Tod ihren Mann gebeten haben, vor der Grablegung ihre Enthauptung vorzunehmen und den katholischen Friedhof zu meiden. Nach ihrem Ableben habe sich im Dorf aufgrund einer Anhäufung weiterer Sterbefälle die Überzeugung durchgesetzt, die Kräuterhexe gehe als Vampir um. In diesem Zusammenhang seien 30 Gräber geöffnet worden. Zwei Drittel der gefundenen Leichen seien des Vampirismus verdächtigt und daher – so die preußische Provokation – auf „allerhöchsten Obrigkeitlichen Befehl" hin verbrannt worden.

Um die angespannte Atmosphäre zwischen Österreich und Preußen ein wenig zu beruhigen, brachte die *Vossische Zeitung* in ihrer Ausgabe vom 8. Mai 1755 mit dem Abdruck einer Meldung aus Wien vom 23. April 1755 allerdings eine Art Gegendarstellung, die unter Berufung auf die Ergebnisse der habsburgischen Untersuchungskommission den skandalträchtigen Vorfall nur mehr auf den Aberglauben und die Phantasie der habsburgischen Untertanen zurückführte.[61]

Nach dem Verbot der „Magia posthuma" im Jahre 1755 verschwanden die Vampirberichte im Habsburgerreich aus den Schlagzeilen. Im Zuge einer Neufassung der Gerichtsordnung kam es ferner zu einer juristischen Marginalisierung des Hexenwahns. Am 5. November 1766 setzte Maria Theresia den Artikel von der Zauberei, Hexerei und Wahrsagerei in Kraft. In diesem ist nur von Gespenstern, Geistern und Besessenen die Rede, während der Begriff Vampir sorgsam vermieden und stattdessen auf satanische Umtriebe fokussiert wird. Zudem wird anstelle des Blutsaugens lediglich das Giftmischen genannt. Für diejenigen Fälle, in denen gerichtlich Betrug oder Wahnsinn ermittelt würde, erhielten die Gerichte konkrete Instruktionen. Sollten die Richter hingegen tatsächlich das Vorliegen von Zauberei oder Hexenwesen annehmen, sei das Oberste Gericht respektive die Kaiserin persönlich einzuschalten. Damit war für die Öffentlichkeit eine Sprachregelung gefunden.[62]

Fortan wurden Vampirerzählungen im Habsburgerreich allenfalls noch in trivialer Form kolportiert. Zu den vermeintlichen Aktivitäten Untoter gehörte nunmehr weniger das Blutsaugen, mit welchem auch eine Ansteckungsgefahr verbunden war, als vielmehr die Belästigung der Gemeinschaft durch allerlei Schabernack wie Aufhocken und Würgen, Teilnahme an Festen und Mahlzeiten sowie das Ausleben ihrer Sexualität. Nach dem Siebenjährigen Krieg (1756–1763) sollte sich Preußen als fünfte Großmacht in Europa etablieren und später als Imperium im Verlaufe des 19. Jahrhunderts sein eigenes Vampirproblem bekommen.

Kaspareks Metamorphose vom Poltergeist zum Vampir

Als Bindeglied zwischen dem Schimmelreiter aus dem mährischen Bennisch (vgl. Kap. 2.2) und den Vampiren aus dem serbischen Medvedja (vgl. Kap. 4.1) kann man einen Wiedergängerfall aus dem oberungarischen Lubló (zu Deutsch Lublau) betrachten, der sich 1718 in der Zips zugetragen haben soll.[63] Die Zips ist eine Landschaft in der heutigen Nordostslowakei an der Grenze zu Polen. In historischer Perspektive bedeutsam waren Siedlungen mit Selbstverwaltungsrecht, die de jure zum Königreich Ungarn gehörten, de facto aber von 1412 bis 1772 überwiegend von der polnischen Adelsrepublik kontrolliert wurden. Die Siedlungen waren seit dem 13. Jahrhundert kulturell deutsch geprägt und teilweise mit Goralen, d. h. Slawen der slowakisch-polnischen Kontaktzone, bevölkert. Von der osmanischen Eroberung blieb Oberungarn verschont. Stattdessen wurde die Region im Zeitalter von Reformation und Gegenreformation in konfessionelle Auseinandersetzungen hineingezogen. Vor dem Hintergrund der erfolgreichen Abwehr der Osmanen während der zweiten Belagerung Wiens 1683 und der endgültigen Restitution des Königreichs Ungarn nach dem Frieden von Passarowitz 1718 setzte im ersten Jahrzehnt des 18. Jahrhunderts im Anschluss an eine militärische Erhebung Franz' II. Rákóczis eine vorübergehende Emanzipation der Zips von den Habsburgern ein. Im Zuge der Teilungen Polens wurden am Ende des Jahrhunderts aber sämtliche Zipser Städte wieder Ungarn einverleibt. Das staatliche Toleranzpatent von 1781 ermöglichte dann allen Konfessionen die ungehinderte Religionsausübung. Mit der Einschränkung des Zunftwesens ab 1783 verminderte sich indes die deutsche Dominanz in den Zipser Städten. Aus sozioökonomischen Erwägungen heraus bildete sich in der Revolution von 1848 sogar eine Interessenkoalition von ungarischen und deutschen Eliten. Nach dem österreichisch-ungarischen Ausgleich von 1867 setzte die Magyarisierung der Zips ein, die ihren Höhepunkt 1876 mit der Aufhebung der städtischen Selbstverwaltung und der Eingliederung in das ungarische Komitat Szepes erreichte.[64]

Auf Grundlage der Angaben des damals zuständigen Notars Franz Wilcinsky und einer Anfrage der Lublauer Bürger an den Krakauer Bischof

Michał Szembek lässt sich der Fall Michael Kasparek (poln. Michał Kasperek) wie folgt rekonstruieren:

Unmittelbar nach seinem Tod am 28. Februar 1718 soll der Lublauer Bürger seinem Diener erschienen sein. Verhöre anderer Betroffener bestätigten Belästigungen wie Schlagen, Beißen und Würgen. Nachdem der Körper Kaspareks gut vierzig Tage nach der Beerdigung noch als unversehrt erachtet worden war, wurden zwei Bürger mit der Bitte zum Krakauer Bischof gesandt, den heimischen Pfarrer zur Ergreifung weiterer Maßnahmen zu autorisieren. Die Begründung lautete: Einerseits könne ein „wirksames Gegenmittel" gegen „Schrecken" und „Übel" allein vom „höchsten geistlichen Arzt", also von Gott, verabreicht werden. Andererseits habe die „Handhabung in benachbarten Orten" gelehrt, dass bei ähnlichen Vorkommnissen lediglich eine Exhumierung Abhilfe verspreche. – Offenbar war vorübergehend Ruhe eingekehrt und erst danach wieder Panik unter den Einwohnern der Stadt ausgebrochen. – Der Krakauer Bischof gab dem Gesuch statt, woraufhin am 26. April eine posthume Exekution vollzogen wurde.

Zum einen wurde das Herz des Toten entnommen und unter einem Komposthaufen vergraben. Zum anderen wurde die Leiche verbrannt. Dabei habe sie auf dem Scheiterhaufen zur Belustigung des Volkes mit den Beinen gezappelt und gequakt – ein Motiv, das bereits bei der Chronikerzählung vom Hirten von Blow aus dem Jahre 1337 aufgetaucht war. Nachdem Kaspareks Brüder Protest gegen das Verfahren eingelegt hatten, wurde ihnen das Herz des Toten ausgehändigt. Allerdings fand der Spuk auch nach der Vernichtung der Leiche immer noch kein Ende.

Im Laufe des Mai und des Juni wurde Lublau von einer Reihe von Bränden heimgesucht. Kaspareks Angehörige mussten daraufhin beeiden, dass der Tote zu Lebzeiten weder einen Zauberring besessen noch Teufelsspuk betrieben und folglich mit Hexerei nicht in Verbindung gestanden habe. Selbst der am 27. Juni durch zwei Geistliche womöglich ökumenisch vollzogene Exorzismus schuf keine Abhilfe. Erst durch die Verbrennung von Kaspareks Herz im deutsch und protestantisch besetzten Rathaus wurde dem Unglück ein Ende bereitet.[65]

Von einer Konsultation des in der Lublauer Burg im Auftrag des polnischen Königs residierenden Verwalters der Zips, des Starosten, ist in dem Protokoll

Die Vampirdebatte der Aufklärung 149

18 ♦ „DER NACH SEINEM TOD IN OBER-UNGARN HERUMSCHWÄRMENDE MICHAEL CASPARECK"
Ein Jahrzehnt vor dem Vampirhype illustrierte ein Nürnberger Journal im Jahre 1719 einen Bericht über einen Wiedergänger in der oberungarischen Zips, der heutigen Slowakei, mit dem Porträt eines unheimliche Attitüden verkörpernden Schimmelreiters, der im kleinstädtischen Milieu für Unruhe sorgt.

des zuständigen Notars nicht die Rede. Offenbar wurde die Affäre primär als eine kirchliche und lokale, aber nicht als weltliche und überregionale Angelegenheit angesehen.

Einblick in die Gerüchteküche bietet ein Report, den der Herausgeber des in Nürnberg erscheinenden *Europäischen Niemand* im Juli 1718 aus dem westlich der Zips gelegenen Liptover Komitat erhielt. „Der nach seinem Tode in Ober-Ungarn herumschwärmende Michael Caspareck" wurde von Seiten des satirischen Periodikums für sensationell genug erachtet, um nicht nur die diesbezügliche Meldung auf Latein abzudrucken, sondern auch auf dem

Titelblatt ein Reiterporträt Kaspareks zu zeigen. Im Text wurde zu Kasparek Folgendes ausgeführt:

Als „böser Geist zu Pferd" habe der verstorbene Einnehmer Michael Kasparek bei einer Hochzeitsgesellschaft angeklopft und diese durch sein unziemliches Gebaren gestört. Anschließend habe er nicht nur seine Ehefrau, sondern auch einige Mägde geschwängert. Danach sei er vorübergehend außer Landes gewesen, habe in Warschau Schulden eingezogen und dann großzügig seine Kreditgeber in Lublau ausbezahlt. Zugleich habe er sich einiger Streiche, wie des Schubsens eines Hopfenträgers in den Popradfluss, nicht enthalten können. Auf die posthume Exekution seines Körpers habe er in polnischer Sprache mit einem Racheschwur reagiert und konsequenterweise eine Reihe von Brandstiftungen vorgenommen. Auf die Frage seiner Frau nach dem Grund für seine Wiedergängerei habe er geantwortet, dass ihn weder der Teufel in der Hölle dulde noch Gott in den Himmel aufnehme, weil nicht sein, sondern ein fremdes Herz verbrannt worden sei. Er sei daher dazu verdammt, sieben Jahre in der Welt umherzuirren.

Wie noch zu zeigen sein wird, sollte die Lösung dieses Rätsels in der Folge die Phantasie des Volkes in besonderer Weise beflügeln.[66]

Zunächst ist als Zeuge für die Vorgänge aber noch der Pastor Georg Buchholz aus dem südlich von Lublau gelegenen Kesmark zu nennen, der seinen im preußischen Elbing lebenden Sohn Jakob zeitnah über die Kasparek-Affäre informierte. Den Inhalt fasste Jakob 1754 in einer Fortsetzung der vom Vater bis 1709 geführten Familienchronik zusammen. Der 1904 veröffentlichte Bericht bestätigt die bereits genannten Sujets und verleiht ihnen zudem noch dadurch eine gewisse Authentizität, dass der Verfasser auf Kasparek nahestehende Zeitgenossen Bezug nimmt. Neu war die Erwähnung des Motivs für die Rückkehr aus dem Totenreich:

So wurde Kaspareks Wiedergängerei auf einen Meineid zurückgeführt, den er im Zusammenhang mit von ihm begangenen Betrügereien geleistet habe. Einerseits habe der Verstorbene als Würger und Aufhocker seinen Schabernack getrieben. Andererseits habe er als Schimmelreiter und Poltergeist nicht nur seine Geschäfte weitergeführt, sondern auch am sozialen Leben teilgenommen. Unter anderem sei er Jakob Buchholz' Schwiegervater erschienen. Gegenmaßnahmen eines unierten Popen, wie die Ersetzung seines Herzens durch ein Schafsherz, hätten nicht gefruchtet. Nach der Enthauptung und Verbrennung habe Kasparek seinem eigenen Bruder in polnischer Sprache Rache geschworen. – Als Richter hatte der Bruder die Vorgänge nicht nur zu verantworten, sondern verlieh dem Ganzen auf der Symbolebene qua Amt auch Seriosität. – Anders als im „Europäischen Niemand" angedeutet, sei Kasparek nach dem Ende der Brandserie spurlos von der Bildfläche verschwunden.

Thematisiert wird nicht mehr die Wiedergängerei, sondern das Schicksal der Hinterbliebenen. Jakob Buchholz schließt mit der Bemerkung, Kaspareks Witwe habe sich später wieder verheiratet.[67]

Als ungarischer Kronzeuge für den Wiedergänger Michael Kasparek fungiert der slowakische Geschichtsschreiber Matthias Belius, der 1723 in seinem Werk „Kurier des alten und des neuen Ungarn" (Hungariae antiquae et novae Prodromus) auch die Stadt Lublau erwähnte. Der Version des *Europäischen Niemand* entsprechend habe der „nicht in jeder Hinsicht unbescholtene" Krämer Kasparek nach seinem Tod nicht nur mit seiner Frau verkehrt, sondern auch ihre Schulden beglichen. Nach „gewohnter Volkssitte" sei der Leichnam ausgegraben und – anders als vom Lublauer Notar geschildert – erst nach der von starkem Blutausfluss begleiteten Enthauptung verbrannt worden. Wegen ihres Aberglaubens habe die Stadt den Zorn Gottes auf sich gezogen und sei mit einer Feuersbrunst bestraft worden, die man wiederum mit dem Toten in Verbindung gebracht habe. Viele hätten geglaubt, dass hier ein „böser Geist" mit menschlichem Aussehen am Werk gewesen sei. Andere hätten vermutet, das Phantom habe sich lediglich maskiert. Belius seinerseits begnügte sich mit dem Schluss, es handele sich um ein erbauliches „Schauermärchen", das wert sei, in Erinnerung behalten zu werden.[68]

Über die Legende, die unter der einfachen Bevölkerung kursierte, wurde die „Gesellschaft für Völkerkunde Ungarns" im Mai 1890 von Bertalan Matirko informiert. Nach dieser Legende hatte der Lublauer Bürger Michael Kasparek Wein nach Polen vertrieben:

Einst habe ihm die Frau eines Warschauer Handelsfreundes Einlass gewährt, um volle Fässer einzulagern und leere wieder mitzunehmen. Bei dieser Gelegenheit habe Kasparek ein Fass mit Gold entwendet. Als der Warschauer Kaufmann seinen Besitz zurückgefordert habe, habe Kasparek mit den Worten seine Unschuld beteuert, die Erde möge seinen Körper ausspeien und der Himmel seine Seele verschmähen, wenn er falsch schwöre. Angesichts dieser Dreistigkeit habe ihn die gerechte Strafe ereilt. Nachdem ihn binnen dreier Tage der Tod heimgesucht habe, sei er gezwungen gewesen, als Gespenst auf Erden zu wandeln.

„In der Nacht besuchte er" Matirko zufolge – das allgemeine Interesse der Volkskundler am südosteuropäischen Vampirphänomen widerspiegelnd – „die Schlafenden und sog ihr Blut". Gleichzeitig habe er seine Macht dazu benutzt, die Reichen zu berauben und die Armen zu beschenken. Glücklich sei er damit aber nicht geworden. Auf Fürsprache seiner Frau sei beschlossen worden, seine Qualen zu lindern. Bei der Öffnung des Grabes sei dann jedoch eine bittere Wahrheit ans Licht gekommen: „…. vom ausgesogenen Menschenblute ward er von Tag zu Tag fetter, schöner …"

Weder die Enthauptung noch die Verbrennung hätten die gewünschte Erlösung gebracht. Stattdessen sei Kasparek als Brandstifter aufgetreten. Erst der durch den ungarischen und den polnischen Bischof gemeinsam vollzogene Exorzismus habe dem Treiben Einhalt geboten. Kasparek sei in das benachbarte, im Osten gelegene Komitat auf die Burg Sáros, den Stammsitz der Rákóczis, verbannt worden. An den Schweif eines weißen Rosses gebunden, müsse Kasparek seitdem Jahr für Jahr darauf warten, dass mit dem Ausfall eines weiteren Haares die Stunde näher rücke, die ihn berechtige, vor Gottes Richterstuhl zu treten.[69]

Wie die Metamorphose vom Wiedergänger zum Blutsauger funktionierte, lässt sich an der Rezeption des Falls im deutschsprachigen Raum exemplifizieren. Befasst mit Michael Kasparek haben sich neben dem württembergischen Geheimrat und Herausgeber des *Europäischen Niemand* Philipp Balthasar Sinold auch der schaumburg-lippische Superintendent Eberhard David Hauber als Kompilator einer „Magischen Bibliothek oder magischer Schriftakten" (Biblioteca sive acta scripta magica) sowie der Publizist und Esoteriker Georg Conrad Horst in seiner „Zauber-Bibliothek". Im *Europäischen Niemand* von 1719 sinnieren drei gelehrte Figuren über den geschilderten

Wiedergängerfall und setzen ihn in aufgeklärter Manier mit Aberglauben und Teufelswerk in Verbindung. Kaspareks Gier nach Nahrung und Sexualität bezeuge, dass „kein bloßer, sondern ein eingefleischter Geist" sein Unwesen getrieben habe. Letztlich liege lediglich eine erbauliche „Fabel" vor. Allenfalls könne auf das Wirken eines gottlosen „Betrügers" oder „Hexenmeisters" geschlossen werden. Haubers „Biblioteca" folgte 1738 dieser Auslegung, indem sie darauf hinwies, dass die „Geistergeschichte" renommierter Zeugen entbehre und ihre Entstehung folglich dem „Eindruck der Phantasie" zu verdanken habe. Allerdings nahm Hauber unter dem Eindruck der ihren Zenit gerade überschritten habenden Debatte um die Fälle von Medvedja eine entscheidende Änderung vor. Denn „das oberungarische Gespenst Michael Caspareck" mutierte bei ihm mit einem Mal zum „Vorläufer der in Serbien und der Ungarischen Grenze bekanntgewordenen Vampire und Blutsauger". Diese Interpretation wurde in Horsts „Zauber-Bibliothek" 1825 durch die Behauptung auf die Spitze getrieben, Kasparek sei „der älteste Vampyr ... in Ungarn gewesen", jedenfalls sei „dessen sogenannter Vampyr-Stand der tollste, abentheuerlichste und furchtbarste von Allen".[70]

Ein Kasparek eigener Art findet sich in einem historischen Roman von Miklós Jósika aus dem Jahre 1861 über „Franz Rákóczi II." (Második Rákóczi Ferencz), der sich mit den an der Wende vom 18. zum 19. Jahrhundert geführten Kuruzzenkriegen gegen die habsburgische Bevormundung auseinandersetzt. Im Roman vermischen sich unter Verschiebung der Zeitebenen die Figuren des Lublauer „Zauberers" und „Hexenmeisters" Kasparek und eines gleichnamigen Gefolgsmanns des Kuruzzenführers Imre Tökölyi, seines Zeichens Stiefvater von Franz II. Rákóczi.

Der Exkurs zum Gespenst setzt mit der Tabuisierung des Namens Kasparek ein. Seine Nennung, so die Vorstellung des Volkes, rufe das augenblickliche Erscheinen des Genannten hervor. Unter den Müttern grassiere die Drohung: „Weine nicht, sonst holt Dich Kasperek!" Für den patriotisch und protestantisch gestimmten Schriftsteller bot Kaspareks Exorzismus den Anlass, gegen die katholische Obrigkeit zu polemisieren. Nach einem politischen Rundumschlag schließt der Exkurs einerseits mit einer Gruselgeschichte, der zufolge Kasparek nach wie vor an einer verzauberten Quelle als

Wassergeist spukt. Andererseits erfolgt eine Bezugnahme auf die Ereignisse von 1719, mit der Kasparek als Sozialbandit zu Ehren gelangt. Er bestehle die Reichen und beschenke die Armen.[71]

Ohne auf die eigenwillige Interpretation seines Vorgängers Jósika einzugehen, strebte der Schriftsteller Kalman Mikszáth in seiner Parabel „Das Gespenst von Lublau" (Kisértet lublon) 1892 auf humoristische Weise eine Säkularisierung des Falles an. Mikszáth kombinierte die Gespenstergeschichte mit einem Kriminalfall und bereicherte sie durch amouröse Szenen, nicht ohne die Komplexität der Nationalitätenvielfalt im Alltag Oberungarns außen vor zu lassen. Dabei ignorierte er Analogien zum Vampirismus und übertrug stattdessen die ungarische Volkskultur in die polnisch geprägte Zips.

Die Lösung des Rätsels um Kasparek besteht nach Mikszáth darin, dass der Lublauer Weinhändler Michael Kasparek und sein Warschauer Partner Michael Czerniczky Halbbrüder waren, die sich in ihrer Jugend in die gleiche Frau verliebt hatten. Nach der Beerdigung seines Widersachers, so Mikszáth, spielte Czerniczky die Rolle eines Wiedergängers, um durch die Bezahlung und das Eintreiben von Schulden nicht nur die Gunst seiner Angebeteten zu erlangen, sondern auch um gefälschte Dukaten unter das Volk zu bringen. Dabei nimmt die literarisch inszenierte Vernehmung Maria Kaspareks geradezu groteske Züge an. Sie beginnt mit der Frage nach der Identität des vermeintlichen Wiedergängers. Als Antworten werden die Alternativen Gespenst, Geist, Schatten, Teufel und Mensch aus echtem Fleisch und Blut angeboten. Begleitet wird das Interesse an der Sache durch männliche Neugier und Überheblichkeit. Auf die Frage, ob es sich um ein Rendezvous gehandelt habe, bejaht die Frau dies und errötet dabei. Um Präzisierung gebeten folgt die sich in männlichen Ohren gleichermaßen naiv wie falsch anhörende Antwort, sie sei noch nie von einem anderen Mann geküsst worden. Auf die entscheidende Frage, „ob die Gestalt, um welche es sich handelt, eine bloße Vision, ein Phantom, oder aber ein wirklicher Mann und auch noch nach dem Tode Euer Gatte sei: in Wahrheit und in allem?", folgt die alle Varianten offenhaltende, in puncto Realität oder Fiktion aber zu keiner klaren Entscheidung kommende Antwort: „In allem."

Im Hinblick auf übernatürliche Kräfte weist Mikszáths Werk allenfalls Bezüge zur mitteleuropäischen Märchenwelt der Zauberer und Hexen, nicht aber zu südosteuropäischen Vampirlegenden auf. Dementsprechend findet die Geschichte eine gänzlich neue Auflösung: Während die Gerüchte über den Spuk nach der Exekution der Leiche Kaspareks, nach dem Abriss seines ehemaligen Wohnhauses und nach der Verbannung der Witwe ins Kloster allmählich verblassen, sorgen nur noch die Umtriebe der Falschmünzer für Aufsehen. Schließlich wird Michael Czerniczky, der falsche Kasparek, in dem Moment gefasst, als ihn die Spur der gefälschten Dukaten bis vor die Tore des Klosters geführt hat, in das seine Jugendliebe verbannt worden ist. Im Sommer 1720 soll dem Erzähler zufolge, der sich auf Prozessakten aus dem Warschauer Archiv beruft, die achtköpfige Falschmünzerbande hingerichtet worden sein, ohne dass noch einmal explizit auf Michael Kasparek Bezug genommen wurde.[72] Mikszáths Erzählung wurde 1976 verfilmt und erschien ein Jahr darauf unter dem Titel „Der Phantomreiter" in den Kinos der DDR.

Es bleibt festzuhalten, dass es sich bei der Kasparek-Legende weniger um eine Vampirgeschichte im kulturwissenschaftlichen Sinne als vielmehr um eine Gespenstergeschichte von historischem Wert handelt. Bezugspunkte einer gesamteuropäischen Perspektive bilden nicht nur die Türkengefahr und die Aufklärung, sondern auch die Konfessionalisierung und der Nationalismus. Eine anthropologische Deutung muss unter Berücksichtigung der ethnischen und religiösen Verwerfungen am Ort des Geschehens erfolgen. Die damit angesprochenen Implikationen spiegeln sich bereits in der Bezeichnung der Stadt wider: Lublau wurde trotz formell polnischer Herrschaft bis zum Ende des 17. Jahrhunderts von deutschen und protestantischen Bürgern dominiert. Im Zuge sozioökonomischer Umstrukturierungen fand im Verlauf des 18. und 19. Jahrhunderts in quantitativer Hinsicht eine Slowakisierung und Rekatholisierung statt, die den Namen Lublov rechtfertigte. Durch die politisch motivierte Magyarisierung hieß die Stadt seit dem Ausgleich von 1867 ungeachtet des beträchtlichen goralischen oder ruthenischen Bevölkerungsanteils offiziell Lubló.

Der „polnische Katholik" Mihał Kasperek hatte als Michaeł Kasparek oder Kaszperek Mihály in einer zunächst deutschen, dann ungarischen

Umgebung nach seinem Tod alle Klischees zu bedienen, die in Wiedergängerfällen zutage traten. Das Phänomen des Alpdrucks auf der Ebene der individuellen Erfahrung vermischte sich auf der Ebene der sozialen Beziehungen mit den Problemen, die finanzielle Verpflichtungen mit sich bringen. Die Folge war ein öffentlicher Skandal, bei dem das Verhältnis von Eros und Thanatos, von Liebe und Tod, die Phantasie der Zeitgenossen beflügelte. Einerseits musste der Tote als Sündenbock herhalten und sich den Vorwurf der Hexerei gefallen lassen. Andererseits wurde ein Scharlatan inszeniert, der imstande ist, der Obrigkeit ein Schnippchen zu schlagen. Während das aufgeklärte Publikum den Fall mit dem Verweis auf Betrügerei und Aberglauben zu den Akten legte, sorgte seine Kolportage in der phantastischen Literatur dafür, dass er als frühes Beispiel von urbanem Vampirismus gewertet wurde. Durch Säkularisierung und Magyarisierung kam die ungarische Belletristik daraufhin zu dem genialen Schluss eines Kriminalfalls. Dem Kinderschreck Michael Kasparek wurde dadurch endgültig die Möglichkeit genommen, in Konkurrenz zu Bram Stokers Dracula zu treten. Im Hinblick auf die geschäftlichen Aktivitäten bleibt am Ende der Eindruck, Kasparek sei ein moderner Blutsauger im Sinne Voltaires gewesen, nämlich ein Steuereintreiber und Zinsnehmer.

5 · VAMPIRISMUS IM VOLKSGLAUBEN

5.1 Dämonische Gestalten in Ost- und Ostmitteleuropa
Die Teilungen Polens

Die polnische Adelsrepublik (*Rzeczpospolita Polska*) gründete sich auf die Monopolisierung der Legislative durch den Reichstag (*Nihil novi*, 1505), die Praxis der freien Königswahl (*Articuli Henriciani*, 1573) und das Prinzip der Einstimmigkeit von Reichstagsbeschlüssen (*Liberum veto*, 1652). Über die Realunion von Lublin wuchs Polen-Litauen 1569 staatsrechtlich zusammen, und in der Brester Kirchenunion von 1596 wurden die Orthodoxen der Oberhoheit des Papstes unterstellt. In der Folgezeit kam es zu einer Polonisierung des ruthenischen Adels und zu einer Konzentration der Macht in den Händen von Magnaten. Das Mitte des 16. Jahrhunderts einsetzende und im Frieden von Nystad 1721 endende Zeitalter der Nordischen Kriege um die Vorherrschaft an der Ostsee leitete den Niedergang der Adelsrepublik ein. Mit der Aufteilung der Polnisch-Litauischen Union unter die Großmächte Preußen, Russland und Österreich-Ungarn verschwand der polnische Staat 1772–1795 für mehr als ein Jahrhundert von der politischen Landkarte Europas.[1]

Im russischen Teilungsgebiet wurde als Folge des Wiener Kongresses in den Jahren 1814/15 das Königreich Polen, das sogenannte Kongresspolen, eingerichtet, das formal eine eigene Verfassung erhielt, faktisch aber durch Personalunion mit dem Zarenreich verbunden blieb. Die beiden gegen die zaristische Willkürherrschaft gerichteten Aufstände – 1830/31 von den Kadetten der Warschauer Militärakademie und 1863 von der Untergrundregierung in Paris initiiert – wurden mit harten Repressionen und einer durchgreifenden Russifizierungspolitik beantwortet. Einerseits wurde der Begriff „Polen" durch die Bezeichnung „Weichselgouvernement" ersetzt, andererseits wurde die polnische Sprache in Litauen und Weißrussland verboten.

Im Unterschied zu den Russen waren die Habsburger um die Einbindung der lokalen Eliten in die Staatsverwaltung bemüht. Insbesondere nach dem Ausscheiden Österreichs aus dem Deutschen Bund und dem Ausgleich mit Ungarn in den Jahren 1866/67 wurde die Autonomie der Provinz Galizien und Lodomerien ausgebaut. Dadurch gelangte das österreichische Teilungsgebiet in administrativer Hinsicht in die Hände der polnischen Oberschicht.

Der preußische Staat vertrat gegenüber den Ostprovinzen bis 1863, als die Polen im Zarenreich revoltierten, eine Politik der imperialen, d. h. informellen und indirekten Herrschaft, die zwar die polnische Selbstverwaltung und Unterrichtssprache konzedierte, aber zugleich auch auf die Dominanz des preußischen Patriotismus setzte. 1863 erfolgte dann der Übergang zu einer Politik der kolonialen, d. h. repressiven und assimilatorischen Herrschaft, die im Zeichen einer Germanisierung von Schulen und Behörden sowie einer Ansiedlung deutscher Kolonisten stand.[2]

Mit dem Vampirismus setzten sich in Polen angesichts der schwachen bzw. fehlenden staatlichen Zentralgewalt im 18. Jahrhundert Geistliche, in der ersten Hälfte des 19. Jahrhunderts romantisch und patriotisch gesinnte Literaten und in der zweiten Hälfte des 19. Jahrhunderts nationalbewusste Ethnologen auseinander. Aus dem 18. Jahrhundert sind eklatante Wiedergängerfälle aus den ukrainischen Landesteilen der Polnisch-Litauischen Union dokumentiert. Ansonsten standen polnische Vampirfälle bis zum Auftreten der Cholera in den 1830er Jahren noch im Schatten der Berichterstattung über die Ereignisse auf dem Gebiet der habsburgischen Militärgrenze (vgl. Kap. 4.2).

Mord und Totschlag an den Peripherien Polen-Litauens

1738 ereignete sich in dem ukrainischen Dorf Gumenenc (ukr. Humenzi) ein Lynchmord. Überliefert ist der Fall durch eine Akte mit Zeugenbefragungen, die 1745/46 in lateinischer und polnischer Sprache im Stadtgericht von Kamieniec Podolski (ukr. Kamjanez-Podilskyj) angelegt wurde. Darin wird auf einen Upyr *(upier)* als Motiv für das Verbrechen Bezug genommen. Der Tathergang gestaltete sich folgendermaßen:

Als die Bewohner in einer nächtlichen Prozession über die Felder zogen, um dadurch die Eindämmung einer Seuche zu bewirken, stießen sie auf Michał Matkowski (ukr. Mychajlo Matkow'skyj) aus dem Nachbardorf Przewrocie (ukr. Priworottja), der mit Zaumzeug in den Händen seine entlaufenen Pferde suchte. Ob er den verschreckten Gumenecern in der Dunkelheit als leibhaftiger Teufel erschien oder ob die nächtliche Prozession nicht ohnehin unchristlichen Ritualen nachging, ist unklar. Die Gumenecer schlugen Matkowski jedenfalls kurzerhand halb tot, ohne sich zunächst weiter um ihn zu kümmern. Als sie später indes erfuhren, dass Matkowski wieder nach Hause gelangt war, besannen sie sich eines Besseren. Die Dorfgemeinschaft begab sich noch vor Sonnenaufgang in die benachbarte Siedlung, um vom dortigen Gutsherrn die Herausgabe des vermeintlichen Schädlings zu fordern.

Um die Mittagszeit meinten die Rädelsführer, zumindest aus zweiter Hand seine Zustimmung erhalten zu haben. Daraufhin brachen sie die Tür auf und entführten Matkowski, um ihm in Gumenec den Prozess zu machen. Obgleich der Angeklagte auch unter Schlägen immer noch seine Unschuld beteuerte, wurde er zum Tod durch Verbrennen verurteilt. Ein Bewusstsein von der Fragwürdigkeit dieses Aktes der Selbstjustiz angesichts des nahe gelegenen Stadtgerichts war bei den späteren Vernehmungen nur bei wenigen Dorfbewohnern erkennbar. Um Zweifel an der Rechtmäßigkeit der Tat zu zerstreuen, behauptete einer sogar, er sei bereit gewesen, vorsorglich die potenzielle Strafgebühr von 100 Złoty zu hinterlegen, damit durch die Vollstreckung des außergerichtlichen Urteils weiteres Unglück abgewendet werden könne. Selbst der Priester, der Matkowski die Beichte abgenommen hatte, soll gesagt haben, er sei nur für seine Seele, nicht aber für seinen Körper zuständig. Vor der Verbrennung auf dem Scheiterhaufen wurden Matkowski in einer schmerzhaften Prozedur noch die Augen, die Ohren und der Mund mit Teer und Steinen versiegelt.

Die Zeugenbefragung hinterlässt den Eindruck, die Dorfbewohner hätten lediglich einen zufälligen Sündenbock aufgegriffen, um den Göttern in einem Rausch von Angst und Gewalt ein Opfer zu bringen, das beiläufig mit den Umtrieben eines Upyrs begründet wurde.[3]

Abgesehen davon spielte der Upyr auch bei der Desavouierung missliebiger Personen eine Rolle. Beispielsweise nahm sich ein polnisches Militärtribunal, das wegen des Haidamaken- oder Vagabundenaufstandes der orthodoxen Kosaken von 1768/69 in Kodnja im Osten der heutigen Westukraine eingerichtet worden war, auch der Ermordung eines orthodoxen Popen im Jahre 1770 an. Angeklagt war der 26-jährige Bauer Lesko Kołbasiuk (ukr. Kowbasjuk) aus dem Dorf Wujtowce (ukr. Wijtiwzi):

Kołbasiuk gab in seiner Vernehmung an, in dem Dorf habe sich anlässlich einer Seuche das Gerücht verbreitet, ein Dämon provoziere ein Sterben, indem er seinen giftigen Atem in die Hütten hauche. Manche wollten einen Upyr gesehen haben, der von Hunden angefallen werde und vor dem das Vieh davonlaufe. Anhand der beschriebenen Bekleidung sei der Pope Wasyl als Übeltäter ausgemacht worden. Verständlicherweise habe der Pope jegliche Anschuldigungen nächtlicher Umtriebe zurückgewiesen. Indes habe seine Frau in seiner Anwesenheit ausgesagt, er gehe in Begleitung seiner verstorbenen Schwester und anderer Toter lärmend und zähneklappernd um. Eventuelle Zweifel an dieser Behauptung seien durch gleichlautende Beteuerungen einer Köchin zerstreut worden. Daraufhin hätten 13 Mann zunächst auf dem Friedhof eine Grube ausgehoben, dann den Popen entführt, halb totgeschlagen und schließlich mit einem in den Rücken gerammten Espenpfahl lebendigen Leibes begraben.

Obgleich Kołbasiuk als einziger Henker die Seuche überlebte, betonte er bei der Vernehmung, die Gefahr durch die Aktion gebannt zu haben. Da er mit den aufständischen Haidamaken nichts zu tun gehabt und bei dem Popen nur dreimal zugeschlagen habe, fühlte er sich unschuldig. Vor dem Hintergrund der Massaker, die die Haidamaken zuvor an den Katholiken und den Juden begangen hatten, ging Lesko Kołbasiuk tatsächlich straffrei aus.[4]

Vampirismus als Problem polnischer Theologen

Ein interessanter Hinweis auf den Vampirismus in Polen stammt von Augustin Calmet, der in seinem Standardwerk von 1749 über Vampire in Ungarn, Mähren und Schlesien einen auf den 3. Februar 1745 datierten Brief des Warschauer Pfarrers Piotr Hiacynt Śliwicki erwähnte. Der Visitator der polnischen Missionare hatte offenbar eine Dissertation zum Vampirismus konzipiert, ohne allerdings zu einem Abschluss gekommen zu sein. Calmet zufolge meinte Śliwicki, der Vampirglaube sei in der polnischen Bevölkerung fest verankert, wenngleich ihm Augenzeugen nicht bekannt seien.[5] Weiter gehende Informationen aus dieser Quelle hat Calmet leider nicht mitzuteilen.

Substanzieller waren die Ausführungen, die der Priester Benedykt Chmielowski im Jahre 1755 in der zweiten Auflage seiner berühmten polnischsprachigen Enzyklopädie „Nowe Ateny" (Neue Athene) veröffentlichte. Unter dem Begriff „Upier" (*upiór*) subsumierte er Tote, von denen der Teufel Besitz ergriffen habe und die nicht nur unter den Menschen, sondern auch unter dem Vieh Seuchen hervorriefen. Dabei räumte er ein, dass in diesbezüglichen Veröffentlichungen eher von Zauberern und Hexen gesprochen werde. Das Volk gebe vor, bei Nacht Gespenster zu sehen. Verdächtigt würden insbesondere Hebammen, denen nachgesagt werde, einen Pakt mit dem Teufel geschlossen zu haben und die Seelen der Neugeborenen feilzubieten. Erwachsene seien zwar durch die Taufe geschützt, gerieten aber beim Ableben in Gefahr, wenn die Seele den Körper verlasse. Nicht nur als Maßnahme zur Entmachtung des Teufels, sondern auch als Mittel zur Erlösung eines Upiórs empfahl Chmielowski, die traditionellen Volksvorstellungen zu befolgen, d. h. das Herz einer verdächtigen Leiche zu durchbohren und den Körper anschließend zu verbrennen. Als Schutz gegen posthume Aktivitäten boten sich aus seiner Sicht neben Reliquien als Grabbeigaben auch Exorzismen an.

Chmielowskis Ansicht nach waren Upiór-Vorstellungen insbesondere bei den Ruthenen, also bei der orthodoxen weißrussischen und ukrainischen Bevölkerung, verbreitet. Für den polnischen Volksglauben konstatierte Chmielowski Inhalte, die den mitteleuropäischen Nachzehrervorstellungen entsprachen, nämlich die Bezugnahme auf das vermeintliche Verschlingen des Leichentuches und das angebliche Anschwellen des mit Blut angefüllten Körpers. Letzten Endes liege dem Phänomen eine Strafe Gottes zugrunde, durch die die Menschen zu Umkehr und Buße angehalten werden sollten.[6]

Gegen diese Auffassung nahm die polnische Dichterin Elzbieta Drużbacka im Jahr 1752 in einer in Versen gehaltenen Streitschrift Stellung, in der sie aus aufgeklärter Sicht gegen „gewisse Mönche" polemisierte.[7] In ähnlich ironischer Weise soll auch Papst Benedikt XIV. – der sich Mitte des

18. Jahrhunderts als Theologe mit der Heiligsprechung der Seligen auseinandergesetzt hatte (vgl. Kap. 4.2) – zu den polnischen Vampiren Stellung genommen haben. Wie zuverlässig die Angaben in der Biographie sind, die der französische Publizist Louis Antoine Caraccioli 1783 vorlegte, mag zwar dahingestellt bleiben. Fest steht aber, dass Caraccioli sein Wissen über polnische Vampire nicht nur durch die Lektüre des Handbuchs von Augustin Calmet (vgl. Kap. 4.2) gewonnen haben kann, sondern als Hauslehrer in Lublin tatsächlich auch aus eigener Anschauung bezog.[8]

Caraccioli zufolge hatte der Papst jedenfalls auf Anfrage eines polnischen Erzbischofs in einem Schreiben gefordert, Maßnahmen gegen den Aberglauben zu ergreifen. Eingangs habe er in polemischer Weise die sprichwörtliche „Goldene Freiheit" der Polen – in diesem Fall verstanden als Anarchie – mit der Gewohnheit, nach dem Hinscheiden spazieren zu gehen, in Verbindung gebracht. Dann habe er, auf den ruthenischen Teil der polnisch-litauischen Union zu sprechen kommend, den mumifizierten orthodoxen Heiligen im Kiewer Höhlenkloster die Anerkennung eines Wunders versagt. In Bezug auf die polnischen Vampirfälle habe er ganz im Sinne Maria Theresias (vgl. Kap. 4.2) den Amtsmissbrauch von Priestern beklagt, die danach trachteten, durch Messen und Exorzismen ihre Einkünfte aufzubessern. In puncto Wiedergängerei sei die Schuld letzten Endes nur in der Phantasie der Lebenden zu suchen.[9]

Die definitive polnische Antwort auf die Vampirfrage lieferte der Priester Jan Bohomolec im Stile Calmets in den Jahren 1772 und 1777 in einer breit angelegten zweibändigen Studie über den „Teufel in seiner Gestalt" (Diabeł w swoiey postaci), in der er sich dezidiert mit Geistererscheinungen sowie mit Hexern, Wahrsagern und Zauberern auseinandersetzte. Ein Upiór war Bohomolecs Ansicht nach nicht mehr als ein Produkt der Phantasie, das sich auf den schlechten Leumund von Verstorbenen und die Kolportage von Gerüchten stütze. Von Interesse sind die Abwehrmaßnahmen des Volkes, die Bohomolec aufzählt. Werde ein Toter der Wiedergängerei verdächtigt, so werde ihm zum einen Schweinekot in den Mund gestopft. Zum anderen werde die Leiche enthauptet und das Herz durchbohrt. Darüber hinaus erwähnt Boholomec Präventivmaßnahmen, die nicht auf eine unmittelbare

Vernichtung des Upióurs hinauslaufen. Wenn der Tote auf den Bauch gewendet werde und seine Hände auf dem Rücken zusammengebunden würden, könne er angeblich nur bei Vollmond aktiv werden. Einen gewissen Schutz vor der körperlichen Auszehrung biete auch das Trinken von Upiór-Blut oder das Verzehren von Erde aus dem Upiór-Grab. Im Übrigen sei die Ruhestätte eines Upiórs dadurch aufzuspüren, dass ein unschuldiger Jüngling auf einem Hengst, der noch keine Stute gedeckt habe, durch den Friedhof geführt werde. Das Pferd werde sich unter allen Umständen dagegen sträuben, das Grab eines Upiórs zu überschreiten. Bei seinen Erörterungen konzentrierte sich Bohomolec zwar auf Polen, zog aber auch Informationen aus der gesamteuropäischen Debatte hinzu. Ungewollt übertrug er dadurch gängige, aber oberflächliche Vampirdefinitionen auf den Upiór.[10]

Polnische Wiedergänger als Ausdruck von Lug und Betrug

Am Ende des 18. Jahrhunderts häuften sich Meldungen über die Instrumentalisierung des Vampirglaubens für Betrügereien. Einen Kriminalfall aus dem Jahr 1782 hielt der in Weißrussland und Litauen tätige Theologe und Publizist Wojciech Wincenty Bagiński in seinen 1854 veröffentlichten Tagebuchaufzeichnungen fest: In der Nähe der zwischen Thorn und Warschau an der Weichsel gelegenen Stadt Płock habe ein verliebtes Mädchen seine Tante getötet, weil diese ihre Beziehung zu einem Knecht hintertrieben habe. Um seine Tat zu vertuschen, habe das Mädchen sodann einen Upiór erfunden und diesem den Mord angehängt.[11]

Die Warschauer Zeitschrift *Pamiętnik polityczny i historiyczny* („Politisches und historisches Denkmal") wiederum veröffentlichte 1783 einen Artikel über einen „eigenartigen Upiór". Darin weist der Autor zunächst darauf hin, dass Upiór-Erzählungen im Zeitalter der Aufklärung in den Hintergrund gerückt seien, schildert dann aber einen sonderbaren Fall, der nur mittelbar etwas mit Wiedergängerei zu tun hat. So habe ein Kaufmann seinen Tod vorgetäuscht, um sich seinen Gläubigern zu entziehen. Seine Frau habe sich danach wiederverheiratet. Als der Kaufmann 20 Jahre nach seinem Verschwinden unvermutet wieder aufgetaucht sei, habe er zwar seinen Gläubigern Freude, seiner Frau aber Verdruss bereitet. Um ein Gerichtsverfahren zu vermeiden, sei ihm geraten worden, seine Auferstehung nicht an die große Glocke zu hängen.[12]

Einen ähnlichen Unterton hat ein Bericht der *Schlesischen Provincialblätter* aus dem Jahr 1801 über eine „Strzyga" (Hexe) aus dem seinerzeit noch zu Österreichisch-Schlesien gehörenden Großgorschütz bei Ratibor. Nach dem Tod einer Frau namens Marynna Warlin habe sich das Gerücht verbreitet, es sei mit vampiristischen Aktivitäten von ihr zu rechnen, weil sich auf ihrem Rücken das Mal einer Schere abgezeichnet habe. Deswegen habe der Pfarrer der Toten einen sogenannten Lukaszettel mit frommen Sprüchen unter die Zunge geschoben, die Nasenlöcher mit Erde verstopft und sie in Bauchlage verscharren lassen. In der Folge sei auch die Tochter der Toten, die sich als Dienerin auf dem herrschaftlichen Gut verdingte, in Misskredit geraten. Über die Vermittlung einer geistlichen Autorität sei daraufhin eine Exhumierung der Toten vorgenommen worden. Dabei habe sich die vermeintliche Schere als Fehldeutung erwiesen. Auf diese Weise sei die Tote dann doch noch zu einem christlichen Begräbnis gekommen.[13]

Der Vampir als Sujet der polnischen Literatur

Um die Wende vom 18. zum 19. Jahrhundert scheint der Upiór in Polen immer noch keine Denkkategorie des einfachen Volkes gewesen zu sein. Vielmehr entwickelte sich die Figur zunehmend zu einem beliebten Sujet des Lesepublikums. Erste Ansätze sind in den Nachlässen des Forschungsreisenden und Publizisten Jan Graf Potocki und des Literaturhistorikers und Kulturmäzens Joseph Maximilian Ossolinski zu finden. Interessanterweise ließen sich beide von der ukrainischen Dämonologie inspirieren. Die Popularisierung des Vampirmotivs in der polnischen Nationaldichtung und messianischen Literatur geht auf Adam Mickiewicz zurück. Außerdem verfolgte der Schriftsteller Kazimierz Władysław Wójcicki volkskundliche Interessen.

An seinem Roman „Die Handschrift von Saragossa" (Le manuscrit trouvé à Saragossa) begann Potocki bereits 1794 zu arbeiten. Durch einen Kunstgriff schrieb er den Text später einem fiktiven Herausgeber zu, der ihn während der Napoleonischen Kriege in Form eines spanischen Manuskripts gefunden habe. Der Roman besteht aus miteinander verwobenen Geschichten, die sich um die Rahmenhandlung einer Durchquerung der Sierra Morena ranken. Ende 1804 wurden hundert Exemplare in französischer Sprache gedruckt. An seinem Lebensabend zog sich Potocki auf seine Güter in Podolien und Wolhynien zurück, legte 1810 aber noch eine überarbeitete Fassung seines Textes vor. Eine polnische Übersetzung erschien erst posthum 1847 („Rękopis znaleziony w Saragossie").

Was die „Vampire" betrifft, fühlt sich ein Kabbalist an einer Stelle des Romans anlässlich der Gerüchte um nächtliche Umtriebe zweier Gehenkter ermuntert, dem Helden eine Wiedergängergeschichte aus dem alten Athen zu erzählen. Der jüdische Mystiker kommt dabei im Hinblick auf die Debatten seiner eigenen Zeit zu dem Schluss, dass es sich bei den ungarischen und polnischen Vampiren um Leichen handele, die nachts ihre Gräber verließen und den Menschen das Blut aussaugten, während die spanischen Vampire unreine Geister seien, die Leichen belebten.[14] Zur Sache hat Potocki damit eigentlich wenig beizutragen. Das Wort „Upiór" kommt im Text nicht einmal vor. „Wiedergänger" oder „Vampire" scheinen die Figuren gewesen zu sein, die den Wahn des Schriftstellers forciert haben. Von Depressionen geplagt, beging er auf tragische Weise Selbstmord.

Ossolinski konzipierte in einem Landhaus unweit von Wien um 1800 eine Sammlung „Badener Abende bzw. Erzählungen über Ängste und Upiore" (Wieczory badeńskie czyli powieści o strachach i upiorach), die 1852 posthum in Krakau veröffentlicht wurde. In dem einzigen den Titel des Bandes rechtfertigenden Artikel berichtet Ossolinski von Gerüchten über Wiedergänger in einem Dorf nahe der Siedlung Terebowlja in der westlichen Ukraine. Allerdings habe sich herausgestellt, dass im besagten Dorf selbst von derlei Dingen nichts bekannt war. Ein junger Adliger, der auf der Durchreise überfallen worden sei, habe zunächst auf einen Upiór geschlossen, sei dann aber von seiner Mutter dahin gehend belehrt worden, dass in der Gegend lediglich ein geistesgestörter Knecht hin und wieder Unfug treibe.[15] Ossolinski begnügte sich also mit der Zusammenstellung erbaulicher Schauergeschichten, ohne die Ambition zu entwickeln, John William Polidoris Klassiker „The Vampyre" von 1819 prosaisch zuvorzukommen. Eine Alternative hätte der polnische „Upiór" zu diesem Zeitpunkt durchaus noch darstellen können.

Adam Mickiewiczs setzte sich in seinem unvollendet gebliebenen Drama „Die Ahnenfeier" (Dziady), das in den Jahren 1823 (Teile 2 und 4), 1832 (Teil 3) und posthum 1860 (Teil 1) erschien, sowie in seinen am Collège de France in den Jahren 1840 bis 1842 gehaltenen „Vorlesungen über slawische Literatur und Zustände" mit dem Vampirismus auseinander.

Im Drama „Die Ahnenfeier" wird an die in der Volkskultur verankerte Kombination des kirchlichen Feiertages Allerseelen mit dem vorchristlichen Totenkult angeknüpft, bei dem ein Mahl mit den Verstorbenen zelebriert wurde. Dem zuerst erschienenen zweiten Teil ist ein Gedicht über den „Upiór" vorangestellt, das in seiner Bedeutung für das Vampirsujet Gottfried August Bürgers „Lenore" (1773) und Johann Wolfgang von Goethes „Braut von Korinth" (1797) mindestens gleichkommt. In der auf das Gedicht folgenden Szene, die in einer Kapelle spielt, beschwört der Guslar oder Zeremonienmeister die Geister der Verstorbenen. Unweigerlich erscheint daraufhin der drei Jahre zuvor verstorbene Gutsherr, dessen Seele rast- und ruhelos geblieben ist, in Gestalt eines Upiórs am Fenster. Dramatisch wird es aber erst im anschließenden vierten Teil, als ein als Einsiedler bezeichneter Upiór die Wohnung eines orthodoxen Priesters betritt, der einige Kinder zum Abendessen geladen hat. Der Einsiedler entpuppt sich als der verstorbene Popensohn Gustav, der den Weisungen seines Vaters zum Trotz für das heidnische Totenfest wirbt.

Zwischen der Veröffentlichung der beiden ersten und des letzten Teils der „Ahnenfeier" verfasste Mickiewicz 1828 das patriotische Gedicht „Konrad Wallenrod" über den gleichnamigen Hochmeister des Deutschen Ordens aus dem 14. Jahrhundert. In seinem Gedicht stellte Mickiewicz den Hochmeister als entführten litauischen Jungen dar, der, statt seine Herkunft zu verraten, den Orden ins Verderben führt. Bei der Tat halten sich der Rachegedanken und das Selbstopfermotiv die Waage. In diesem Zusammenhang erwähnt der Dichter in einem halluzinatorischen Lied die Exekution von Toten als Mittel zur Bannung der Pestgefahr. Zur Auferstehung der Toten heißt es lapidar, die Gebeine würden sich am Jüngsten Tag beim Posaunenklang aus den Gräbern erheben.

Im zuletzt von Mickiewicz persönlich veröffentlichten (dritten) Teil der „Ahnenfeier" wird das zwischen Opfer und Rache hin- und herschwankende Deutungsmuster erneut aufgegriffen und dabei um das Vampirmotiv angereichert. Anknüpfend an den „Wallenrodismus" erlebt der ursprüngliche Held Gustav eine Reinkarnation als Konrad und exponiert sich, wie die Volkskunde in der zweiten Hälfte des 19. Jahrhunderts noch exemplifizieren sollte, in vampiristischer Manier als Träger zweier Seelen. Hatte er als Gustav um einer unglücklichen Liebe willen den Freitod gewählt, taucht er als Konrad als ein der nationalen Sache verpflichteter Racheengel wieder auf, der sich dem russischen Zaren entgegenstellt. In einem wenig gottgefälligen Lied zelebriert Konrad den Blutdurst ganz im Sinne der Gothic Novel.

Während nach Mickiewicz in der Schlacht auf der einen Seite Rachegelüste des unterdrückten polnischen Volkes befriedigt werden sollen, muss auf der anderen Seite die physische Wiederkehr der getöteten Feinde durch Zerstückelung und Pfählung ihrer Leichen verhindert werden. Ausgehend von den Versuchungen, die der Vampirismus mit sich bringt, verwandelt sich die „Ahnenfeier" damit von einem Liebes- in ein Freiheitsdrama. Die Wiederauferstehung des Helden kann als Allegorie auf das Weiterleben der Nation nach dem Untergang des Staates verstanden werden.[16]

In seinen „Vorlesungen über slawische Literatur und Zustände" rechnete Mickiewicz den Vampirglauben dem Kulturgut der slawischen Völker zu und wollte den serbischen Terminus durchaus im Sinne eines „Blutsaugers" verstanden wissen, merkte allerdings an, dass diese Figur noch keinen Eingang in die Poesie gefunden habe. Den durchaus westlich inspirierten Vampirdiskurs seiner Zeit aufgreifend definierte Mickiewicz den Upiór unter Bezugnahme auf den polnischen Volksglauben als einen Menschen mit zwei Herzen. Wenn beim Heranwachsen dieser Kategorie von Menschen die Bösartigkeit an Dominanz gewinne und ihre Metamorphose zu Dämonen provoziere, eröffne sich die Perspektive einer Art Hexensabbat, bei dem sich die Upiór-Gemeinschaft über Plagen wie Hunger und Pest verständige.[17]

Die weitere Tradierung des Upiór-Begriffs ist mit dem Schriftsteller Kazimierz Władysław Wójcicki verbunden, der sich Mitte des 19. Jahrhunderts um die Dokumentation der Volkskultur verdient gemacht hat. In seiner dreibändigen Sammlung der „Sprichwörter des Volkes" (Przysłowia narodowe) besprach er 1830 den Ausdruck „rot wie ein Upiór" *(czerwony iak upior)*. Wójcicki ging dabei von dem Vampirbegriff aus, wie er in der westlichen Debatte des 18. Jahrhunderts geprägt worden war, also vom Vampir als Blutsauger und Würger, der seine Opfer durch Biss infiziert. Fatalerweise griff er dabei auf die fiktiven Motive der vermeintlich illyrischen bzw. südslawischen Sammlungen Prosper Mérimées und Wilhelm Gerhards aus den Jahren 1827 und 1828 zurück (vgl. Kap. 1); konkrete polnische Beispiele vermochte Wójcicki hingegen nicht zu benennen. Zum einen gab er an, dass er 1826 in Słupi im Kreis Sandomierz Halt gemacht und von einem Bauern erzählt bekommen habe, er sei nachts von einem jungen Mann, der sich in einen Upiór verwandelt habe, bis zum ersten Hahnenschrei geschlagen worden. Zum anderen teilte er mit, dass im Verwaltungsbezirk Krakau ein Zettel mit einem Bibelspruch als Grabbeigabe zur Vorbeugung posthumer Aktivitäten verwendet werde; die Beschwörung verdächtiger Personen bezwecke zwar die Verbannung dämonischer Übeltäter, bewirke aber eher die Beruhigung der eigenen Nerven. Schließlich wusste er zu berichten, dass man in Rotreußen, einer Provinz im polnisch-ukrainischen Grenzgebiet, auf den Friedhöfen alle Löcher verstopfe, um das Entweichen eines möglicherweise vorhandenen Upiórs zu verhindern, der das Vieh bedrohen könnte. Die polnische Phrase „rot wie ein Upiór" leitete Wójcicki zwar von den farbigen Wangen eines schädigenden Toten ab, verwies aber zugleich auf den entsprechenden Ausdruck „rot wie ein Thorner Ziegel" *(czerwony iak Toruńska cegła)*, der auf die Backsteinburgen der Kreuzritter Bezug nehme. In beiden Varianten erweise sich die rote Gesichtsfarbe als verräterisch; sie bezeuge Scham oder ein schlechtes Gewissen.[18]

Einige Jahre später, 1837, wurde der Upiór von Wójcicki in seiner zweibändigen Sammlung „Volksmärchen, alte Überlieferungen und Erzählungen des polnischen und ruthenischen Volkes" *(Klechdy, starożytne podania i powieści ludu Polskiego i Rusi)* zwar im Vorwort noch einmal erwähnt, mangels empirischer Befunde dann aber nicht mehr mit einem eigenen Beitrag bedacht. Wójcicki befasste sich als Publizist in Zeitschriften wie *Kłosy* („Ähre") allenfalls noch mit Phänomenen wie der „Zmora" (Alp) und der „Stryga" (Hexe), die in der Tat noch die Phantasie der Volkskundler im letzten Drittel des

19. Jahrhunderts beflügeln sollten; diese Artikel aus dem Jahr 1865 fanden aber erst in die 1972 wieder aufgelegte Ausgabe der „Klechdy" Eingang.[19]

Angst in Zeiten der Cholera

Berichte polnischer Volkskundler über schädigende Tote aus der zweiten Hälfte des 19. Jahrhunderts rekurrieren häufig auf die Cholera. Diese Seuche wurde erstmals 1830 von russischen Soldaten eingeschleppt, die bei der Niederwerfung des polnischen Aufstandes zum Einsatz kamen, und trat in der Folge in Ost- und Ostmitteleuropa bis zum Ersten Weltkrieg in mehreren Wellen auf, die unzählige Tote forderten. Immer dann, wenn sich bei der Bekämpfung potenzieller Krankheitserreger die Frage übersinnlicher Ursachen stellte, wurde seitens der Bevölkerung mit ähnlichen Mitteln verfahren wie zu Zeiten der Pest.[20] Diesem Umstand trugen die Ethnographen im Folgenden durch die begriffliche Unterscheidung von Upiór und Strzyga (fem.) bzw. Strzygoń (mask.) Rechnung. Während der klassische Upiór als ein Oberschichtenphänomen in den Hintergrund geriet, spielten die Strzyga oder der Strzygoń im gemeinen Volk zunehmend die Rolle schädigender Wiedergänger.

Ausführungen des Agronomen und Volkskundlers Józef Gluziński über die Sitten und Gebräuche der polnischen Landbevölkerung, die sich auf Material aus der Region um Zamość und Hrubieszów im südöstlichen Polen an der Grenze zur Ukraine aus der Zeit vor 1847 stützten, sind 1856 von Kazimierz Wójcicki in der Sammlung „Hausarchiv" (Archivum domowe) veröffentlicht worden. Der Upiór wird darin als schädigender Wiedergänger beschrieben, der bis zum Hahnenschrei sein Unwesen treibt, sich im Unterschied zur Strzyga aber nicht des Blutsaugens betätigt. Da Anzeichen bereits zu Lebzeiten des späteren Wiedergängers erkennbar seien, werde bei verstorbenen Verdächtigen ein Kanon von Abwehrmaßnahmen praktiziert. Sollten diese nicht helfen, komme es zur posthumen Exekution.[21]

Als eigentliche Pionierstudie darf ein Artikel des oberschlesischen Publizisten Józef Lompa über den Aberglauben bei der slawischen Bevölkerung gewertet werden, der 1862 in den *Schlesischen Provinzialblättern* erschien. Vom

Vampirglauben war darin nicht die Rede; der Begriff „Upiór" wurde somit zu einem Ausdruck gelehrter Dispute des ausgehenden 18. Jahrhunderts herabgestuft. Stattdessen ging Lompa auf die Begriffe „Zmora" – in der deutschen Übersetzung wie in der allgemeinen slawischen Bezeichnung „Alp" (*mora*) genannt – und „Strzyga" ein. In der Vorstellung des Volkes stelle die Zmora ein weibliches Fabelwesen dar, das entweder schlafende Menschen oder die Bäume des Waldes bedrücke. Wehre sich der Mensch, versetze ihn die Zmora durch ihren Hauch in Schlafzustand oder ergreife die Flucht, indem sie sich in einen Strohhalm oder eine Maus verwandele. Die Zmora werde verdächtigt, Säuglingen die Muttermilch streitig zu machen. Befreien könne man sich von ihr nur, wenn man sie beim Namen nenne. Zur Strzyga gab Lompa an, dass nach Auffassung des Volkes Menschen, die mit einer doppelten Reihe von Zähnen geboren werden, über zwei Seelen verfügen und daher prädestiniert sind, sich nach dem Tod in eine Strzyga zu verwandeln. Denn eine der beiden Seelen verbleibe in der Leiche und sorge für deren Reanimierung. So könne die Strzyga um Mitternacht das Grab verlassen und den Kirchturm besteigen, um ihren Blick über die Umgebung schweifen zu lassen. Die Menschen, die sich innerhalb ihres Sichthorizonts aufhielten und die das gleiche Alter hätten, das die Strzyga zu Lebzeiten erreicht habe, ereile der Tod. Zur Vorbeugung empfehle es sich, einem verdächtigen Toten Kieselsteine in den Mund zu legen und seinen Körper auf den Bauch zu drehen oder seinen Kopf abzuschlagen und zwischen den Füßen zu platzieren.[22]

Zusammengetragen wurden alle polnischen Wiedergängerberichte in einer groß angelegten Sammlung, die der Ethnograph und Komponist Oskar Kolberg seit 1857 in über dreißig Bänden edierte: „Das Volk, seine Bräuche, Lebensweise, Sprache, Volkssagen, Sprichwörter, Rituale, Zaubereien, Spiele, Lieder, Musik und Tänze" (Lud. Jego zwyczaje, sposób życia, mowa, podania, przysłowia, obrzędy, gusła, zabawy, pieśni, muzyka i tańce). In dem dem Verwaltungsbezirk Krakau gewidmeten Band aus dem Jahr 1874 werden „Strzygoń" und „Zmora" behandelt. Ein Strzygoń werde in höheren Kreisen Upiór genannt. Er falle zu Lebzeiten durch nächtliche Spaziergänge auf und werde erst nach seinem Tod zu einem Schädling. Jeder Strzygoń habe eine gute und eine schlechte Seele. Mitunter behaupteten Gläubige bei der Beichte, ein

Strzygoń versorge nach seinem Tod das Haus der Hinterbliebenen und sei sogar imstande, mit seiner Witwe Kinder zu zeugen, müsse aber beim ersten Hahnenschrei ins Grab zurückkehren. Das von einem Strzygoń gezeugte Kind erweise sich allerdings als schwächlich und sei nicht bis ins Erwachsenenalter lebensfähig. Offenbar böten manche Pfarrer für ein paar Złoty an, das Haus mit Weihwasser zu besprengen, um den Strzygoń zu vertreiben. Andererseits werde dem Strzygoń nachgesagt, Angehörige mit Bissen und Schlägen zu quälen; wer unterliege, müsse sterben. In Bezug auf den Upiór sei die Auffassung verbreitet, diese Gattung hätte sich nach Russland zurückgezogen (im Verbund des Zarenreichs handelte es sich genau genommen um die Ukraine).[23] In den die Verwaltungsbezirke Posen und Lublin behandelnden Bänden aus den Jahren 1882 und 1884 wird neben der Zmora noch der „Wieszczy" (d. h. Seher) thematisiert. Während unter der Zmora Menschen begriffen werden, die nach ihrem Tod nachts in Gestalt einer Mücke oder eines Falters in die Wohnung ihrer Nachbarn eindringen und für Alpdruck sorgen, handele es sich bei einem Wieszczy um einen Wiedergänger, der vom Kirchturm Namen rufe oder Blicke in die Runde werfe, um den auf die eine oder andere Art Erfassten den Tod zu bringen.[24] Aufgrund der widersprüchlichen Angaben, die in den unterschiedlichen Zeugnissen enthalten sind, lässt sich für die spezifischen Ausprägungen des polnischen Volksglaubens offenbar nur schwer eine Verallgemeinerung treffen.

Polnische Vampirsagen

Im Jahr 1893 veröffentlichte der Lehrer und Volkskundler Otto Knoop eine Sammlung von „Sagen und Erzählungen aus der Provinz Posen", in der er sowohl auf den Vampir als auch auf den Upiór Bezug nahm. Mit dem Wort Vampir überschrieb er eine Erzählung aus dem Kreis Wirsitz. Gemäß dieser sind Menschen, die mit einer Embryonalhaut über dem Gesicht, der sogenannten Glückshaube, zur Welt gekommen sind, nach ihrem Tod imstande, in Schallweite der Kirchenglocken lebende Verwandte und Bekannte ins Grab nachzuholen. Werde es versäumt, nach ihrer Geburt die Haut zu entfernen und ihnen diese in getrocknetem und pulverisiertem Zustand mit der Milch zu verabreichen, verbleibe zur Abwehr der durch ihren Tod hervorgerufenen Plage als einzige Möglichkeit die Enthauptung ihres Leichnams.

Eine von einem Dorflehrer namens Śroka aus Biskupitz im Kreis Schildberg mitgeteilte Erzählung hat ein als Upiór bezeichnetes Totengespenst zum Inhalt. Sie handelt vom Tod eines jungen Mannes namens Szymanek, der mit Zähnen zur Welt gekommen ist:

In der Gegend um Biskupitz herrschte die Vorstellung, dass ein Mensch, der mit Zähnen geboren wird, über zwei Geister verfüge, von denen der eine sich nach dem Ableben ein Jahr lang als Totengespenst betätige und das Leben aller Leute, die in sein Blickfeld geraten, bedrohe. Mehrere Einwohner des Dorfes behaupteten daher nach Szymaneks Beerdigung, nachts von seinem Geist belästigt zu werden. Bald häuften sich die Todesfälle von Personen, die in der Phase des Siechtums angegeben hatten, von Szymanek gewürgt worden zu sein. Daher wurde Szymaneks Grab geöffnet. Erwartungsgemäß hinterließ die Leiche den Eindruck der Unversehrtheit. Sogar ein Bartwachstum wurde verzeichnet. Zur Vernichtung des Totengespenstes wurde der Kopf vom Rumpf getrennt und dabei darauf geachtet, dass keiner der als lebensgefährlich angesehenen Blutspritzer einen der Anwesenden erwischte. Nach der Tat hörten die ungewöhnlichen Todesfälle auf.[25]

In den Jahren 1905/06 ließ Knoop in der *Zeitschrift des Vereins für Volkskunde* noch „Sagen aus Kujawien", einem am Ostrand der Provinz Posen gelegenen Landstrich im nördlich-zentralen Polen, folgen. Aus einer polnischen Quelle teilte er einen Vorfall aus Rogasen mit, der sich in einem zwischen Gnesen und Wreschen befindlichen Forsthaus zugetragen haben soll:

In der Nacht nach dem Tod des erwachsenen Sohnes der Forstleute sei um Mitternacht vor dem Haus ein grässliches Gewinsel erklungen. Zugleich sei ein Klopfen an der Fensterscheibe zu vernehmen gewesen. Unter diesem Eindruck habe die bei dem Aufgebahrten betende Schwester ein scheußliches Antlitz mit langen Zähnen erblickt. Das Gespenst habe in polnischer Sprache die Herausgabe des Toten gefordert, sich aber durch Einsatz eines Rosenkranzes vertreiben lassen. Vorbeiziehende Zigeuner hätten am nächsten Tag darauf hingewiesen, dass es sich bei der Erscheinung um einen Upiór gehandelt habe. Letzterer zeige sich bei Todesfällen dreimal, um das Herz des Verstorbenen zu fressen. Zum Schutz eigneten sich neben dem Rosenkranzgebet auch an Mariä Lichtmess geweihte Kerzen.[26]

Aus Brudzyn teilte Knoop folgenden von dem Lehrer Szulczewski aus deutscher Quelle berichteten Vorfall mit:

Kurze Zeit nach dem Tod des ältesten Sohnes einer Bauernfamilie verstarben alle Angehörigen bis auf den Vater. Ein Nachtwächter kam auf den Gedanken, dass ein Vampir umgehen könnte. Er überzeugte den Bauern, das Grab seines ältesten Sohnes zu öffnen. Der Leichnam habe einen frischen Eindruck hinterlassen. Zudem schien das Fleisch angebissen zu sein. Als Erklärung diente der Hinweis, dass ein Vampir im Grabe keine Ruhe finde, sich selbst verzehre und die nächsten Verwandten ins Grab nachziehe. Durch die Platzierung einer Münze zwischen die Zähne sollte der Vampir am Beißen gehindert werden.[27]

Einem Bericht zufolge, den der Warschauer Ethnograph Stanisław Ciszewski im Jahre 1887 in seinem Buch „Die landwirtschaflich-bergbauliche Bevölkerung der Umgebung von Sławkow im Kreis Olkusz" (Lud rolniczo-górniczy z okolic Sławkowa w powiecie Olkuskim) veröffentlichte, soll sich in der zwischen Kattowitz und Krakau gelegenen Siedlung Bukowno der folgende Wiedergängerfall ereignet haben:

Nachdem ein von zwei Geistern beherrschter und damit als Strzygoń zu bezeichnender Bauer gestorben war, habe er nachts seine Witwe mit der Drohung aufgesucht, sie dürfe ihn nicht verraten. Einmal sei der Strzygoń beim morgendlichen Verlassen seiner Frau einem Bekannten begegnet, der ihm erst eine Backpfeife verpasst und ihn dann in die Flucht geschlagen habe. Als der Priester von dieser Episode in Kenntnis gesetzt worden sei, habe er das Grab des Strzygoń öffnen, einen Zettel mit seinem Namen unter die Zunge legen und die Leiche auf den Bauch wenden lassen. Mit einem Klaps auf das Hinterteil des Toten und dem erneuten Versenken des Sarges in die Erde sei die Zeremonie erfolgreich beendet worden.[28]

Gemäß einer in der geographisch-ethnologischen Zeitschrift *Wisła* („Weichsel") im Jahr 1901 publizierten Erzählung, die wahrscheinlich aus der Umgebung von Sieradz südwestlich von Lodsch stammt, wurde ein Mann im Schlaf wie folgt von einer Zmora gequält:

Verwandelt in ein kleines Geschöpf, habe sich die Zmora auf die Brust des schlafenden Mannes gesetzt, ihm die Zunge aus dem Mund gezogen und aus dieser Blut gesaugt. Um sich ihrer zu entledigen, habe der Mann in der nächsten Nacht seine Kleidung in seinem Bett verstaut und sich zum Schlafen in ein anderes gelegt. Über diese List erbost, habe die Zmora ihn mit einem Messer erstochen.[29]

Während in der ersten von Ciszewski überlieferten Geschichte eine Witwe von einem vermeintlichen Wiedergänger belästigt wird, der unter Hinzuziehung eines Geistlichen mit nicht gerade christlichen Mitteln in die Schranken gewiesen wird, gerät in der zweiten Erzählung ein rechtschaffener Mann in die Fänge einer Hexe, die ihm zunächst die Lebenskräfte nimmt und ihm dann das Verderben bringt. Werden in der ersten Erzählung implizit sexistische Übergriffe thematisiert, stellt die zweite einen Reflex auf die Choleragefahr dar. Die Zunge als Ausdruck der Sprache und Instrument der Kommunikation spielt dabei in beiden Fällen eine Schlüsselrolle.

Ausgehend von der in diesen Beispielen vorgenommenen Personalisierung des Ursprungs von Seuchen einerseits und der Stilisierung von Sündenböcken zu Poltergeistern andererseits konnte der Journalist Stanisław Wasylewski im Jahre 1907 in seinem Artikel „In Sachen Vampirismus" (W sprawie wampiryzmu) in der Zeitschrift *Lud* („Das Volk") zu Recht behaupten, in Polen gebe es keine Vampire, weil der Upiór kein Blutsauger sei.[30]

Vampirismus als Problem von Preußens östlichen Provinzen

Nachdem der Vampirismus im letzten Drittel des 18. Jahrhunderts seine Rolle in den Debatten westlicher Mediziner und Theologen ausgespielt hatte, fand er als tragisches Motiv Eingang in die Poesie des Sturm und Drang. Gottfried August Bürgers Ballade vom untoten Soldaten und dessen Braut Lenore aus dem Jahr 1773 sowie Johann Wolfgang von Goethes Poem über die Totenbraut von Korinth aus dem Jahr 1797 bilden die beiden prominentesten Beispiele. Über die Vermittlung Lord Byrons durchlief die Figur des Blutsaugers mit John William Polidoris „The Vampyre" von 1819 und Sheridan Le Fanus „Carmilla" von 1872 im englischen Schauerroman endgültig eine Metamorphose vom südosteuropäischen Krankheitsdämon zum britischen Dandy bzw. zur steirischen Sadistin. Über Heinrich Marschners Oper fand Polidoris Figur 1828 sogar Eingang in den Spielplan deutscher Bühnen.

Unabhängig davon entfaltete sich in Preußen im zweiten Drittel des 19. Jahrhunderts in der Volkskunde, der Mythologie und der Kriminalistik ein eigener Vampirdiskurs als Bestandteil eines allgemeinen Interesses am Aberglauben. Wenn die Perspektive in diesem Zusammenhang auf die polnischen Teilungsgebiete in West- und Ostpreußen sowie in Posen gerichtet und auf die Debatten um die „Wiedergeburt" des polnischen Staates bezogen wird, sind frappierende Erkenntnisse zu erzielen.

Mitte des 19. Jahrhunderts betrug der Anteil der polnischen Bevölkerung in Preußens östlichen Provinzen rund 25 Prozent, allein in Posen gar über 60 Prozent. Als Minderheitengruppen waren katholische Kaschuben, protestantische Masuren und protestantische Litauer vertreten. Der Alltag in der Region war von kosmopolitischen Handelsbeziehungen und religiöser Ökumene gekennzeichnet. Ein wesentliches Strukturmerkmal war neben der sozioökonomischen Rückständigkeit die Intensität von Frömmigkeit und Aberglauben. Signifikanterweise vermischten sich die Vorstellungen vom Blutsaugen, Nachzehren und dem Alpdruck in katholischen und protestantischen Gebieten gleichermaßen. Als Erkennungsmerkmal von Wiedergängern galt die rote Gesichtsfarbe der Toten. Eine Münze unter der Zunge sowie Espenkreuze auf der Brust und unter den Achselhöhlen der Leichen fänden als Gegenmittel Verwendung. Die Ausstattung des Sarges mit Mohn und Netzen galt als Schutz, die Enthauptung als Abwehr und das Konsumieren von mit Vampirblut angereichertem Mehl als Medizin.

Auf Seiten der deutschen Nationalbewegung erfolgte zwischen dem ersten polnischen Aufstand gegen die russische Fremdherrschaft 1830 und der deutschen Revolution von 1848 der Übergang von einer romantischen

Polenbegeisterung zu einer funktionalen Polenfreundschaft. Im Zuge der Revolution kam es zu einer weltanschaulichen Polarisierung zwischen protestantisch-konservativen Deutschen auf der einen und katholisch-demokratischen Polen auf der anderen Seite. Der sich in Deutschland bis zur Reichsgründung vollziehende Wandel vom Feindbild Russland zum Feindbild Frankreich führte in der Folge dazu, dass sich das Verhältnis der deutschen zur polnischen Nationalbewegung rapide verschlechterte. Nach 1871 gipfelte der Antagonismus in wechselseitigen Polemiken zur Kulturträgertheorie, die die mittelalterliche deutsche „Ostkolonisation" als Errungenschaft darzustellen trachtete, und zum Eroberermythos, demzufolge von einem kontinuierlichen deutschen „Drang nach Osten" auszugehen sei.[31]

Aufschlußreich ist die Gegenüberstellung des deutschen und des polnischen Sendungsbewußtseins. Der polnische Messianismus ließ sich von Adam Mickiewiczs 1832 veröffentlichter Schrift „Bücher des polnischen Volkes und der polnischen Pilgerschaft" (Księgi narodu polskiego i pielgrzymstwa polskiego) inspirieren, die von der Idee der Freiheit durchdrungen ist. In diesem Sinne wurde das vorübergehende Verschwinden des polnischen Staates von der politischen Landkarte Europas metaphorisch mit der Abfolge von Kreuzigung, Grablegung und Auferstehung in Einklang gebracht und mit der polnischen Nation ein „Christus der Völker" präsentiert. Konträr dazu ging der deutsche Historismus von Hegels Kategorie der historischen und unhistorischen Völker aus, unterschied also zwischen staatsbildenden und staatslosen Nationen. Im Hinblick auf die Teilungen Polens am Ende des 18. Jahrhunderts sprach Heinrich von Sybel in seiner 1860 erschienenen „Geschichte der Revolutionszeit 1789–1800" demgemäß von einem „politischen und sittlichen Selbstmord". Er lastete es also den Verfehlungen der Adelsrepublik an, dass der polnischen Nation der Einzug ins Paradies verwehrt werde.[32] Anders ausgedrückt: Während die polnische Nationalbewegung auf die von Preußen, Österreich und Russland verkörperte Fremdherrschaft fokussierte und danach strebte, die Daseinsberechtigung der untergegangenen Adelsrepublik historisch zu legitimieren, betrachteten sich die deutschen Machthaber als Kulturträger und stellten die Überlebensfähigkeit eines polnischen Staates mit dem Verweis auf die Lehren der Geschichte infrage. Bildete für die polnische

Elite die „Wiedergeburt" ihrer Nation eine aus der Leidensgeschichte der Bibel abgeleitete kollektive Vision, waren aus der Sicht deutscher Publizisten die dem Aberglauben zugeschriebenen Vampirfälle bei der slawophonen Landbevölkerung individueller Ausdruck einer „polnischen Gefahr".

In Wilhelm Tettaus und Jodocus Temmes „Volkssagen Ostpreußens, Litthauens und Westpreußens" wurde 1837 erstmals das Vorhandensein des Glaubens an „Blutsauger" in der deutschen Bevölkerung erwähnt. Hingewiesen wurde auf eine entsprechende Gefährdung der Familienangehörigen von Verstorbenen, die nach dem Tod eine rote Gesichtsfarbe beibehielten. Als Abwehrmaßnahme gegen einen potenziellen Wiedergänger diene das von reichlichem Blutfluss begleitete Abschlagen seines Kopfes, als Medizin bizarrerweise das Trinken seines Blutes durch die Hinterbliebenen.[33] Während der Schriftsteller und Bibliothekar Ludwig Bechstein im „Deutschen Sagenbuch" unter Bezugnahme auf das serbische Beispiel bereits 1853 den „Vampir" thematisierte, ging der Theologe und Publizist Adolf Wuttke in der ersten Auflage seines enzyklopädischen Werks „Der deutsche Volksaberglaube in der Gegenwart" 1860 noch davon aus, dass zum einen das Motiv postmortaler Aktivitäten in seinem Heimatland nur „vereinzelt" auftauche und dass zum anderen die Bezeichnung „Vampir" im Volk nicht vertreten sei.[34]

Konjunktur erlangte der Vampirbegriff im preußischen Kontext erst, als der Mythologe und vergleichende Religionsforscher Wilhelm Mannhardt im Jahre 1859 in der *Zeitschrift für deutsche Mythologie* begann, sich ausführlicher mit dem Phänomen zu befassen. Zu diesem Zeitpunkt verortete Mannhardt den Vampirglauben zwar eindeutig in „gegenden ehemals slavischer bevölkerung", doch verwies er im gleichen Atemzug auch auf Spuren und Zeugnisse in „landschaften rein germanischer abkunft". Im Gegensatz zu seinen späteren Arbeiten war es ihm hier noch wichtig, den deutschen Anteil am Sagenschatz der Völker hervorzuheben. Polen bildete für Mannhardt bezeichnenderweise noch eine Terra incognita. Während bei den Kaschuben in Westpreußen vom „Vieszcy" (Seher, Zauberer) oder „Stryz" (Hexe, Zauberer) die Rede sei, würden die Deutschen in Pommerellen die Ausdrücke „Gierhals", „Gierrach", „Begierig" und „Unbegier" verwenden. Zum posthumen Blutsaugen verdammt seien den Vorstellungen der Kaschuben zufolge Menschen, die mit

Zähnen, einer Glückshaube oder einem roten Mal geboren werden. Diejenigen, die es vor ihrem Tod versäumten, Frieden mit der Welt zu schließen, unterlägen diesem Fluch ebenfalls. Als auffällig erweise sich beim Blutsauger die rote Gesichtsfarbe der Leiche sowie das Offenbleiben des linken Auges. Nachts verlasse er das Grab, um die Schlafenden zu plagen. Auf den nächtlichen Besuch verweise anschließend lediglich eine kaum wahrnehmbare Bisswunde an der linken Seite der Brust. Doch erliege der Heimgesuchte in der Folge unweigerlich einer zum Tode führenden Krankheit.[35]

Nach der Ausbreitung antislawischer Stimmungen in der preußischen Öffentlichkeit verkehrten sich die Vorzeichen in Mannhardts Schriften ins Gegenteil. 1878 erzürnte er sich in seinem Traktat „Die praktischen Folgen des Aberglaubens" über die Leichenschändungen, die an den Gerichten nach der Reichsgründung für Furore gesorgt hatten. Anzutreffen sei das Unwesen insbesondere „bei dem polnisch redenden Theile der Landbevölkerung". Unter dieser Prämisse kam Mannhardt – eine Aussage aus der zweiten Auflage von Wuttkes Werk aus dem Jahre 1869 paraphrasierend[36] – zu dem Schluss, dass sich der Vampirglauben „vereinzelt über die germanische", aber „ganz allgemein über die slavische Welt verbreitet" habe. Auf preußischem Territorium handele es sich weniger um ein epidemisches als vielmehr um ein endemisches „Uebel", das im „Widerspruch gegen das sittliche und wissenschaftliche Bewusstsein" der deutschen „Nation" stehe. Damit hatte sich der Vampir bzw. der Glaube an ihn in Mannhardts Argumentation binnen zweier Dekaden von einem Gegenstand der deutschen Mythologie in ein Element der antipolnischen Polemik verwandelt.[37]

An der Wende vom 19. zum 20. Jahrhundert konzentrierte sich die Debatte auf die slawischen Ursprünge des Vampirglaubens. Dabei stützten sich die Autoren einerseits auf mittelalterliche Chroniken und andererseits auf zeitgenössische Presseartikel. Stefan Hock etwa unterschied in seiner 1900 veröffentlichten Dissertation über „Die Vampyrsagen und ihre Verwertung in der deutschen Literatur" zwischen dem „saugenden Vampir" und dem „schmatzenden Gierrach". Den Vampir verortete er bei den Südslawen und ihren Nachbarn, den Gierrach bei den Westslawen und den „unter ihnen wohnenden Deutschen". Dabei deutete Hock den Vampirismus als einen Reimport der deutschen „Ostkolonisation".[38] Der Volkskundler Richard Kühnau setzte sich 1910 im ersten Band seines Werkes „Schlesische Sagen" mit „Spuk- und Gespenstergeschichten" auseinander, wobei er ausgehend von den Polter- und Quälgeistern auch auf die „Vampirsagen" zu sprechen kam. Dabei lastete er den Vampirglauben zunächst den Slawen an, räumte aber ein, dass die Deutschen ihm unter dem Eindruck der Hexenverfolgungen im 16. und 17. Jahrhundert ebenfalls erlegen gewesen seien. Bis zum Beginn des 20. Jahrhunderts sei der Vampirglaube in Schlesien dann aber wieder verschwunden; in der Vorstellung des Volkes sei „die Gestalt des Vampirs zu einem Polter- und Quälgeist geworden". In diesem Zusammenhang behauptete Kühnau noch, dass die aus der polnischen Mythologie stammende Scheiga oder Strzyga im „oberschlesisch-polnischen Gebiete" weiterhin die Rolle eines Krankheitsverursachers spiele.[39]

Vampirfälle an Preußens Rändern vor Gericht

Ein erstmals bei Tettau und Temme erwähnter Vorfall bei der Familie Wollschläger aus der zweiten Hälfte des 18. Jahrhunderts avancierte in den Mythendarstellungen zu einem Klassiker des preußischen Vampirismus. Wilhelm von Tettau war in den dreißiger Jahren des 19. Jahrhunderts im westpreußischen Konitz als Landrat tätig. Die von ihm überlieferte Variante der Vorgänge im benachbarten Jakobsdorf entspricht im Wesentlichen dem, was der Volkskundler Leo Gerschke 1962 im *Westpreußen Jahrbuch* aus der Familienchronik der Wollschlägers berichtete:

Nach der Bestattung eines Angehörigen der Familie Wollschläger im Kloster Jakobsdorf starben unerwartet einige weitere Verwandte. Die Hinterbliebenen gelangten aufgrund des Eindrucks der frischen Gesichtsfarbe, den der zuerst Verstorbene auf der Bahre hinterlassen hatte, zu der Überzeugung, dass Blutsaugerei im Spiel sei. Deshalb beauftragte die Familie einen Neffen des Toten, nämlich den späteren Landschaftsdirektor Joseph Wollschläger, damit, den Kopf des vermeintlichen Übeltäters abzuschlagen. Zusammen mit einem Mönch suchte der Neffe die dunkle Gruft auf, in welcher der Leichnam lag, wurde nach Öffnung des Sarges aber von seinem zu Tode erschrockenen Begleiter im Stich gelassen. Als der Neffe dem toten Onkel den Kopf abschlug, löschte ein Blutstrahl die letzte der entzündeten Kerzen. Dennoch gelang es dem Neffen, mit einem Becher etwas Blut aufzufangen und mitzunehmen. Von seinem Rettungsversuch trug er allerdings eine lebensgefährliche Krankheit davon, die ihn ein halbes Jahr ans Bett fesselte.[40]

Noch 1916 konnte Leo Gerschke dieses sogenannte „Ungeheuer von Jakobsdorf" – im Volksmund „Uhüe [Uhier] va Jaubsdöp" genannt – in Augenschein nehmen. Und wie er ein halbes Jahrhundert später schilderte, hatte er im Kriegsjahr 1940 nur knapp die Gelegenheit verpasst, eine Fotographie zu machen. Denn der Tote war kurz zuvor aus der Gruft entfernt worden. In seiner Jugend habe Gerschke von den alten Leuten seiner Heimat ferner folgende Variante der Begebenheiten um den vermeintlichen Wiedergänger gehört:

Nach dem Ableben des alten Wollschläger begann es, im Kloster zu spuken. Türen wurden auf unerklärliche Weise auf- und zugeschlagen. Der Bernhardinerhund im Klosterhof jaulte und winselte, als ob er von unsichtbarer Hand Schläge beziehe. Um den Wiedergänger zu bekämpfen, legten sich des Nachts mehrere Männer mit einem Windlicht und einem Spaten auf die Lauer. Als sie den Eindruck hatten, das Uhier mache sich wieder über den Hund her, entzündeten sie das Licht und rissen die Falltür zum Grabgewölbe auf. Daraufhin zog sich das Uhier wieder in das Grab zurück. Als die Männer den Sarg begutachteten, sahen sie, dass die Hände des in Seitenlage befindlichen Toten mit Hundehaaren übersät waren. Als sie dem Leichnam den Kopf abschlugen, entsprang dem Hals ein dünner Blutstrahl. Nachdem der Kopf zwischen seine Beine gelegt worden war, betätigte sich der Tote nicht mehr als Wiedergänger.[41]

Aufgrund der nationalistischen und fremdenfeindlichen Grundstimmung tauchen im Unterschied zum Fall der angesehenen Familie des späteren Landschaftsdirektors Joseph von Wollschläger bei den im ausgehenden 19. Jahrhundert vor Gericht verhandelten Grabschändungen vor allem polnisch klingende Namen auf. Eine Vorreiterrolle spielte die Verhandlung gegen die Familie Gehrke. Dem Kommentar zufolge, der in der von Oberstaatsanwalt Friedrich Oppenhoff herausgegebenen Sammlung „Die Rechtsprechung des

Königlichen Ober-Tribunals und des Königlichen Ober-Appellations-Gerichts ins Straf-Sachen" 1871 veröffentlicht wurde, schlüsseln sich die Hintergründe wie folgt auf:

Weil der Förster Gehrke und seine Kinder unmittelbar nach dem Tod der Försterin schwer erkrankten, habe sich in der Familie die Meinung verbreitet, die Verstorbene wolle ihre Angehörigen „nachholen". Daraufhin habe der Bruder des Försters mit einigen Freunden das Grab geöffnet, um darin einen Strick und Leinsamen zu platzieren. Weil sie die Leiche angeblich mit geröteten Wangen vorgefunden hatten, seien sie zu dem Schluss gekommen, ihr umgehend den Kopf abzutrennen und unter den Arm zu legen.

Vor Gericht konnten die Angeklagten im Februar 1871 in dritter Instanz schließlich deutlich machen, dass die Grabschändung nicht auf Unfug zurückging, sondern von den Angehörigen autorisiert worden war. Schuldig hätten sie sich zu keiner Zeit gefühlt, weil sie sich auf ein „allgemein für heilsam erachtetes Mittel" bedacht hätten.[42]

Ein Todesfall bei der zwar dem polnischen Landadel entstammenden, aber wenig literaten Familie von Poblocki aus Kantrzyno bzw. Kantrschin im westpreußischen Kreis Neustadt sorgte dann im Jahr 1870 – so der populärwissenschaftliche Publizist und Zeitzeuge Ernst Krause alias Carus Sterne – noch einmal für Schlagzeilen:

Am 5. Februar 1870 verstarb der Anteilsbesitzer und Kirchenvorsteher Franz von Poblocki im Alter von 63 Jahren an „Auszehrung". Die Beerdigung fand am 9. Februar im Nachbardorf Roslasin im pommerschen Kreis Lauenburg statt. Am 18. Februar erlag der älteste Sohn des Toten einer ähnlichen Krankheit wie sein Vater. Sie wurde von einem Arzt als „galoppierende Schwindsucht" diagnostiziert. Weil zwischenzeitlich die Gesundheit weiterer Familienmitglieder angegriffen schien und ein allgemeines Dahinsiechen befürchtet wurde, entschied man sich, die beiden als Krankheitsverursacher identifizierten Leichen zu enthaupten. Die Verantwortung übernahm der ebenfalls bereits erkrankte zweitälteste Sohn Josef. Mit der Enthauptung der Leiche des noch nicht bestatteten Bruders wurde der Hilfsarbeiter Johann Dzigcielski beauftragt. Er habe die Anweisung erhalten, das Blut der Leiche aufzufangen, um es den Lebenden als Medizin reichen zu können. Die Beisetzung sollte am 22. Februar erfolgen, als Grab war das des Vaters in Roslasin vorgesehen.

Um nachts Zugang zum Sarg des Vaters zu bekommen, wurde der Roslasiner Totengräber bestochen. Von Zweifeln geplagt, setzte dieser aber den Pfarrer in Kenntnis. Dieser untersagte daraufhin die Leichenschändung, wies dem zuletzt Verstorbenen eine andere Grabstelle zu und beauftragte Wachen. Dennoch gelang es Josef von Poblocki, eine Enthauptung der Leiche seines Vaters vorzunehmen. Allerdings wurde die Aktion durch den vom Lärm erwachten Dorfkrugwirt gestört. Die drei beteiligten Männer ergriffen sodann die Flucht, ohne das Grab wieder vollständig mit Erde füllen zu können. Anhand der zurückgelassenen Arbeitsgeräte konnten sie am folgenden Tag identifiziert werden. Der Pfarrer nahm eine standesgemäße Beisetzung vor, redete den Anwesenden ins Gewissen und erstattete gegen Josef von Poblocki und seine Helfer Anzeige.

Am 28. Februar erlag die Mutter des Hauptangeklagten, Josephine von Poblocki, laut ärztlichem Befund einem Nervenfieber, nach Überzeugung der Familie war sie jedoch deshalb gestorben, weil sie die Medizin verschmäht hatte, die aus dem Blut der zuvor Verstorbenen gewonnenen worden war.

Im Oktober 1870 verhängte das Kreisgericht Haftstrafen gegen die Grabschänder, die beim Appellationsgericht im Mai 1872 aber einen Freispruch erzielten mit der Begründung, sie hätten „ohne das Bewußtsein der mangelnden Befugniß" quasi aus Notwehr gehandelt.[43]

Bezug nehmend auf eine Notiz der *St. Petersburger Zeitung* stellte der österreichische Publizist und Südosteuropaexperte Friedrich Salomon Strauss in den *Mittheilungen der Anthropologischen Gesellschaft in Wien* im Jahre 1887 missverständlicherweise einen Zusammenhang zwischen dem Vampirglauben in Serbien und in Preußisch-Litauen her. Es ging um die gerichtliche Verhandlung einer Anklage wegen Leichenschändung gegen den Litauer Robert von Gostovski in Danzig:

Weil der an Schwindsucht leidende Vater des Angeklagten wegen sonderbarer Sterbefälle in der eigenen Familiengeschichte in Sorge gewesen sei, habe er im

Angesicht des Todes gebeten, seinen Kopf vor dem Begräbnis abzuschlagen und vom Rumpf getrennt in den Sarg zu legen. Zeugen bestätigten, dass der Vater sich für einen Vampir gehalten habe. Da der Angeklagte aber trotz aller Vorsichtsmaßnahmen selbst erkrankt sei, habe er einen mit Alkohol ermunterten Totengräber den Sarg ausheben lassen. Dann habe er den Leichnam eigenhändig umgewendet und und den Kopf in ein Gebüsch geschleudert.

Weil Robert von Gostovski mit seinen Helfern aus Aberglauben gehandelt hatte, hielt ihn das Gericht für nur bedingt schuldfähig und verhängte wegen groben Unfugs lediglich geringe Gefängnisstrafen.[44]

In einer Broschüre über „Verbrechen und Aberglaube" schilderte der Kriminologe Albert Hellwig im Jahr 1908 einen Vampirfall, der sich Anfang der neunziger Jahre des 19. Jahrhunderts im östlichen Teil der preußischen Provinz Pommern zugetragen haben soll:

Nach dem Tod eines unehelichen Kindes, das das erste Lebensjahr noch nicht vollendet hatte, sei auch die Mutter gestorben. Weil danach noch deren im selben Hause lebende Schwester schwer erkrankt sei, hätten die übrigen Familienmitglieder gemeint, den in Gestalt des unehelichen Kindes umgehenden Vampir – so die von Hellwig verwendete Begrifflichkeit – vernichten zu müssen, um – so die Wortwahl der Betroffenen – ein weiteres Nachziehen in den Tod zu verhindern. Daraufhin sei der Sarg in der Nacht geöffnet und der Kopf des Kindes mit einem Spaten vom Rumpf getrennt worden. Die dabei austretende Flüssigkeit sei aufgefangen und der erkrankten Tante verabreicht worden. Aufgrund der anschließenden scheinbaren Eindämmung der Seuche seien alle der Überzeugung gewesen, die richtige Kur angewendet zu haben.[45]

Eine weitere Leichenschändung, die sich 1913 im Fischerstädtchen Putzig im Westen der Danziger Bucht ereignet hatte, wurde von Hellwig noch einmal 1915 im *Archiv für Religionswissenschaft* thematisiert:

Der Aussage des in Polchau lebenden Hauptangeklagten vor dem Amtsgericht zufolge hatten sich in seiner Familie in den zweieinhalb Jahren seit dem Tod seiner Mutter sieben Todesfälle ereignet. Von verschiedenen Seiten sei er darauf hingewiesen worden, dass seine Mutter keine Ruhe gefunden habe und ihre Angehörigen ins Grab nachziehe. Insbesondere in evangelischen Kreisen – also von Angehörigen der inoffiziellen preußischen Staatsreligion – sei die Enthauptung der auf dem katholischen Friedhof Bestatteten empfohlen worden. Angesichts der zunehmenden körperlichen Ermüdung, die er an sich selbst feststellen musste, habe der Angeklagte seine anfänglichen Zweifel überwunden und sich mit seinem Schwager zur Tat verabredet. Unterstützung hätten sie bei zwei Männern gefunden, die vom Vater des Angeklagten um Hilfe gebeten worden waren. Die beiden Fremden hätten den Sarg geöffnet, der Toten den Kopf abgeschlagen und ihr diesen zu Füßen gelegt. Daraufhin habe sich eine Verbesserung des Gesundheitszustandes des Angeklagten eingestellt. Daher sei er überzeugt gewesen, durch diese Aktion sein Leben gerettet zu haben.

Das Landgericht Danzig verurteilte den Hauptangeklagten zu sechs Wochen, die Übrigen zu einem Monat Gefängnis.[46]

Wiedergängerfälle an Preußens Rändern in Märchen und Sagen

Als lokale Besonderheit aus dem Siedlungsgebiet der Elbslawen des frühen Mittelalters kann neben der eigentümlichen Begrifflichkeit die Radikalisierung der aus dem mitteldeutschen Raum bekannten Nachzehrervorstellungen festgehalten werden. Im „Sagenbuch der Lausitz", das der Pfarrer und Volkskundler Carl Haupt im Jahre 1862 veröffentlichte, wird der Alp oder die „Mähre" bzw. „Drutte" (wendisch oder elbslawisch „Murawa") in Anlehnung an die polnische Überlieferung als ein böser Geist beschrieben, der aus einem Menschen mit zusammengewachsenen Augenbrauen ausfährt und die Schlafenden in Gestalt eines hässlichen Weibes in Beklemmung versetzt. Ein „Vampir" oder Blutsauger hingegen sei im Siedlungsgebiet der Sorben zuletzt in Person einer Adligen aus dem 16. Jahrhundert mit dem ominösen Namen Gräfin Villambrosa aufgetreten.[47] Ob sich dahinter eine Anspielung auf die Legende von der ungarischen „Blutgräfin" Elisabeth Báthory verbarg, der 1611 auf dem Gebiet der heutigen Slowakei der Prozess wegen der

Ermordung von Dienstbotinnen und jungen Mädchen gemacht wurde, bleibt eine offene Frage.[48]

Demgegenüber bieten die „Wendischen Sagen", die der Lehrer und Ethnologe Edmund Veckenstedt im Jahre 1880 veröffentlichte, viele Beispiele von Alpdruck, Aufhocken und auch Blutsaugen aus der Niederlausitz, insbesondere aus der Umgebung von Cottbus. Die „Murawa" oder der Alp bedränge insbesondere alte Leute. Eines der Beispiele berichtet von dem Fall eines von der permanenten Belästigung durch einen Alpdruck körperlich ausgezehrten Knechts, welcher angegeben habe, dass seine verstorbene Mutter ihn des Nachts heimsuche. Sie habe auf dem Totenbett bekannt, mehrfach im Dorf Feuer gelegt zu haben. Nach der Offenbarung dieses Geheimnisses habe der Spuk geendet. In ähnlicher Weise löst Veckenstedt im Abschnitt über die Aufhocker ein Rätsel auf, vor das sich ein Nachtwächter gestellt gesehen habe. Während seines Dienstes habe er eine unheimliche Last auf dem Rücken verspürt. Als er nach Hause kam, habe er feststellen müssen, dass seine Frau gestorben war. Veckenstedts Erklärung dieses nächtlichen Erlebnisses lautet, der Nachtwächter habe die Tote getragen. Schließlich überschrieb Veckenstedt einen Abschnitt seiner Sammlung mit dem Titel „Vampyr". Darin bezeichnet er Golen als wieselartige Gestalten, die nachts nicht nur die Gräber jüngst verstorbener Menschen durchwühlen und ihre Leichen fressen, sondern auch das Blut lebender Menschen aussaugen. Zwei Episoden aus Cottbuser Vororten gleichen serbischen Vampirgeschichten. Sie stellen Reflexe auf unregelmäßige Todesfälle dar.

ERSTER FALL:
Ein Bauer habe sich beim Fall vom Wagen das Genick gebrochen und nach seiner Bestattung das Grab verlassen, um seinem Sohn das Blut auszusagen. Nach dem Tod des Sohnes sei von der Dorfgemeinschaft entschieden worden, vorsorglich beide Leichen zu verbrennen.

ZWEITER FALL:
Einem ermordeten Bauern wurde nachgesagt, nachts umzugehen, die Lichter zu löschen, an die Türen zu pochen und den Menschen das Blut auszusaugen. Zu seiner Abwehr habe sein Grab zweimal geöffnet werden müssen. Das Durchschlagen des

Kopfes mit einem Nagel und des Herzens mit einem Pfahl habe zu nichts geführt. Erst nach dem Verbrennen der Leiche sei Ruhe eingekehrt.[49]

Im Jahr 1885 veröffentlichte der Lehrer und Volkskundler Otto Knoop eine Sammlung über „Volkssagen, Erzählungen, Aberglauben, Gebräuche und Märchen aus dem östlichen Hinterpommern", also den jenseits der Oder im heutigen Polen gelegenen Landesteilen. Neben dem „Mahrt" thematisierte er das „Unhier", d. h. Ungeheuer. Wenn Kinder mit einer Kapuze, d. h. Embryonalhaut, geboren würden, müssten Volkes Stimme zufolge Gegenmaßnahmen gegen die damit verbundenen Eigenschaften eines Unhiers ergriffen werden. Die Hebamme sei angehalten, die Kapuze stillschweigend zu verbrennen und das Aschepulver dem Kind einzuflößen. Bei einer Unterlassung werde nach dem Tod des Betroffenen jedes Jahr ein Familienmitglied ins Grab gezogen. Zur Vorbeugung könne dem toten Unhier ein Geldstück in den Mund gesteckt werden. Bei der Überführung des Sarges vom Dorf zum Kirchhof sollten Kohlsamen oder Erbsen ausgestreut werden. Bei seiner jährlichen Rückkehr müsse der Tote dann für das Aufsammeln der Körner sorgen, bevor er über die Verwandten herfallen könne. Als letztes Abwehrmittel bleibe die Enthauptung. Vor dem Tod des letzten Verwandten könne das Unhier nicht verwesen.[50]

Ein westpreußischer Vampirfall aus der Zeit vor dem Ersten Weltkrieg wird in Hans B. Meyers 1956 erschienener Darstellung über „Das Danziger Volksleben" geschildert. Darin bekannte ein Zeitzeuge, um 1907 im Landkreis Karthaus an der Bekämpfung eines „Nohiers" teilgenommen zu haben:

Nachdem eine Frau aus Niedersommerkau zusammen mit ihrem neugeborenen Kind im Wochenbett verstorben sei, habe man Mutter und Kind auf dem Friedhof von Schaplitz gemeinsam in einem Sarg beerdigt. Kurz darauf seien nach und nach weitere Familienangehörige erkrankt und umgekommen. Daher sei die zuerst verstorbene Wöchnerin verdächtigt worden, als Nohier umzugehen. Ihr Vater habe beschlossen, unter Mithilfe einiger Männer den Sarg zu öffnen. Zum Vorschein gekommen sei ein sitzendes Kind, das sich damit als der vermeintliche Krankheitsherd entpuppt habe. Daher hätten die Männer ihm den Kopf abgeschlagen und ihn am Ende des Rumpfes mit dem Gesicht nach unten zwischen die Beine gelegt. Von dem ausspritzenden Blut sei einiges aufgefangen worden. Damit hätten sich alle Familienmitglieder bestrichen. Danach seien keine Krankheitsfälle mehr offenkundig geworden.[51]

Nachdem die *Schlesischen Provinzialblätter* im Jahre 1801 schon einmal in ironischer Weise von einer angeblichen polnischen Strzyga im Landkreis Ratibor berichtet hatten, brachten sie 1873 eine weitere Reportage über das gleiche Phänomen im deutschen Milieu. Vor dem Hintergrund einer Choleraepidemie habe es in einem Vorort der 1742 von Preußen in Besitz genommen Stadt Ratibor Befürchtungen vor dem Wüten einer „Seiga" (bzw. „Scheiga") gegeben, einer inzwischen germanisierten Krankheitsdämonin der slawischen Welt:

Tragische Heldin sei eine rechtschaffene Witwe namens Karoline gewesen, die sich in der Gemeinde als Krankenpflegerin verdient gemacht habe, indem sie anderen ein Sterbebett bot. Als ihre eigene Schwester gestorben war, habe Karoline bei der Leichenwaschung mit Erschrecken feststellen müssen, dass sich auf dem Rücken der Toten eine Schere, das Zeichen der Seiga, befand. In dem Bewusstsein, das ein Jahr nach dem Tod der Schwester ein Massensterben einsetzen würde, das bis zum Verschwinden der Schere durch Verwesung währen würde, sei Karoline in Gewissensnöte geraten, habe sich aber nicht dazu entschließen können, die Leiche zu enthaupten. Tatsächlich stellte sich der Zeitschrift zufolge zur erwarteten Zeit das Unglück ein. Zunächst seien Frauen gestorben, darunter auch Karoline. Die Männer hätten noch eine Zeit lang aufatmen können. Als der Tod aber auch bei ihnen seinen Tribut zu fordern begonnen habe – so klingt die Reportage aus –, seien sie übereingekommen, die Seiga zu exhumieren und zu enthaupten.[52]

In der Zeitschrift *Oberschlesien* legte der Berliner Schuldirektor und schlesische Mundartdichter Karl Klings in den Jahren 1904/05 eine literarische Verarbeitung des Stoffes vor. Seine Heldin ist die kränkelnde Martha, deren ältere Schwester einem Blitzschlag erliegt. Martha verkennt die Tatsache, dass es sich bei dem scherenartigen Mal auf dem Rücken um eine Verbrennung handelt. Zur Verwunderung der Gemeinde unternimmt sie ein Jahr nach dem

Tod ihrer Schwester Anstrengungen, sich auf dem Friedhof der vermeintlichen Seiga als Opfer darzubringen.[53]

Vampirismus im Zarenreich

Im Rahmen der Desavouierung Ostmittel- und Südosteuropas durch den deutschen Vampirdiskurs bildete die Einbeziehung des Zarenreichs angesichts der Verschlechterung der politischen Beziehungen unter Bismarcks Nachfolgern eine logische Konsequenz. Unter Bezugnahme auf die 1897 erschienene Studie „Aberglauben und Strafrecht" (Sueverie i ugolovnoe pravo) des St. Petersburger Justizbeamten August Löwenstimm stellte der Jurist und Publizist Albert Hellwig in seiner 1908 veröffentlichten Broschüre „Verbrechen und Aberglaube" denn auch einen Gegensatz zwischen den „westlichen Kulturstaaten" und dem „Osten Europas" fest.[54] Indes konzentrierten sich die von Löwenstimm im Kapitel „Die Vampyre und das Öffnen von Gräbern" (Upyri i razkrytie mogil) genannten Fälle auf Litauen, auf das westliche Weißrussland sowie Wolhynien und Podolien, mithin auf die Gebiete des „alten Polen", also eher auf die Mitte Europas. Löwenstimm verglich die juristischen Verhandlungen von Anklagen wegen Leichenschändung im Deutschen und im Russischen Reich und bemängelte in beiden Fällen die fehlende Eindeutigkeit der Regelungen zur Berücksichtigung des Aberglaubens für die Einschätzung der Schuldfähigkeit. Als Besonderheiten der Graböffnungen und Leichenschändungen im Zarenreich meinte er, auf der Motivebene einerseits die Verwendung von Leichenteilen als Talismane und Heilmittel und andererseits die Suche nach Sündenböcken bei Epidemien und in Dürreperioden festhalten zu können.[55]

Auf der Grundlage russischer Märchensammlungen und unter Bezugnahme auf südslawische Vampirgeschichten hatte sich der Bibliothekar des Britischen Museums und Publizist William Ralston Shedden-Ralston alias William Ralston des Vampirproblems in seiner Veröffentlichung „The Songs of the Russian People" bereits 1872 angenommen. Darin bestätigte er, dass es sich beim Vampirismus im Zarenreich vor allem um eine ukrainische und weissrussische Angelegenheit handele. So sei bei den Ruthenen – den Ostslawen auf dem Territorium der ehemaligen Polnisch-Litauischen Union – die Verbrennung oder das Ertränken von Frauen, die unter Magieverdacht stehen, zur Bekämpfung von Viehseuchen praktiziert worden, während sich Ukrainer und Weißrussen im Russischen Reich zur Abwendung der Cholera auf die Verbrennung der als Krankheitsherd betrachteten ersten Opfer spezialisiert hätten. „Vampire" rekrutierten sich laut Ralston in der Vorstellung des Volkes aus Verfluchten, aus Zauberern und Hexen sowie aus Häretikern, Selbstmördern, verdammten Kindern und Alkoholikern. Ihnen werde nachgesagt, durch Stürme, Dürren und Viehseuchen Hungersnöte evozieren zu können.[56]

In russischen Märchen fand die Gestalt des Upyrs in der Tat nur einen verhaltenen Widerhall. Zumindest veröffentlichte der Moskauer Archivar und Sammler Alexander Afanassjew als „russischer Grimm" in seinem achtbändigen Märchenbuch, das in den Jahren 1855–1863 erschien, nur wenige Wiedergängergeschichten. Im sechsten Band von 1861 findet sich jedoch ein Märchen vermutlich ukrainischer Herkunft, das den Titel „Der Unreine" (Nečistyj) trägt. Die von magischen Elementen strotzende Geschichte beinhaltet eine Kombination zweier Märchenmotive, desjenigen der Vampirbraut mit demjenigen des Blumenkinds. Dabei wird der „Unreine" als böser Geist und Menschenfresser dargestellt:

Die schöne Marusja lernt beim Tanz einen Fremden kennen, der ihr einen Antrag macht. Um seine Herkunft in Erfahrung zu bringen, rät ihr die Mutter, ihm beim nächsten Treffen ein Garnknäuel anzuheften. Auf diese Weise verfolgt Marusja den Fremden bis zur Kirche, muss aber zu ihrer Bestürzung entdecken, dass er sich als Menschenfresser betätigt und an einem Toten nagt. Sie wagt nicht, jemandem etwas von der Beobachtung zu erzählen. Als sie dem Fremden, den sie bei ihren Freundinnen wiedertrifft, ein Schuldeingeständnis verweigert, veranlasst dieser zuerst den Tod ihres Vaters, dann den ihrer Mutter und schließlich ihren eigenen. Zuvor hatte Marusja den Popen auf Anraten ihrer Großmutter noch gebeten, ihren Sarg unterhalb der Türschwelle hinauszubefördern und an einer Kreuzung zu vergraben.

Ein vorüberziehender Bojarensohn, ein Adelszögling, ist dann von der Blume, welche auf ihrem Grab wächst, so angetan, dass er sie in den eigenen Garten verpflanzt. In der Nacht entpuppt sich die Blume als Marusja. Sie vermag den Prinzen zu verzaubern. Als er ihr einen Heiratsantrag macht, willigt Marusja unter der Bedingung ein, vier Jahre lang keine Kirche aufsuchen zu müssen. Auf das Monieren seiner Gäste hin zwingt sie ihr Gatte indes vorzeitig in den Gottesdienst.

An der Kirchhofmauer trifft sie den Unreinen wieder. Er stellt Marusja erneut zur Rede und droht ihr den Tod des Gatten und ihres zwischenzeitlich geborenen Sohnes an. Daraufhin holt sie sich bei der Großmutter ein Fläschchen Weihwasser und ein Fläschchen Lebenswasser. Damit ausgestattet bekennt sie dem Unreinen ihr Wissen und besprengt ihn mit dem Weihwasser. Er zerfällt dadurch zu Staub. Die beiden verstorbenen Angehörigen hingegen werden mit dem Lebenswasser errettet.

Interessanterweise entschied sich der Herausgeber des 1873 veröffentlichten dritten Teils der posthum erschienenen zweiten Auflage von Afanassjews Märchen, den Titel „Der Unreine" (Nečistyj) durch den Titel „Upyr'" zu ersetzen. Afanassjew selbst betrachtete den Vampirbegriff offenbar nicht als adäquat für den russischen Volksglauben.[57]

Zur ukrainischen Dämonologie führte der Ethnograph Oleksandr Malinka 1886 aus, dass schädigende Tote sich nicht nur als Poltergeister oder Blutsauger betätigten, sondern dass ihnen auch nachgesagt werde, die Herzen ihrer Opfer herauszureißen, um diese zu fressen. Ein Upyr zeichne sich ganz allgemein durch eine rote Gesichtsfarbe aus. Zu unterscheiden seien der Typus des „toten Upyr", eines nicht verwesenden Leichnams, der bis zum ersten Hahnenschrei nachts sein Grab verlasse, und der Typus des „lebenden Upyr", eines Menschen mit einem starken Körper, der einen „toten Upyr" auf dem Rücken trage. Ein Spezifikum seien die „Odminy" (Findelkinder oder ausgetauschte Kinder), die als Missgeburten ohne Knochen, lediglich mit Kopf und langen Armen und Beinen zur Welt kämen, aber über die Gabe der Prophezeiung verfügten.[58]

Ukrainische Vampirgeschichten

Der erste, im Zarenreich dokumentierte Fall eines ukrainischen Vampirs (*upyr*) wurde im Jahr 1883 durch den ukrainischen Volkskundler und sozialkritischen Publizisten Petro Jefymenko in der russischsprachigen Zeitschrift *Kievskaja starina* („Kiewer Altertümer") noch mit einem ironischen Unterton präsentiert. Jefymenko schilderte unter Berufung auf Archivquellen, wie der Kiewer Oberst Anton Tanski im Jahr 1727 den Bauern Semjon Kalenitschenka in die Militärkanzlei beorderte, weil dieser behauptet hatte, ein Upyr zu sein und Epidemien auslösen zu können. Allerdings ließ sich die Kanzlei nicht beirren und erklärte den Bauern für verrückt.[59]

Später habe sich um die Person Tanskis ihrerseits eine Wiedergängergeschichte gerankt. Gerüchten zufolge gründete sich sein Vermögen teils auf eine Erbschaft, teils auf ein Geschenk Peters des Großen, aber auch auf seine Raffgier. Daraus entspann sich die folgende Legende:

Weil Tanski, wie es sich für einen guten Christen gehört, hin und wieder für religiöse Zwecke gespendet habe, hätten umherziehende Mönche sein Haus voller Vertrauen als Aufbewahrungsort für die ihrem Kloster zugedachten Spenden genutzt. Von Gier übermannt habe Tanski die Mönche umbringen lassen wollen. Einer sei jedoch entkommen. Infolgedessen habe der Bischof über den Frevler einen Bann verhängt. Wie nicht anders zu erwarten, sei Tanski kurz darauf verstorben, soll des Nachts aber bis zum Hahnenschrei immer wieder mit feurigen Augen, einem flammenden Mund und einem Messer in der Linken als Wiedergänger aufgetreten sein. Als die Söhne des Toten ihren Vater in Anwesenheit des Bischofs exhumiert hätten, sei eine frische Leiche mit langen Nägeln und langem Bart erschienen. Deshalb habe man seine Brust unter beschwörenden Gebeten mit einem Espenpfahl durchstoßen. Danach soll hin und wieder um Mitternacht aus dem Grab heraus noch ein quälendes Stöhnen zu hören gewesen sein.[60]

Ein Jahr nach Veröffentlichung dieser amüsanten Vampirgeschichte legte die Zeitschrift *Kievskaja starina* 1884 mit der Edition einer Akte aus dem Gericht der Kreisstadt Berdischew nach. Darin wird eine bizarre Vampirbekämpfung bezeugt, die sich vor dem Hintergrund einer Choleraepidemie im Jahr 1831 im ukrainischen Dorf Podosy abspielte. Aus der Akte erschließt sich folgender Tathergang:

Nach einer Anhäufung von Todesfällen, die weder durch die Weihe des Wassers der Brunnen aller vier Himmelsrichtungen noch durch die abendliche Umrundung des Dorfes durch Frauen im Evakostüm hätten gemindert werden können, seien die Bewohner von Podosy an den heilkundigen Bauern Maxim Masurenko im Nachbardorf Stepanok herangetreten. Masurenko habe erklärt, das Unglück nehme aus dem Grab des unlängst verstorbenen Küsters und seiner Frau seinen Ursprung. Beide erhöben sich nachts aus dem Grabe und ließen die Bauern durch ihren Atem erkranken oder brächten ihnen durch Blutsaugen den Tod. Auch habe sich eine zweifelhafte Augenzeugin gefunden, die mit abstrusen Behauptungen nächtliche Poltergeistaktivitäten ins Spiel brachte, aber durchaus den Nerv der Zuhörer getroffen habe. Aufgrund dessen sei Masurenko mit dem Rat hervorgetreten, den Leichen den Kopf abzuschlagen, um ein weiteres Sterben im Dorf zu verhindern. Die Maßnahme eigenhändig durchführend habe er noch behaupten können, bei der ausströmenden Flüssigkeit handele es sich um das den Opfern der Wiedergänger entzogene Blut. Schließlich habe Masurenko die Leichen noch mit einem Espenstab aufgespießt. Für diese klassische Vampirbekämpfung sei er mit einem Silberrubel, einer Fuhre Roggen und der Zurverfügungstellung von Erntehelfern belohnt worden. Vor Gericht habe er auf seine angeborenen Fähigkeiten hingewiesen. Als „lebender Upyr" sei er berufen, den Menschen zu helfen.

Dem Vampirjäger Masurenko wurde als Strafe für sein unchristliches Gebaren lediglich eine kirchliche Buße von einem halben Jahr auferlegt.[61] Die von den Behörden mehr oder minder vollzogene Tolerierung der Grabschändung hatte offenbar damit zu tun, dass im Umgang mit der Seuche niemand ein Interesse daran hatte, die Gemüter vor Ort noch zusätzlich durch unpopuläre Sanktionen zu erhitzen.

Seit den 1880er Jahre entfaltete sich neben der Dokumentation historischer Vampirfälle in der *Kievskaja starina* auch in den ethnologischen Journalen ein reges Interesse am Aberglauben in der Ukraine, dem polnische wie ukrainische Autoren nachgingen. Im Jahr 1880 präsentierte Andrzéj Podbereski in der Krakauer Zeitschrift *Zbiór wiadomości do antropologii krajowéj* („Sammlung von Nachrichten zur ländlichen Anthropologie") Materialien zur Dämonologie des ukrainischen Volkes. Dabei griff er auf Erzählungen aus dem Kreis

Tschyhyryn am linksseitigen Ufer des Dnjepr zurück. Neben den herkömmlichen Hexen- und Wiedergängergeschichten tauchen hier prosaisch anmutende Motive auf, die einen didaktischen Anstrich haben. So wies Podbereski darauf hin, dass es in der Vorstellung des Volkes zur Wiederbelebung eines Toten als „Perełèsnik" kommen könne, wenn zu sehr um ihn getrauert werde. Er verlasse dann nachts als „Obojàsnik" das Grab und sauge – für alle anderen unsichtbar – den Hinterbliebenen das Blut aus. Sarkastisch klingt eine Erzählung, in der ein Bursche eine Leiche ausgräbt, um ein Mädchen zu erschrecken, dann aber selbst zum Opfer des sich als Upyr (upiór) entpuppenden Toten wird. Eine andere Erzählung mutet skurril an:

Ein am Galgen hängender Hingerichteter, der bereits bis auf das Skelett verwest ist, bittet einen Passanten um den Gefallen, ihn abzunehmen. Anstatt sich aber dankbar zu zeigen, verfolgt er den Mann, der ihn vom Galgen genommen hat. An dessen Haustür trifft der Hingerichtete jedoch überraschend auf einen sich im Innern des Hauses befindlichen Upiór. Daraufhin beginnen die beiden Untoten, sich einen bis zum Hahnenschrei dauernden Kampf zu liefern. Der Ausgang bleibt vage, denn beide sind nicht imstande, die als magisch geltende Türschwelle zu übertreten.[62]

Einige markante Totensagen verzeichnete der populistisch und antizaristisch eingestellte ukrainische Schriftsteller und Publizist Borys Hrintschenko in seinen 1895 und 1900 veröffentlichten Sammlungen ethnographischer Materialien aus dem Gouvernement Tschernigow. Der Art und Weise, wie die Wiedergängererzählungen dargeboten werden, haftet etwas Schelmenhaftes an, teilweise sogar eine Prise Sozialkritik. Zumindest wird das Vampirmotiv völlig verfremdet. In der 1895 niedergeschriebenen Erzählung „Upyr" geht es um einen Soldaten, der nach Erhalt einer Todesnachricht in sein Dorf zurückkehrt:

Bei der Ankunft in seinem Heimatdorf nimmt der Soldat im Gestrüpp zunächst feurige Blicke wahr und trifft dann in seinem Elternhaus unerwartet seinen verstorben geglaubten Vater an. Nach der Beschreibung einer Mahlzeit, an der sich der Vater nicht beteiligt, fährt die Schilderung mit einem Bericht über eine Kutschfahrt zu einer

Hochzeit ins Nachbardorf fort. Niemand will glauben, dass der Soldat zusammen mit seinem Vater gekommen ist. Nachdem alle zu Bett gegangen sind, beginnt der Vater, den Gästen das Blut auszusaugen. Darüber hinaus versteckt er zwei Haarbüschel von Braut und Bräutigam unter der Hauswand.

Auf die Frage nach dem Sinn seines Tuns erklärt der Vater seinem Sohn, dass das Ehepaar im Unterschied zu den Gästen am nächsten Morgen nicht mehr erwachen werde. Vorgaukelnd, dass er keinem etwas verraten könne, weil er wieder zur Armee zurückmüsse, erkundigt sich der Sohn, wie das Ehepaar zu erlösen sei. Der Vater antwortet, man müsse ein schwarzes Kalb töten und das Ehepaar mit dem Blut beschmieren sowie beiden ihre Haare wieder ankleben. Sein Ziel sei es, die Bewohner seines Heimatortes zu vertreiben; die von seinem Sohn am Ortsrand wahrgenommen feurigen Blicke habe er zur Abschreckung inszeniert. Auf die Frage, wie seine Ausschweifungen zu unterbinden seien, antwortet der Vater, dass er tagsüber normalerweise im Grab schlafe, sich aber notfalls auch einen Platz unter dem Ofen suchen könne. Aus diesem Versteck könne man ihn nur mit zwölf Feuerhaken und zwölf Paar Stieren hervorziehen. Zur Ruhe könne er nur unter den Eichen auf dem freien Feld kommen. Wenn die Aktion bis Sonnenuntergang nicht abgeschlossen sei, werde ihn seine Bösartigkeit veranlassen, alle Beteiligten zu töten.

Immerhin wissen die Dorfbewohner nun, was zu tun ist, und legen dem Bösewicht auf die von ihm selbst beschriebene Weise das Handwerk. Anschließend werden in seinem Grab Haare von Menschen und Rindern gefunden, die die schädigende Wirkung seines Tuns bezeugen.[63]

In einer im Jahr 1900 von Hrintschenko festgehaltenen Volkserzählung spielt der Überschrift zufolge ein „Vampirgraf" (Pan-Upyr') aus Tschernigow die Hauptrolle:

Ein reicher Mann fährt nach seinem Tod fort, seinen Haushalt zu kontrollieren. Weil sich seine Knechte darüber beschweren, dass er sie verprügelt, nimmt ein Bischof den Mann ins Gebet. Augenblicklich fährt der Verstorbene in die Erde ein. Als er ausgegraben wird, kommt er mit geöffneten Augen zum Vorschein. Daraufhin wird ihm ein Stab aus Espenholz ins Herz gerammt. Damit hörte der Spuk auf.[64]

Neben dem Sachverhalt der Wiedergängerei bleibt in Hrintschenkos Erzählungen allenfalls am Rande ein Hinweis auf die Blutsaugerei bestehen. Auf der einen Seite spiegelt sich in ihnen die Furcht vor Schadenzauber wider, auf der anderen Seite der Protest gegen Körperstrafen. Immerhin wird die Möglichkeit eröffnet, sich des bösen Blicks und der Bedrohung der Gemeinschaft sowohl durch magische Mittel als auch durch die Pflege christlicher Rituale zu erwehren.

Im Stile Hrintschenkos veröffentlichte der Lemberger Publizist Julian Jaworskij 1897 in der russischen Zeitschrift *Živaja starina* („Lebendiges Altertum") und 1904 in der deutschsprachigen Zeitschrift des Vereins für Volkskunde einen Artikel mit Erzählungen über den „Vampir" respektive „*Opyr*" bei den „Südrussen", will heißen Ukrainern des polnischen Galiziens. Inhaltlich reichen die Varianten vom jüdischen Schwank über die Nachzehrerlegende bis zum Lenorenstoff, der auf August Ludwig Bürgers Ballade über die Braut eines untoten Soldaten zurückgeht.

ERSTES BEISPIEL:

Eine Erzählung aus einem Dorf im Bezirk Bóbrka (ukr. Bibrka) bei Lemberg befasst sich mit einem jüdischen Schankwirt, dessen vampiristische Natur zum Vorschein kommt, als einem schwarzen Kater, in den er sich jede Nacht verwandelt, ein Ohr abgeschnitten wird. Am nächsten Tag ziert den Juden ein verbundenes Ohr. Er beschwert sich darüber, von den Menschen ausgelacht und von den Vampiren verkannt zu werden.

ZWEITES BEISPIEL:

In einer Erzählung aus einem Dorf im Bezirk Skole geht es um eine Anhäufung von Todesfällen nach dem Ableben eines alten Mannes. Ein reicher Bauer holt sich beim katholischen Geistlichen die Erlaubnis, den vermeintlichen Menschenfresser zu vernichten. Gemeinsam mit der Witwe des alten Mannes lässt der Bauer das Grab ausheben. Sie finden einen sitzenden, sich auf die Hände stützenden Vampir mit blutrotem Gesicht, der offensichtlich den Menschen bereits reichlich Blut ausgesogen hat. Die Witwe verflucht ihn. Der reiche Bauer lässt ihn aus dem Grab ziehen und in Stücke schneiden. In ein Tuch gewickelt wird er dann in einen Dornbusch geworfen und verbrannt. Ein heftiger Wind bläst den Beteiligten noch heulend bis in das Dorf nach.

DRITTES BEISPIEL:

In einer weiteren Erzählung aus dem Dorf Skole kehrt der Hausherr in der vierten Nacht nach seinem Tod zurück und fordert seine Frau auf, die Kinder zu verlassen und ihm Folge zu leisten. Auf dem Friedhof befiehlt er dem Grab, sich zu öffnen, und der zaudernden Frau, hinabzusteigen. Letztere lässt dem Wiedergänger schlitzohrig den Vortritt und wirft dann ein Kleiderbündel hinterher. Danach flieht sie in ein Haus, in dem ein Verstorbener aufgebahrt ist. Der Wiedergänger, der inzwischen die Verfolgung aufgenommen hat, versucht, sich vom Fenster aus mit dem Toten zu verbrüdern. Bemühungen des Letzteren, sich zu regen, werden jedoch dreimal dadurch zunichtegemacht, dass die Frau ihn mit Kleidungsstücken ausstattet, die wie Fesseln wirken. Beim ersten Hahnenschrei löst sich die gruselige Szenerie dadurch in Wohlgefallen auf, dass der Verstorbene sich dem Tod anheimgibt und der Wiedergänger in Erstarrung verfällt.[65]

In der seit 1895 erscheinenden Zeitschrift der Lemberger Gesellschaft für Volkskunde *Lud* („Volk") wurden gelegentlich galizische Volkserzählungen festgehalten, in denen Gespenster oder Wiedergänger eine Rolle spielen. Beispielsweise veröffentlichte der Krakauer Professor Bronisław Gustawicz im Jahr 1902 Berichte, die er in der zweiten Hälfte der 1870er Jahre im Rahmen seiner Erkundungen von Flora und Fauna in der Region um Lemberg aufgezeichnet hatte. Die Dorfbewohner gehörten von ein paar Katholiken und ein paar Juden abgesehen fast ausschließlich der unierten Kirche an und zählten damit eher zu den Ukrainern. Der Titel einer Geschichte aus dem Dorf Dźwinogród (ukr. Swenihorod) im Südosten von Lemberg lautet „Upióre verbreiten eine Seuche". Darin treten zwei Wiedergänger in Gestalt von Hunden auf, die sich gegenseitig zu töten versuchen und dadurch eine Viehseuche auslösen. In der Erzählung „Upióre" aus dem Dorf Janów (ukr. Janiw; heute: Iwano-Frankowe) im Nordwesten Lembergs geht es um die Choleraepidemie aus dem Jahr 1831. Nach Sonnenuntergang hätten sich auf dem Friedhof in unterschiedlicher Gestalt Wiedergänger zusammengefunden und seien von da aus bis zum Hahnenschrei umhergezogen. Um kein noch größeres Unheil heraufzubeschwören, habe es unter der Bevölkerung als Tabu gegolten, den Ansteckungsherd zu benennen.[66]

Der Lehrer Antoni Siewiński aus der südöstlich von Lemberg gelegenen Kleinstadt Buczacz (ukr. Butschatsch) publizierte 1906 eine Reihe von Volkserzählungen. Einer mit dem Titel „Über den Upiór" versehenen Geschichte zufolge schlug ein der Trunksucht verfallener Familienvater über seinen Tod hinaus seine Frau und seine Tochter. Um dem Treiben Einhalt zu gebieten, sei das Grab geöffnet, das Herz des Toten mit einem Pfahl aus Espenholz durchbohrt sowie der Kopf abgetrennt und zwischen die Beine gelegt worden.[67]

Weißrussische Vampirgeschichten

Der Studie des St. Petersburger Justizbeamten Löwenstimm zufolge vollzogen sich Mitte des 19. Jahrhunderts im Landkreis Nowogrudok im westlichen Teil des heutigen Weißrussland im Kontext von Choleraepidemien nicht nur Leichenschändungen, sondern auch Menschenopfer. Ein Fall aus dem Jahr 1848 habe sich wie folgt ereignet:

Ein Pope habe dem zuständigen Richter gemeldet, dass die Bauern entgegen seinem Willen ein Exempel an einer verstorbenen und bereits beerdigten Frau statuiert hätten, um die Cholera zu bekämpfen. In der aus diesem Anlass einberufenen Verhandlung hätten die Bauern erzählt, dass es sich bei der genannten Person um das erste Choleraopfer gehandelt habe. Der Feldscher Rubzow habe die Dorfgemeinschaft zu überzeugen versucht, dass die Frau ein lasterhaftes Leben geführt und in schwangerem Zustand gestorben sei. Um Unregelmäßigkeiten festzustellen, habe Rubzow das Grab prüfen lassen. Und in der Tat habe sich das Kind nicht mehr im Mutterleib, sondern im Sarg befunden. Weil zudem der Mund der toten Mutter offengestanden habe, sei ihre Leiche mit einem Espenpfahl durchbohrt worden.[68]

Auch der weißrussische Lehrer Pawel Demidowitsch äußerte sich 1896 in der Zeitschrift *Ėtnografičeskoe obozrenie* („Ethnographische Umschau") zum Volksglauben seiner Heimat. Seiner Ansicht nach ist zwischen einem Wiedergänger, der im Traum oder in der Realität erscheint, wenn seine Totenruhe gestört wird, und einem „Vupor" zu unterscheiden, einem verstorbenen

Scharlatan, der seine Seele dem Teufel verkauft hat, und der den Lebenden Schaden bringt. Bizarr wirkt eine Erzählung aus dem Dorf Nikolsk bei Minsk über eine verstorbene Frau, die nachts bis zum ersten Hahnenschrei aus dem Jenseits wiederkommt, um ihr Kind zu stillen:

Obgleich die Verstorbene die Hausarbeit erledigt, ist sie für den hinterbliebenen Mann nicht ansprechbar. Alte Weiber raten ihm, sich mit einem Popen zusammen auf den Friedhof zu begeben, das Grab zu öffnen und der Frau – die mit geöffneten Augen im Sarg gefunden wird – den Kopf abzuschlagen. Als ihr Mann sich zu Pferd auf den Heimweg macht, hat er den Eindruck, jemand schleudere einen Tontopf auf ihn. Bei genauerem Hinsehen stellt er fest, dass ihm seine Frau auf dem Fuße folgt und mit ihrem abgetrennten Kopf nach ihm wirft. Daraufhin wird das Grab erneut geöffnet und die Leiche mit einem Espenpfahl durchbohrt. Danach hört der Spuk auf.

Offenbar handelt es sich um eine Wiedergängerproblematik. Zuerst wird suggeriert, eine Mutter sorge sich um ihr Kind. Dann wird der Eindruck erweckt, eine Frau wehre sich gegen die rohe Behandlung durch ihren Gatten. Der Mann verhält sich gegenüber der gespenstischen Erscheinung ablehnend. Vielsagend ist auch die erwähnte Verwünschung: „Ziehe als Vupor ins Jenseits ein!"[69] Im Kontext der Märchenwelt erfährt der Vampir eine Säkularisierung. Er verkommt zu einer Schreckgestalt, mittels derer Konflikte verhandelt werden.

5.2 Verlorene Seelen im Donau-Balkan-Raum
„Orientalische Frage" und „türkisches Joch"

In der europäischen Diplomatiegeschichte resultierte die sogenannte „Orientalische Frage" aus Entwicklungen wie dem Niedergang des Osmanischen Reiches und der Verschärfung der Gegensätze zwischen den Großmächten Großbritannien, Frankreich, Preußen, Österreich und Russland, aber auch aus der Entstehung von Nationalbewegungen auf der Balkanhalbinsel. Interessenkollisionen zwischen den Mächten ergaben sich nicht nur aus der zweiten erfolglosen Belagerung Wiens durch die Osmanen 1683, sondern auch aus den russischen Ansprüchen auf dem Balkan nach dem Frieden von Küçük

Kaynarca 1774. Verbindliche Regelungen zur Klärung der „Orientalischen Frage" wurden erst durch den Berliner Kongress von 1878 und den Friedensvertrag von Lausanne von 1923 erzielt, einerseits mit der Autonomielösung für eine Reihe von Balkananrainern, andererseits mit der Konstituierung der modernen Türkei.

Seit dem 16. Jahrhundert hatte das Osmanische Reich im Innern einen Prozess der Dezentralisierung durchlaufen, seit dem 17. Jahrhundert konnte es dem Konkurrenzdruck innerhalb der europäisch dominierten Weltwirtschaft nicht mehr standhalten. Vor dem Hintergrund des allmählichen Niedergangs des Osmanischen Reiches vollzog sich im 18. Jahrhundert dann in machtpolitischer Hinsicht eine Schwerpunktverlagerung von den habsburgischen zu den russischen Türkenkriegen. Im langen 19. Jahrhundert gründete sich die Pentarchie, d. h. die Dominanz der fünf oben genannten europäischen Großmächte, sowohl auf die Bewahrung des Gleichgewichts der Kräfte als auch auf die Aufrechterhaltung des territorialen Status quo auf dem Balkan. Geopolitisch handelte es sich indes um ein fragiles System. Seit 1774 stand außerdem die Meerengenfrage, d. h. die mit dem russischen „Streben zum warmen Meer" verbundene Konkurrenz mit Großbritannien bezüglich der Kontrolle von Bosporus und Dardanellen, auf der Agenda.[70]

Parallel zu dieser Entwicklung traten auf dem Balkan Geistliche und Gelehrte unter Rückbesinnung auf die eigene mittelalterliche Geschichte und den kulturellen Wert der eigenen Sprache seit dem ausgehenden 18. Jahrhundert für eine Epoche der nationalen „Wiedergeburt" ein, um sich im Laufe des 19. Jahrhunderts zunehmend auf die Abschüttelung des „türkischen Jochs" zu konzentrieren. Im Zuge mehrerer Aufstände erlangte Serbien in den Jahren 1804–1817 erst den Status eines tributpflichtigen Fürstentums, 1878 dann volle Souveränität. Wenig später führte der griechische Freiheitskampf von 1821–1829 zur Unabhängigkeit eines Rumpfstaates. Rumänien konstituierte sich 1858 über die Vereinigung von Moldau und Walachei und erlangte 1878 seine Autonomie. Das 1878 gebildete tributpflichtige Fürstentum Bulgarien erstritt seine Unabhängigkeit erst 1908.

Ab 1870 schälte sich als Konsequenz der Rivalität zwischen griechischen, serbischen und bulgarischen Nationalbewegungen die „Makedonische Frage" als neuer Krisenherd heraus. Die auf dem Berliner Kongress 1878 formulierten europäischen Lösungen verhießen im Interesse des territorialen Status quo Reformen innerhalb des Osmanischen Reiches, beinhalteten bei den Grenzziehungen der sich neu konstituierenden Nationalstaaten aber ethnische Disparitäten. Dies hatte zur Folge, dass der Balkan nach den erfolglosen militärischen Auseinandersetzungen der Jahre 1912/13 ein „Pulverfass" darstellte, das sogar für den Ausbruch des Ersten Weltkrieges verantwortlich gemacht wurde.[71]

Übergangsriten und Seelenkult im Donau-Balkan-Raum

Durch das Nebeneinander von imperialen Überformungen und kriegerischen Auseinandersetzungen sowie traditionellen Lebensweisen und multikulturellen Verflechtungen wurde die Bevölkerung im Donau-Balkan-Raum im Alltag mitunter extremen Bedingungen ausgesetzt. Vielleicht ist in den daraus entstehenden Sorgen und Nöten ein Grund dafür zu sehen, dass Wiedergängervorstellungen dort bis in die Neuzeit hinein lebendig blieben.

Folgt man den von Ethnologen an der Wende vom 19. zum 20. Jahrhundert getroffenen Aussagen, dann lassen sich die Totenbräuche der orthodoxen Christen, die den friedvollen Übergang ins Jenseits ermöglichen sollen, wie folgt zusammenfassen: Am Totenbett wird eine Aussöhnung der Verwandten mit dem Sterbenden gesucht. Unmittelbar nach dem Tod steht eine Waschung der Leiche an. Dann erfolgt die Aufbahrung mit dem Gesicht gen Osten. Der Tote bleibt dabei unter ständiger Bewachung, um dämonische Einflüsse auf die Leiche zu verhindern. Im Übrigen steht die Aufbahrungszeit im Zeichen der Totenklage. Dadurch dokumentiert die Gemeinschaft den Abschied von ihrem ehemaligen Mitglied. In der Folge gilt das Sterbehaus drei Tage lang als unrein und bedarf einer Säuberung und einer Wiederherstellung der Trennung der Sphären von Diesseits und Jenseits. Um eine symbolische Barriere zwischen Leben und Tod zu ziehen, wird das Wasser geleert und das Feuer gelöscht. Die Bestattung findet nach Ablauf eines Tages und einer Nacht statt. Bei der Grablegung sind die Füße nach Osten auszurichten und einige symbolische Beigaben bereitzuhalten, die dem Toten den Übergang ins Jenseits erleichtern

19 • SEELENFEIER IN BOSNIEN
Das Totengedenken spielt bei den orthodoxen Christen in Südosteuropa noch immer eine große Rolle. Neben Totenmahlen wurden auf den Friedhöfen ursprünglich regelmäßig auch mit dem Reinigen von Knochen einhergehende Neubestattungen bereits vollständig verwester Leichen zelebriert. Graböffnungen und Umbettungen waren also nichts Außergewöhnliches.

sollen. Anschließend erfolgen die Reinigung der Begleiter und des Sterbehauses sowie die Abhaltung eines Totenschmauses. In den folgenden 40 Tagen haben die Frauen das Haus zu hüten. Zur Erinnerung an den Verstorbenen und zur Stärkung seiner Seele werden am dritten, siebten und vierzigsten Tag nach dem Ableben sowie am Halbjahrestag und am Jahrestag des Todes bzw. an Allerseelen Totenmahle zelebriert. Für den Verstorbenen liegt dabei ebenfalls ein Gedeck bereit, weil von der Anwesenheit seiner Seele ausgegangen wird. Die eigentliche Trauerzeremonie endet nach einem Jahr mit dem Eintrag des Toten in das Verzeichnis der verstorbenen Familienmitglieder.[72]

Da der endgültige Einzug der Seele ins Jenseits in Abhängigkeit von der vollständigen Verwesung des Körpers gedacht wird, kommt es zu turnusmäßigen Exhumierungen. Drei bis sieben Jahre nach der Beerdigung wird das Grab geöffnet. Die Knochen werden entnommen, in Wein gewaschen, in weiße Tücher gehüllt und erneut bestattet. Dadurch wird dokumentiert, dass die Seele ewige Ruhe gefunden hat. Für Irritationen sorgen bei den Hinterbliebenen Abweichungen von der Norm, etwa wenn der Verwesungsprozess nicht abgeschlossen oder eine Mumifizierung eingetreten ist, denn dies betrifft nach griechisch-orthodoxer Lehre insbesondere Exkommunizierte (vgl. Kap. 3.2).

Bei den Gläubigen vermengte sich die offizielle Lehre mit heidnischen Elementen zu einem synkretistischen Seelenkult. Dieser bildete die Voraussetzung für entsprechende Gespenstervorstellungen, etwa für die Annahme, dass die Seele eines Verstorbenen nicht sofort an ihren Bestimmungsort gelangt, sondern noch 40 Tage am Grab oder im Sterbehaus schwebt. Dem Volksglauben nach kann sie dabei die Gestalt eines Vogels oder Schmetterlings, aber auch eines Totengeistes annehmen. Wenn die Seele länger als die vorgesehene Zeit im Haus weilt, wird das als Zeichen dafür gewertet, dass sie nicht zur Ruhe kommt. Entweder haben die Hinterbliebenen es versäumt, mit dem Toten ihren Frieden zu schließen, oder ein Anliegen des Toten ist noch nicht erfüllt. Die Volksüberlieferung kennt darüber hinaus die Vorstellung, dass die Seele einen Menschen auch während des Schlafes verlassen kann.

Werden, ausgehend von diesen Ausformungen des Seelenkults, Phänomene wie die „Mora" (Alp) oder die Hexe herangezogen, dann relativiert sich die vermeintliche Einzigartigkeit des Vampirs. Bei einer Mora handelt es sich um eine junge Frau, deren böser Geist nachts Männer, Frauen und Kinder mit Drücken und Blutsaugen belästige. Als Hexe gilt ein altes Weib, unter dessen Schadenzauber Menschen und Tiere zu leiden haben. In der Zeit, in der die dem Teufel verschriebene Seele einer Mora oder einer Hexe den Körper verlässt, tritt mündlichen Überlieferungen zufolge eine Art Leichenstarre ein. In diesem Fall bewirke eine durch Drehung des Körpers erzielte Vertauschung der Position von Kopf und Füßen, dass die unreine Seele nicht mehr zurückkehren könne und die dämonische Kraft nicht mehr zur Entfaltung komme.[73]

Wenn die skurrilen Akzente in den dämonischen Vorstellungen einfacher Leute zusammengetragen werden, besteht die Gefahr einer Banalisierung des Vampirglaubens. Fasst man die Beobachtungen des slowenischen Gymnasiallehrers, Ethnologen und Historikers Emilijan Lilek zum „Familien- und Volksleben in Bosnien und in der Herzegowina" zusammen, die er im Jahr 1900 in der *Zeitschrift für österreichische Volkskunde* zum Besten gab, dann besteht der Vampirglaube aus hinlänglich bekannten Elementen: Der Vampir ist in der Vorstellung der Südslawen ein Leichnam, der sieben oder 40 Tage nach dem Tod von einem Geist wiederbelebt wird und dann seine Angehörigen oder Nachbarn schädigt. Sich in einen Vampir verwandeln kann entweder ein böser Mensch oder ein Toter, über den ein Tier gesprungen oder geflogen ist. Um sich zu ernähren, saugt der Vampir Menschen und Tieren das Blut aus. Daher wirkt sein Erscheinungsbild im Grab unverwest und aufgeschwollen.

Spannend erscheinen eigentlich nur die Ergänzungen, die Lilek aufgrund seiner Erfahrungen in Sarajevo zu diesem allgemein anerkannten Bild beisteuerte: Das Grab verlässt der Vampir durch ein Mäuseloch, sogar in der Gestalt einer Maus. Seine Metamorphosen sind darauf zurückzuführen, dass sein Körper über keine Knochen verfügt. Den Nachbarn begegnet er in der Regel in Menschengestalt, wirkt dabei aber ungepflegt und animalisch, seine Herkunft allenfalls durch das Leichentuch verratend. Lileks Interpretation ist gleichermaßen suggestiv wie unsinnig. In ihr mischen sich archetypische Elemente der Vampirfurcht mit phantastischen Ingredienzien aus der Gerüchteküche und surrealistischen Ausschmückungen eines Sittenporträts. Das betrifft insbesondere den Hinweis, ein Vampir erzeuge eine Vervampierung, indem er Menschen Erde von seinem Grab unter die Nase halte und damit zum Niesen zwinge. Um das zu verhindern, müsse dem Betroffenen Gesundheit gewünscht werden. Immerhin wirkt diese triviale Beschreibung des alltäglichen Vampirismus authentischer als der rudimentäre Abklatsch des Blutsaugermotivs in Bram Stokers Dracula-Legende.[74]

Die Griechische Revolution

Von der auf Kulturautonomie und Solidarhaftung beruhenden Tolerierung der nicht islamischen Glaubensgemeinschaften im Osmanischen Reich profitierten über Jahrhunderte nicht nur das ökumenische Patriarchat von Konstantinopel, d. h. der griechische Klerus, sondern auch die Phanarioten, d. h. die griechischen Kaufleute aus dem Istanbuler Stadtteil Phanar. Die griechische Elite war daher am steten Einvernehmen mit der osmanischen Herrschaft interessiert; revolutionäre Ideen kamen allenfalls in den von griechischen Fernhändlern errichteten Auslandskolonien auf, etwa in Form des 1814 in Odessa gegründeten Revolutionskomitees Philike Hetairia („Freundschaftsgesellschaft"). So drohte, als 1821 eine Revolte auf dem Peloponnes ausbrach, der Patriarch von Konstantinopel auf Veranlassung der osmanischen Regierung, der Hohen Pforte, mit der Exkommunikation der Aufständischen. Die Drohung bewirkte jedoch wenig, denn bereits 1822 verkündeten die Revolutionäre auf dem Nationalkongress von Epidauros die Unabhängigkeit Griechenlands vom Osmanischen Reich und die Verabschiedung eines Verfassungsgesetzes. Allerdings folgte 1823/24 ein Bürgerkrieg zwischen verfeindeten Lagern innerhalb der Revolutionspartei, zwischen Notabeln und Bauern.

Unterstützt wurde die revolutionäre griechische Position von einer Sympathiewelle in der europäischen Öffentlichkeit, vom sogenannten Philhellenismus. Die Anerkennung der griechischen Unabhängigkeit durch das Osmanische Reich kam aber erst nach dem russisch-türkischen Krieg von 1828/29 im Frieden von Adrianopel zustande. Auf der Londoner Konferenz von 1830 erklärten sich England, Frankreich und Russland zu Griechenlands Schutzmächten und versprachen eine monarchische Staatsform. 1832 erlangte das Königreich Griechenland mit Otto I. von Wittelsbach volle Souveränität, 1844 wies die parlamentarische Verfassung den Weg in die konstitutionelle Monarchie. Sie umfasste den Peloponnes sowie einem kleineren Teil Mittelgriechenlands und vereinte weniger als ein Drittel aller Griechen des Osmanischen Reiches. Aus dieser Konstellation erwuchs die „große Idee" (*megali idea*) der Vereinigung aller Griechen. 1833 erklärte sich die „Kirche von

Griechenland" für autokephal, erlangte aber erst 1850 die Anerkennung ihrer Unabhängigkeit durch den Patriarchen von Konstantinopel.[75]

Griechische Vampire im Spiegel von Reiseberichten der Vormoderne

Vor dem Hintergrund des sich ausbreitenden Philhellenismus spielte der Vampirismus in den Berichten der Griechenlandreisenden im ersten Drittel des 19. Jahrhunderts nicht mehr die Rolle, die ihm noch in der zweiten Hälfte des 17. Jahrhunderts zugekommen war. In den Jahren 1794 bis 1798 bereiste beispielsweise der italienische Abenteurer und Weltbürger Saverio Scrofani Griechenland zweimal. Sein auf die Zeit von 1794 und 1795 begrenzter und aus kommerziellem Interesse verfasster Bericht „Reise nach Griechenland" (Viaggio in Grecia) erschien 1799. Darin versuchte Scrofani, den Aberglauben der Griechen in populärer Manier ins Lächerliche zu ziehen. Mit Blick auf die Konsequenzen der Exkommunikation in der orthodoxen Kirche verschob er dabei die Perspektive von dem Phänomen der Unverweslichkeit der Leiche auf die mörderischen Aktivitäten der verdammten Seele, die sich von Menschenblut ernähre. Das Mittel des Kirchenbanns habe, wie Scrofani ironisch bemerkte, dazu geführt, dass die Friedhöfe mit Gespenstern („Uricolacas") bevölkert seien. Denn die kirchlichen Würdenträger ließen sich gern bei der Vampirbekämpfung einspannen, wenn für ihr leibliches Wohl gesorgt werde:

Um Unheil zu beseitigen, wende sich die Gemeinde mit einer Spende an den Bischof. Daraufhin habe die Familie des Verstorbenen oder aushilfsweise der reichste Gutsbesitzer auf dem Friedhof eine Tafel anzurichten. Die Zeremonie, die Scrofani aus eigener Anschauung zu kennen vorgab, sehe vor, dass der Bischof zunächst den Toten zum Mahl bitte. Werde dies verweigert, gelte das Wirken des Kirchenbanns als erwiesen. Daher bereite der Bischof anschließend einen Trank zu, mit dem er erst die Leiche beträufele und den er dann selbst einnehme. Mit dem erneuten Verscharren des Toten und dem Genießen des Leichenschmauses schaffe der Bischof schließlich alle Probleme aus der Welt.

Im Mittelpunkt von Scrofanis Betrachtung stand weniger das sensationelle Phänomen des Vampirismus als vielmehr der unsägliche Zustand der griechischen Kirche.[76] Diesbezüglich klagte der griechische Theologe Nikodimos Agioreitis in seiner 1803 in Venedig erschienenen „Sittenlehre der Christen" (Christoitheia ton christianon) seine Landsleute an, sich zum Gespött zu machen; bis auf die Orthodoxen glaube keine andere „Nation" (*ethnoz*) mehr an Vampire.[77] Der sich im lateinischen Diskurs manifestierende Siegeszug, den die Vampire auf ihrem langen Marsch ins katholische Polen angetreten hatten, war Agioreitis offenbar entgangen.

Als später der Philhellenismus blühte, änderte sich die Berichterstattung. So spielte der Vrykolakas (hier „Vrukolakas") etwa in William Martin Leakes vierbändigen „Travels in Northern Greece", die er in den Jahren 1835 bis 1841 veröffentlichte, nur noch eine periphere Rolle, allenfalls als Persiflage auf den niederen Klerus. Der Bischof von Larissa habe einen Popen, der angeblich zwei Wiedergänger vernichtete, mit einer Geldstrafe diszipliniert und gedroht, seinen ein gottgefälliges Leben symbolisierenden Bart stutzen zu lassen. Seitdem sei in ganz Thessalien von keinem Vrykolakas mehr zu hören.[78]

Eine Legende anderer Art, die offenbar die exotischen Elemente des griechischen Volksglaubens bezeugen sollte, findet sich in dem 1837 veröffentlichten Buch des englischen Reisenden und Ökonomen Robert Pashley „Travels in Crete". Der Legende zufolge war das Dorf Kalikráti im Bezirk Sfakiá von einem „Katakhanás" heimgesucht worden:

Da der betreffende Verstorbene zu Lebzeiten ein angesehener Mann gewesen sei, habe man über seinem Grab ein Gewölbe errichtet. Eines Tages habe sein Taufpatenkind, ein mit Schafen umherziehender Hirte, darin Schutz vor dem Regen gesucht. Da er seine Waffen kreuzförmig abgelegt habe, sei es dem Toten nicht möglich gewesen, das Grab zu verlassen. Mehrmals habe er den Schäfer angesprochen. Dieser habe – der traditionellen Vorstellung entsprechend – erst nach dem vierten Mal geantwortet und sich den Schwur ausbedungen, unbehelligt zu bleiben.

Daraufhin habe der Tote den Friedhof verlassen, zuvor aber noch um eine weitere Unterredung gebeten. Seine vorübergehende Abwesenheit habe er genutzt, um ein junges Brautpaar ins Verderben zu stürzen. Dann sei er mit einer Leber in seinen blutenden Händen zurückgekehrt und habe diese mit seinem heißen Atem gebraten. Verständlicherweise habe der Schäfer die Einladung zum Essen zu umgehen versucht und sich heimlich mit dem Verzehr trockenen Brotes begnügt. Beim Abschied habe der Tote für den Fall, dass der Schäfer etwas ausplaudere, gedroht, die gesamte Familie mit seinen Nägeln zu zerreißen.

Dennoch habe der Schäfer den Vorfall im Dorf herumerzählt. Kurzerhand habe die Gemeinde den Toten auf einem Scheiterhaufen verbrannt. Beim Durchstöbern der Asche sei indes ein Fingernagel aufgefunden worden, der daraufhin erneut den Flammen übergeben worden sei.[79]

Aus heutiger Sicht kommt bei dieser Geschichte der Synkretismus christlicher und magischer Vorstellungen bei der Abwehr böser Geister zum Ausdruck. Nicht nur die Anspielung auf das gestörte Glück der Brautleute, auch die verwandtschaftliche Konstellation zwischen Taufpaten und Patenkind samt Angehörigen scheint darauf hinzuweisen, dass so manche Familie im übertragenen Sinne eine Leiche im Keller hat bzw. ungelöste Konflikte mit sich herumträgt.

Weniger tiefsinnig war demgegenüber der britische Archäologe Charles Thomas Newton, der 1852 den Posten des Vizekonsuls in Mytilini auf Lesbos angetreten hatte. 1865 hielt er in seinem Buch „Travels and Discoveries in the Levant" als Ausdruck zwischenmenschlicher Streitigkeiten den Fluch „dass dich der Vampir hole" fest. Dass sich hinter diesem Spruch eine transzendente Ebene verbirgt, wusste Newton mit einer weiteren Beobachtung zu unterstreichen. Demnach bestatteten die Insulaner die Gebeine derjenigen, die im Grab keine Ruhe fänden, in der Annahme, dass das Salzwasser nicht von Wiedergängern überquert werden könne, auf einer Nachbarinsel.[80]

Antiker und neugriechischer Vamprismus

Der Altphilologe Bernhard Schmidt behauptete in seinem 1871 veröffentlichten Buch „Das Volksleben der Neugriechen und das hellenische Altertum" unter Verkennung der zahlreichen begrifflichen Varianten bei den Südslawen, dass es sich bei dem griechischen Ausdruck „Bourkolakas" (*vrykolakas*) um eine

Entlehnung des slawischen Wortes „Vukodlak" handele, und wies zugleich darauf hin, dass die in der westlichen Kolportage dominante Vorstellung des Blutsaugens bei den Griechen nur eine untergeordnete Rolle spiele. Ursprünglich habe die Vorstellung geherrscht, dass die nicht zur Ruhe kommende Seele eines Verstorbenen für die Wiederbelebung des unverwesten Leichnams sorge. Unter kirchlichem Einfluss habe sich aber auch die Auffassung durchgesetzt, dass der Teufel sich des menschlichen Körpers bemächtige und in dessen Gestalt Verderben bringe. Für eine eigenständige Entwicklung eines griechischen Vampirglaubens sprächen einerseits die aus der Antike bekannten Vorläufer, andererseits die Tatsache, dass er weniger auf dem Festland als vielmehr auf den Inseln lebendig sei. Bei den aus der antiken Mythologie bekannten Dämonen wie Lamien oder Empusen, die als blutdürstige Bestien vor allem in Gestalt schöner Frauen jungen Männern Verderben brächten, handele es sich jedoch nicht um wiederkehrende Tote im eigentlichen Sinne.[81]

An die Überlegungen zur Tradierung antiker Traditionen anknüpfend stellte der britische Gelehrte John Cuthbert Lawson in seinem Buch „Modern Greek Folklore and Ancient Greek Religion" 1910 einen Nexus zwischen Mördern und ihren Opfern her. Dabei stellte er die gewagte These einer unmittelbaren Kontinuität zwischen Antike und Gegenwart auf: Sowohl der Täter, verfolgt von der drückenden Last der Sünde, als auch das Opfer, bestraft durch einen unnatürlichen Tod und die Vorenthaltung ewiger Ruhe, sähen sich am Ende vor dasselbe Schicksal gestellt. Wenn ein Ermordeter auf Rache sinne und als Wiedergänger Selbstjustiz übe, könne auch der Mörder keinen Seelenfrieden finden.[82] Diesem auf den ersten Blick naheliegenden Gedanken ist indes mit Skepsis zu begegnen. Da die Überlieferung aus der Antike nur durch die des Lesens und Schreibens kundige Elite erfolgte und über den modernen Volksglauben vor allem von außenstehenden Beobachtern berichtet wurde, ist es müßig, darüber zu debattieren, ob und in welcher Form es zu einer Übertragung von Traditionen gekommen ist. Zumindest ist das Motiv der Rache als Faktor für die Wiedergängerei in allen Kulturräumen verbreitet gewesen und hat nicht erst als Idee klassischer Philosophen Verbreitung gefunden.

Symptomatisch dafür ist eine Geschichte, die der Altphilologe Bernhard Schmidt 1877 in seiner Sammlung „Griechische Märchen, Sagen und Volkslieder" veröffentlichte. Es handelt sich um die aus der mittelgriechischen Siedlung Arachova stammende Erzählung „Der Wampyr":

Ein Mensch wird auf freiem Felde ermordet und bleibt dort lange Zeit unbestattet liegen. Schließlich wird seine Leiche gefunden und in seinem Heimatdorf begraben. Daraufhin verschwinden im Dorf in auffälliger Weise immer wieder Eier, Hühner, Ziegen und Schafe. Eines Nachts entdeckt der Pope, wie ein Teufel aus dem Grab des Ermordeten steigt und in die Ställe einbricht. Als der Dämon vor dem Haus seiner Witwe ankommt, ruft er: „Oh, ich Armer! Warum ermordet ihr mich? Menschen werde ich dafür verschlingen!" Am nächsten Tag erklärt ein Greis, der Tote habe sich in einen Vrykolakas (hier „Vroukolakas") verwandelt. Nun sei das Leben seiner Verwandten und Nachbarn bedroht. Rettung sei nur von einem am Sonnabend Geborenen zu erwarten.

Und in der Tat, ein solcher findet sich an einem Samstag vor Sonnenaufgang am Grab ein. Zunächst füllt er einen Mantel mit Lumpen und hängt ihn an einen gegenüberliegenden Baum. Dann öffnet er das Grab. Zu sehen ist eine wohlgenährte Gestalt von blühendem Aussehen, die wild mit den Augen rollt. Das Samstagskind deutet, gefragt nach dem Verräter, auf den am Baum hängenden Mantel. Augenblicklich versengt der Vrykolakas den Mantel mit einem Flammenstoß. Während der Unhold seine Kräfte veraugabt, schneidet ihm das Samstagskind das Herz heraus, durchsticht es mit einem Spieß und siedet es in einem Kessel mit Essig. Anschließend gießt es den Essig auf den im Grab liegenden „Wampyr".[83]

Bemerkenswert an dieser Erzählung ist die Tatsache, dass der Vrykolakas nicht, wie von Lawson vorausgesetzt, seinen Mörder, sondern seine Angehörigen heimsucht. Zunächst scheint er lediglich auf Nahrungssuche zu sein. Dann beklagt er sich bei seiner Witwe, droht im gleichen Atemzug aber der Dorfgemeinschaft mit Rache. Anstatt jedoch diesen interessanten Aspekt zu vertiefen, wird in der Geschichte die Perspektive gewechselt: von der des Wiedergängers oder ruhelosen Opfers zu der des Vampirjägers oder furchtlosen Helden, der dem schlechten Gewissen des Dorfes Erlösung verspricht. Der Erfahrung eines alten Mannes ist es geschuldet, dass ein Fachkundiger bestellt wird, dessen übernatürliche Kräfte daher stammen, dass er an einem Tag – dem Sonnabend – zur Welt kam, an dem Vampire in ihren Gräbern ruhen. Der Trick mit dem Mantel verweist eindeutig wieder auf das Rachemotiv. Mit der Vernichtung des Leichnams hat die Dorfgemeinschaft schließlich die selbst gestellte Aufgabe gelöst, ohne dass jemand für das vorgefallene Verbrechen Sühne leisten musste.

Griechische Vampire in Berichten der Zwischenkriegszeit

Eine eher realistisch gehaltene Vampirepisode aus den frühen 1920er Jahren wusste ein unter dem Pseudonym Konstantinos schreibender Autor in seinem 1996 erschienenen Buch „Vampires. The Occult Truth" aus zweiter Hand wiederzugeben. Die Mutter einer Mitte der 1970er Jahre in die USA emigrierten Griechin sei in der Siedlung Pyrgos auf dem westlichen Peloponnes Zeugin der folgenden Begebenheit geworden:

Ein junger Bauer habe sich wegen Depressionen der Trunksucht hingegeben und seine Frau schlecht behandelt. Eines Abends habe die Frau Gäste bewirtet, während ihr Mann verschwunden sei. Am nächsten Morgen habe sich herausgestellt, dass er sich an einem Olivenbaum erhängt hatte. Weil ein Selbstmord die Exkommunikation und die Verweigerung einer christlichen Beerdigung zur Konsequenz hatte, habe der seines Seelenfriedens beraubte Tote seine diesseitige Existenz in einem Dämmerzustand fortführen müssen. Binnen zweier Monate hätten sich im Dorf acht Krankheitsfälle eingestellt, von denen zwei tödlich ausgegangen seien.

Daraufhin habe die Witwe bekannt, dass der Verstorbene ihr nachts erscheine. – Offenbar wollte sie einen bösen Geist loswerden. – Folgerichtig sei ein Pope konsultiert und dann unter Gebeten das Grab geöffnet worden. Zwar habe sich die Leiche nicht, wie bei einem Vrykolakas (hier: Vroukolakas) zu erwarten, als rot und frisch, sondern als geschrumpft und mumifiziert erwiesen, doch seien nach dem Aufschneiden des Leichnams miteinander verschmolzene Rückstände von inneren Organen und ein schlagendes Herz zutage getreten. Abhilfe habe zunächst das mitgebrachte Weihwasser verschafft. Anschließend seien sowohl der vermeintliche Vrykolakas als auch seine beiden angeblichen Opfer durch Verbrennen beseitigt worden. Danach seien die Kranken genesen. Eine nicht zu erwartende Folge des Vampirfalles sei indes die Schwangerschaft der Witwe gewesen.

Vielleicht war die nicht eindeutig geklärte Schwangerschaft seiner Frau die tiefere Ursache für die Depression des jungen Mannes. Mit der Totgeburt des Kindes wurde das Problem dann aber im wörtlichen wie im übertragenen Sinn aus der Welt geschafft.[84]

Die Beständigkeit des Vampirglaubens unter den griechischen Emigranten in den USA bezeugt auch die Dokumentation von B. Demetracopoulou Lee „Greek Accounts of the Vrykolakas", die 1942 im *Journal of American Folklore* erschien. Es handelte sich im Wesentlichen um eine Liste mit Erzählungen ehemaliger Bewohner von Arcadia auf Kreta aus dem Jahr 1934. Einer der Zeugen behauptete, hinter dem Vrykolakas verberge sich der Teufel, um auf die von der Kirche geschürten Ängste hinzuweisen. Tatsächlich sei das Ausbleiben eines christlichen Begräbnisses verantwortlich für die Verwandlung eines Toten in einen Wiedergänger. Vom Blutsaugen habe er nie etwas gehört. Ein anderer Zeuge gab als Ursache der Wiedergängerei ein frevelhaftes Leben des Verstorbenen oder die Präsenz eines Tieres in der Aufbahrungszeit an. Er habe von einem Familienvater gehört, der sich dadurch des Vampirismus verdächtig gemacht habe, dass er an den Samstagen verschwand und auf Dorffesten Gesänge mit den Stimmen Verstorbener zum Besten gab. Ein weiterer Zeuge erinnerte sich an einen toten Störenfried, der Lebensmittel einheimste. Unter Einsatz der Liturgie und der üblichen Maßnahmen am Grabe habe man sich seiner aber erwehren können. Der Vrykolakas gleiche einem Lebenden, sei aber nur ein „Phantasma", wie ein Hauch in der Luft, sein Körper sei unberührbar.[85]

Ähnliche Beobachtungen machten Georg Eckert und P. E. Formozis, die während der deutschen Besatzung im Zweiten Weltkrieg den griechischen Volksglauben untersuchten. In dem 1943 erschienenen Band „Mazedonischer Volksglaube. Magie, Aberglaube und religiöse Vorstellungen in Saloniki und der West-Chalkidike" dokumentierten sie Aussagen von Flüchtlingsfamilien. Die aus Vilia, einem griechisch-albanischen Dorf aus Attika stammende vierzigjährige Angelika Houmanidou, die sich in Athen zeitweilig als Fabrikarbeiterin verdingt hatte und dann nach Saloniki übergesiedelt war, wo sie von der Anfertigung künstlicher Blumen lebte, konnte mit einer ganzen Reihe von Geschichten aufwarten.

ERSTES BEISPIEL:
Zunächst wusste Houmanidou zu berichten, dass es in der Vergangenheit in Vilia einen Friedhof gegeben habe, auf dem Wiedergänger ihr Unwesen getrieben hätten, weshalb ihre Gräber mit kochendem Wasser übergossen worden seien. Der Bischof habe angewiesen, zwei Zwillingskälber vor einen Silberpflug zu spannen und damit das Dorf in Kreuzform zu durchpflügen sowie eiserne Kruzifixe am Ende der Spuren zu errichten.

ZWEITES BEISPIEL:
Dann erzählte Houmanidou, ein Schuster habe das Dorf zur Arbeitssuche verlassen und sei in der Fremde verstorben, ohne dass die Daheimgebliebenen davon Kenntnis erhielten. Als der Vermisste eines Tages dann doch wieder seiner Frau erschien, habe er nach Erde gerochen. Weil er sich morgens immer zu einem Arbeitskollegen zu verabschieden pflegte, habe seine Frau begonnen, Verdacht zu schöpfen. Also habe sie sich durch das Aussenden eines Boten an den Ort, in dem ihr Mann verstorben war, von der grausamen Wahrheit überzeugt. Daraufhin sei der Spuk beendet worden, indem das Grab mit heißem Wasser und Petroleum aufgefüllt wurde.

DRITTES BEISPIEL:
Schließlich berichtete Houmanidou noch von einem Hirten mit einer Frau und zwei Kindern in einem Dorf des Peloponnes. Nachdem der Hirte einen Schatz gefunden habe, hätten seine Frau und ihr Liebhaber, ein Zollbeamter, versucht, ihn umzubringen. Da eines der Kinder aufgewacht sei, habe es ebenfalls sterben müssen. Anschließend seien die Leichen im Keller verscharrt worden, wo sie begonnen hätten, als Gespenster umzugehen. Unterdessen habe sich die Frau mit ihrem Liebhaber und dem zweiten Kind in Italien vergnügt. Schließlich habe es ein Fremder gewagt, den Wiedergängern im Geisterhaus aufzulauern. Nachdem er dem verstorbenen Mann die Bitte um ein christliches Begräbnis erfüllt habe, sei seine Ehefrau in Italien einer Gefängnisstrafe zugeführt worden.[86]

In dem 1943 erschienenen Buch „Geister- und Dämonenglaube im Pontos" veröffentlichten Eckert und Formozis Erzählungen von Griechen, die Anfang der 1920er Jahre von der türkischen Regierung von der südlichen Schwarzmeerküste vertrieben worden waren. Die aus der Gegend von Trapezunt stammenden Zeugen berichteten einhellig, dass sich in der Nacht zugelaufene weiße Hunde oder weiße Katzen als Inkarnationen verstorbener Türken erwiesen. Als böse Geister schädigten sie die Lebenden. Mit der Vernichtung oder Wiederbestattung dieser Art von Vrykolakas (hier: Wrikolakas) seien in der Regel islamische Würdenträger betraut worden. Die Aussagen sind in dieser Hinsicht widersprüchlich. Mitunter wurde zugegeben, dass auch christliche Griechen bei schlechtem Lebenswandel in Gefahr gerieten, sich in einen Vrykolakas zu verwandeln. In diesem Zusammenhang wurde den Türken unterstellt, christliche Symbole auf den Gräbern zu platzieren, um Dämonen zu bannen. Andernteils hieß es, gewitzte Türken nutzten die Wiedergängerei als Argument, wenn es darum gehe, Freunde und Bekannte zu vertrösten. Auf diese Weise werde die Möglichkeit vorgegaukelt, Schuldner auch aus dem Jenseits zu disziplinieren, wie im Falle eines säumigen Griechen geschehen.[87] Der Vampir steht hier für Multiethnizität und Kulturtransfer. Er fungiert als Modus der Konfliktregulierung.

Illyrismus und Jugoslawismus auf dem Westbalkan

Während Serbien und Bosnien nach der Schlacht auf dem „Amselfeld" (Kosovo) 1389 in osmanische Abhängigkeit geraten und 1459 bzw. 1463 in das Osmanische Reich inkorporiert worden waren, gelangte das Königreich Kroatien nach der für Ungarn vernichtenden Schlacht bei Mohács 1526 in den Verbund des Habsburgerreiches. Bis zum Ende des 18. Jahrhunderts verblieben Teile Istriens und Dalmatiens allerdings unter dem Einfluss der Republik Venedig. Zudem konnte die Republik Dubrovnik ihre staatliche Unabhängigkeit bewahren. Nach dem Wiener Kongress von 1814 kamen dann aber ganz Dalmatien und Istrien unter österreichische Herrschaft. Im Zuge des österreichisch-ungarischen Ausgleichs von 1867 wurden schließlich das Königreich Kroatien und Slawonien der ungarischen Reichshälfte zugeschlagen, während die Kronländer Dalmatien und Istrien bei der österreichischen Reichshälfte verblieben.

Die Serben erstritten in den Aufständen von 1804 bis 1813 und von 1815 bis 1830 ihre Unabhängigkeit. Ihr Anführer, Miloš Obrenović, erlangte vor dem Hintergrund des griechischen Freiheitskampfes auf russischen Druck die erbliche Fürstenwürde und für sein Territorium den Status eines autonomen, den Osmanen tributpflichtigen Fürstentums. In den Genuss voller Unabhängigkeit gelangte Serbien erst nach dem Berliner Kongress von 1878; im Jahre 1882 wurde das Königreich Serbien gegründet. Die osmanischen Provinzen Bosnien und Herzegowina kamen 1878 unter österreichisch-ungarische Verwaltung und wurden 1908 formal annektiert.

Eine nationale Sammlungsbewegung von Kroaten, Serben und Slowenen hatte sich bereits im zweiten Drittel des 19. Jahrhunderts zusammengefunden und den Illyrismus, den Gedanken einer gemeinsamen Abstammung vom antiken Volk der Illyrer, auf die Tagesordnung gesetzt. Im Zeitalter der Nationalstaaten geriet die Idee des Jugoslawismus, der Vereinigung der „Südslawen", im letzten Drittel des 19. Jahrhunderts aber wieder in den Hintergrund. Aus dem Ersten Weltkrieg ging dennoch 1918 das Königreich der Serben, Kroaten und Slowenen hervor, von 1929 bis zum Zweiten Weltkrieg das Königreich Jugoslawien.[88]

Vor dem Hintergrund der politischen Turbulenzen erklärt sich, warum der Vampirismus bei den Südslawen seitens der Ethnologie im ausgehenden 19. Jahrhundert in erster Linie durch die Auflistung von Gerüchten über Vorsorgemaßnahmen bei Beerdigungen und über Grabschändungen nach gehäuften Sterbefällen Widerhall fand, seitens der Philologie hingegen durch die Sammlung von mehr oder minder profanen Sagen und Märchen über das Umgehen von Toten. Angesichts der Tatsache, dass Aberglauben und Gespenstergeschichten die Phantasie weiter Bevölkerungskreise bewegten, scheinen die Marginalisierung von Sündenböcken und die Kolportage von Horrorvisionen zur Normalität gehört zu haben. Konkrete Vampirfälle wurden jedenfalls nur noch selten dokumentiert.

Vampirismus in Dalmatien

Bis 1322 entwickelte sich Dubrovnik zu einer selbständigen Adelsrepublik, die dann aber unter den kulturellen Einfluss der venezianischen Vormacht in der Adria geriet. Dubrovniks territoriale Ausdehnung erfasste bis zum Beginn des 15. Jahrhunderts neben den vorgelagerten Inseln auch das Küstenland nordwestlich der Stadt. Im Herrschaftsgebiet des Osmanischen Reiches genoss Dubrovnik seit 1430 das Vorrecht des freien Handels, musste ab 1458 aber Tribut zahlen. Nach einer wirtschaftlichen und kulturellen Blüte im 15. und 16. Jahrhundert setzte im 17. Jahrhundert ein allmählicher Niedergang ein, nicht zuletzt aufgrund des Erdbebens von 1667. Aufgelöst wurde die Republik erst nach der französischen Eroberung im Jahre 1808.[89]

Für den Zeitraum vom 14. Oktober 1737 bis zum 30. Juni 1738 ist eine faszinierende Kriminalakte aus Dubrovnik überliefert, die der kroatische Historiker Ante Liepopili 1918 in der Zeitschrift *Zbornik za narodni život i običaje južnih slavena* („Sammlung zum Volksleben und zu den Volksgebräuchen der Südslawen") veröffentlichte.[90] Die Rede ist von Grabschändungen auf der Insel Lastovo, die sich bei der Suche nach einem Wiedergänger ereignet haben sollen. Was die Lebensbedingungen auf der Insel betrifft, so ist festzuhalten, dass die neun Kilometer lange und sechs Kilometer breite Insel überwiegend gebirgig ist. Neben dem Anbau von Wein, Oliven und Obst rentiert sich allenfalls der Fischfang. Die heutigen Orte Lastovo, Skrivena Luka, Pasadur, Zakopatica und der Hafen Ubli finden in der Akte keine Erwähnung.

Am 14. Oktober 1737 erstattete der Dubrovniker Hauptfiskalkanzler Fürst Petar Sori dem Dubrovniker Erzbischof Fra Andjel Franchi Bericht. In der Stadt verbreite sich das Gerücht, Bewohner der Insel Lastovo hätten Gräber geöffnet, um eine „bestimmte Art von Toten" zu suchen, die wiederbelebt im Grab verblieben und nachts umgingen und so lange Menschen umbrächten, bis sie durch Pfählung vernichtet würden. Weil dieser Aberglaube den christlichen Glauben und die Autorität der Kirche infrage stelle, sei eine strafrechtliche Untersuchung einzuleiten. Daraufhin ordnete der Erzbischof eine Zeugenvernehmung an. Interessanterweise verwendeten die befragten Zeugen ganz unterschiedliche Bezeichnungen für die Wiedergänger: *„kosac"*,

„prikosac", „tenjac" und *„vukodlak".* Dabei fällt auf, dass der Ausdruck *„vampir"* – das Medienereignis des Jahres 1732 – auf dieser Liste fehlt.

Zu den der Untersuchung zugrunde liegenden Ereignissen selbst hat die Akte Folgendes mitzuteilen:

Am 14. Oktober 1737 wurden die beiden in Dubrovnik weilenden Lastovoer Antun Mikuš (50 Jahre) und Antun Šagor (30 Jahre) vernommen. Mikuš gab an, im August bei einem Wachdienst in der Nähe der St.-Rochus-Kirche von einer aufgeregten Gruppe von Männern, teils Wachleuten, behelligt worden zu sein. Sie hätten auf die Notwendigkeit hingewiesen, die Gräber auf der Insel auf Wiedergänger zu überprüfen, weil diese für die Verbreitung der „Ruhr" (serdobol) verantwortlich seien. Die Gruppe habe entschieden, die St.-Michael-Kirche an der Küste aufzusuchen, wo ein Jahr zuvor ein Ertrunkener bestattet worden war. Als Wortführer sei Luka Fulmis (30 Jahre) hervorgetreten, der eingedenk bewährter Abwehrmethoden vor überstürzten Handlungen, insbesondere vor einer Berührung des Leichnams, gewarnt habe. Allerdings seien im Grab lediglich Knochen gefunden worden. Das nächste Ziel sei die Kirche Muttergottes auf dem Feld gewesen, um das Grab eines acht Monate zuvor Verstorbenen zu öffnen. Etwas Ungewöhnliches sei aber nicht zutage getreten. Über die Wiedergängervorstellungen der Inselbewohner an sich wollte Mikuš keine Angaben machen. Šagor behauptete, an der Graböffnung bei St. Michael nicht teilgenommen zu haben, weil er sich des ein Jahr zuvor seitens der Kirche verkündeten Verbots bewusst gewesen sei. Der Aktion an der Muttergotteskirche habe er sich jedoch nicht entziehen können. In Bezug auf Wiedergängervorstellungen gestand er lediglich, dass Derartiges auf der Insel schon wiederholt vorgekommen sei, gab aber keine Einzelheiten preis.

Am darauffolgenden Tag, dem 15. Oktober, wurden die beiden Dubrovniker Pero Celefa und Lovro Lucenta, beide 57 Jahre alt, zum Verhör geladen. Celefa sagte aus, Lastovo in diesem und in früheren Jahren besucht, von einer Epidemie aber nichts vernommen zu haben. Viele Lastovoer glaubten, dass wiederkehrende Tote, darunter insbesondere die Ertrunkenen, Menschen schadeten. Wiederbelebte Männer würden sogar mit ihren Witwen verkehren. Er habe gehört, dass die Bekämpfung von Wiedergängern unter Beteiligung von Priestern erfolge. Don Marin habe beim aktuellen Fall eine Osterkerze getragen. Über Einzelheiten würden die Insulaner aus Angst vor

Bestrafung Stillschweigen bewahren. Lucenta wusste mit Blick auf einen 16 Jahre zuvor erfolgten Besuch der Insel von einer Epidemie zu berichten. Seine Aussage wird in der Akte interessanterweise in der indirekten Rede festgehalten. Er berichtete von dem Glauben, dass Wiedergänger Herzen und Innereien der Menschen fressen und ihr Blut trinken und dabei diejenigen bevorzugen, mit denen sie zu Lebzeiten Streit gehabt haben.

Nach den Genannten wurden bis zum 24. Oktober in Dubrovnik einige derjenigen Lastovoer vernommen, die sich der Grabschändung verdächtig gemacht hatten. Ivan Antun Rešić (32 Jahre) meinte, ein Toter werde dadurch wiederbelebt, dass sich ein Geist seines Körpers bemächtige oder weil ihm etwas Böses innewohne. Marin Kolendić Kozić (26 Jahre) begründete die Aktion damit, dass jemand behauptet habe, fünf Todesfälle an einem Tag bedürften einer Erklärung. Genau wie Marin Nika Kokot (30 Jahre) negierte Kozić die Beteiligung eines Priesters an der Graböffnung. Antun Pavlovićs Sohn Pavo, genannt Pizin (37 Jahre), behauptete, der von einem anderen Zeugen als Wortführer benannte Luka Fulmis habe die Gruppe gewarnt, nicht zur Muttergotteskirche zu gehen. Er habe seinen Kopf darauf verwettet, dass nichts zu finden sei, weil es nur um Mythen gehe. Ein paar Tage später, am 28. Oktober, machte Lovro Fulmis vor dem Dechanten von Lastovo folgendes Schuldeingeständnis: Er, nicht sein Bruder Luka, habe sich an den Taten beteiligt. Luka habe seine Hände in Unschuld waschen wollen und davor gewarnt, diesen Unsinn zu glauben. Darüber hinaus bezeugte Lovro Fulmis, dass kein Kirchendiener an den Graböffnungen teilgenommen habe. Ergänzend dazu wurde Luka Fulmis am 16. Dezember noch einmal persönlich verhört. Dieser verwahrte sich strikt dagegen, mit den Grabschändungen in Verbindung gebracht zu werden. Vielmehr habe er den Beschuldigten gegenüber seiner Überzeugung Ausdruck verliehen, dass die Kirche mit Wiedergängern umzugehen wisse, sofern es sie gebe. Eine eigenmächtige Graböffnung sei hingegen zu unterlassen. Fulmis zufolge war die Wachmannschaft ohne sein Wissen in seinem Namen versammelt worden.

Abgesehen von den Delinquenten wurde auch eine Reihe von Priestern vernommen. Am 26. November gab der Priester Don Marin (26 Jahre), der Sohn Antun Pavlovićs, zu Protokoll, von den Graböffnungen bei der Muttergotteskirche Anfang August gewusst zu haben. Bei einer anschließenden Beerdigung in der St.-Cosmasund-Damian-Kirche habe er sich über das Verhalten der Trauernden gewundert.

Vertraulich sei ihm mitgeteilt worden, dass einige Teilnehmer die Bestattung dazu nutzen wollten, Gräber von Wiedergängern auszumachen. Immerhin hatte er von früheren Leichenpfählungen Kenntnis. Zwölf Jahre zuvor soll sich daran sogar ein Priester beteiligt haben. Am 2. Dezember sagte Don Luka Dundović (32 Jahre) aus, er sei darauf hingewiesen worden, dass seine verstorbene Mutter als Wiedergängerin (kosica) auftrete, habe dann aber ihr Grab im Unterschied zu anderen unberührt vorgefunden. Don Marin Borovinčić (18 Jahre) habe an der Leichenschändung teilgenommen. Am 3. Dezember wurde Don Marin Pavlović (63 Jahre) verhört. Laut Verhörprotokoll liegt seinen Aussagen ein die kirchliche Autorität missachtende und die Allmacht Gottes infrage stellender Ton zugrunde. Vorausschickend, sich mit der im Sommer kursierenden Ruhr angesteckt zu haben, gab er an, Gerüchten zufolge seien als Ursachen der Epidemie eine Erkältung, die Infizierung der Luft durch die Pest, eine Strafe Gottes oder der Einfluss eines Wiedergängers infrage gekommen. Zu seinen Erfahrungen mit Wiedergängern führte er aus, ein von der Existenz übernatürlicher Kräfte überzeugter Priester habe ihm erzählt, ein halbes Jahrhundert zuvor einen Wiedergänger vernichtet zu haben. Beim Öffnen des Grabes sei der Tote zunächst geflohen, dann aber wegen des Einsatzes einer Schusswaffe wieder zurückgekehrt. Darüber hinaus gestand Don Marin, vor 17 Jahren unwillentlich Zeuge einer Graböffnung gewesen zu sein, von der Pfählung der Leiche aber erst am nächsten Tag gehört zu haben. Die Frage, ob er an den aktuellen Graböffnungen beteiligt gewesen sei, verneinte er indes.

Nach Abschluss der Untersuchung gab der Erzbischof den 18 Angeklagten (Männer von Ende 20 bis Anfang 50, darunter der junge Don Marin Borovinčić) am 11. Februar 1738 noch einmal Gelegenheit, sich zur Sache zu äußern. Ihre Stellungnahmen fasste der Vikar von Lastovo am 9. März zusammen. Während einige der Beschuldigten im Verlauf des April und Mai noch persönlich in Dubrovnik erschienen, trug der Statthalter von Lastovo die gesamten Äußerungen am 26. April noch einmal schriftlich vor. Alle waren geständig, hatten nichts zu ihrer Verteidigung vorzubringen und waren bereit, sich dem Beschluss der Kirche zu beugen. Am 23. Mai ließ der Erzbischof die Beschuldigten benachrichtigen, sie hätten sich in seiner Residenz einzufinden, um das Urteil entgegenzunehmen. Der Provikar von Lastovo antwortete am 26. Juni, dass sich die Angeklagten fügen wollten. Schließlich wurde das Urteil am 30. Juni 1738 verkündet. Alle wurden „mehr oder minder" der Graböffnung und

Leichenschändung für schuldig befunden. Daher wurde ein und dieselbe Strafe für jeden als angemessen erachtet. Sie wurden zu einer Prozession zu den Kirchen der Inseln verurteilt, mit einem um den Hals gebundenen Stein. Alle Angeklagten hätten diese Bußübung ein Jahr später zu wiederholen, zwölf Angeklagte noch einmal in zwei weiteren Jahren. Andernfalls sollten sie der Exkommunikation anheimfallen. Schließlich seien noch zwölf Dukaten an Gerichtsgebühren zu entrichten.

Vor dem Hintergrund der Hysterie, die die Blutsauger auf dem europäischen Kontinent im zweiten Drittel des 18. Jahrhunderts in der Theologie und in der Poesie auslösten, verwundert es, dass der Vampirbegriff an der Adria anderen Bezeichnungen weichen musste und offenbar nur eingeschränkt bekannt war. Für die Dubrovniker Behörden scheint sich die Wiedergängerei an der Peripherie ihres Einflussbereichs als ein Novum dargestellt zu haben. Aus ihrer Sicht war der „Einfall der Vampire" einem Gerücht geschuldet. Weil durch Grab- und Leichenschändung die Autorität der katholischen Kirche unmittelbar herausgefordert war, versuchte der Bischof, Distanz zu allen Formen des Aberglaubens herzustellen und die Gläubigen mit der Bußstrafe zu disziplinieren. Von einem „Glaubenskampf" bzw. einer Rivalität mit anderen Konfessionen ist in der Akte indes nichts zu verspüren. Die Probleme der Hafen- und Handelsstadt Dubrovnik scheinen in ihrer Auseinandersetzung mit den Osmanen und den Venezianern anders gelagert gewesen zu sein.

Die Lastovoer Insulaner wiederum waren sich der Illegalität ihres Tuns durchaus bewusst. Entweder setzten ihnen die christlichen Gebote moralische Grenzen oder ihnen waren auf Präzedenzfälle Bezug nehmende Verbote der Kirche bekannt. Weil die Zeugen während der Vernehmung weitgehend Stillschweigen wahrten, mussten die Behörden davon ausgehen, dass die letzten „Vampirjagden" schon über ein Jahrzehnt zurücklagen. Es sah so aus, als ob nur wenige der im Oktober 1737 dingfest gemachten Grabschänder auf eine diesbezügliche Erfahrung zurückblicken konnten. Auffallend ist, dass sie sich an der Aktion beteiligten, obwohl kein aktueller Todesfall vorlag. Die Ruhr, die angeblich auf der Insel grassierte, kann keine epidemischen Ausmaße angenommen haben. Zumindest scheinen alle Opfer wieder genesen zu sein. Die einzige Beerdigung, die in den Akten Erwähnung fand, betraf offenbar einen namentlich nicht genannten gewöhnlichen Sterblichen und hatte mit der „Vampirkrankheit" nichts zu tun. So bleibt der Eindruck einer Volksbelustigung, unter der die Grabruhe lange zuvor Verstorbener zu leiden hatte, bei denen auch nur in einem Fall ein wie auch immer begründetes Verdachtsmoment, nämlich Tod durch Ertrinken, in Betracht zu ziehen war.

Über die Rolle des Vampirismus äußerten sich nur Außenstehende. Seitens der Lastovoer gibt es nicht mehr als den vagen Hinweis auf ein Verständnis der Wiedergängerei als Inbesitznahme eines Leichnams durch einen bösen Geist oder die fortwährende Aktivität einer ruhelosen Seele. Zwei Dubrovniker Seeleute bzw. Händler beschrieben die Aktivitäten schädigender Toter wie folgt: Auf den Sexualtrieb rekurrierend sagten sie männlichen Wiedergängern nach, ihre Witwen aufzusuchen. Das Rachemotiv ansprechend erwähnten sie die posthume Heimsuchung eines Streithahnes durch seinen Widersacher. In erster Linie würden sich schädigende Tote als Menschenfresser betätigen, die es auf Herz und Leber abgesehen hätten; erst in zweiter Linie würden sie als Blutsauger auftreten.

Da von den Lastovoern weitgehend Stillschweigen bewahrt wurde, erfahren wir über die Sache an sich nichts. Immerhin wird durch die Involvierung des unschuldigen Luka Fulmis in das Verfahren deutlich, dass sich die Insulaner bei Weitem nicht einig waren. Alles in allem lässt sich lediglich der Tathergang der Grabschändung rekonstruieren, wenn auch nur vage. Offenbar machten sich im August 1737 vor dem Hintergrund von Krankheitsfällen einige Wachleute und ein paar weitere Abenteuerlustige auf die vergebliche Suche nach schädigenden Toten im Umfeld von zwei Kirchen der Insel. Zu einer tatsächlichen Leichenschändung, zur Pfählung eines Toten, kann es nur am Rande und in aller Heimlichkeit gekommen sein. Anstatt aber weitergehende Nachforschungen über die Befindlichkeiten der einfachen Bevölkerung anzustellen, bemühten sich die kirchlichen Autoritäten vorrangig, etwas über die Beteiligung von Geistlichen in Erfahrung zu bringen. Darin wurde das eigentliche Sakrileg gesehen. Von der Eigenwilligkeit des Klerus zeugt die Aufmüpfigkeit des alten Don Marin Pavlović in der Vernehmung. Die Verurteilung des jungen Don Marin Borovinčić durch das bischöfliche

Konsistorium scheint demgegenüber eine Verlegenheitslösung gewesen zu sein.

Eine eigenwillige Interpretation des Vampirphänomens legte ein Vierteljahrhundert später der italienische Gelehrte Alberto Fortis in einer Landesbeschreibung vor, die 1774 auf Italienisch unter dem Titel „Viaggio in Dalmazia" und 1775 auf Deutsch unter dem Titel „Die Sitten der Morlacken" erschien. Abgesehen von seinen naturwissenschaftlichen Ambitionen ging es Fortis im Interesse Venedigs im Wesentlichen darum, das ökonomische Potenzial Dalmatiens auszuloten. Als Italiener fokussierte er dabei auf die Morlaken oder Maurowlachen, eine ursprünglich romanische Bevölkerungsgruppe, die sich zunehmend an die Slawen assimiliert hatte.

Fortis sorgte mit seinem Werk durch den Hinweis auf die von Barden vorgetragenen heroischen Volkslieder für die Popularisierung der südslawischen Volksdichtung (vgl. Kap. 1). Daneben kam er auch auf den seiner Ansicht nach grassierenden Aberglauben in der Region zu sprechen, den er zum einen mit vermeintlich transsilvanischen Wiedergängervorstellungen in Verbindung brachte, zum anderen aber auch mit dem einheimischen Ausdruck „Vukodlak". Ähnlich wie die Strix der römischen Antike konzentriert sich der Vukodlak in Fortis' Darstellung auf das Blutsaugen bei Kindern. Die Intensität dieser Vorstellung bei den Morlaken, wie Fortis die Küstenbewohner unisono bezeichnet, lasse sich an den entsprechenden Vorbeugemaßnahmen ablesen. In Verdachtsfällen werde die Wiedergängerei durch das Zerschneiden der Kniekehlen oder das Stechen von Stecknadeln in den betreffenden Leichnam zu verhindern versucht. Beeindruckt zeigte sich Fortis noch durch den Hinweis, dass Sterbende ihre Angehörigen mitunter bäten, diesbezügliche Eingriffe vorzunehmen, um zu verhüten, dass ihre Kinder durch sie selbst zu Schaden kämen.[91]

Ungeachtet dessen, dass Fortis nur spärliche Informationen liefert, schreibt er dem Vukodlak eine antikisierende Bedeutung zu. Dadurch relativiert sich das Motiv des Kindsmissbrauchs, dessen Konstatierung Fortis' Darstellung latent unterliegt. Was bleibt, ist somit die Figur eines schädigenden Toten, dessen Delinquenz sich bereits zu Lebzeiten abgezeichnet hat, und dessen Leichnam bewegungsunfähig gemacht und vor dem Aufblähen bewahrt werden soll, um ihn am Verlassen des Grabes zu hindern und der Verwesung anheimzugeben.

Immerhin blieb der Aberglauben in der Bevölkerung auch im Verlaufe des 19. und 20. Jahrhunderts noch lebendig. So veröffentlichte der kroatische Sprachwissenschaftler Vatroslav Jagić im *Archiv für slavische Philologie* 1882 einen Artikel aus dem Triester Lokalblatt *L'Indipendente* über eine Gerichtsverhandlung in dem in der Kvarner Bucht gelegenen Seebad Abbazia (kroat. Opatija). Drei Männer hatten das Grab von Giovanni Verlien mit der Behauptung geschändet, es handele sich um einen „Stregone" (it. Hexenmeister), der Jagić zufolge im kroatischen Küstenland als *kodlak* oder *kudlak* und im Inneren Istriens als *štrigun* bezeichnet wurde. Seine posthume Aktivität lasse sich bereits zu Lebzeiten an äußeren Zeichen wie der Geburt „im Blasebalg" (d. h. an der Embryonalhaut) ablesen (vgl. Kap. 2.2). Eine Gegenmaßnahme sei das Einschlagen eines Nagels in den Mund des Toten.[92]

Zu nennen sind auch die dem „Vampir" *(vukodlak)* gewidmeten Erzählungen, die der kroatische Lehrer und Publizist Stjepan Banović 1928 im Zagreber *Zbornik za narodni život i običaje Južnih Slavena* („Sammlung zum Volksleben und zu den Volkssitten der Südslawen") veröffentlichte:

ERSTER FALL:

Jemand berichtete, dass sein Vater seinen im dalmatinischen Dorf Boka verstorbenen Onkel nach einigen Jahren auf Geschäftsreise in Konstantinopel vor einer Metzgerei wiedergetroffen habe. Man habe den Onkel in das Geschäft gelockt und den Fleischer angehalten, ihn in den Finger zu schneiden, sodass er sein Blut verloren und in sich zusammengesackt sei.

ZWEITER FALL:

Ein anderer Zeuge erzählte, ein Bekannter seines Vaters sei im dalmatinischen Hinterland in Neretva zum Vampir geworden. Er habe dies als eine Strafe Gottes empfunden und seinen Freund um einen Gefallen gebeten, den er mit Geld und Kleidung zu vergüten gedachte: Für den Karfreitag wünschte er sich die Pfählung seines im Grab liegenden Leichnams, um Erlösung für seine Seele zu finden.[93]

Der Vampir tritt in diesen Gruselgeschichten sinnentleert als böser Geist oder Unhold auf. Biblische Bezüge wie auf die Leidensgeschichte Jesu Christi weisen jedoch darauf hin, dass die Frage nach dem Jenseits mit den Optionen von Himmel und Hölle als Subtext im Alltag durchaus immer eine Rolle spielte.

Vampirismus in Serbien

Im Zuge der Errichtung staatlicher Verwaltungsstrukturen und der Sammlung von Volksliedern und -märchen sorgte im Fürstentum Serbien unter der Herrschaft von Miloš Obrenović im ersten Drittel des 19. Jahrhunderts hin und wieder auch der Vampirglaube für Anstoß. Im Jahre 1820 berichteten beispielsweise Gemeindevorsteher und Kaufleute dem Fürsten, dass sich die Einwohner von Ub wegen vermeintlicher Vampirumtriebe nachts in ihren Häusern zusammenrauften und aus Angst nicht auf die Straße gingen. Weil weder der Bischof noch der lokale Statthalter eine Öffnung der Gräber erlaubt hätten, suchten sie um Erlaubnis beim Fürsten nach. Miloš gestattete das Vorhaben, verbot aber Übergriffe auf die Leichen und empfahl stattdessen das Gebet als Mittel gegen Wiedergänger. Dennoch musste der zuständige Statthalter später berichten, dass die Bewohner bei der Vampirbekämpfung in gewohnter Manier nach eigenem Gutdünken verfahren seien. Im Jahr 1839 wurde das Kreisgericht im sogenannten Schwarzflusstal (Crnorečka kotlina) bzw. am Fluss Crni Timok vom kirchlichen Konsistorium darüber informiert, dass im Dorf Šarbanovac binnen einer Woche neun Verstorbene zu Vampiren erklärt und dementsprechend geschändet worden seien. Zuvor hätte die Dorfversammlung sie beschuldigt, erst das Vieh und dann Frauen und Kinder gewürgt zu haben. Die vermeintlichen Vampire seien exhumiert und ihre Herzen entnommen und in Wein gekocht worden. Danach habe man sie wieder zurück ins Grab gelegt.[94]

Die Existenz des Vampirglaubens in Serbien war also nicht zu verleugnen. Er wurde aber nicht als eine Angelegenheit von öffentlichem Interesse angesehen. Das lag wohl weniger daran, dass das Blutsaugen in den Berichten keine Rolle spielte. Vielmehr wurde das Problem des Aberglaubens im

20 • „VUJIĆ GESPRÄCH MIT MÖNCHEN IM KLOSTER KLISURA ÜBER VAMPIRE"
Die Illustration eines Gesprächs über Vampire im serbischen Kloster Klisura, das für die Differenz zwischen einem gebildeten Städter und einem orthodoxen Einsiedler steht, soll die Rückständigkeit der bäuerlichen Lebenswelten und den Mangel der Volksbildung in der serbischen Provinz symbolisieren.

Rahmen einer primär auf den Nationalstaat fokussierenden Politik marginalisiert und ist daher über den gesamten Zeitraum des 19. Jahrhunderts nur indirekt erschließbar. Symptomatisch ist das Urteil des Dramatikers Joakim Vujić, der als „Vater des serbischen Theaters" bekannt wurde. In seinem 1828 erschienenen Buch „Reise durch Serbien" (Putešestvije po Serbiji) hielt er ein Gespräch mit zwei Mönchen aus dem im westlichen Serbien südlich von Požega gelegenen Kloster Klisura fest:

Vujić zufolge behauptete der zu Besuch weilende Mönch Gerasim aus dem südlich von Peć im heutigen Kosovo gelegenen Kloster Dečani, einen Vampir mit eigenen Augen gesehen zu haben. Auf die Frage, wie er ausgesehen habe, beschrieb er in seiner Antwort einen ausgegrabenen Leichnam, der nicht verwest gewesen sei, mit den Augen gestarrt und die Zähne gezeigt habe. Als Vujić sich nach den Aktivitäten des Vampirs erkundigte, erfuhr er, dieser habe nachts das Dorf aufgesucht, Leute erschreckt und gewürgt und sogar mit seiner Ehefrau geschlafen. Diese habe aus Angst vor physischer Gewalt alle Zudringlichkeiten über sich ergehen lassen. Im Zuge der Exhumierung habe ein Priester dem Toten einen Weißdornstab zwischen die Zähne gesteckt und ihm drei Tropfen Weihwasser eingeflößt.

Bevor Vujić den Mönch weitererzählen ließ, fragte er ihn in ironischer Weise noch, warum sich der Vampir nicht gewehrt und den Priester am Bart gezogen habe. Gerasim wies seinen Gesprächspartner darauf hin, dass Vampire bei Tage über keine Kräfte verfügten. Lediglich bei Nacht erfahre ihr Körper durch den „Unreinen", sprich den Teufel, eine Belebung. Dadurch sei er imstande, Schaden anzurichten. Bezüglich der Vernichtung des besagten Vampirs wusste Gerasim weiter zu berichten, der Dorfälteste habe der Leiche den erwähnten Weißdornstab in die Brust gerammt, woraufhin Flüssigkeit aus dem Mund ausgetreten sei. Nach der erneuten Bestattung des Leichnams habe man nie wieder etwas von posthumen Aktivitäten vernommen.

Bemerkenswert an Vujićs Persiflage sind nicht nur seine empirischen Befunde, sondern auch die Geisteshaltung des Autors. Zum einen scheint die fehlende oder lediglich indirekte Augenzeugenschaft in Bezug auf den unverwesten Leichnam für alle Vampirberichte symptomatisch zu sein. Angesichts der Tatsache, dass bei Vujić von einem nachgerade prototypischen serbischen „Vampir" die Rede ist, überrascht zum anderen die Nichterwähnung des Blutsaugens. Ohne den religiös inspirierten Hinweis auf die Belebung des toten Körpers durch den Teufel könnte der Eindruck entstehen, es lediglich mit der Schilderung eines Alpdrucks zu tun zu haben. Der in der Erzählung nur undeutlich zum Ausdruck kommende Schadenzauber findet indes durch die Bezugnahme auf die Übertretung sexueller Tabus eine Überhöhung. Auch die Vernichtung des belebten Toten mittels eines Dornenstabes erfährt im dargestellten klösterlichen Kontext eine neutestamentliche Deutung, verbirgt sich dahinter doch eine Verballhornung der Leidensgeschichte Jesu, der dem biblischen Bericht zufolge bei seiner Geißelung eine Dornenkrone aufgesetzt bekam. In diesem Zusammenhang ist bezeichnend, dass der Scheiterhaufen als populäres Mittel der posthumen Hexenverbrennung keine Erwähnung findet. Die Zielgruppe von Vujićs aufgeklärter Kritik bildet so gesehen weniger das traditionellen Vorstellungen anhängende Volk als der niedere Klerus, mithin der Personenkreis, der idealiter die Grundlagen für das nationale Erwachen legen sollte, praktisch aber eher synkretistische Positionen vertrat.

Seine Gesprächsnotiz abschließend konnte sich Vujić des Kommentars nicht enthalten, der Allmächtige möge Fürst Miloš Obrenović ein langes Leben schenken, damit er während seiner Herrschaftszeit Schulen errichten könne, in denen talentierte Lehrer für die Ausmerzung des Aberglaubens Sorge trügen. Und um die Absurdität des Volksglaubens kenntlich zu machen, wies Vujić auch noch auf eine andere triviale Vampirgeschichte hin, die sich im südlichen Ungarn unweit seiner an der Donau gelegenen Heimatstadt Baja abgespielt haben soll. In ihr spiegelt sich in eigenwilliger Weise der aufgeklärte Geist des säkularisierten Europa wider. So sei von einer Witwe und ihrem als Vampir auftretenden Liebhaber eine Karnevaleske inszeniert worden, um die übrigen Hausbewohner während ihres Schäferstündchens zu vergraulen und die Ermordung des Ehegatten zu vertuschen.[95]

Ungeachtet dessen hielt das den traditionellen Normen und Werten verpflichtete einfache Volk im 19. und 20. Jahrhundert am Vampirglauben fest. Der Amtsvorsteher von Niš, Vule Vukotić, verfasste Anfang der 1880er Jahre einen Brief, in dem er einige Vorkommnisse in seinem Bezirk dokumentierte:

ERSTER FALL:

Im Jahre 1880 sei unter den Schafen eine Seuche ausgebrochen. Die Dorfbewohner hätten einen zwei Monate zuvor verstorbenen Bauern verdächtigt, als Vampir Schafe zu verschlingen. Deshalb hätten sie seinen Leichnam verbrannt.

ZWEITER FALL:

Ein verstorbener Grenzsoldat sei aus Bosnien als Vampir wieder nach Hause gelangt, weil seine Freunde sein Pferd zurückgebracht hätten. Er habe sich bei seiner Frau gemeldet und dann auf dem Dachboden einquartiert. Allerdings habe er begonnen, sich über die Schafe herzumachen. Paradoxerweise habe ein Wolf angefangen, ihm Konkurrenz zu machen. Der Wolf habe schließlich ein Schaf verspeist, in das der Vampir eingefahren sei.[96]

In beiden Fällen konnotiert Vampirismus nichts anderes als eine Bedrohung für die Schafe, die für die Dorfgemeinschaften eine Lebensgrundlage darstellten.

Daneben bezog sich der serbische Altphilologe und Religionswissenschaftler Veselin Čajkanović in einem 1923 in der Zeitschrift *Srpskij knijževni glasnik* („Serbischer Bücherbote") erschienenen Aufsatz auf einen Artikel aus der Belgrader Zeitung *Vreme* („Die Zeit") über einen Vorfall in dem bosnischen Dorf Tupanari:

Die Witwe eines verstorbenen Bauern habe kurz nach der Beerdigung darüber zu klagen begonnen, dass ihr Mann nachts in das Haus zurückkehre, um zu randalieren. Im Dorf sei man über den Vorfall zunächst noch geteilter Meinung gewesen. Doch als sich nach Ablauf eines Monats auch die Söhne des Toten der Auffassung der Mutter angeschlossen hätten, sei die Dorfversammlung übereingekommen, den Vampir zu vernichten. Das Grab sei geöffnet und die Leiche mit einem Weißdornstab gepfählt und auf dem Scheiterhaufen verbrannt worden.

Čajkanović war der konventionellen Ansicht, durch das Pfählen solle der Tote am Verlassen des Grabes gehindert werden, während das Verbrennen eine Eliminierung aller Teile des Körpers bezwecke, in denen sich die Seele einnisten könne. Bei der Vampirbekämpfung werde eine Vermischung beider Bräuche vorgenommen. Das Pfählen sei dabei älter als das Verbrennen.[97]

Krauss versus Karadžić

Neben den bisher genannten Spezialisten machte sich insbesondere der österreichische Ethnologe und Sexualforscher Friedrich Salomon Krauss beim westlichen Publikum um die Popularisierung eigenwilliger Vampirgeschichten aus dem südöstlichen Europa verdient. Bei seinen Reisen nach Bosnien und Herzegowina sowie Dalmatien nahm er in politischer Hinsicht eine skeptische Position gegenüber großserbischen Ideen ein. 1883/84 publizierte er „Sagen und Märchen der Südslaven", 1914 „Tausend Sagen und Märchen der Südslaven". Unveröffentlichtes Material erschien 2002 unter dem Titel „Volkserzählungen der Südslaven". Es handelte sich bei diesen Werken teils um Übersetzungen aus Sammlungen südslawischer Ethnologen und Philologen in einem spätromantischen Literaturdeutsch, teils um künstlerische Bearbeitungen mündlicher Erzählungen. Interessanterweise tauchen Vampire in den zweibändigen „Sagen und Märchen der Südslaven" gar nicht auf. Diese Sammlung folgte vielmehr noch gänzlich dem Vorbild des serbischen Philologen und Volkskundlers Vuk Stefanović Karadžić, der in der Manier der Gebrüder Grimm in den Jahren 1853 und 1854 „Volksmärchen der Serben" (Narodne srpske pripovijetke) in serbischer und deutscher Sprache herausgegeben hatte, in denen zwar die Vila, ein weiblicher Naturgeist, als balkanisches Spezifikum eine Rolle spielt, Untote aber überhaupt keine Erwähnung finden.[98]

Krauss präsentierte lediglich zwei Beispiele. Die Erzählung „Die Spinnerin und der Tote" stellt eine vereinfachte Version eines Motivs dar, dessen radikalere Varianten aus anderen Regionen überliefert sind (vgl. Kap. 5.1). Krauss gestaltete den Inhalt folgendermaßen:

Die Mädchen des Dorfes versammeln sich bei einer Witwe zum Spinnen. Alle bis auf die Tochter des Hauses haben einen Geliebten. Als Letztere mit einem Stoßseufzer bekennt, auch einen Toten nehmen zu wollen, geht der unfromme Wunsch in Erfüllung. Nachdem der tote Brautwerber am vierten Abend zu einem Dauergast zu werden scheint, wendet sich das Mädchen um Rat an den Pfarrer. Dieser empfiehlt, dem Eindringling den Faden eines Wollknäuels anzuheften, mittels dessen sich seine Spur bis zu einem Grab zurückverfolgen lasse. Wegen seiner Verstrickung in die dämonischen Machenschaften hält der Pfarrer das Mädchen allerdings für rettungslos verloren und rät den Eltern, es jenseits von Tür und Fenster durch eine Öffnung in der Wand ins Freie zu geleiten und bei lebendigem Leibe an einem Kreuzweg zu begraben. Die Eltern befolgen den priesterlichen Rat, und als der Tote wieder erscheint und nach dem Mädchen begehrt, vermag er angesichts dieser Vorkehrungen außer dem Vorbringen vager Drohungen nichts weiter auszurichten.

Nach einiger Zeit sprießt aus dem Grab des Mädchens eine Rose, die von einem Grafen gepflückt und mitgenommen wird. In der Nacht verwandelt sich die Rose in das Mädchen und verzehrt das Abendessen des Grafen. Als dieser dem Mädchen auf die Schliche kommt, beschließt er augenblicklich, es zu heiraten. Wegen des auf dem Mädchen lastenden Fluches bedingt dieses sich allerdings eine dreijährige Zeit der Verborgenheit und des Schweigens aus. Eines Abends sieht sich der Graf jedoch genötigt, eine Feier aufzusuchen, bei der er veranlasst wird, sein Gelübde zu brechen. Unter den Gästen taucht daraufhin plötzlich der tote Freier als böser Geist auf, der unverhofft wieder auf die Fährte des Mädchens gebracht worden ist. Dem Mädchen bleibt nur noch, den Grafen um die Ablegung der Beichte in einer Kirche zu bitten, nach der es förmlich zu Staub zerfällt.

In der zweiten Geschichte verliebt sich eine Königstochter in einen gemeinen Soldaten:

Als der Vater versucht, die Beziehung dadurch zu unterbinden, dass er den Soldaten in einem anderen Land stationieren lässt, stirbt die Tochter vor Gram. In weiser Voraussicht bestellt der König vor ihrer Grabeskirche eine Wache ein. Und in der Tat verlässt die Tote allabendlich ihr Grab, um die Wachsoldaten zu fressen. Daraufhin betraut der König ihren Geliebten mit der Wache. Als dieser seinen Dienst antritt, öffnet sich auf wundersame Weise die Kirchentür und der allmächtige Gott wartet in Gestalt eines Bettlers mit guten Ratschlägen auf. In der ersten Nacht versteckt sich der Soldat hinter dem Altar, in der zweiten hinter der Orgel. Er wird von der gefräßigen Toten erst entdeckt, als die Stunde, die ihr für ihre nächtlichen Aktivitäten bleibt, um ist. In der dritten Nacht weist der Bettler den Soldaten an, sich in das Grab der Toten zu legen und jegliches Gespräch mit ihr zu vermeiden. Nach Ablauf der Geisterstunde taucht der Bettler am Grab auf und erweckt das Mädchen mit der Verheißung zum Leben, sie solle mit dem gemeinen Soldaten zusammenbleiben, bis der Tod sie scheide. So kommt der König nicht mehr umhin, eine Trauung zu organisieren.

In beiden Fällen beschränkt sich Krauss darauf, im Zusammenhang mit der Knüpfung familiärer Bande ein Spiel um Versuchungen aufzuzeigen, in dem gesellschaftliche Tabus gebrochen werden. Untote oder Geister wirken darin als Abgesandte des Teufels, die gerechte Strafen verheißen, oder als „arme Seelen", die eine unverhoffte Gnade erfahren. An Bezugnahmen auf den Adel, der in Serbien schon vor Jahrhunderten der osmanischen Eroberung zum Opfer gefallen war, oder auf die Orgel, die in der orthodoxen Kirche nicht vorkommt, lässt sich ablesen, dass eine Interpretation für ein westliches Publikum angeboten wird.[99]

Abgesehen von der Erwähnung einer „Mora", eines alpdrückenden und blutsaugenden Nachtdämons, der in der gleichnamigen Erzählung aus dem Jahre 1884 von einem Schneidergesellen kurzerhand an der Tür festgenagelt wird[100], tritt der Vampir bei Krauss im eigentlichen Sinne erstaunlicherweise erst in den Sammlungen von 1914 und 2002 auf. Aus dem Korsett einer klassischen Märchensammlung befreit, kamen nun mit einiger Verspätung offenbar auch trivialere Motive zum Zuge. Es handelt sich um Spuk- und Gespenstergeschichten, in denen der Vampir entweder als profaner Wiedergänger oder als phantastische Horrorfigur eine Verunstaltung erfährt. Beispielsweise geht es bei der Geschichte „Der Jux eines Totenwärters" um eine Verwechslungskomödie:

Ein junger Mann verlässt während der Totenwache seinen Kompagnon, um Weintrauben zu pflücken. In der Zwischenzeit setzt der Zurückgebliebene den Verstorbenen auf einen Sessel und begibt sich selbst in den Sarg zur Ruhe. Als der Weinleser zurückkommt, hält er den Toten für seinen Kompagnon. Als Letzterer beginnt, ihn mit verstellter Stimme aus dem Sarg heraus zu verhöhnen, flieht er ins Dorf, um Hilfe für den Kampf gegen den vermeintlichen Vampir zu holen.[101]

In der Geschichte „Wie zwei Vampire miteinander um einen Riesenknochen raufen" fungiert der Blutsauger als Schreckgespenst und wird zudem durch den anekdotischen Rahmen entstellt:

Zwei befreundete Kaufleute wetten auf die Treue ihrer Diener. Deren Ergebenheit geht so weit, dass sie nachts im Leichenhaus um den urzeitlichen Schienbeinknochen eines sogenannten Einaugriesen ringen, obgleich sie sich gegenseitig für Vampire halten.[102]

In der aus Istrien stammenden Geschichte „Von einem Vampir, der den Obstgarten des Ortspfarrers heimzusuchen pflegte" kommt es zu einer weiteren kuriosen Verfremdung des Vampirmotivs:

Nach der wiederholten Plünderung seiner Obstbäume beauftragt ein Pfarrer einen Glöckner mit einem Wachdienst. Dieser macht in der Nacht von Samstag auf Sonntag einen lediglich mit Hosen und Socken bekleideten Toten als Störenfried aus. Weil sich Letzterer vor dem Besteigen eines Birnbaums die Socken auszieht, kann ihm der Glöckner einen Streich spielen. Als der Tote bemerkt, dass ihm die Socken gestohlen wurden, wendet er sich mit der Drohung „wie du mir, so ich dir" an den Spötter, der sich in der Zwischenzeit auf dem Glockenturm in Sicherheit gebracht hat. Sich davon nicht beeindrucken lassend kriecht der tote Obstdieb kurzerhand in Gestalt einer Schlange den Glockenturm hinauf, wird aber durch das Läuten der Totenglocke von seinem Vorhaben abgebracht. Am nächsten Tag findet die Gemeinde den Toten in einer Blutlache. Daraufhin erklärt der Pfarrer, das Blut stamme von den Opfern des als „Strigo" oder „Vila" umgehenden Toten, und verweist in diesem Zusammenhang auf gehäufte Sterbefälle im Dorf.[103]

Während das sich um den Glockenturm rankende Sujet auch aus mitteleuropäischen Nachzehrererzählungen bekannt ist (vgl. Kap. 2.2), klingt der in dieser Erzählung am Schluss folgende Exkurs zum schädigenden Toten ein wenig künstlich. Das Blutsaugen steht im Schatten des gestohlenen Obstes und das Zerstören des aufgeblähten Leichnams im Zeichen eines Sturzes vom Kirchturm.

Nicht weniger verwirrend, aber desto inhaltsschwerer strukturiert sich die von Krauss unter der Überschrift „Der Vampir von Leskovac" in seine Sammlung aufgenommene Erzählung aus einer südserbischen, für ihre Textilindustrie bekannten Kleinstadt:

Einleitend behauptet der Erzähler, im Alter von 5–6 Jahren von der Vervampierung eines Moslems gehört zu haben. Dieser habe nach seinem Tode die Häuser der Reichen heimgesucht und Schrecken verbreitet. Aus Furcht hätten mehrere Familien stets gemeinsam ein Nachtquartier bezogen. Derweil habe der Vampir in den verlassenen Häusern gewütet, Geschirr zerschlagen und die Kleidung besudelt.

Dann teilt der Erzähler weiter mit, dass er in seiner Kindheit mit eigenen Augen gesehen habe, wie ein weiterer, völlig behaarter und lediglich mit einem turbanartigen Tuch bekleideter Vampir auf einer Büffelkuh geritten sei. Diesem Toten sei nachgesagt worden, ein Verhältnis mit einer Witwe eingegangen zu sein. Schließlich habe ein sogenannter Vampirsohn dem Unhold mit Gewehrpatronen den Garaus gemacht. Darüber hinaus weiß der Erzähler zu berichten, bei einem Vampir handele es sich um ein Geschöpf aus Fleisch und Blut, aber ohne Haut und Knochen.[104]

Bemerkenswert an diesen aus der Handwerkerschaft stammenden Erzählungen ist zum einen das multikulturelle Milieu, zum anderen die verhaltene Sozialkritik. Eigentlich gibt es keinen Grund dafür, dass der Vampir vorrangig die sich aus der Kaufmannschaft rekrutierende lokale osmanische Elite heimsucht. Thematisiert werden Normenverstöße, die sich nicht nur gegen den Sittenkodex der patriarchalischen Gesellschaft richten, sondern auch die Reinheitsgebote der islamischen Religion verletzen. Der Vampir erscheint einerseits als behaarter Teufel, andererseits als knochenloser Gnom. Dabei mischen sich christliche Vorstellungen mit dem Aberglauben der Roma und finden auf diese Weise Eingang in die islamische Kultur.

In seiner Abhandlung „Slavische Volksforschungen" teilte Krauss 1908 noch zwei Vampirberichte mit, die er aus zweiter Hand erfahren hatte. Seiner Mutter sei im Jahre 1886 eine Geschichte zugetragen worden, die sich 1873 in der kroatischen Stadt Pleternica im slawonischen Teil des Gebiets der ehemaligen Militärgrenze zugetragen haben soll:

Ein altes Weib habe zwei Tage nach der Bestattung begonnen, Unfug zu treiben, indem es Steine gegen die Haustür warf und Staub aufwirbelte. Die hinterbliebene Familie habe fortan nur in Gesellschaft einer Gruppe von Männern zu schlafen gewagt. Davon habe sich die Tote aber nicht beirren lassen. Einem Mann sei der Schädel eingeschlagen, einem anderen die Hand verletzt worden. Erst nach zehn Tagen habe der Spuk aufgehört.

Mit vampiristischem Blutsaugen hat diese Erzählung nichts zu tun. Eher scheint das Phänomen des Poltergeists auch in Kroatien bekannt gewesen zu sein. Ob hier Vorbehalte gegen böse Schwiegermütter vorliegen, mag dahingestellt bleiben. Dass das Verhalten der Betroffenen nicht so ganz ernst zu nehmen ist, wird durch den Hinweis des Erzählers auf die außergewöhnlichen Kosten für die Beleuchtung des Hauses deutlich.[105]

Ein wenig rabiater gestaltet sich die Erzählung eines Bauern aus dem Nordosten Bosniens, die Krauss über einen Gendarmen zugetragen wurde. Nach dem Ableben einer Popenfrau habe rund hundertfünfzig Jahre zuvor in dem Dorf Čengić ein Massensterben eingesetzt, von dem auch die Familie des Zeitzeugen betroffen gewesen sein soll:

Der Urgroßvater des Gendarmen, Pero, habe nachts in der Küche ein Feuer entfacht und der Frau des Popen aufgelauert. Als sie um Mitternacht erschienen sei, habe er sie mit einem Scheit aus Weißdornholz aus dem Haus zu jagen versucht. Nachdem sie seine Attacke mit Drohungen beantwortet habe, sei Pero am nächsten Morgen zusammen mit dem Dorfschulzen zum Popen geeilt, um den Vorfall zu melden. Weil der Pope die Wiedergängerei seiner verstorbenen Frau in Abrede gestellt habe, sei Pero mit der Behauptung vor das – seinerzeit noch osmanische – Gericht der Kreisstadt Zvornik gezogen, er habe mit dem Holzscheit Rußflecken auf dem Leichentuch hinterlassen. Daraufhin habe ihm das Gericht gestattet, das Grab zu öffnen. Sie hätten eine aufgeschwollene Leiche gefunden, der mit einem Weißdornpfahl und einem Scheiterhaufen der Garaus gemacht worden sei. Zuvor habe eine Natter versucht, aus dem Grab zu entweichen, sei aber auf der Stelle erschlagen worden. Danach habe das Sterben im Dorf aufgehört.

In diesem Bericht spiegelt sich noch einmal eine klassische Vampirgeschichte wider. Betroffen war diesmal eine orthodoxe Gemeinde, die von den osmanischen Behörden autorisiert wurde, eine Vampirbekämpfung vorzunehmen. Der Urgroßvater erscheint als Held, weil er imstande war, sich gegen alle Widerstände durchzusetzen. Hinter der Schlange verbirgt sich eine dämonische Gestalt, die vorübergehend von dem Leichnam Besitz ergriffen hat.[106]

Orthodoxes Patriarchat und Hohe Pforte als Feindbilder auf dem Zentralbalkan

Auf dem Zentralbalkan, dem Territorium des heutigen Bulgarien, begannen fromme Mönche in der zweiten Hälfte des 18. Jahrhunderts, Traditionen einer mittelalterlichen bulgarischen Staatlichkeit zu propagieren. Sie instrumentalisierten das kulturelle Gedächtnis für nationale Zwecke und leisteten der Desavouierung der osmanischen Sozialordnung Vorschub. Für die Auflösung der immerhin bestehenden konfessionellen Verwaltungsautonomie sorgten dann an der Wende vom 18. zum 19. Jahrhundert Konflikte zwischen der Hohen Pforte, d. h. der osmanischen Regierung, und den osmanischen Provinzverwaltern. Vor diesem Hintergrund begannen bulgarische Pädagogen in den 1830er Jahren, sich der geistigen Bevormundung durch das orthodoxe Patriarchat in Konstantinopel zu erwehren. Angeregt durch den Freiheitskampf in anderen Regionen Südosteuropas verschrieben sich bulgarische Emigranten seit den 1860er Jahren dem bewaffneten Widerstand gegen die osmanische Herrschaft bzw. der Abschüttelung des „türkischen Jochs". Bezeichnenderweise zählte weder die Bauernbefreiung noch die Bodenreform zu den Themen dieser im Zeichen einer Idealisierung des bulgarischen Volkes stehenden nationalen „Wiedergeburt". Ihre Repräsentanten entstammten den Kleinstädten aus den Gebirgsregionen Zentralbulgariens und der bulgarischen Diaspora in den Donaufürstentümern. Sie rekrutierten sich zunächst aus dem Fernhandel, dann aus dem Handwerk und schließlich aus dem politischen Exil.

Im Zuge dieser Nationalbewegung versuchten sich die bulgarischen Gemeinden dadurch von den griechischen Bischöfen zu emanzipieren, dass sie die Verwendung ihrer Muttersprache in der griechischen Liturgie einforderten und dem orthodoxen Patriarchen von Konstantinopel die Anerkennung versagten. Schließlich ordnete der Sultan 1870 die Einrichtung einer bulgarischen Diözese, eines Exarchats, an, auf das sich die kirchliche Autonomie gründen konnte. Über die konfessionell gebundenen Schulen konnte zugleich für die Verbreitung der bulgarischen Sprache unter der slawischen Bevölkerung Makedoniens gesorgt werden.

Voraussetzungen für den Weg in die staatliche Unabhängigkeit bildeten die Etablierung einer literarischen Öffentlichkeit und die Entwicklung von Geheimbünden. Summa summarum unterlag die bulgarische Elite in ihrem Bemühen um die Abschüttelung des „türkischen Jochs" in den Jahrzehnten vor dem Aprilaufstand von 1876 und der durch russische militärische Intervention und deutsche diplomatische Vermittlung erfolgten Staatsgründung von 1878 mit der Auffassung, das Volk zu vertreten, allerdings in doppelter Hinsicht einer Selbstüberschätzung. Zum einen war die Dorfgemeinschaft nicht auf die Identifikationsmuster des städtischen Lesepublikums angewiesen. Zum anderen gehörten die Gebildeten in Abhängigkeit von ihrer Generation und ihrem sozialen Status zu unterschiedlichen Interessengruppen.[107]

Makedonien, für das der Berliner Kongress von 1878 lediglich Reformen seitens der osmanischen Regierung eingefordert hatte, entwickelte sich fatalerweise zum territorialen Streitobjekt der in den Prozess der Nationalstaatsbildung eingetretenen Balkanländer Bulgarien, Serbien und Griechenland. Die ungeklärte „Makedonische Frage" bildete die Lunte, die in den Balkankriegen von 1912/13 das „Pulverfass" entzünden sollte.[108]

Vampirismus in Makedonien

Aufgrund der Integration des zentralen Balkans in das Osmanische Reich und wegen der Unterordnung der christlichen Gemeinden unter das griechisch-orthodoxe Patriarchat von Konstantinopel ist die Dokumentation von Vampirfällen mangels eigener Verwaltungsstrukturen bei den Balkanslawen spärlich. Für die Jahre 1836 bis 1839 finden sich jedoch immerhin Einträge in den „Registerbüchern" (*sicillāt*) der Kadis von Manastir (maked. Bitola), in denen Honorare für Spezialisten zur Abwehr von „Geistern" (*cādūcılar*) festgehalten sind. Da die betreffende Akte buchhalterischen Zwecken diente, ist in ihr lediglich der Hinweis verzeichnet, die Spezialisten seien aus der Region Tikveš und der Stadt Köprülü (maked. Veles) angeworben worden. Aus dem Umstand, dass Vampirspezialisten in behördlichem Auftrag unterwegs waren, lässt sich aber schlussfolgern, dass Gerüchte über schädigende Tote eine ernsthafte Bedrohung des sozialen Friedens darstellten und keinesfalls auf die dörfliche Welt beschränkt blieben. In der Stadt Manastir ließ sich offenbar kein Vampirjäger auftreiben. Es ist allerdings davon auszugehen, dass Graböffnungen keinesfalls ständig auf der Tagesordnung standen. Bezüge zur Pest, die zu dieser Zeit noch in Makedonien wütete, lassen sich aufgrund der Quellenlage nur vermuten.[109]

Plastischer wird der Vampirglaube in den Erzählungen Marko Zepenkows, der seit 1856/57 als Schneider und Lehrer in Prilep (türk. Perlepe) Legenden und Lieder aus dem Handwerkermilieu sammelte und nach seiner Übersiedlung nach Sofia ab 1889 in der Zeitschrift *Sbornik za narodni umotvorenija, nauka i knižnina* („Sammlung von Volksweisheiten, Wissenschaft und Buchkunde") veröffentlichte.[110] Eine Geschichte handelt davon, dass die Mutter der Braut eines Verstorbenen die Nacht von Samstag auf Sonntag in der Stadt verbringt und ihrer Tochter dadurch die folgende Affäre beschert:

Um nicht allein zu sein, lädt das im Haus zurückgelassene Mädchen eine Freundin aus der Nachbarschaft zum Spinnen ein. Im Gespräch äußert sie ihr Bedauern darüber, dass ihr verstorbener Bräutigam mit seinem Ring beerdigt wurde. Die Freundinnen beschließen, ihn auszugraben, sehen sich dann aber genötigt, den Ringfinger abzuschneiden und auszukochen. Noch bevor es gelingt, den Ring abzustreifen, kommt um Mitternacht der Tote in Gestalt eines Vampirs durch den Kamin. Als er erfährt, dass im Topf Hirse zubereitet werden soll, will er am Essen teilnehmen. Unterdessen stiehlt sich die Nachbarin davon. Damit nimmt das Schicksal der zurückgebliebenen Braut seinen unheilvollen Lauf. Vor dem ersten Hahnenschrei tötet der Vampir das Mädchen und saugt sein Blut aus, den toten Körper stopft er mit Stroh aus und kleidet ihn in Brautgewänder. Als die Mutter zurückkommt, ist sie zunächst empört, muss sich dann aber mit dem Sachverhalt abfinden.[111]

In einer anderen Geschichte betätigt sich der Vampir als Brautwerber:

Ein Vampir schlüpft in seine besten Kleider und hält bei einer armen Frau um die Hand ihrer ältesten Tochter an, wobei er zugleich auch seine Dienste bei der Vermittlung der beiden jüngeren anbietet. Dann geleitet er seine Braut auf den Friedhof und in seine Behausung, eine unter einer Steinplatte gelegene Höhle. Er befiehlt seiner Braut, Menschenfleisch, das dort an einem Haken hängt, zu braten. Als das Mädchen sich ziert, wird es kurzerhand geschlachtet. Danach verkleidet sich der Vampir als Kaufmann und versucht, die zweite Tochter mit dem Appell in seine Höhle zu locken, sie werde als Pflegerin für ihre erkrankte Schwester gebraucht. Sie ereilt das gleiche Schicksal. Schließlich holt sich der Vampir die jüngste Tochter, lehnt dabei aber die angebotene Hilfe der Mutter ab. Die jüngste Schwester sucht Zuflucht im Gebet, wird erhört und entdeckt in einem Schrank einen verborgenen Gang, der sie in den nächtlichen Wald führt. Sie erbittet von Gott einen Koffer, der sich nur mit einem Haar öffnen lässt, kriecht hinein und ernährt sich eine Zeit lang von Obst. Die Suche des Vampirs nach ihr verläuft erfolglos.

Stattdessen erspäht ein von der Jagd kommender Zarensohn das Mädchen, das er für eine Vila (hier bulg. „Samovila"), ein nymphenartiges Wesen, hält. Allerdings kann er sie weder dingfest machen noch vermag er den Koffer zu öffnen, in dem er einen Schatz vermutet. Im Schloss angekommen, wird der Koffer im Zimmer des Prinzen aufgestellt. Daraufhin beginnt das Mädchen, einen Teil seiner Speisen zu verzehren, bis es von einem Diener beim Verlassen des Koffers entdeckt wird. Infolgedessen lauert auch der Prinz dem Mädchen auf und nimmt es, als er seiner habhaft wird, spontan zur Frau. Der Koffer wird in einem Verlies verborgen.

Weil es Neider gibt, die einen Mörder anheuern, kommt es aber vorerst zu keinem guten Ende. Stattdessen findet sich das Mädchen von seinen Entführern gefesselt in den Brennnesseln wieder, wird aber rechtzeitig vor dem Verhungern von einer Kräuterfrau entdeckt. Unterdessen erkrankt der Prinz und bestellt beim Volk Speisen zu seiner Stärkung. Zusammen mit der Alten bereitet seine Gattin ein Krautgericht vor und versieht dieses mit einem Haar. Daraufhin verlangt der Prinz ein weiteres Mal nach dem Gericht und drückt seinen Wunsch aus, die Kräuterfrau zu besuchen. Er entdeckt seine im Backtrog versteckte Gattin und nimmt sie zusammen mit der Alten wieder zu sich.[112]

In einer dritten Geschichte wird das Schicksal einer Patchworkfamilie geschildert:

Ein Witwer mit Tochter heiratet eine Witwe mit Tochter. Der Vater besitzt eine Mühle, in der böse Geister hausen. Als der Vater einmal unterwegs ist, versucht die Mutter, die Stieftochter den Vampiren zum Fraß vorzuwerfen. Das Mädchen bäckt eine Pita, ein Fladenbrot aus Hefeteig, und sucht die Mühle auf. Es gibt einem Hündchen, einem Hähnchen und einem Kätzchen zu essen. Daraufhin warnt das Kätzchen, vor dem Hahnenschrei zu schlafen und die Tür zu öffnen. Als es klopft, meint das Hündchen, es handele sich um einen Vampir. Das Kätzchen rät, ihn vor dem Öffnen der Tür die Reichtümer des wohlhabendsten Mannes der ganzen Gegend zusammentragen zu lassen, was das Mädchen dem Vampir denn auch aufträgt. Nach seiner Rückkehr kräht das Hähnchen, und der Vampir verschwindet. In der zweiten Nacht wiederholt sich das Ganze. Diesmal muss der Vampir außer Geld auch noch Waren heranschaffen. Dadurch gierig geworden, schickt die Stiefmutter ihre eigene Tochter in die Mühle. Doch dieses Mädchen verzehrt sein Mahl allein, ohne den anderen etwas abzugeben. Deshalb verweigern die Tiere jegliche Hilfe. Wie nicht anders zu erwarten, tritt der Vampir ein und saugt dem Mädchen das Blut aus. Die Stiefmutter gelangt zur Einsicht und tut Buße. Schließlich wird die Mühle abgerissen und stattdessen eine Kirche gebaut.[113]

In diesen Erzählungen spielt der Vampir keine zentrale Rolle mehr. Er tritt als Unhold in Menschengestalt auf, der einmal als wiederkehrender Toter Erwähnung findet, einmal als Menschenfresser bezeichnet wird, sich ansonsten aber allenfalls durch das Blutsaugen von anderen Dämonen unterscheidet. Hauptdarsteller sind in diesen Geschichten die Menschen mit all ihren Leidenschaften und Verfehlungen. Es handelt sich jeweils um familiäre Konstellationen, bei denen kein Mann im Hause ist. Daher kommen die Rollen der Witwe und der Stiefmutter zum Tragen. Heldin ist immer die allein gelassene Tochter, die sich im häuslichen Kontext, wie beim Spinnen oder Backen, als Braut zu bewähren hat. Unschuldig einer Gefahr ausgesetzt, versprechen ihr immer noch eine gute Tat oder das Gebet einen Ausweg. Für das Übertreten von Tabus oder das Begehen eines Frevels, wie die Störung der Totenruhe oder die Ermordung eines Menschen, sehen die Geschichten hingegen als gerechte Strafe den Vampirbiss vor.

Vom Erzähler werden allerlei Lebensweisheiten zum Besten gegeben, sei es die Devise „Kleider machen Leute", sei es die Losung „selber essen macht fett". Die Sorge um das täglich' Brot widerspiegelnd erscheint die nächtliche Mühle als verwunschener Ort. Dem Publikumsgeschmack geschuldet ist die Integration von mancherlei Horrorvisionen, wie das Verzehren von Menschenfleisch und das Ausstopfen von Leichen. Auch der Exkurs zum Zarensohn ist als literarische Ausschmückung zu verstehen. Dem Bereich der Fabel entnommen ist das Auftreten von Tieren, die mit den Menschen kommunizieren. Letzten Endes scheint das Glück der kleinen Leute immer auch von der Möglichkeit abzuhängen, sich durch eine List einen Anteil an den Gütern der Reichen zu sichern.

Vampirismus im osmanischen Bulgarien

Unter osmanischer Herrschaft war die Vampirfrage unter den slawischen Untertanen auf dem zentralen Balkan trotz der geringen Überlieferung in schriftlichen Dokumenten nicht ganz unbekannt. Hatten die Behörden im 17. Jahrhundert noch grundsätzliche Schwierigkeiten, damit umzugehen, kristallisierte sich im Laufe des 18. Jahrhunderts eine gewisse Routine bei der Toleranz von Grab- und Leichenschändungen durch die lokale Bevölkerung heraus (vgl. Kap. 3.2). Aus der Lektüre osmanischer Quellen erwächst darüber hinaus der Eindruck, die gesetzlich ihrer Freizügigkeit beraubten Untertanen hätten wegen der Abgabenlast, des Sicherheitsproblems oder der Sorge um die Gesundheit nach einer Möglichkeit gesucht, einen Migrationswunsch zu begründen. Beispielsweise informierte die erste, seit 1831 erscheinende türkische Zeitung *Takvim-i Vekayi* („Tatsachenkalender") am 6. September 1833 ihre Leser über einen Bericht, den ein osmanischer Offizier aus der alten bulgarischen Hauptstadt Weliko Tarnowo (türk. Tırnova) für die Hohe Pforte verfasst hatte. Nach diesem Bericht hatte sich Folgendes zugetragen:

Die Bewohner von Weliko Tarnowo litten angeblich unter nächtlichen Attacken von Monstern (cadi, hortlak) und sähen sich gezwungen, ihre Häuser zu verlassen. Die Behörden hätten auf die Hilfe eines Christen zurückgreifen müssen, der sich auf die Vampirjagd verstanden habe. Er habe die Leichen von zwei Janitscharen exhumiert und deren Nichtverwesung als Beweis für ihr nächtliches Treiben gedeutet. Der Vampirjäger habe dem Unwesen nach und nach dadurch ein Ende bereiten können, dass er die Toten erst pfählte, dann mit heißem Wasser übergoss und schließlich verbrannte.

Offensichtlich sollte hiermit auch noch einmal das Ansehen einer sich ursprünglich aus christlichen Sprösslingen rekrutierenden ehemaligen Eliteeinheit, der Janitscharen, in Misskredit gezogen werden, die wegen ihrer zunehmenden Einmischung in die Staatsgeschäfte 1826 aufgelöst worden war.[114]

Weitere Vampirgeschichten aus Zentralbulgarien sind an prominenter Stelle überliefert, nämlich in den Memoiren des Revolutionärs Sachari Stojanow, die in den Jahren 1884 bis 1892 in drei Bänden unter dem Titel „Aufzeichnungen über die bulgarischen Aufstände" (Zapiski po bǎlgarskite vǎstanija) erschienen. Nach dem Besuch der Volksschule war Stojanow in der zweiten Hälfte der 1860er Jahre im östlichen Balkangebirge in der Gegend von Kotel, der „Wiege der bulgarischen Wiedergeburt", als Schäfer tätig gewesen. Während einer Schneiderlehre in der Donaustadt Ruse bildete er sich Anfang der 1870er Jahre autodidaktisch weiter und schloss sich einem Revolutionskomitee an. Nachdem er sich 1875/76 an den bulgarischen Aufständen gegen das Osmanische Reich beteiligt hatte, trat er als liberaler Publizist und Justizbeamter hervor.[115]

Vampire (bulg. *vapir*) finden in Stojanows „Augenzeugenbericht" an zwei Stellen Erwähnung. Über die Schäfer von Kotel teilte er mit, dass sie sich an den Winterabenden mit Debatten über Himmel und Hölle und dem Erzählen von Schauergeschichten die Zeit vertrieben. Von der Existenz böser Geister, Hexen, Feen und Vampire seien sie überzeugt. Wie es um das Bewusstsein des angehenden Revolutionärs selbst bestellt war, wird hingegen nicht mitgeteilt. In der Retrospektive hielt Stojanow den Vampirglauben offenbar nur insofern für relevant, als damit antitürkische Sentenzen verbunden waren. So soll ein Hadschi, eine sich in Anlehnung an die islamische Tradition durch eine Pilgerfahrt nach Jerusalem oder ihre religiöse Erfahrung auszeichnende christliche Respektsperson, darauf hingewiesen haben, dass die Seelen der Christen ins Paradies eingingen, während die Muslime der Verdammnis anheimfielen. Auch wenn sich ein christlicher Sünder in einen Vampir verwandle, behalte er immer noch seine menschliche Gestalt. Für einen Türken sei hingegen die Reinkarnation als Schwein vorherbestimmt, eine Wiedergeburt als Angehöriger einer Gattung also, die im Islam als unrein gilt. In diesem Zusammenhang soll ein anderer Schäfer ein Malheur mit einem erlegten Wildschwein zum Besten gegeben haben, dessen Fleisch nicht gar zu kochen gewesen sei. Bei näherer Betrachtung der Jagdbeute habe sich herausgestellt, dass die Ohren des Wildschweins mit Watte verstopft waren und an dem Vorderlauf ein silberner Reif hing. Es wurde auf den Fingerring eines unlängst verstorbenen Türken geschlossen. Ob es sich vor dem Hintergrund vielfältiger türkisch-bulgarischer Symbiosen gar um einen Pomaken, einen bulgarischen Muslim, gehandelt hat, bleibt offen.[116]

Während seiner Zeit als Dorflehrer in Nordbulgarien erfuhr Stojanow im Jahre 1873 von einem selbst ernannten Vampirjäger in Pirgowo, einer Nachbargemeinde der an der Grenze zu Rumänien gelegenen Donaustadt Ruse. Es handelte sich dabei um den Popen Marin, dessen spezielle Fähigkeiten von Stojanow ironisch kommentiert werden:

Zwei Zigeuner hätten sich wenige Tage nach der Bestattung ihres Vaters bei einem Popen beklagt, der Tote habe das Grab verlassen und sei durch das Schlüsselloch ins Haus eingedrungen, wo er seine Angehörigen vom obersten Regal mit Brotstücken beworfen habe und erst mit dem morgendlichen Hahnenschrei mit einer Portion Mehl wieder verschwunden sei. Für 200 Groschen soll sich der Pope bereit erklärt haben, den Vampir zu verbrennen, bevor er irgendjemanden erwürgen könne. Zu dem versprochenen Schauspiel habe sich um die Mittagszeit eine Menschenmenge auf dem Friedhof versammelt.

Am vierzigsten Tag nach dem Tod des Verdächtigen sei der Pope in einem liturgischen Gewand mit einer Ikone erschienen und sei die Gräber abgeschritten, bis er auf ein Mäuseloch gestoßen sei. Der an dieser Stelle bestattete Tote habe schwarz wie ein verkohlter Holzklotz und aufgedunsen wie ein Fass ausgesehen. Zunächst sei die Brust mit einem spitzen Pfahl durchstoßen, dann die Leiche mit kochendem Wein übergossen und zuletzt das Grab mit Glut und Holz gefüllt worden. Während die Leute von dem Gestank vertrieben worden seien, habe der Pope seelenruhig seine Gebete gesprochen.

Mit diesem Bericht wollte Stojanow offenbar den niederen Klerus desavouieren. Der Pope habe den Aberglauben des Volkes genutzt, um in die eigene Tasche zu wirtschaften. Dagegen helfe nur rationaler Verstand oder säkulare Vernunft, die durch den Ausbau des Schulsystems erzielt werde.[117]

Vampirjäger im unabhängigen Bulgarien

Seriöse Hinweise auf Vampirjäger nach Erlangung der staatlichen Unabhängigkeit Bulgariens finden sich in den Werken ausländischer Experten, namentlich bei dem tschechischen Historiker und Politiker Konstantin Jireček und bei dem ungarischen Ethnographen und Journalisten Adolf Strausz. Jireček wurde durch sein 1876 veröffentlichtes Buch „Geschichte der Bulgaren" (Dějiny bulharského národa) bekannt. 1879 wurde er in die bulgarische Regierung berufen und übernahm 1881/82 den Posten des Wissenschaftsministers. 1884 wurde er zum Direktor der Nationalbibliothek ernannt, trat aber noch im gleichen Jahr eine Professur an der Prager Karls-Universität an, die er bis zu seinem Wechsel an die Universität Wien im Jahre 1893 innehatte. In seinem 1891 erschienenen Buch „Das Fürstentum Bulgarien. Seine Bodengestaltung, Natur, Bevölkerung, Wirthschaftliche Zustände, geistige Cultur, Staatsverwaltung und neueste Geschichte" leitete er den im ganzen Land verbreiteten Vampirglauben aus der Furcht um das Vieh ab. In der Gegend um Prowadija im Nordosten Bulgariens gebe es „Zauberer" (*džadadžija*, abgeleitet von türk. *džadá*) oder Teufelsaustreiber, die auf die Vampirjagd spezialisiert seien. Es handele sich dabei um Nachkommen von Kindern, die von einem Vampir gezeugt worden sind (*fărkuljak*). Sie verfügten über die Fähigkeit, den für gewöhnliche Menschen unsichtbaren Vampir zu erkennen.[118]

In diesem Zusammenhang nahm Jireček auf ein Dorf Bezug, in dem die Schlafkrankheit ausgebrochen sei:

Ein Vampirjäger oder Dschadadschija habe den bösen Geist mit einer Ikone von einem Tier zum anderen getrieben. Der Geist sei zunächst in die Glocken und dann in die Wolle der Schafe gefahren und schließlich im Maul eines Hundes verschwunden. Als man ihn zu guter Letzt in einer hölzernen Röhre ausgemacht habe, sei diese verstopft und verbrannt worden. Danach habe die Seuche aufgehört.

In einem anderen Dorf hätten ebenfalls Krankheitsfälle die Bestellung eines Dschadadschija herbeibeschworen:

Der böse Geist sei von einem Hof in den anderen gejagt worden, bis die dafür verwendete Ikone infolge einer Berührung zu zittern begonnen habe. Daraufhin habe der Dschadadschija den Geist bis zum frischen Grab eines Zigeuners verfolgt. Unverzüglich sei die Leiche exhumiert und verbrannt worden. Die anwesende Menge habe gemeint, dabei das Winseln des Vampirs zu vernehmen. Binnen zweier Wochen sei die Seuche überwunden worden.[119]

Adolf Strausz war nach Studien in Pest und Wien 1878 als Kriegskorrespondent in Bosnien und der Herzegowina tätig gewesen und bereiste den Balkan später noch mehrmals im Auftrag der ungarischen Regierung. Seit 1892 unterrichtete er in Budapest Ethnographie und Handelsgeographie an der Orientalischen Handelsakademie bzw., ab 1921, Wirtschaftsuniversität. In seinem 1898 erschienenen Buch „Die Bulgaren. Ethnographische Studien" machte er über das Phänomen des Vampirismus indes nur vage Angaben. Zum einen benannte er die Sitte, Verdächtigen vor der Beerdigung eine Nadel in den Magen zu stechen. Zum anderen schilderte er die Vorstellung, ein Vampir behalte seine menschliche Gestalt bei, bestehe aber nur aus Haut und Blut, verfüge über keine Knochen und kein Fleisch. Ausführlicher ging Strausz auf die „Vampirbeschwörer" (*vampiridži*) ein. Mancherorts werde ein im Grab liegender Vampir in der Nacht von Samstag auf Sonntag verbrannt. Die Wampiridschi, professionelle Vampirjäger, seien hingegen darauf spezialisiert, den Vampir zu erschießen. Wenn sie auf einem Friedhof ein Rohr verbrennten und ihre Flinten schwenkten, kämen die Vampire heraus und flehten um ihr Leben. Um zu verhindern, dass aus dem Blut eines erschossenen Vampirs ein neuer hervorgehe, werde die Leiche mit siedendem Wasser übergossen oder mit glühenden Kohlen übersät. Sollte der Vampir nicht vernichtet werden können, werde er in eine andere Gegend vertrieben.[120]

Entsprechend skurril klingen auch die von Strausz geschilderten Vampirfälle:

Ein halbes Jahrhundert zuvor seien Vampire für eine Plage verantwortlich gewesen. Sie hätten Lebensmittel verdorben und die Nachtruhe gestört, indem sie sich über Butter und Käse hermachten und in Tennen und Spinnstuben musizierten und lärmten. Nicht einmal mit einer Flinte habe ihnen Einhalt geboten werden können. Ein Mönch aus Kalugerowo in Zentralbulgarien habe dann geraten, Wein- und Ölflaschen ins Wasser zu werfen, um die Totenruhe wiederherzustellen. Diese Maßnahme habe denn auch tatsächlich zum allmählichen Verschwinden der Vampire geführt.

In einem weiteren Fall wusste Strausz einen Vampir namentlich zu benennen. Es handelte sich um den Schneider Timon aus der Gegend um Prilep im Süden des heutigen Makedonien:

In Anbetracht einer Seuche habe der Bischof 40 Tage lang in 40 Häusern Psalmen gesungen und Öl versprüht. Schließlich habe er den Friedhof aufgesucht, Timons Grab mit Weihwasser geweiht und die Leiche dann ausheben lassen. Der Tote habe sich in aufgedunsener Gestalt gezeigt, die Strausz interessanterweise nicht auf Blut, sondern auf Wasser zurückführte. Erst nachdem der Bischof dem Toten durch den Mund Weihwasser eingeflößt habe, sei der Leichnam zusammengefallen und dünn wie ein Brett geworden. Danach sei von einer Vampirgestalt offiziell nicht mehr die Rede gewesen. Lediglich der neue Besitzer des Hauses habe zu munkeln begonnen, der Vampir sei weiterhin aktiv und betreibe seinen Schabernack aus Ärger über das Weihwasser noch ärger als zuvor. Er soll dann noch einen professionellen Vampirbeschwörer zurate gezogen haben.[121]

In Jirečeks Perspektive spielt der Vampir lediglich als Krankheitsdämon eine Rolle. Das Augenmerk richtet sich auf das Phänomen der vermeintlichen Vampirsprösslinge und deren Nachkommen (*džadadžija*), die in schamanischer Inszenierung christlicher Rituale eine Art Exorzismus betreiben. Dass in einem Fall ein Vertreter der Roma als Sündenbock ausgemacht wurde, kann kein Zufall sein. Interessanterweise fungiert der Vampir lediglich als böser Geist, der für gewöhnliche Sterbliche nicht zu erkennen ist. Er ist auf diese Weise weder fass- noch greifbar. Die Verbrennung eines aufgeblähten Leichnams scheint daher nur eine Form der Vampirbekämpfung gewesen zu sein. Auch Strausz bezeugt die beiden Varianten des Vampirs – zum einen als menschliche Gestalt und zum anderen als böser Geist. Seiner Darstellung zufolge standen professionelle Vampirbeschwörer (*vampiridži*) in Konkurrenz zu kirchlichen Autoritäten, Flinte und siedendes Wasser boten sich als Alternativen zu Ikone und geweihtem Öl an. Von Blutsaugern ist nicht mehr die Rede, nur noch von Plagegeistern.

Von den Donaufürstentümern zum Königreich Rumänien

Seit dem 12. Jahrhundert wurde die sich aus Wanderhirten zusammensetzende romanischsprachige Bevölkerung des Donau-Balkan-Raums in der westlichen Welt als Walachen bezeichnet. Am Anfang des 14. Jahrhunderts bildeten sich die beiden Woiwodate, d. h. Fürstentümer, Walachei und Moldau heraus, die in der Zeit ihres bis ins 18. Jahrhundert reichenden „Mittelalters" teilweise in doppeltem Vasallenverhältnis zu den umliegenden Großreichen standen, seien es die Habsburger, die Osmanen oder die Polen-Litauer. Im 18. Jahrhundert etablierte sich in den Donaufürstentümern die sogenannte „Phanariotenherrschaft", benannt nach den von den Osmanen als Fürsten eingesetzten griechischen Kaufleuten, die ursprünglich aus dem Istanbuler Stadtteil Phanar stammten. Eine einheitliche Identität wurde den Walachen allenfalls durch die orthodoxe Kirche gestiftet, deren zahlreiche Klöster über beachtliche Ländereien verfügten. An der Wende von den 1820er zu den 1830er Jahren trat das russische Zarenreich als Schutzmacht auf den Plan und verschaffte den Donaufürstentümern innere Autonomie und Handelsfreiheit. Nach einer 1846 vereinbarten Zollunion kam es 1859 mit der Doppelwahl des Fürsten Alexander Cuza zu einer Vereinigung der Moldau und der Walachei zum Fürstentum Rumänien. Erst der Berliner Kongress brachte 1878 die Unabhängigkeit vom Osmanischen Reich und 1881 die Proklamation des Königreichs Rumänien. Im Zuge des Ersten Weltkrieges wurde ein „Großrumänien" geschaffen, dem Bessarabien, die Bukowina, Siebenbürgen und Teile des Banats angehörten.[122]

Siebenbürgen spielte innerhalb des Königreichs Ungarn eine Sonderrolle, weil die aus dem deutschen Sprachraum stammenden und vereinfacht „Sachsen" genannten Siedler seit dem 13. Jahrhundert mit Privilegien ausgestattet waren und Autonomie besaßen. Aus der sich auf ständischer Grundlage 1437 konstituierenden mittelalterlichen „Nationsuniversität", die sich aus dem ungarischen Adel, dem Städtebund der Sachsen und dem Grenzwächtervolk der Szekler zusammensetzte, waren die orthodoxen Walachen ausgeschlossen. Im 16. Jahrhundert schritt die Reformation bei den Sachsen voran. Das Fürstentum Siebenbürgen erlangte 1541 im Zuge der Teilung des historischen Ungarn zwischen dem Osmanischen Reich und dem Habsburgerreich eine gewisse Selbständigkeit. Bei der Eingliederung in das Habsburgerreich 1690 wurden die Privilegien der Sachsen bestätigt. Allerdings kamen fortan Versuche einer Gegenreformation zum Tragen. Obgleich die Rumänen die Bevölkerungsmehrheit stellten, verfügten sie bis in die 1860er Jahre über keine politischen Rechte. Mit dem österreichisch-ungarischen Ausgleich von 1867 ging die Selbständigkeit Siebenbürgens verloren. Die Verwaltungsreform von 1876 bildete den Auftakt einer Politik der Magyarisierung, die sich vor allem gegen die Rumänen richtete.[123]

Die heute im Dreiländereck Serbien – Ungarn – Rumänien gelegene historische Landschaft Banat gelangte 1718 mit dem Frieden von Passarowitz an das Habsburgerreich. Das bevölkerungsarme, von Festungsstädten durchzogene Gebiet unterlag als Kronland bis 1751 der Militärverwaltung. Teilweise wurde das Banat ab 1742 in das Gebiet der habsburgischen Militärgrenze zum Osmanischen Reich integriert, im Kernbestand 1778 aber Ungarn angegliedert. Neben Ungarn und Walachen siedelten sich in der Region um Temeswar seit der zweiten Belagerung Wiens durch die Osmanen 1689 serbische Flüchtlinge an, seit dem sogenannten Schwabenzug der 1720er Jahre auch Kolonisten aus dem südwestdeutschen Raum. Aufgrund des „Banater Fiebers" (Malaria) und des „Morbus hungaricus" (Fleckentyphus) galt die Region im 18. Jahrhundert indes als „Friedhof der Nationen" bzw. als „Sarg der Deutschen". Immerhin bestand die Bevölkerung Mitte des 19. Jahrhunderts zu knapp über die Hälfte aus Rumänen und, von den nationalen Minderheiten abgesehen, zu je einem Fünftel aus Serben und Deutschen.[124]

Blutsauger in Siebenbürgen und im Banat

Ungeachtet der Tatsache, dass in den westlichen Medien seit Bram Stokers „Dracula" Transsilvanien als Heimat der Vampire gilt, sind die ersten „Blutsauger" nicht bei der dortigen einheimischen Bevölkerung, sondern bei der zugewanderten deutschen Minderheit aktenkundig geworden. Nach heutigem rumänischem Verständnis gehören zu Transsilvanien neben Siebenbürgen noch andere Gebiete des historischen Ungarn wie das Banat, das Kreischgebiet, die Region Sathmar und die Region Marmarosch. Aufs Ganze gesehen stellt sich die Frage, ob Vampire in Rumänien in Gestalt von Nachzehrern bereits durch die seit dem Mittelalter ansässigen siebenbürgisch-sächsischen Kolonisten bekannt waren oder ob sie erst mit den deutschen Kolonisten in den Schwabenzügen der 1720er Jahre nach Transsilvanien kamen. Im Siebenbürgen des ausgehenden 17. und beginnenden 18. Jahrhunderts lassen sich jedenfalls erste Hinweise finden.

Der Theologe, Arzt und Polyhistor Samuel Köleseri berichtete beispielsweise in seiner noch im Berichtsjahr erschienenen Schrift über „Die siebenbürgische Pest von 1709" (Pestis Dacicae anni MDCCIX) vom Glauben der Menschen an schädigende Tote. In den zwischen Fehérvar und Hermannstadt gelegenen Nachbardörfern Kis-Kerék und Pókafalva wurden Köleseri zufolge Leichenschändungen als Mittel gegen die Pest vorgenommen. In einem Fall seien ein Mann, zwei Frauen und ein Mädchen ausgegraben worden. Weil die Körper der Frauen für unversehrt erachtet worden seien und die Münder den Eindruck erweckten, am Leichentuch zu zehren, seien ihnen vor der Pfählung noch Steine in den Rachen geschoben worden, ohne dass jedoch die Epidemie eingedämmt worden wäre. In einem weiteren Fall seien die Leichen eines rumänischen Einwohners und dessen Enkel ausgegraben und für verdächtig befunden worden. An dieser Stelle wies Köleseri noch auf einen Hermannstädter Fall vom Ende des 17. Jahrhunderts hin, in dem ein verstorbener Gardeoffizier bei verschiedenen Personen Alpdruck verursacht habe. Bei der Graböffnung sei das Zehren des Verstorbenen am Leichentuch festgestellt und daher eine Enthauptung vorgenommen worden, die ein Ende des Schadenzaubers bewirkt habe. Als Erklärung für die Krankheit wies Köleséri eine mögliche Einflussnahme des Teufels durch „Hexen und Zauberinnen" (*sagae et veneficae*) zurück. Seiner Auffassung nach handelte es sich entweder um ein Werk der Phantasie oder um eine Fehldiagnose.[125]

Im Zusammenhang der Debatte um die Vampirfälle von Medvedja (vgl. Kap. 4.1) berichtete das *Commercium litterarium* am 7. Mai 1732 von einer Seuche in dem heute nicht mehr lokalisierbaren walachischen Dorf Merul an der Grenze zu Siebenbürgen, der von November 1717 bis April 1718 80 Einwohner zum Opfer gefallen sein sollen. Der namentlich nicht genannte, möglicherweise aber in Wien beheimatete Korrespondent des Journals berief sich auf einen Augenzeugen, der als Quartiermeister in der Armee fungiert und sich zu der fraglichen Zeit vor Ort aufgehalten habe. Über die Seuche hatte der Korrespondent das Folgende zu berichten:

Die von vermehrter Röte des Gesichts und von Wahnvorstellungen begleitete Krankheit habe binnen dreier Tage zum Tod geführt. Von den Betroffenen sei in diesem Zusammenhang auf den Einfluss von Hexen und Zauberinnen hingewiesen worden, von Blutsaugern sei aber nicht die Rede gewesen. Allerdings habe der Zeuge kurz vor dem Verschwinden der Seuche gesehen, wie auf dem Friedhof einige Tote an derjenigen Stelle ausgegraben wurden, an der ein schwarzes Pferd gescheut habe. Unter den Toten hätten sich die unverwesten Leichen eines Greises, einer Frau und zweier Kinder befunden. Nach alter Väter Sitte habe man die Verdächtigen enthauptet und verbrannt. Danach sei die Krankheit nicht mehr in Erscheinung getreten.

Ob durch den Zeitzeugen eine retrospektive Übertragung der Nachrichten von den nordserbischen Fällen auf die frühere Erfahrung in Merul erfolgte, mag dahingestellt bleiben. Interessant ist, dass der Wiener Korrespondent in diesem Zusammenhang betonte, nur die Ortsbewohner, nicht aber die Soldaten seien damals erkrankt. Er schloss daraus auf eine Endemie, die mit bösen Kräften, die von Lebenden oder Toten ausgehen, nichts zu tun gehabt habe. Denn herkömmliche Wiedergänger, zumindest jene aus den Reihen der lokalen Bevölkerung, hätten mit Sicherheit auch an den wegen der Einquartierungen im Dorf verhassten Soldaten Anstoß genommen.[126] Mit dieser Aussage bekundete der außenstehende Beobachter, dass ihm die Frage posthumer Aktivitäten auch aus seinem eigenen kulturellen Umfeld vertraut war.

Die nächsten Vampirvorfälle schilderte Joseph Teutsch, der Pfarrer der vor Kronstadt gelegenen Gemeinde Nussbach, in seiner 1754 begonnenen „Nachlese zu den kurzgefassten Jahrgeschichten von Ungarn und Siebenbürgen", die 1903 in den „Quellen zur Geschichte der Stadt Brassó" veröffentlicht wurde. Vor dem Hintergrund von Pest und Gegenreformation wurde Teutsch zufolge 1719 in Nussbach eine verstorbene Frau gepfählt und verbrannt, weil ihr im Garten liegendes Grab am Morgen den Eindruck erweckt habe, teilweise offen zu stehen, und sie daher für „eine Vampier oder Blutsaugerin" gehalten worden sei.[127] Für das Jahr 1756 notierte Teutsch eine weitere Meldung eines „Pestdoktoren". In der Oberen Vorstadt von Kronstadt, d. h. im rumänischen Viertel, sei eine ein Vierteljahr zuvor verstorbene Walachin ausgegraben worden. Sie soll auf dem Rücken gelegen und die Hände unter das Gesäß geschoben haben. Das Kopftuch sei zerrissen gewesen. Ein Ohr habe geblutet und ein triefendes Loch habe die Brust entstellt. Von der Schulter abwärts sei die linke Körperhälfte blutig gewesen. Obgleich in beiden Fällen von Abwehrmaßnahmen nichts berichtet wird, liegt eine Parallele zu den im mitteldeutschen Raum in Pestzeiten grassierenden Nachzehrervorstellungen vor. Denkbar wäre ein entsprechender Ideenexport nach Südosteuropa. Zumindest gaben ungewöhnliche Todesfälle ein Rätsel auf, das im Zeitalter der Aufklärung noch länger die Phantasie der Siebenbürger Sachsen anregte. Dabei wurde das Auftreten von Vampirismus im siebenbürgischen Milieu jedoch konsequent in Abrede gestellt. So wird in einem späteren Zusatz zu Teutschs Chronik unter Berufung auf den gesunden Menschenverstand die Vermutung ausgesprochen, es könne sich bei der in Kronstadt Verstorbenen wegen ihrer ungewöhnlichen Lage um eine lebendig Begrabene gehandelt haben.[128] Symptomatisch ist darüber hinaus, dass der Siebenbürger Sachse Martin Martinus in einer Wiener Dissertation lediglich auf die Vampirfälle von Medvedja Bezug nahm, obgleich er bei der Thematisierung von unterschiedlichen Varianten der Spezies Dämon durchaus auch heimische Beispiele hätte heranziehen können.[129]

Die Grabschändungen im Banat von 1725/26 und aus der ersten Hälfte der 1750er Jahre, die in den Verwaltungsakten ihren Niederschlag gefunden hatten, präsentierte der Budapester Lehrer Lajos Baróti in den *Ethnologischen Mitteilungen aus Ungarn* in dem 1894 erschienenen Artikel „Beiträge zur Geschichte des Vampyrismus in Südungarn". Demnach wurde der Verwalter des Lugos-Facseter Distrikts am 31. März 1725 beauftragt, in Herinbiesch das Grab einer Zauberin zu öffnen, der posthume Umtriebe nachgesagt wurden. Dem Bericht vom 3. April 1725 zufolge waren drei Monate nach ihrem Tod noch keine weiteren Anzeichen einer Verwesung festzustellen. Eine Hand habe sich in der Höhe des Kopfes befunden. Aus dem Befund einer Blutlache unter dem Kopf wurde geschlossen, dass es sich bei ihr um einen „Bluthsaugerer" handele. Auf dieser Grundlage wurden Anweisungen für das weitere Vorgehen erbeten. Im Bescheid vom 10. April 1725 wurde der Verwalter autorisiert, in der üblichen Weise zu verfahren. Was die Schändung verdächtiger Leichen betrifft, ließ die Militärbehörde die Bevölkerung offenbar gewähren, während die Kirche massiv dagegen vorging. Beispielsweise beantragte der Unterverwalter des Lugos-Facseter Distrikts am 1. August 1725 den unentgeltlichen Widerruf der Exkommunikation der Gemeinde von Babscha, die der Bischof verhängt hatte, weil dort ein vermeintlicher Blutsauger eigenmächtig verbrannt worden war.[130]

Unter den Bedingungen der Pest, die das Banat infolge des Türkenkrieges von 1736–1739 heimsuchte, scheint die Vampirbekämpfung vorübergehend einen neuerlichen Aufschwung erlebt zu haben. Jedenfalls verzeichnete der zeitweilig als Dolmetscher im Gebiet der Banater Militärgrenze tätige Orientalist Anton von Hammer in seiner „Temeswarer Pestchronik" 1839 einen „Blutsäuger"-Fall in der seit Beginn der 1720er Jahre nicht nur von serbischen Flüchtlingen, sondern auch von Deutschen aus Franken und Elsass-Lothringen bewohnten Siedlung Neu-Arad, die durch den Fluss Marosch von der Stadt Arad separiert war.[131] Einer euphemistisch formulierten preußischen

Pressemeldung zufolge, die von einem Wiener Korrespondenten am 25. Juni 1738 verbreitet worden war, ließen sich Vampire im Banat durchaus hin und wieder sehen, sie hätten sich aber bis dato noch nicht unterstanden, „einem eintzigen von der Deutschen Nation beschwerlich zu fallen".[132]

Die Angaben Lajos Barótis weisen auf eine weitere Hochphase der Vampirbekämpfung Ende der 1740er und in der ersten Hälfte der 1750er Jahre hin. So ließ der Pope in Karansebesch auf Geheiß des orthodoxen Bischofs eine Kirche sperren, weil sich in der Gemeinde elf Leichenschändungen ereignet hatten. In mehreren anderen Orten wurden ebenfalls eigenmächtige Aktionen gegen vermeintliche Vampire registriert. In der heute in der serbischen Vojvodina gelegenen Kleinstadt Kovin ließen Vertreter der Kirchengemeinde und des stationierten Militärs 1751 die Leiche eines Mannes mit einem slawischen Vornamen (Marinko Káláritt) verbrennen. In Schebell wurde 1753 ein vierzehntägiger Arrest für Leichenschänder angeordnet.[133]

Vor diesem Hintergrund ließ Maria Theresia im Zusammenhang mit dem Verbot der „Magia posthuma" im Jahr 1756 eine Untersuchungskommission unter Leitung des Wundarztes Georg Tallar in die südlichen Randgebiete Ungarns entsenden (vgl. Kap. 4.2).[134] Tallars Bericht wurde mit einiger Verspätung 1784 unter dem Titel „Visum repertum anatomico-chirurgicum oder Gründlicher Bericht von den sogenannten Blutsäugern, Vampier, oder in der wallachischen Sprache Moroi, in der Wallachey, Siebenbürgen, und Banat" veröffentlicht. Die Kaiserin scheint kein Interesse daran gehabt zu haben, im Hinblick auf die Ansiedlung von Kolonisten aus dem deutschsprachigen Raum neben der Debatte um den „Morbus hungaricus" noch ein weiteres Schreckensszenario an die Öffentlichkeit dringen zu lassen. Tallar, der nach eigenem Bekunden Ungarisch und Rumänisch sprach, wies darauf hin, dass er bereits dreimal Zeuge von Vampirfällen, will heißen posthumen Exekutionen, gewesen war: 1724 im siebenbürgischen Deva, 1728 im walachischen Oburschta und 1753 in den südlich von Temeswar gelegenen Ortschaften Schebell und Klein Dikva sowie in dem nördlich von Temeswar gelegenen Dorf Kallatsa.[135]

Tallar verwendete für die Vampire die walachische bzw. rumänische Bezeichnung „Moroi". Es handele sich bei diesen um einen verstorbenen Mann oder eine verstorbene Frau, der oder die angeblich den Lebenden im Schlaf, aber auch im wachen Zustande erscheine. Danach folge eine zwei- bis dreitägige Krankheit, die mit Herzbeschwerden, Kopfweh sowie Magen- und Darmbeschwerden einhergehe und zu Fieberphantasien führe. Aus diesem Grund trete die Dorfgemeinschaft anders als die Obrigkeit für Graböffnungen ein. In diesem Zusammenhang sei die Unsitte verbreitet, das Blut angeblicher Wiedergänger als Salbe zur Vermeidung von Ansteckungen zu verwenden.

Alles in allem kam Tallar zu dem Schluss, die vermeintliche Vampirkrankheit sei auf die einseitige Ernährung der ländlichen Bevölkerung und die Fastengebote der orthodoxen Kirche zurückzuführen. Als widerstandsfähig erwiesen sich seiner Ansicht nach lediglich die seit den 1690er Jahren im Banat heimisch gewordenen serbischen Flüchtlinge, die durch reichlichen Verzehr roten Pfeffers ihr Immunsystem stärkten. Abschließend wagte Tallar die Prognose, dass der Aberglaube an Einfluss verliere, wenn den Kranken mittels Medikamenten geholfen werden könne.[136] Ungeachtet der Tatsache, dass sich Tallar in erster Linie für die Seuche interessierte, stellen seine Ausführungen einen frühen Beleg für das Auftreten von Untoten im rumänischen Volksglauben dar. Eine Spezifizierung des Problems blieb indes aus.

Etwas anders verfahren die „Osservazioni storiche naturali e poltiche intorno la Valachia e Moldovia" respektive die „Bemerkungen über die Moldau und die Wallachey in Rücksicht auf Geschichte, Naturproducte und Politik", die der Dubrovniker Stefan Raicević 1788 und 1789 nach einem elfjährigen Aufenthalt im Land veröffentlichte. Raicević hatte Gelegenheit gehabt, die Zustände unter der Phanariotenherrschaft selbst zu erleben. Der Glaube an „Vampiri" oder „Vampyre" war für den aufgeklärten Katholiken Raicević lächerlich und ergab für ihn nur im Zusammenhang mit dem Instrument des Kirchenbanns Sinn. Es liege in den Händen von Popen und Bischöfen, gegen Gebühr bei unverwesten Leichen Exorzismen zu vollziehen und Exkommunikationen aufzuheben. Vampirismus sei als Unterschichtenphänomen ein Mittel, den Pöbel im kirchlichen Sinne zu disziplinieren. Wegen der Bestrafung von Meineiden durch kirchliche Gerichte seien Exkommunikationen derart inflationär, dass die griechischen Patriarchen ersucht werden müssten, über eine allgemeine Lossprechung einen vollkommenen Ablass zu gewähren. Der Patriarch von Jerusalem habe bei einer ausgedehnten Visite gegen Bezahlung einer Gebühr Ablassbriefe vergeben und Seelenmessen gehalten. Beim Adel trete das Problem praktisch nicht auf. Bezichtigt würden vor allem missliebige Polizisten und Kaufleute.[137] Von Blutsaugern ist indes bei Raicević nicht die Rede. Er begnügte sich mit dem Hinweis auf den Widerspruch zwischen der kirchlichen Doktrin und den Vorstellungen des Volkes zum Umgang mit bösen Geistern und zeigte dabei die Konsequenzen der griechisch-orthodoxen Theologie und des durch sie bewirkten massiven Einsatzes des Mittels der Exkommunikation auf. Dadurch stellte sich die Angelegenheit in der Walachei und in der Moldau völlig anders dar als im Habsburgerreich.

Transsilvanischer Aberglaube

Während der Name des Vampirgrafen „Dracula" und seine als „Nosferatu" bezeichnete Gattung in der westlichen Wahrnehmung durch Bram Stokers Roman mit Rumänien verbunden werden, verflüchtigt sich die ominöse Landschaft Transsilvanien wegen der phantasievollen Ausschmückungen oder irrigen Beschreibungen zu einem fiktiven Ort. Zu Stokers Quellen gehörten Landesbeschreibungen der Donaufürstentümer und Reiseführer über Siebenbürgen. Beispielsweise erwähnte der britische Konsul William Wilkinson in seinem 1820 erschienenen Buch „An Account of the Principalities of Wallachia and Moldavia", dass der Woiwode Dracula die Donau 1462 überschritten und den Truppen Mehmeds II., des Eroberers Konstantinopels, ein Gefecht geliefert habe. Wilkinson leitete den Namen allerdings fälschlich von dem rumänischen Wort für Teufel ab und sah darin einen Ausdruck besonderer Grausamkeit.[138] De facto führte der in Rumänien als Vlad III. Țepeș („der Pfähler") bekannte Woiwode den Namen Dracula im diplomatischen Schriftverkehr als Ehrentitel. Es handelte sich um eine Diminutivform der Bezeichnung Dracul, die sein Vater Vlad II. als Mitglied des von Kaiser Sigismund II. gestifteten ritterlichen Drachenordens angenommen hatte. Eine Beschreibung der Vampire sowie den Begriff „Nosferatu" übernahm Stoker von der schottischen Schriftstellerin Emily Gerard, die sich in den Jahren 1883 und 1884 als Gattin eines aus Galizien stammenden polnischen Offiziers der österreichisch-ungarischen Armee in Hermannstadt und Kronstadt aufgehalten hatte. 1885 veröffentlichte Gerard in der Zeitschrift *The Nineteenth Century* einen Artikel über „Transylvanian Superstitions", der 1888 in ihrem Buch „The Land Beyond the Forest" wieder abgedruckt wurde. Weil Gerard die Landessprache nicht beherrschte, verwendete sie irrtümlich das später von Stoker übernommene Wort „Nosferatu" als Bezeichnung für Blutsauger, welche im rumänischen Volksglauben genauso verbreitet seien wie die Vorstellung von Himmel und Hölle.[139] Auf dieser Grundlage bestand Stokers zweifelhafte Leistung darin, eine Kombination der falsch verstandenen Begrifflichkeiten vorgenommen und den Pfählerfürsten zum Vampirgrafen gemacht zu haben.

Obgleich deutschstämmige Siedler und Kolonisten in Siebenbürgen und im Banat im 18. Jahrhundert von Blutsaugern Kenntnis hatten, fanden „Vampire" aus Rumänien in der Publizistik erst Mitte des 19. Jahrhunderts Verbreitung. Auskunft dazu gibt der Anhang zu den „Walachischen Märchen", die der Stuttgarter Gymnasiallehrer Albert Schott und sein Bruder Arthur unter Berufung auf rumänische Gewährsleute 1845 veröffentlichten. Die Gebrüder Schott erwähnen „Moroi" und „Strigoi" nur beiläufig als böse Geister, setzen sich aber ausführlich mit dem „Murony" und dem „Wampyr" auseinander. Es handele sich in beiden Fällen um den illegitimen Spross zweier ebenfalls unehelich Gezeugter oder um das Opfer eines Blutsaugers. Nachts verlasse der unsterbliche „Murony" sein Grab und könne dabei Tiergestalten vom Hund bis zum Floh annehmen. Als sein Markenzeichen sei der Biss am Hals seiner Opfer festzuhalten – eine provokative These, die im rumänischen Volksglauben sonst keine Bestätigung findet. Öffne man ein Grab, könne man den „Murony" daran erkennen, dass er verkehrt herum liege und über ein blühendes Aussehen verfüge. Zu vernichten sei er, indem man ihm einen Nagel durch die Stirn oder einen hölzernen Pfahl durch das Herz treibe oder ihn verbrenne. Als Vorbeugemaßnahme werde in Todesfällen ein␣ dorniger Rosenstock als Grabbeigabe gereicht. Indem mit dem „Murony" bewusst oder unbewusst ein Kunstwort kreiert wurde, konnte ein blutsaugender Dämon in die Welt des rumänischen Aberglaubens implementiert werden, der mit den Vorstellungen der Bauern nur bedingt etwas zu tun hatte.[140]

Ungeachtet dessen ließ sich der Mythologe und vergleichende Religionsforscher Wilhelm Mannhardt in seinem 1859 in der *Zeitschrift für deutsche Mythologie und Sittenkunde* veröffentlichten Artikel „Die Vampyre" von den Gebrüdern Schott anregen. Mannhardt nahm darin die von Stoker praktizierte Kombination von Dracula-Name und Vampirbegriff bereits vorweg, indem er behauptete, in der Moldau könne der böse Geist *dracul* Exkommunizierte nach ihrem Tod wiederbeleben. Derartig Besessene verwesten nicht, sondern schmatzten in ihren Gräbern und verließen nachts die Friedhöfe, um Angehörige zu schädigen und ihnen das Blut auszusaugen. Dadurch verwandelten sich die Opfer ebenfalls in Vampire. Daher müsse der Priester den Toten vom Bann befreien. In Bezug auf die Walachen im Banat verwendete Mannhardt die Beschreibung des „Murony" der Gebrüder Schott.[141] Mit seiner theologisch angehauchten Interpretation stellte Mannhardt das Phänomen des Blutsaugens im soeben vereinigten Rumänien erstaunlich plastisch dar.

Inhaltlich ebenfalls an die Gebrüder Schott anknüpfend unterschied die der deutschen Sprache mächtige Emily Gerard in ihrer für Bram Stoker maßgeblichen Darstellung den lebenden vom toten Vampir. Allerdings versäumte sie es, die Dinge verständlich darzulegen. Vielmehr beließ sie es bei der diffusen, allenfalls auf die Reinheit blauen Blutes oder auf sexuelle Tabus anspielenden Bemerkung, bei einem „lebenden Vampir" handele es sich um den illegitimen Spross zweier ebenfalls unehelich Geborener.[142] Eine typologische Spezifizierung nahm die englische Ethnologin und Zoologin Agnes Murgoci in der Zeitschrift *Folklore* im Jahre 1926 mit dem Artikel „The Vampire in Roumania" vor. Von der reanimierten Leiche seien Hexen und Zauberer zu unterscheiden. Es handele sich um Personen, deren posthumer Vampirismus sich bereits zu Lebzeiten abzeichne und deren Seele oder von bösen Geistern in Anspruch genommener Körper sich beizeiten verselbständige.[143]

Wiederum Gerard zufolge kann auch ein makelloser Stammbaum nicht vor vampiristischen Angriffen auf die Familiengruft schützen. Indem Gerard jedoch den Puritanismus des britischen Adels auf die bäuerliche Welt Transsilvaniens projizierte, ging ihr Blick an der Realität vorbei. Nichtsdestotrotz könnte für Stoker das Motiv der Reproduktion der Vampire von Relevanz gewesen sein, das in einer solchen Eindeutigkeit bis dato noch nicht formuliert worden war: Jeder, der von einem „Nosferatu" getötet werde, verwandele sich ebenfalls in einen Vampir, der so lange das Blut unschuldiger Menschen aussauge, bis der böse Geist ausgetrieben werde. Die von Gerard beschriebene Form des Exorzismus erscheint reichlich säkularisiert: Nach der Öffnung des Grabes eines Verdächtigen sei entweder ein Pfahl durch den Körper zu treiben oder ein Pistolenschuss auf die Leiche abzufeuern. In schwirigen Fällen sei es angeraten, den Kopf abzuschlagen und den Mund mit Knoblauch zu füllen oder das Herz zu entnehmen, zu verbrennen und die Asche über das Grab zu streuen. Damit übertrug Gerard literarische Vampirvorstellungen des Westens auf den rumänischen Volksglauben, der durch die authentisch anmutenden Informationen eine Entstellung erfuhr.[144]

Dennoch fanden Gerards streitbare Thesen durch den siebenbürgisch-sächsischen Pionier der modernen Zigeunerforschung Heinrich von Wlislocki eine teilweise Bestätigung. Wlislocki referierte 1896 in der Zeitschrift *Am Ur-quell. Monatsschrift für Volkskunde* die „Quälgeister im Volksglauben der Rumänen". Dabei unterschied er die „Varcolaci" (*vârcolac*), eine im 17. Jahrhundert in der theologischen Literatur der Walachei aus dem Griechischen übernommene Begrifflichkeit (vgl. Kap. 3.2), vom „Nosferat".

Als Varcolaci würden ungetaufte Kinder bezeichnet, die von Hexen gestohlen wurden, oder ungetaufte Jugendliche und Erwachsene, deren Mütter nach der Geburt die christlichen Pflichten missachteten. Varcolaci besetzten dem Volksglauben zufolge den Mond und provozierten durch ihre Gefräßigkeit eine Mondfinsternis. Teilweise lägen sie zuvor sieben Jahre lang tagsüber im Grab, das sie nachts aber verließen, um in Gestalt kleiner schwarzer Kinder Menschen auszusaugen. Sterben müsse das Opfer erst nach dem neunten Besuch des Varcolac. Schutz böten Weihrauch, Fenchel, Knoblauch oder Weihwasser. Verstopfe man das Loch, durch das der Varcolac Eingang in das Haus finde, verliere er seine Kraft und verwandele sich in Dinge vom Format eines Strohhalms. Wenn man ihn verbrenne, finde der Varcolac Eingang ins Jenseits. Gelinge dies nicht innerhalb von sieben Jahren, werde der Varcolac auf den Mond verbannt und bei der ersten Mondfinsternis in die Hölle befördert. Daneben existiere die Vorstellung, dass sich das siebte Kind einer Familie nachts in ein Tier verwandele, das sich als Blutsauger betätige.

Als Nosferat werde demgegenüber ein uneheliches Kind eines Paares bezeichnet, das ebenfalls aus illegitimen Verhältnissen stamme. Der Nosferat komme als Totgeburt auf die Welt, die erst im Grab eine Belebung erfahre. Ein männlicher Nosferat suche Frauen auf, ein weiblicher Männer. Durch geschlechtliche Kontakte nehme er seinen Opfern die Lebenskraft. Gefährdet seien insbesondere Brautleute. Der Nosferat werde gleichermaßen für ungewollte Schwangerschaften und unerklärliche Unfruchtbarkeit verantwortlich gemacht. Als Blutsauger betätige sich ein Nosferat nur bei älteren Menschen."[145]

Im Unterschied zu Wlislocki fokussierte der Fachschulleiter Elias Weslowski aus Kimpolung, heute im Norden Rumäniens an der Grenze zur Ukraine gelegen, seinerzeit zum habsburgischen Teil der Bukowina gehörend, ganz auf den „Strigoi" bzw. die „Strige" oder „Strigoane". Seiner unter dem Titel „Die Vampirsage im rumänischen Volksglauben" in den Jahren 1910/11 in der *Zeitschrift für österreichische Volkskunde* veröffentlichten Sammlung zufolge war das Auftauchen einer solchen Figur in Familien zu erwarten, in denen sieben Jungen oder sieben Mädchen hintereinander geboren werden. Tagsüber sei menschliches Verhalten zu erwarten, nachts ein mit einem Gestaltwandel einhergehender Schadenzauber. Wie der Teufel trete ein Strigoi mit einem zottigen Schwanz auf. Magie und Zauberkünsten verpflichtet, verfüge er über die Fähigkeiten eines Hellsehers. In der Nacht vor St. Georg, dem 23. April, beteilige er sich am Hexentanz. Er bedrohe sowohl die Ernte durch das Herbeiführen von Hagelschlag oder Trockenheit als auch den zwischenmenschlichen Frieden durch die Verführung von Ehegatten. Einerseits sei der Strigoi für das Verderben von Milch und Eiern verantwortlich. Andererseits sauge insbesondere seine weibliche Variante den Kindern das Blut aus. Um sich zu schützen, rieben die Menschen die Stalltüren mit Knoblauch ein und bemalten ihre Häuser mit Kreuzen aus Teer. Verstorbene Vampire seien mit dem Gesicht nach unten zu bestatten. Das Ausfüllen des Mundes mit Knoblauch, die Durchbohrung des Herzens und das Abschlagen des Kopfes seien geeignete Präventivmaßnahmen. Sieben Wochen sowie sieben Jahre nach der Bestattung sei der Tote zu exhumieren und auf einen Stellungswechsel hin zu überprüfen, um gegebenenfalls Abwehrmaßnahmen treffen zu können. Ähnlich wie bei Wlislocki scheinen sich in der Synthese von Weslowski profane Ammenmärchen mit realen Bedrohungsszenarien zu mischen.[146] Der Strigoi muss in diesem Zusammenhang als Erklärung für Verstöße gegen den moralischen Wertekanon, für Säuglingssterblichkeit und Missernten herhalten. In anthropologischer Hinsicht rechtfertigt sich der Titel „Vampirsage" jedoch nicht.

Wiedergängererzählungen aus Rumänien

Vor dem Hintergrund der eigenwilligen Begriffsbildungen interessieren auch die rumänischen Wiedergängergeschichten, die im Laufe des 20. Jahrhunderts festgehalten worden sind, mit Vampiren im eigentlichen Sinne aber nur mittelbar etwas zu tun haben.[147] Weslowskis Aufzeichnungen aus den Jahren 1910/11 beinhalten im Wesentlichen zwei Varianten: einerseits Wiedergängerei zur Lösung sozialer Konflikte, andererseits zur Disziplinierung von Mädchen im heiratsfähigen Alter. Eine in der Stadt Sereth angesiedelte Erzählung trägt den Titel „Der Vampir und der Schmiedegeselle":

Als der Geselle eines Hufschmieds abzumagern beginnt, behauptet eine Wahrsagerin, die Frau des Hufschmieds gehe nachts als Vampir um und benutze ihn als Reitpferd. Daraufhin wirft der Geselle der Frau das Halfter über und dreht den Spieß um. An der Dorfgrenze gerät er um Mitternacht in einen Hexentanz, der sich vor dem ersten Hahnenschrei auflöst. Als der Schmied das Pferd am Morgen in seinem Garten erblickt, will er es zunächst vertreiben, lässt sich dann aber darauf ein, es zu beschlagen und als Arbeitstier zu verwenden. Wegen der Sorgen des Meisters um seine Gattin wirft der Geselle dem Pferd schließlich wieder das Halfter über, woraufhin die verschwundene Ehefrau erscheint, allerdings gekennzeichnet mit Hufeisen. Ungeachtet der Tatsache, dass das Ehepaar Kinder hat, wird die Frau zu guter Letzt auf dem Scheiterhaufen verbrannt.[148]

Eine andere Erzählung aus der Gegend von Kimpolung lautet „Der Vampir als Kamel":

Ein reicher, aber hartherziger Bauer wird tot im Wald aufgefunden. Am siebten Tag nach der Beerdigung setzt ein Viehsterben ein. Als Verursacher der Misere entpuppt sich ein blutrünstiges Kamel, in dessen Gestalt der Tote umgeht. Daraufhin wird die Leiche mit einem Pflock aus Eibenholz gepfählt.

Während in der ersten Geschichte ein durchtriebenes Weib zur Hexe stilisiert wird, erfährt in der zweiten Geschichte ein egoistischer Ausbeuter eine Verunglimpfung zum Kamel.[149] Tiefschürfender sind die nächsten beiden Vampirgeschichten aus Weslowskis Sammlung. Der Titel der ersten Erzählung lautet „Das heiratslustige Mädchen":

In einem verlassenen Gebirgsdorf kündigt eine Wahrsagerin einem Mädchen einen Freier an. Allerdings verschwindet der galante Bursche abrupt um Mitternacht. Beim nächsten Besuch wird bereits die Ehe thematisiert. Dann entführt der Bursche das willige Mädchen und geleitet es auf seinem Hengst bis zu einem offenen Grab auf dem Friedhof. Erst jetzt unternimmt das Mädchen Anstrengungen, sich seinem Entführer zu entziehen, der sich ihm auf einmal als Skelett darstellt. Nach Erreichen einer Kapelle sinkt das Mädchen erschöpft nieder. Während das Gerippe noch vor der Kirche zu sehen ist, wird das Mädchen wie tot aufgefunden. Nach einer vorübergehenden Genesung kann es noch von seinen Erlebnissen berichten, siecht dann aber binnen eines Jahres endgültig dahin. In seiner Grabrede gemahnt der Priester zur Vorsicht im Umgang mit jungen Burschen.[150]

In der zweiten Geschichte geht es um „Das schöne Mädchen". Es handelt sich um eine Erzählung, die auch eine slawische Tradition hat (vgl. Kap. 5.1). Dabei kann Kimpolungs Nähe zur Ukraine die Motivwanderung begünstigt haben:

Ein misstrauisches Mädchen akzeptiert nur einen Bräutigam „von der anderen Welt". Eines Tages erscheint ein Schönling und betreibt mit ihr bis Mitternacht Konversation, nicht ohne ihr vor seinem Verschwinden noch einen Verlobungsring anzustecken. Weil das Mädchen Verdacht schöpft, heftet es ihm ein Knäuel aus rotem Faden an. Auf diese Weise wird es zum Friedhof geführt und wirft den Ring enttäuscht ins Grab. Beim nächsten Rendezvous droht der Wiedergänger für den

Fall, dass es seine Tat nicht gesteht, mit dem Tod des Vaters, der unmittelbar nach der Weigerung des Mädchens auch eintritt. Bei der folgenden Begegnung wiederholt sich die Szenerie, diesmal mit der Mutter als Opfer. Ihren eigenen Tod vor Augen, verabschiedet sich das Mädchen daraufhin von ihren Freundinnen und erbittet dabei eine Beerdigung außerhalb des Friedhofs. Nach ihrem Ableben wird dem Wunsch entsprochen. Schon bald darauf wächst auf dem Grab ein Rosenstrauch. Die Rose wird beim Kirchweihfest vor dem Muttergottesbild aufgestellt und verwandelt sich in das Mädchen, das sich fortan für ein klösterliches Leben entscheidet.

Laut Weselowski weist in einer rabiateren Variante dieser Erzählung die Großmutter das Mädchen darauf hin, dass ein „lebender Vampir" ungefährlich, ein „toter Vampir" aber bedrohlich sei:

Auf Anraten der Großmutter folgt das Mädchen diesmal den Spuren des Kavaliers durch den Schnee bis in eine Kapelle. Dort muss es erkennen, dass sein potenzieller Liebhaber an einem Menschenknochen nagt. Weil dieser das Mädchen erkennt, stellt er es in den nächsten beiden Nächten zur Rede und lässt daraufhin erst den Vater, dann die Mutter sterben. Die Ausweglosigkeit ihrer Lage erkennend, verabschiedet sich das Mädchen daher von der Großmutter und wendet sich dann an den Totengräber mit der Bitte, seinen Leichnam nicht durch die Tür, sondern durch ein Loch in der Wand hinauszutragen und im Blumengarten vor dem Haus zu beerdigen.

Kurze Zeit später wächst aus dem Grab eine Lilie. Wegen ihrer Schönheit wird diese von einem Fürstensohn ausgegraben und in seinem Gemach aufgestellt. In der Nacht verwandelt sich die Blume in das Mädchen. Der Prinz erwacht, erlöst es und nimmt es zur Frau. Getrübt wird das Glück lediglich dadurch, dass sich die Gattin lange Zeit dem Gottesdienst verweigert. Als der Prinz sie dennoch zum Kirchgang bewegen kann, taucht am Portal der Wiedergänger auf. Er lässt den Ehemann und die Kinder sterben. Jedoch vermag eine Dorfhexe, die Tote mit einem Holunderzweig wiederzubeleben.[151]

Die Moral dieser Geschichten ist einfach und kompliziert zugleich. In allen Fällen geht es um junge Frauen im heiratsfähigen Alter, die nicht auf jeden

Dahergelaufenen hereinfallen, aber auch unseriöse Bewerber aus ihrem eigenen Umfeld zurückweisen sollen. Immer ist eine Versuchung durch den Teufel im Spiel, in einem Fall erfolgt eine Radikalisierung dieser Figur zum Kannibalen. Darüber hinaus findet bei der Darstellung des Überschreitens der Schwelle ins Jenseits und von dort wieder zurück ein gewagtes Taktieren des Erzählers zwischen den kirchlichen Normen und den davon abweichenden Phantasien der Gläubigen statt. Auf der einen Seite stehen dabei priesterliche Ermahnung und Tod, auf der anderen Seite Wiederauferstehung und Entsagung der Welt. Weil der eigenen Wiedergängerei vorgebeugt werden soll, wird der Friedhof von den Mädchen als Tabu erachtet. In den Traumvisionen geht es sowohl um die Sehnsucht nach ewiger Ruhe als auch um die Erfüllung geheimer Wünsche.

Murgoci zitierte 1926 in der Zeitschrift *Folklore* einige Berichte und Erzählungen aus der von dem rumänischen Schriftsteller Tudor Pamfile vor dem Ersten Weltkrieg herausgegebenen Zeitschrift *Ion Creangă*. In ihnen spiegeln sich Motive wie das der bösen Schwiegermutter wider. Es werden aber auch Horrorgeschichten um aufreizende Mädchen gesponnen. Beispielsweise sei an der Wende vom 19. zum 20. Jahrhundert in dem oltenischen Dorf Amărăști eine alte Frau gestorben, die posthum ihre Angehörigen bedroht haben soll:

Einige Monate nach seinem Tod sei einem alten Weib nachgesagt worden, es habe versucht, zuerst die Kinder ihres älteren Sohnes und danach diejenigen ihres jüngeren Sohnes nachzuholen. Daraufhin hätten die Söhne das Grab geöffnet und die Leiche der Alten zerschnitten, ohne das Dahinsiechen der Kinder dadurch jedoch abwenden zu können. Als der Körper der Toten bei der nächsten Exhumierung unversehrt zutage getreten sei, hätten sie die Leiche mit in den Wald genommen, das Herz herausgerissen, geviertelt und in heißer Schlacke verbrannt. Die Asche hätten sie mit Wasser angereichert und die Mixtur ihren Kindern zum Trank geboten, um deren Genesung zu ermöglichen. Abschließend sei der Körper der toten Mutter verbrannt worden.[152]

Ein Märchen aus der heute im Nordosten Rumäniens an der Grenze zur Ukraine und zu Moldawien gelegenen Stadt Botoșani variiert das bekannte Motiv des Mädchens mit dem Wollknäuel wie folgt:

Zu einem geselligen Abend erscheint ein ungeladener Gast, der die anwesenden Mädchen betört. Lediglich eine junge Frau verhält sich misstrauisch. Als sie am Hinterteil des Fremden einen Schwanz entdeckt, flüchtet sie mit einigen Bahnen Leinen in den Wald. In Wut geraten, tötet der Fremde die anderen Mädchen, saugt ihr Blut aus und zerfleischt sie, um mit ihren Körperteilen Schabernack zu treiben. Danach spürt er das geflüchtete Mädchen im Wald auf. Er befiehlt ihm, mit ihm in eine Höhle hinabzusteigen. Das Mädchen lässt ihm den Vortritt und flüchtet erneut, nicht ohne jedoch zuvor den Eingang der Höhle mit den mitgebrachten Tüchern zu verstopfen.

Von einem Licht angelockt, stößt es auf ein Haus mit einem toten Mann, der – von dem Mädchen unbemerkt – um Mitternacht lebendig wird. Während das erschöpfte Mädchen bis zum Hahnenschrei schläft, kämpft der Blutsauger, nachdem er die Spur des Mädchens wiedergefunden hat und ihr gefolgt ist, mit dem verstorbenen Bewohner des Hauses. Dadurch kommt das Mädchen zunächst noch mit dem Schrecken davon. Bezaubert von der Schönheit der Natur, kehrt es unversehrt zu den Eltern zurück, erhält vom Schicksal auf mysteriöse Weise aber die Bestimmung einer Untoten auferlegt.[153]

Beispiele aus dem Material, das der rumänische Linguist Emil Petrovici in den 1930er Jahren für einen Dialektatlas gesammelt und 1943 teilweise veröffentlicht hatte, zitierte der amerikanische Slawist Jan Louis Perkowski 1982 in seinem Artikel „The Romanian Folkloric Vampire" in der Zeitschrift *East European Quarterly*. Neben der Dokumentation von allerlei Vorbeuge- und Abwehrmaßnahmen gegen Vampire ragen zwei offenbar authentische Fälle wegen ihrer Brutalität heraus: In dem oltenischen Dorf Ohabă wurde 1932 einem Verstorbenen nachgesagt, sich in einen „Strigoi" verwandelt zu haben und als solcher seine Frau zu quälen:

Die Polizei habe in der Tat einen aufgeschwollenen Leichnam entdeckt. Versuche, diesen auf ein menschliches Maß zurückzustutzen, hätten nicht gefruchtet. Weder ein Spieß noch ein Stoß mit einem Gewehrkolben hätten eine Veränderung bewirkt. Erst die Malträtierung der Leiche mit einem Messer durch ein extra dafür angeheuertes Weib habe zum Erfolg geführt. Über die Reichweite der Leichenschändung schweigen sich die Gewährsleute jedoch aus.

In dem in Muntenien im Süden Rumäniens gelegenen Dorf Nucșoara wiederum soll 1936 eine Hochzeit mit einem Vampirmann stattgefunden haben:

Als von der Braut eine kirchliche Trauung in die Wege geleitet worden sei, habe der verkappte Vampir vor dem Gotteshaus seine Zähne gefletscht. Ihre Mutter habe dies jedoch in naiver Weise als Zeichen der Liebe gedeutet. Kurz darauf hätten die Eltern bei einem Besuch durch das Fenster mit ansehen müssen, wie der Schwiegersohn das Blut ihrer Tochter aussaugte. Deshalb sei er erschossen worden.[154]

Während in den rumänischen Wiedergängererzählungen des 19. Jahrhunderts die Sorge um die Keuschheit von Mädchen im heiratsfähigen Alter zugrunde gelegt ist, scheint sich zu Beginn des 20. Jahrhunderts eine Verschiebung des Interessenschwerpunktes in Richtung auf eheliche Gewalt anzudeuten. Der „Vampir" erlangt dabei als Unreiner und Schänder eine sexistische Konnotation. Auf diese Weise fanden Rache und Selbstjustiz zumindest in der Phantasie eine Ausdrucksmöglichkeit.

Vampirismus bei den Roma

Mit dem pejorativ konnotierten Begriff Zigeuner wurden und werden aus dem Nordwesten Indiens stammende, durchaus heterogene, teils nach Stämmen, teils nach Berufsgruppen separierte Bevölkerungsgruppen benannt, die im 13. und 14. Jahrhundert den Donau-Balkan-Raum besiedelten. Im Sprachgebrauch setzt sich aber zunehmend die Selbstbezeichnung Roma (Sg. Rom, d. h. „Mensch") durch. In Abhängigkeit von der jeweiligen Herrschaftsverfassung wurden die Roma von den Gesellschaften im südöstlichen Europa in unterschiedlicher Weise marginalisiert. Während sie im Königreich Ungarn und im Osmanischen Reich zwar auf der untersten Stufe der gesellschaftlichen Hierarchie situiert waren, sich gleichwohl aber als Handwerker und Steuerzahler verdient machten, gerieten sie in der Walachei und in der Moldau bis in die Mitte des 19. Jahrhunderts in die Rolle von Sklaven, die sich bei den Großgrundbesitzern zu verdingen hatten oder in staatlichem Auftrag unterwegs waren. Im Habsburgerreich wurden unter Maria Theresia in den 1760er Jahren massive Versuche unternommen, Roma sesshaft zu machen und zu assimilieren. Tatsächlich war allerdings nur eine Minderheit als Wanderzigeuner unterwegs. Häufig ließen sie sich an den Stadträndern nieder und waren gezwungen, sogenannte „unehrliche" Gewerbe auszuüben. Obgleich sie im Laufe der Zeit in der Regel die Religion oder Konfession ihrer sozialen Umgebung annahmen, fielen sie dennoch durch die Beibehaltung altertümlicher Sitten auf.[155]

Als bester Kenner der transsilvanischen Roma im ausgehenden 19. Jahrhundert gilt der Siebenbürger Sachse Heinrich von Wlislocki, der nach seinem Studium an der Universität Klausenburg als Erzieher, Landwirt und Publizist tätig war. Dieser Pionier der modernen Tsiganologie (d. h. „Zigeunerkunde") begleitete 1883 über viele Monate eine Gruppe von Roma durch Siebenbürgen und das Banat. In seinen Studien „Vom wandernden Zigeunervolke. Bilder aus dem Leben der Siebenbürger Zigeuner. Geschichtliches, Ethnologisches, Sprache und Poesie" (1890), „Volksglaube und religiöser Brauch der Zigeuner vorwiegend nach eigenen Ermittlungen" (1891) und „Aus dem inneren Leben der Zigeuner. Ethnologische Mitteilungen" (1892) legte er seine Beobachtungen dar. Mit seiner Sammlung „Volksdichtungen der siebenbürgischen und südungarischen Zigeuner" wies er 1890 die Existenz einer eigenen, mündlich überlieferten Volksliteratur der Zigeuner nach.

Was die Jenseitsvorstellungen der transsilvanischen Roma betraf, hielt Wlislocki eine nach Todesarten ausdifferenzierte Ordnung der Seelen beim Antritt der Reise ins Totenreich fest: Die Seelen der eines natürlichen Todes Verstorbenen irrten bis zur Ablösung des Fleisches von den Knochen auf der Erde umher; die Seelen der Ertrunkenen würden von Wassergeistern so lange in Töpfen eingeschlossen, bis der Körper verwest sei; die Seelen der Ermordeten führen in wilde Tiere ein und verblieben so lange darin, wie der Mörder noch am Leben sei (dessen Seele wiederum dasselbe Schicksal erleide, aber auf Jahrhunderte verloren sei). Einem nicht mehr praktizierten Brauch entsprechend sei den Toten früher nach einiger Zeit der Kopf abgetrennt und von der Grabstätte zu einem anderen Ort verbracht worden, um stattdessen einen Pfahl an die leere Stelle zu setzen. Mittlerweile werde nur noch ein bis knapp über die Erdoberfläche reichender Pfosten über dem Totenschädel in den Boden getrieben. Wlislocki nahm an, dass auf diese Weise die Verwesung des Körpers überprüft werden konnte.

Im Zusammenhang seiner Schilderung der bei den Todesvorstellungen der Roma anzutreffenden Fixierung auf das menschliche Fleisch wies Wlislocki darauf hin, dass die transsilvanischen Roma gelegentlich mit dem Vorwurf des Kannibalismus konfrontiert worden seien.[156] Vor diesem Hintergrund verzeichnete Wlislocki auch einen Wiedergängertypus, der an die gemeine Vampirvorstellung erinnere, sich aber des Blutsaugens enthalte: den „Mulo". Dieser erwachse aus tot geborenen Kindern und kehre erst im Alter von 30 Jahren ins Totenreich ein. Er bestehe lediglich aus Fleisch und verfüge über keinerlei Knochen. Die fehlenden Mittelfinger an beiden Händen habe er im Grab zurücklassen müssen. Das Mulo-Volk lebe im Gebirge, wo es die Schätze seiner nächtlichen Raubzüge horte. Bei seinen Ausflügen stifte der Mulo viel Unheil, indem er sich den Schlafenden auf die Brust setze oder mit Steinen nach ihnen werfe. Um bei Kräften zu bleiben, werde der Mulo jedes Jahr von seinen Artgenossen gekocht. Damit war offenbar die Vorstellung verbunden, das Fleisch des skelettlosen Körpers könne konserviert und stabilisiert werden.[157]

Ein von Wlislocki unter dem Titel „Das Mulo-Volk" aufgezeichnetes Märchen gestaltet sich wie folgt:

Ein Weiser empfiehlt einem kinderlosen, aber um Familiengründung bemühten Ehepaar, bei zunehmendem Mond Wasser aus einem Kürbis zu trinken. Die Frau erleidet aber eine Totgeburt, die zu einem Dasein als Mulo verdammt ist. Ein Jahr später besteigt der Ehemann die Berge, um das Kind beim Mulo-Volk auszulösen. Schließlich wird er von einer weißen Maus in eine Höhle geführt, die sich als ein Wohnhaus entpuppt. Ein Mulo lädt den Ehemann zum Essen ein, das aus dem Fleisch des Kindes besteht. Auf diese Weise wird es gerettet. Denn der Mulo zieht das Kind aus dem siedenden Topf hervor und überreicht es wohlbehalten dem Vater. Lediglich am Hinterteil fehlt ein Stück Fleisch.[158]

Eine weitere Erzählung lautet „Die Hochzeit des Mulo":

Ein verwaistes Mädchen wächst bei Verwandten – fahrenden Zigeunern – auf, wird aber schlecht behandelt. Eines Tages verschwindet ein Familienangehöriger bei der Nahrungssuche im nahe gelegenen Wald. Daraufhin beauftragt seine Frau das Mädchen, ihn zu suchen. Es verirrt sich, entdeckt aber ein Licht. Es stammt aus einem Haus, in dem eine Mulo-Hochzeit stattfindet. In der Neujahrsnacht (der einzig möglichen) hat ein Mulo eine Frau entführt, die er kochen will, damit sie ihre Knochen verliert und zum Mulo wird. Weil das junge Mädchen giftige Stechapfelsamen einsetzt, die als Heilkraut dienen und Halluzinationen auslösen können, ist es imstande, die Mulos zu vertreiben.[159]

In beiden Erzählungen steht das Motiv der Sorge um den Nachwuchs im Vordergrund, einmal in Form der Kinderlosigkeit eines Ehepaares, einmal in Form des Schicksals eines Waisenkindes. Die auf diese Ausgangssituation gestülpte Gespenster- oder gar Horrorgeschichte verliert den Eindruck der Zufälligkeit, wenn berücksichtigt wird, dass es sich bei den Mulos ebenfalls um Totgeburten handelt. Im Unterschied zu den Vampiren werden den Mulos der Status einer sozialen Gruppe und das Recht eines Privatlebens zugestanden. Dadurch mutiert das Grab von der Schatzhöhle zum trauten Heim. Während das Leben im Diesseits von der reibungslosen Funktion aller Teile des Skeletts bestimmt wird, gründet sich die Existenz im Übergangsstadium zum Jenseits auf die Aktivitäten der in das Gewand frischen Fleisches gehüllten Seele. Das Kochen scheint dabei die Rolle des Konservierens einzunehmen. In der ersten Geschichte wird das Mulo-Kind durch die Wallfahrt des Vaters erlöst. Der Verzehr des Fleisches spendet auf der Symbolebene – wie beim christlichen Abendmahl – Leben und stellt damit die Reinkarnation des Todeskandidaten in Aussicht. In der zweiten Geschichte betreten die erwachsenen Mulos die Akteursebene. In der Manier eines Schöpfergottes sehen sie im Auskochen menschlichen Fleisches eine Chance, ihre Einsamkeit durch die Kreierung einer Partnerin – gleich der alttestamentarischen Schöpfung der Eva aus der Rippe Adams – zu überwinden. Die verschlungenen Pfade bei der Tradierung derartiger Metaphern haben zweifelsohne für kulturelle Missverständnisse gesorgt, bis hin zum Vorwurf des Kannibalismus. Für das Bestehen einer längeren Tradition sprechen diesbezüglich die siebenbürgisch-sächsischen

Dracula-Geschichten des ausgehenden 15. Jahrhunderts, in denen Zigeuner als Opfer dargestellt werden, die ihre Kumpane verspeisen müssen.[160]

Vor diesem Hintergrund muss infrage gestellt werden, ob das „Vampir"-Märchen, das der englische Publizist Francis Hindes Groome im Jahre 1890 zeitgleich zu Wlislockis Mulo-Erzählungen im *Journal of the Gypsy Lore Society* veröffentlichte, tatsächlich von rumänischen Roma stammt. Groome übersetzte den Titel seiner Geschichte „Čohano" (sprich: ‚Tschohano'; rum. *ciohano*; eigentlich „Zauberer" oder „Hexe") mit „Vampir":

Junge Leute verbringen einen geselligen Abend in der Hütte einer alten Frau. Es finden sich allerlei Paare zusammen. Lediglich Niṭa, eine Tochter reicher Eltern, bleibt allein. Schließlich taucht ein junger Bursche auf, der mit ihr bis zum ersten Hahnenschrei flirtet. Bevor er das Haus verlässt, erkennt die alte Frau noch seine Pferdehufe. Als der Bursche ein weiteres Mal auftaucht, macht die Alte Niṭa auf die Absonderlichkeit aufmerksam. In der nächsten Nacht heftet Niṭa ihrem Kavalier eine Spindel mit einem Faden an, mit Hilfe dessen sie am nächsten Morgen seinen Weg bis zu einem Grab zurückverfolgen kann. Davon erschreckt hält sie sich fortan von der Hütte der Alten fern. Daher sucht der Čohano Niṭas Elternhaus auf und stellt sie zur Rede. Weil sie ihre List nicht offenlegen will, bringt der Čohano zuerst den Vater und dann auch die Mutter um. Bevor Niṭa an die Reihe kommt, verteilt sie ihren Reichtum an die Diener des Hauses und bittet um eine Beerdigung im Wald am Fuße eines Apfelbaums. Um ihre Rückkehr nach dem Tode zu verhindern, wird ihre Leiche nicht durch die Tür, sondern durch ein Loch in der Wand hinausgetragen.

Als ein halbes Jahr später ein Prinz auf der Jagd vorbeikommt, ist aus dem Grab eine Blume herausgewachsen, die er an sich nimmt. In seinem Zimmer verwandelt sich die Blume in das Mädchen, das sich ohne sein Wissen zu ihm ins Bett legt. Bei Anbruch der Morgendämmerung verwandelt sie sich wieder in eine Blume. Als der Prinz mehrmals hintereinander wie aus einem Rausch erwacht, schöpft sein Vater Verdacht. Die Eltern lauern dem Mädchen in der nächsten Nacht auf. Als es ertappt wird, lässt es sich von dem Prinzen küssen und von seinem Los befreien. Beide heiraten und bekommen ein goldiges Kind.

Wieder erscheint der Čohano und tötet den Mann und das Kind. Mit dem Fluch „Gott sende Dir einen Ausbruch" kann der Čohano dann aber vernichtet werden. Wäh-

rend er zerplatzt, entreißt ihm der Schwiegervater das Herz, mit dem das Mädchen
sein Kind und seinen Mann von den Toten auferweckt, mit dem Blut dann sogar noch
Vater und Mutter.[161]

Unschwer erkennbar liegt dieser Geschichte ein Motiv zugrunde, das auch in slawischen und rumänischen Erzähltraditionen vorhanden ist (vgl. Kap. 5.1). Groome sah sich daher genötigt, deren Ursprünge bei den Roma in Zweifel zu ziehen. Allerdings finden die Motive des Blumenmädchens, dem nach seiner Wiedererweckung durch einen Vertreter der oberen Zehntausend ein vorzeitiger Kirchgang zum Verhängnis wird, und des standhaften Mädchens, das erst seine Eltern verliert und dann nach dem eigenen Dahinscheiden vom Totengräber unterhalb der Türschwelle aus dem Haus befördert wird, bereits in zwei Erzählungen eines ungarischen Rom Erwähnung, der in den 1860er Jahren in Wien als Infanterist stationiert war. Seine Geschichten gingen in eine Sammlung ein, die der Wiener Professor Friedrich Müller 1869 aus linguistischem Interesse als stenographische Rohfassung in den *Sitzungsberichten der Kaiserlichen Akademie der Wissenschaften* veröffentlichte.[162] Auffallend an allen Varianten sind die klaren und direkten Argumente einerseits und die groben und indirekten Aussagen andererseits. Das betrifft sowohl den familiären Zusammenhalt und die soziale Kritik als auch die sexuellen Anspielungen und das brutale Agieren.

Immerhin führte Groome mit dem „Čohano" einen Begriff in die Fachliteratur ein, der von dem serbischen Ethnologen Tihomir Djordjević in seiner im Jahre 1902 eingereichten Münchener Dissertation „Die Zigeuner in Serbien" ebenfalls gebraucht wurde. Wie ihre orthodoxen Glaubensgenossen seien die Roma davon ausgegangen, dass einem ehrlichen Menschen ein friedliches Sterben beschieden sei. Gleichwohl könne Wiedergängerei durch die Notwendigkeit zur posthumen Regelung von Angelegenheiten im Diesseits, wie die Erweisung einer Wohltat oder der Vollzug einer Rachehandlung, motiviert sein. Daneben herrsche die Vorstellung, dass zu Lebzeiten begangene Freveltaten die Trennung der Seele vom Leib verhinderten. Von der Nichtverwesung werde in diesem Falle aber nicht gesprochen. Stattdessen sei die Annahme verbreitet, die Erde speie große Sünder wieder aus.

Eine weitere Besonderheit der Vorstellungswelt der Roma fand Djordjević in den Voraussetzungen für die „Vervampierung" respektive die Verwandlung eines Verstorbenen in einen Čohano. Neben ursächlichen Gründen wie zu Lebzeiten begangenen Freveltaten und äußeren Anlässen wie dem Überqueren eines Verstorbenen durch ein Tier sah Djordjević die Zugehörigkeit zu einer sogenannten „Vampirfamilie" als ausschlaggebend für posthume Aktivitäten an. Ein potenzieller Vampir verlasse das Grab in den ersten 40 Tagen nach dem Tod in Gestalt eines anderen Wesens. Wenn dieses vor Ablauf dieser Zeit nicht von Wölfen gefressen werde, kehre der Vampir fortan als Mensch zurück. Einer alternativen Deutung zufolge bedeute „Vervampierung" die Wiedergeburt eines Menschen als Fleischhauer, der keiner Waage bedürfe, sondern das Gewicht seiner Produkte mittels seines Fingers bemesse (vgl. Kap. 6.1). Darin spiegelt sich die Fokussierung auf die Ablösung des Fleisches vom Skelett wider, das im Falle des Menschen von Mutter Erde konsumiert wird oder im Falle von Tieren dem Verzehr dient."[163]

Einschränkend ist in Bezug auf Djordjevićs Darstellung aber darauf hinzuweisen, dass nicht klar genug zwischen den Vampirvorstellungen der Titularnation, also der Serben, und dem Wiedergängerglauben der Minderheiten, in diesem Falle der Roma, unterschieden wird. Ungeachtet dessen ist die Welt der Roma von modernen Vampirologen in der Tat noch zu wenig zur Kenntnis genommen worden. Ihre Wiedergängervorstellungen könnten im Wegenetz kultureller Transfers eine Rolle gespielt haben, die durchaus von Interesse ist.

6 ✦ VAMPIRISMUS IN DER MODERNE

6.1 Erkundungen im östlichen Europa
Vampirismus nach dem Zweiten Weltkrieg

Trotz umfassender Modernisierungsprozesse, die insbesondere der Staatssozialismus durch die gezielte Forcierung von Industrialisierung und Urbanisierung mit sich brachte, sind im östlichen Europa auch nach 1945 noch Regionen auszumachen, in denen der traditionelle Vampirglaube jenseits der von der amerikanischen Filmindustrie in Hollywood oder den britischen Hammer Film Productions in London lancierten Dracula-Stereotype lebendig blieb. Bei den von Ethnologen zutage geförderten Relikten wird allerdings deutlich, dass Schadenzauber nur noch als unterhaltsamer Subtext eine Rolle spielt. In den mündlichen Überlieferungen vollzog sich eine inhaltliche Schwerpunktverlagerung von der Angst vor lebensbedrohlichen Seuchen und Katastrophen zu belehrenden Anekdoten über menschliche Verfehlungen und Versuchungen. Diese Entwicklung soll im Folgenden durch die exemplarische Schilderung einiger Episoden aus unterschiedlichen Ländern veranschaulicht werden.

Griechenland

Über die Tradierung griechischer Vampirgeschichten, die über den Horizont des Zweiten Weltkrieges hinausgehen, kann man sich in dem 1970 erschienenen Buch der Ethnologen Richard H. und Eva Blum „The Dangerous Hour. The Lore of Crisis and Mystery in Rural Greece" informieren. Der Vrykolakas (hier *vrikolakos* oder *vrikolax*) tritt in den Mitteilungen der Bevölkerung als schädigender Toter auf, der den Haushalt besudelt und dem Vieh die Milch aussaugt. Vom Hörensagen wusste jemand Folgendes zu berichten:

Eine alleinstehende Frau habe sich nach ihrem Tod in einen Vrykolakas verwandelt und sei nachts regelmäßig in ihr Haus zurückgekehrt, um Ordnung zu schaffen. Allerdings habe sie beim Verlassen des Hauses stets auf das frisch gebackene Brot uriniert. Ein Bekannter des Erzählers habe behauptet, die Tote habe sich eines Nachts hinter ihm auf sein Pferd gesetzt. Als der Reiter seinen Schreck mit einer Zigarette zu mindern versucht habe, sei die Tote wieder verschwunden. Später sei an ihrem Grab ein Loch gefunden worden. Um weiteren Schaden zu verhindern, sei darüber ein Feuer gelegt worden. Ferner habe der Pope einige Zeremonien verrichtet.

Im Umlauf war auch die folgende Erzählung:

Ein verstorbener Mann habe nachts seine Witwe besucht, um mit ihr intime Beziehungen zu pflegen. Aus der Verbindung seien zwei Kinder hervorgegangen. Allerdings habe sich die Frau als Tratschtante erwiesen und sich am Thema Fremdgehen ergötzt. Einmal habe sie ihrem Mann von dem ungebührlichen Benehmen einer Braut erzählt, die in Abwesenheit ihres Bräutigams mit dem Trauzeugen geschlechtlich verkehrt hätte. Schockiert habe der Vrykolakas geschrien: „Diese Welt ist unmoralisch ... soll die Erde uns doch alle verschlucken." In diesem Moment sei die gesamte Familie verschwunden.[1]

In beiden Fällen ist die „Moral von der Geschicht'" denkbar einfach. Es geht bei der Schilderung des Schadenzaubers um die Ambivalenzen, die die Einhaltung familiärer Verpflichtungen und die die Wahrung christlicher Normen im Alltag mit sich bringen.

Bulgarien

In den bulgarischen Erzählungen über dämonische Gestalten, die Jewgenija Mizewa vom Institut für Folklore in Sofia seit Mitte der 1970er Jahre gesammelt und 1994 unter dem Titel „Unsichtbare nächtliche Gäste" (Nevidimi noštni gosti) veröffentlicht hat, treibt auch der Vampir sein Unwesen. Mitunter taucht er in der Variante des *talasăm* auf. Mizewa meinte, folgende Entwicklungsphasen des Vampirs nachzeichnen zu können: Ein junger, noch schwacher Vampir störe die Ruhe des Hauses durch Geräusche; im nächsten Stadium würge und bedränge er einem Blasebalg gleich die Schlafenden; schließlich zerstöre er in Gestalt eines Tieres Gegenstände und sauge Blut. Insgesamt gesehen lassen sich die Aussagen aufgrund ihrer Vielfalt und Widersprüchlichkeit aber nicht auf einen Nenner bringen. So gab der 1923 geborene Minenarbeiter Stojan Dimitrow Sajakow aus einem Dorf bei Blagoewgrad gegenüber Mizewa 1978 an, dass ein Toter, über den eine Katze hinwegspringe, nach 40 Tagen beginne, als unsichtbarer Störenfried umzugehen. Die 1916 geborene Landarbeiterin Sdravka Dimitrowna Neschewa aus einem Dorf bei Swilengrad teilte 1981 hingegen mit, vampirische Umtriebe seien der bis zu 40 Tage nach dem Tod während Verirrung der Seele geschuldet. Binnen dieser Frist sei der Leichnam zu durchstechen, um eine Rückkehr des Verstorbenen zu verhindern.[2] Abgesehen von der Widersprüchlichkeit spiegelt sich in den Aussagen eine gewisse Banalisierung des Problems wider. Der Vampir verkommt in den Darstellungen der Zeitzeugen zu einem Unhold, der hin und wieder mit Horrorvisionen in Verbindung gebracht wird.

Makedonien

Im makedonischen Volksglauben gibt es zwei Arten von Vampiren, den unsichtbaren Geist eines Verstorbenen und den von einem fremden Geist belebten Leichnam. Das geht aus Interviewsammlungen des Instituts für Folklore in Skopje und des Instituts für altslawische Kulturen in Prilep aus den 1970er Jahren und aus der ersten Hälfte der 1990er Jahre hervor. Sie wurden 1988 und 1995 von Tanas Wraschinowski unter den Titeln „Die Vampire in makedonischen Vorstellungen und Überlieferungen" (Vampirite vo makedonskite veruvanja i predanija) und „Volksdämonologie der Makedonen" (Narodna demonologija na makedoncite) veröffentlicht. Ursachen posthumer Aktivitäten seien ein lasterhaftes Leben oder eine Störung des Übergangs ins Jenseits, etwa durch die Verpflichtung, Schulden zu regeln oder soziale Fürsorge zu leisten. Der Glaube an Wiedergänger stifte daher eine Verbindung von „dieser" mit „jener Welt". Unter diesen Voraussetzungen seien fünf Vampirtypen auszumachen: der Ehe- oder Sexualpartner, die gute Hausfrau oder der gute Hauswirt, der schädigende Tote, der sich durch seine Affinität zu Blut auszeichnende Fleischer (vgl. Kap. 5.2) und der zeitweilig einer animalischen Metamorphose unterliegende Mensch. Beispielsweise erzählte die 1894 geborene Stojna Gjorgjijowa aus einem nordöstlich von Prilep gelegenen Dorf 1969 von einem jungen Mann, der mit 17, 18 Jahren verstorben sei und sich in einen Vampir verwandelt habe:

Anstatt in seinem Heimatdorf auffällig zu werden, habe sich der angebliche Vampir einem Fremden angeschlossen und im Ausland nach Arbeit gesucht. Dort habe er eine Anstellung als Fleischer gefunden und sich dadurch ausgezeichnet, dass er Tiere zu schlachten und Fleischportionen zuzuschneiden vermochte, ohne einen Tropfen Blut zu vergießen oder die Waage zu benutzen. Eines Tages sei er von Besuchern aus seiner Heimat erkannt worden. Sie hätten den vermeintlichen Vampir dadurch überlistet, dass sie ihn in den Finger stachen, als er ihnen das Fleisch entgegenhielt. Daraufhin sei er verblutet.

Zu erwähnen ist auch der 1987 in Toronto festgehaltene Bericht des 1919 in Trnava – heute eine serbische Siedlung an der Grenze zu Makedonien – geborenen Aleksandr Gjamos:

Ein des Vampirismus verdächtigter Fremder sei im Dorf aufgetaucht und den Bewohnern zunächst mit Gefälligkeiten zu Diensten gewesen. Erst als er seinen Ehewunsch geäußert habe, sei das Dorf in Sorge geraten, ging es doch um das Seelenheil einheimischer Töchter. Um den Vampir zu überführen und zu vertreiben, habe man zu einer List gegriffen. Eine Frau sei mit Weizenfladen und Wein aufs freie Feld geschickt worden und habe dadurch den Vampir angelockt. Bevor dieser indes Gelegenheit hatte, sein wahres Gesicht zu erkennen zu geben, habe das Auftauchen von Wölfen dem Treiben ein vorzeitiges Ende bereitet. Daher sei in einem weiteren Versuch ein Vampirsohn aus dem Nachbardorf geholt worden, um den Wiedergänger zu identifizieren und unschädlich zu machen. Der Vampirsohn habe die Inszenierung einer Hochzeit angeregt und den zum Tanz erschienenen Wiedergänger waidmännisch zur Strecke gebracht. Allerdings sei der angeschossene Vampir nicht verblutet, sondern habe überlebt.

Von Schadenzauber ist in beiden Erzählungen nicht die Rede. In der ersten Geschichte geht es im Wesentlichen um die Versuchung, der der Jugendliche beim Verlassen des Dorfes erlegen ist, und um das Verbergen seiner Identität, das er am neuen Wohnort betrieben hat. Ob sich der junge Mann in seiner Heimat etwas hat zu Schulden kommen lassen, spielt durch die Schwerpunktverlagerung auf die Darbietung der Skurrilität inhaltlich keine Rolle mehr. In der zweiten Geschichte taucht der Vampir nicht einmal mehr als Unhold auf. Die Sorge gilt allein den unverheirateten Frauen des Dorfes. Offenbar kann der für gewöhnliche Sterbliche unsichtbare Vampir nur vernichtet werden, wenn es gelingt, ihm das Blut zu entziehen. Auch hier wird die gängige Vorstellung des Blutsaugers ins Gegenteil verkehrt.[3]

Serbien

Auch in den Dörfern des südöstlichen Serbien blieb der Vampirglaube bis zum Untergang Jugoslawiens noch lebendig. Zumindest findet sich in der Sammlung von „Erzählungen über böse Kräfte" (Kazivanja o nečastivim silama), die der Literaturwissenschaftler und Ethnologe Radoslav Radenković in den Jahren 1967 bis 1989 zusammentrug und 1991 publizierte, noch einiges davon. In einer Erzählung mit dem Titel „Zwei Vampirsöhne" führt eine Dorfgemeinschaft ein Viehsterben auf die Wiedergängerei einer unlängst in einer benachbarten Siedlung verstorbenen Frau zurück:

Man habe zwei Vampirsöhne angeheuert, die imstande seien, einen Wiedergänger zu erkennen und zu bekämpfen. Mit einem Gewehr bewaffnet hätten sie die umgehende Tote auf einen Baum getrieben. Sobald sie mit einem Schuss zur Strecke gebracht worden sei, habe sie sich augenblicklich in Jauche verwandelt. Von einem Viehsterben sei danach nichts mehr zu sehen gewesen.

In der Erzählung „Ein Vampir entwendet einen Sack Mehl" hat es ein Müller mit einem unsichtbaren Dieb zu tun:

Weil der Müller überzeugt gewesen sei, ein Sack habe sich nächtens wie von Geisterhand bewegt, habe er vorsorglich einen weiteren Sack mit einem Kreuz beschwert. Dadurch habe er sich unwillkürlich den Fluch eines Vampirs zugezogen. Dieser habe ihm persönlich aber nichts anhaben können. Als der Müller kurze Zeit später Blutspuren gefunden habe, seien diese auf ein Zicklein zurückgeführt worden. Daraufhin habe der Müller die Eingänge der Mühle mit Knoblauchkränzen verhängt und damit den Vampir gebannt.[4]

In diesen Geschichten stellen Vampire lediglich eine Personifizierung des dem Vieh oder der Ernte drohenden Übels dar. Immerhin beanspruchen die Menschen, sich auf effektive Abwehrmaßnahmen zu verstehen, sei es auf den Einsatz sakraler Symbole, sei es auf die Verabreichung bewährter Hausmittel oder die Verwendung moderner Waffentechnik.

Just für die im Nordosten der serbischen Provinz Vojvodina gelegenen Nachbarsiedlungen von Kisiljevo, wo 1725 das erste Mal die Existenz von Blutsaugern vermeldet worden war (vgl. Kap. 4.1), konstatierte der serbische Ethnologe Nikola F. Pavković noch im Jahr 2009 in einer Untersuchung über das „Dorf im Banat" (Banatsko selo) die Lebendigkeit des Vampirglaubens. „Keiner hat sie gesehen, aber es gibt sie", soll die allgemeine Überzeugung in Gaj und Dubovac am jenseitigen nördlichen Ufer der Donau gelautet haben. Zwar sei die Vampirgefahr als solche inzwischen verblasst – so beschränke man sich zur Verhinderung von Wiedergängerei auf Mohnsamen als Grabbeigaben –, doch grassierten unter bewusster Vermeidung der Bezeichnung Dämon immer noch Erzählungen über das böse Gebaren unehrenhaft Gestorbener.[5]

Kroatien

Neben den Ethnologen legten auch Schriftsteller Zeugnis vom Vampirglauben in den der sozialistischen Moderne widerstehenden Dörfern des südöstlichen Europa ab. Beispielsweise sammelte der aus Istrien stammende Kroate Drago Orlić in den achtziger Jahren in dem volkssprachlichen Idiom seiner Heimat „Geschichten von Hexen und Zauberern" (Štorice od štrig i štriguni), in denen auch Vampirmotive auftauchen. In der 1986 erstmals veröffentlichten

Erzählung „Mutter und Tochter Štrige und Ivan Krsnik" saugen die beiden Erstgenannten das Blut ihres Sohnes bzw. Bruders:

Als die bösartige Mutter und die bösartige Tochter wegen der von der Dorfgemeinschaft getroffenen Vorkehrungen keine weiteren Opfer mehr finden, fallen sie über Ivan, den zu Besuch gekommenen Armeekameraden ihres Angehörigen, her. Der den slowenischen Vampirjäger „Krsnik" als Beinamen tragende Ivan erweist sich aber aufgrund von Gegenmitteln, die er in der Tasche mit sich herumträgt, als unangreifbar. Darüber hinaus kann er den Hexen das Geheimnis der Heilkräfte entlocken, die dem Blutsaugen entgegenwirken. Nachdem er die Dorfgemeinschaft zusammengetrommelt hat, verschwinden die Hexen auf Nimmerwiedersehen durch den Schornstein.[6]

Orlić interessierte sich für die Spukgeschichten seiner Heimatregion als literarisches Sujet und nahm dementsprechend auf das Motiv des slowenischen „Vampirjägers" (*krsnik*) Bezug (vgl. Kap. 2.2).

Albanien

Der albanische Schriftsteller Arif Demolli widmete sich in seinem erstmals 1993 veröffentlichten autobiographischen Roman „Es war ein Dorf in Kosova. Die Lebenden und die Toten meiner Kindheit" (Të gjallët dhe të vdekurit e një fëmijërie. Botimi i dytë i plotësuar) sowohl der Alltagsidylle als auch den Schreckensbildern seiner kosovarischen, an der Grenze zu Serbien gelegenen Heimat Gllogovicë. Vampirismus war ihm zufolge eine Angelegenheit alter Weiber. Ein als Poltergeist aus dem Grabe auferstehender „Vampir" (*vampiri*; alb. eigentlich *lugát*) war für Demolli deshalb bedrohlich, weil er nur in den Erzählungen existierte, als solcher aber unsichtbar blieb. Beim Tod alter Frauen sei jedes Mal über deren zu Lebzeiten begangene Verfehlungen und über Veränderungen am Zustand der Leiche getuschelt worden. Glücklicherweise habe immer ein mit Schusswaffen ausgestatteter „Vampirjäger" (*vampiraçi*; alb. eigentlich *dhampir*), der Sohn eines Lugat, Abhilfe zu versprechen vermocht.[7] Demolli ging es im Wesentlichen darum, in seinen Kindheitserinnerungen zwischenmenschliche Konflikte und traumatische Erfahrungen aufzuarbeiten.

Rumänien

In ihrer substanziell weiterführenden, aber unveröffentlicht gebliebenen Münsteraner Dissertation wies Ioana-Maria Ionescu 1986 auf der Grundlage von Interviews aus der ersten Hälfte der 1970er Jahre nach, dass die Bauern der Ceaușescu-Ära im westlichen Teil der Walachei das Wort Vampir immer noch nicht kannten. Ionescu zitierte stattdessen die Bezeichnungen *strigoi* (mask.) und *strigoică* (fem.), abgeleitet von *„striga"* (lat. „Hexe"), sowie *moroi* (mask.) und *moroaică* (fem.), abgeleitet von *„mort"* (rum. „der Tote" bzw. „tot"). Davon sei der volkssprachliche Ausdruck *striga* zu unterscheiden, mit dem ein weibliches dämonisches Wesen umschrieben werde, das teils den Haustieren die Lebenskraft raube, teils Säuglinge quäle und zum Weinen bringe. Mit der Redewendung „lebendiger Moroi" *(moroi viu)* werde ein Mensch bezeichnet, der bewusst oder unbewusst über einen „bösen Blick" verfüge, mit der Redewendung „toter Moroi" *(moroi mort)* hingegen ein Wiedergänger im eigentlichen Sinne.

Als Ursache für die Wiedergängerei benannte Ionescu die „Bindung der Seele an das Irdische", sei es durch Vorzeichen wie die Geburt mit Glückshaube, sei es durch schwarze Magie respektive den „bösen Blick" oder durch teuflische Besessenheit und frevelhaftes Handeln. In der Folge erweise sich das „Schicksal der betroffenen Seele" dadurch als grausam, dass ihr der Übergang ins Paradies nach dem Eintritt des Todes verwehrt werde. Vielmehr müsse die Seele von Sonnenaufgang bis Sonnenuntergang in den unverwesten Körper zurückkehren. Dieser bleibe auf Nahrung angewiesen, die entweder aus dem Blut von Menschen und Tieren respektive aus ihrem „Lebenshauch" oder aus bestimmten Samen, insbesondere aus Hirse, bestehe. An fatalen Auswirkungen auf die Hinterbliebenen festzuhalten seien das Nachholen oder Nachsterben, die Verbreitung von Krankheiten oder Seuchen und die Bedrohung der Ernte durch Dürre oder Schädlinge. Hinweise auf die Umtriebe eines Wiedergängers lieferten nächtliche Geräusche im Haus, das Einsinken der Graberde und das Auftreten eines Lochs neben dem Grabkreuz.

Um die Wiedergängerei verdächtiger Personen zu verhindern, sei der Leiche mit einer Nadel in den Nabel oder ins Herz zu stechen – eine

Maßnahme, die wegen kirchlicher Sanktionen nur selten praktiziert werde – sowie Mund, Nase und Ohren mit Schotter zu verstopfen. Das Verstreuen von Hirsesamen hinter dem Leichenzug erschwere posthume Aktivitäten des Verstorbenen ebenso wie die Grabbeigaben Knoblauch oder Dornenzweige. Darüber hinaus gebe es die Möglichkeit einer Losbindung der Seele durch die Bestellung eines Schicksalsbruders oder einer Schicksalsschwester. Schutz vor Wiedergängern böten neben dem Knoblauch das Kruzifix und das Anrufen Jesu, ferner das nächtliche Hüten des Hauses. Die Identifizierung eines Verdächtigen erfolge durch das Scheuen eines weißen Pferdes, das von einem am Sonnabend Geborenen in der Nacht von Freitag auf Samstag über die Gräber geführt werde. Lasse die Exhumierung eine unverweste Leiche erkennen, werde ihr Herz entweder mit einer Nadel durchstoßen oder entnommen und separat oder samt Körper verbrannt, um den Sarg danach wieder zu verschließen, wobei die sterblichen Überreste noch einmal mit Weihwasser zu besprühen seien.[8]

Von der Popularität von Spukgeschichten im sozialistischen Rumänien zeugt auch das Buch „Were-Wolf and Vampire in Romania", das der amerikanische Ethnologe Harry Anthony Senn auf der Grundlage 1977 durchgeführter Feldforschungen im Jahre 1982 veröffentlichte. In einem seiner Interviews wurde an der ungarischen Grenze im Nordwesten des Landes in der Siedlung Vîntere folgende Anekdote zum Besten gegeben:

Ein Angestellter eines Notars sei mit dem Vorwurf konfrontiert worden, Kuhmilch gestohlen zu haben. Zunächst habe er entsetzt seine Unschuld beteuert. Dann habe er sich am vermeintlichen Ort des Geschehens unbekleidet in einen Hinterhalt gelegt. Auf diese Weise habe er eine Strigoica entdeckt, die in Gestalt eines Hundes den Kühen die Milch ausgesaugt habe. Deshalb habe der Mann eine Heugabel in den Hund gerammt, der noch zum heimatlichen Hof geflohen, dann aber verendet sei. Daraufhin habe der Pope den Angestellten zum Rapport bestellt. Er habe ihm aufgetragen, neue Kleider zu kaufen, ohne nach dem Preis zu fragen, sowie die Strigoica, will heißen den toten Hund, zu beerdigen und drei Tage zu bewachen. Bereits in der ersten Nacht habe die Strigoica das Grab verlassen, ohne den sich hinter dem Kreuz verbergenden Wächter zu finden. In der zweiten Nacht habe sich der Wächter hinter dem Altar verstecken können. In der dritten Nacht seien drei Hexen erschienen, die den Wächter zwar mit vereinten Kräften aufgespürt hätten, aber ins Grab hätten zurückkehren müssen, weil es bereits drei Uhr morgens geschlagen habe. Der Mann sei in sein Haus geflohen und dadurch erlöst worden. Er habe geheiratet und eine Familie gegründet.[9]

Dass es sich bei dem Abenteuer des Notargehilfen um ein Ammenmärchen handelt, ist offensichtlich. In dem Untoten wurde ein Sündenbock gesucht, dem man einen Diebstahl anlasten konnte. Wiedergänger heißt in diesem Fall nicht Blutsauger, sondern Milchtrinker. Bemerkenswert sind die Verweise auf einen Rechtsanwalt und auf einen Popen. Dadurch erlangt die ungewöhnliche Tat sowohl staatliche als auch kirchliche Sanktion. Bei dem Abenteuer in der Kirche handelt es sich um ein unterhaltsames Motiv, das auch aus anderen Vampirgeschichten bekannt ist. Schließlich bleibt auch die Angst vor den nächtlichen Umtrieben von Hexen als relevantes Thema bestehen.

Polen

Bei Feldforschungen, die in den achtziger Jahren des 20. Jahrhunderts im Nordosten Polens im Rahmen der Arbeit an einem geplanten ethnographischen Atlas durchgeführt wurden, stellte sich heraus, dass die traditionellen Vorstellungen vom Upiór und Strzygon noch lebendig waren, auch wenn die modernen Massenmedien für eine gewisse Verwässerung gesorgt hatten. So wurde von den Befragten angegeben, ein Mensch, der über zwei Seelen verfüge, sei prädestiniert, ein Vampir zu werden. Durch die Verleihung eines zweiten Vornamens bei der Geburt oder bei der Firmung könne jedoch ein Schutz aufgebaut werden. Bei der Aufzählung von Verdachtsmomenten wurde ferner auf den Makel von Selbstmord und ungetauftem Kind bzw. auf Zeichen wie Geburt mit Zähnen oder ein vollwangiges rotes Gesicht Bezug genommen. An Vorsorgemaßnahmen gegen die Wiedergängerei waren Grabbeigaben, Weihwasser und Enthauptung der Leiche bekannt. Weniger relevant, aber gleichwohl weiterhin lebendig war offenbar die Erinnerung an die Zmora, zumeist eine Frau, die nachts einen Gestaltwandel vollziehe und die Schlafenden mit Würgen und Blutsaugen behellige. Die siebte Tochter einer

Familie und Kinder, deren Taufformel falsch ausgesprochen wurde, wurden verdächtigt, zur Zmora zu mutieren. Als Gegenmittel wurden das Fernhalten der Zmora vom Bett durch scharfe Gegenstände, das Einschmieren der Brust mit Exkrementen, das Irreführen durch Bettentausch oder die Bestechung des bösen Geistes durch ein Frühstücksangebot genannt.[10]

Weißrussland und Ukraine

In einer unlängst erschienenen Dokumentation über „Die Volksdämonologie Polesiens" (*Narodnaja demonologija Poles'ja*) werden „wandernde Verstorbene" (*chodjačij pokojnik*) erwähnt, die im Sumpfgebiet entlang des Pripjet-Flusses zwischen Weißrussland und der Ukraine beheimatet sein sollen. Die Herausgeberinnen Ludmila N. Winogradowa und Jelena E. Lewkijewskaja fassen die Ergebnisse einer am Ende der Sowjetzeit unternommenen ethnologischen Expedition dahin gehend zusammen, dass Wiedergängervorstellungen in Polesien im Unterschied zum Vampirglauben des Dämonischen entbehrten. Angesichts der Tatsache, dass es sich bei Polesien um eine Region handelt, der als Urheimat der Slawen archaische Züge beigemessen werden, kommt den Befunden durchaus eine politische Brisanz zu. Denn in der Breschnewzeit wurden weißrussischerseits in großem Maßstab die Sümpfe trockengelegt und ukrainischerseits Landschaften mit Atomkraftwerken geschaffen. Sollte durch diese Art sowjetischer Modernisierung tatsächlich eine Nivellierung des Aberglaubens oder eine Russifizierung der Lebenswelten bewirkt worden sein?

Weniger der „Blutsauger" als vielmehr der „Nachzehrer" erhitzt den Herausgeberinnen des Moskauer Sammelbandes zufolge die Gemüter Polesiens. Bezeichnenderweise gebe es unter den Einheimischen für den Störenfried keinen Begriff. Des Nachzehrens verdächtig seien diejenigen, die zu Lebzeiten Umgang mit Hexen und Zauberern gehabt hätten oder die vor der Zeit bzw. eines unnatürlichen Todes gestorben seien. Daneben würden auch soziale Verpflichtungen oder Störungen der Übergangsriten als ausschlaggebend erachtet. In der Regel werde die Angelegenheit auf eine Traumerscheinung reduziert, doch werde eingeräumt, dass von dem Phänomen eine unmittelbare Bedrohung für Leib und Leben ausgehe. Meist werden Aktiväten von

Poltergeistern geschildert. Es kommen aber auch Wiedergänger vor, die ihren Familien helfen. Neben dem Witwer, der seine Frau sexuell belästigt, taucht in den Aussagen auch der Bräutigam auf, der seine Geliebte nachzuholen trachtet.[11]

Die Roma auf dem Westbalkan

In einer im *Journal of the Gypsy Lore Society* Ende der 1950er Jahre erschienenen Artikelserie von Tatomir P. Vukanović über den Vampirglauben bei den Roma des Kosovo, in Altserbien und im Sandžak von Novopazar sowie in der 1973 veröffentlichten Monographie „Gypsy Demons and Divinities" von Elwood B. Trigg wurden Heinrich von Wlislockis Beobachtungen aus dem ausgehenden 19. Jahrhundert über den knochenlosen Mulo (hier: Mullo) noch einmal nachhaltig bestätigt. Während Vukanović die Vielgestalt der Vorstellungen von umgehenden Toten dem Animismus, also dem Glauben an die Beseeltheit aller Erscheinungen in der Natur, zuschrieb und in der magischen Figur des „Vampirsohns" (alb. *dhampir*) einen institutionellen Schutz vor bösen Geistern erblickte, stellte Trigg Mutmaßungen über den Ahnenkult in Indien als Motiv für den Vampirglauben an.[12]

6.2 Zuschreibungen in Deutschland
Stilisierungen von „dunklen Kräften" aus dem Osten

Aus Sorge um okkulte Stimmungen, die dem Weg der Bundesrepublik Deutschland nach Westen entgegenstanden, besann sich Oberstaatsanwalt a. D. Otto Steiner im Jahr 1959 auf die Lehren der Geschichte. An Wilhelm Mannhardt anknüpfend versuchte er, mit seiner Abhandlung über „Vampirprozesse in Preußen", die im Hamburger Verlag für kriminalistische Fachliteratur erschien, Einfluss auf die öffentliche Meinung zu nehmen. Der Oberstaatsanwalt interessierte sich in erster Linie für die Haltung, welche die Gerichte in den Prozessen gegen Grabschänder, die zu Beginn der 1870er Jahre veranstaltet worden waren (vgl. Kap. 5.1), eingenommen hatten. Steiner zufolge war die Situation damals dergestalt, dass die präventive Enthauptung der

Leichen von den Richtern als Unfug begriffen und mit entsprechenden Strafen geahndet wurde. Indes seien die Urteile in weiteren Instanzen wieder kassiert worden, weil den Straftaten das Motiv des Aberglaubens zugrunde gelegen habe. Um diesen Widerspruch aufzulösen, widmete sich Steiner dem Studium der Rechtsgrundsätze. Dahinter stand die Absicht, Mängel der preußischen Gesetzgebung aufzuzeigen und die westdeutschen Fortschritte bei der „Entzauberung der Welt" zu dokumentieren.

Gefahr drohte dabei lediglich aus dem Osten. Steiner vertrat diesbezüglich einen eindeutigen Standpunkt: „Der Vampir dringt über die Ostgrenze in Preußen ein", lautet eine Kapitelüberschrift seines Buches. Einen Ausweg eröffnete für Steiner erst die im Jahr 1953 erfolgte Neufassung des Strafgesetzbuches der Bundesrepublik Deutschland. Indem ein umfassender Schutz der Leiche garantiert und der gesunde Menschenverstand zum Maßstab für die Schuldfähigkeit erhoben worden sei, hätten augenfällige Gesetzeslücken geschlossen werden können. Das damit eingeläutete Zeitalter der Vernunft wurde aus Steiners Sicht jedoch von der Blüte der „Magia posthuma" im östlichen Europa bedroht.[13] Seine Hoffnung, in Zukunft von „Vampirwahnwitzigen" verschont zu bleiben, wurde paradoxerweise aus einem trivialeren Grund zerschlagen. Als der *Spiegel* im Juli 1964 den ersten Vampirfall in der westdeutschen Kriminalgeschichte meldete, wurden dafür weniger „dunkle Kräfte" aus dem Osten als vielmehr angloamerikanische Dracula-Inszenierungen verantwortlich gemacht.[14]

Debatten über die Ursprünge des Vampirismus

Die Vampirdebatte des „alten Europa" fand in der Bundesrepublik nicht nur in der Abhandlung von Oberstaatsanwalt Steiner über die preußischen Vampirprozesse einen Widerhall. Vielmehr ist daneben auch eine langwierige Forschungskontroverse über die Ursprünge des Nachzehrerglaubens zu nennen, die 1958 durch die Neuauflage des „Atlas der deutschen Volkskunde" ausgelöst wurde. Anknüpfend an die Ergebnisse einer Fragebogenaktion aus den dreißiger Jahren kam der Ethnologe Günter Wiegelmann bereits 1966 in einem Aufsatz in der *Zeitschrift für Volkskunde* zu dem Schluss, dass

Nachzehrervorstellungen in Deutschland auf slawischen Infiltrationen beruhten. Wiegelmann stützte seine These auf zwei Besonderheiten, die für den Volksglauben in den Gebieten jenseits der Elbe-Saale-Linie konstitutiv seien: auf die Anwesenheit des Totengeistes bei der Zelebrierung des Totenmahls einerseits und auf die hohe Intensität der Abwehrmaßnahmen gegen Nachzehrer andererseits.[15] Dem hielt seine Kollegin Gerda Grober-Glück in den 1981 als Folgeband erschienenen „Erläuterungen" zum „Atlas der deutschen Volkskunde" entgegen, dass das in der Aufbahrungszeit praktizierte Totenmahlritual auf den Seelenkult zu beziehen sei, während das Nachholen von Angehörigen ins Grab Aktivitäten der Leiche nach der Beerdigung voraussetze. Daher befürwortete Grober-Glück die Annahme einer Entstehung des Nachzehrerglaubens im deutschen Sprachraum aus genuinen Wurzeln. Dabei relativierte sie die Ergebnisse der Fragebogenaktion aus den dreißiger Jahren mit dem Argument, die Nachzehrervorstellungen seien zum Zeitpunkt der Erhebung bereits im Verschwinden gewesen.[16]

Zu einem vorläufigen Abschluss kam die Kontroverse 1990 in Thomas Schürmanns Monographie über den „Nachzehrerglauben in Mitteleuropa" (vgl. Kap. 2.2). Schürmann stellte das Phänomen in der Vielfalt seiner regionalen Varianten dar und verwahrte sich auf dieser Grundlage gegen ethnische Deutungen. Gleichwohl differenzierte er zwischen den moderaten westdeutschen Nachzehrervorstellungen und den rabiaten Ausprägungen in der „Germania Slavica". Dabei bezeichnete er das Verlassen des Grabes als dezidiert slawisches Element. Ohne die Leistung seiner nüchternen Darstellung schmälern zu wollen, sei auf die Implikationen einer Karte hingewiesen, in der Schürmann das Verbreitungsgebiet der Nachzehrervorstellungen von dem des Vampirglaubens abgrenzte.[17] Der optische Eindruck suggeriert zweierlei: Einerseits scheint das durch den „Atlas der deutschen Volkskunde" erschlossene Mitteleuropa lediglich punktuelle Relikte eines Aberglaubens aufzuweisen. Andererseits stilisiert die durchgezogene Schraffur die unerforschte Region Ost- und Südosteuropa zu einem Reich der Vampire. Es erstreckt sich entlang der Save und der Donau über Serbien und die Walachei von der Adria bis in die Karpaten und setzt sich dann entlang von Dnjestr und Dnjepr über Galizien, Weißrussland und Litauen vom Schwarzen Meer bis an die Ostsee fort (vgl. Karte auf Nachsatz).

7 · DER VAMPIR ALS LOKALER SÜNDENBOCK

> „Woher diese Vampirs den Nahmen haben, wil ich weder in der hungarischen noch türckischen Sprache untersuchen; im Gegenteil nur schertzweise sagen, wenn ein Deutscher solches Wort höre, bilde er sich einen solchen ein, der eine dicke Wampe, d. i. einen aufgeschwollenen Leib hat."
> SCHLESISCHES HISTORISCHES LABYRINTH, 1737

> „Vukodlak wird ein Mensch genannt, bei dem (nach den Erzählungen des Volkes) vierzig Tage nach dem Tod irgendein diabolischer Geist erscheint und ihn belebt (sich vervampieren). Danach verlässt der Vukodlak nachts das Grab und würgt die Menschen in den Häusern und trinkt ihr Blut."
> SRPSKI RJEČNIK, 1818

Im Jahr 1818 erschien in Wien ein Werk, dessen Untertitel „Wolf Stephanson's Serbisch-Deutsch-Lateinisches Wörterbuch" lautete. Es ist als „Srpski rječnik" des Philologen und Volkskundlers Vuk Stefanović Karadžić zur Keimzelle der nationalen Wiedergeburt in Serbien stilisiert worden. Zum serbischen Vampir, dem *vukodlak* („Wolfspelz"), findet sich hier ein erstaunlicher lexikalischer Eintrag, der in der 1867 posthum erschienenen Abhandlung „Leben und Sitten des serbischen Volkes" (Život i običaji naroda srpskog) mit zwei ergänzenden Sätzen unter dem Titel „Vukodlak oder Vampir" wieder veröffentlicht wurde.[1] Erstaunlich ist der Eintrag nicht nur deshalb, weil enzyklopädische Erörterungen innerhalb des Wörterbuchs eher die Ausnahme bilden. Erstaunlich ist er auch und vor allem daher, weil sich der Aufklärer Karadžić dieses Problems zeitlebens nur dieses eine Mal annahm. Weder in der umfangreichen, 1823–1833 publizierten Liedersammlung noch in der 1853 veröffentlichten Märchensammlung gibt es einen Hinweis auf Vampire.[2] Der „serbische Grimm" beließ es bei der Thematisierung der Vila, einer Art Bergfee, als Besonderheit südslawischer Sagen. Ansonsten scheint der „Vater Jugoslawiens" eher mit der „Erweckung der serbischen Nation" und der „Abschüttelung des türkischen Jochs" befasst gewesen zu sein. Anders als der polnische Nationaldichter Adam Mickiewicz (vgl. Kap. 5.1) klammerte er die kollektive „Wiedergeburt" als posthumen Schadenzauber aus seinen Überlegungen aus.

Zur Bezeichnung des serbischen Wiedergängers bevorzugte Karadžić in seinem Wörterbuch das Substantiv „Vukodlak", verwendete jedoch das reflexive Verb „sich vervampieren" (*povampiri se*), wenn von der geheimnisvollen Belebung eines Leichnams die Rede war. Dabei bezog er sich zwar auf Volkserzählungen, listete frappierenderweise aber auch Phänomene auf, die er aus der deutschen und polnischen Publizistik seiner Zeit übernommen zu haben scheint (vgl. Kap. 5.1). So vermöge ein dämonischer Geist den Leichnam eines Verstorbenen 40 Tage nach dem Tod in Besitz zu nehmen. Als Vukodlak verlasse er nachts das Grab und suche die Häuser der Lebenden auf, um Menschen zu würgen und ihr Blut zu trinken. Ein ehrlicher Mensch könne sich nur vervampieren, wenn ein Vogel oder ein anderes Tier über seine Leiche fliege bzw. springe. Ein Vukodlak erscheine vornehmlich in den Wintermonaten, insbesondere zwischen Weihnachten und Christi Himmelfahrt. Sollten zu dieser Zeit in einer Dorfgemeinschaft vermehrt Todesfälle auftreten, komme es zu Mutmaßungen darüber, ob einer der zuletzt Verstorbenen umgehe, oder es verbreiteten sich Gerüchte, dass ein Toter mit einem Leichentuch um die Schultern gesehen worden sei. Um das Grab ausfindig zu machen, werde ein schwarzer Hengst herbeigeschafft, weil diesem nachgesagt werde, vor einem Vukodlak zu scheuen. Sollte dies der Fall sein, fühle sich die Dorfgemeinschaft ermutigt, ein Grab zu öffnen. Wenn die Leiche dann noch den Eindruck der Unversehrtheit erwecke, werde sie mit einem Weißdornstab durchstochen und auf einem Scheiterhaufen verbrannt. Vom Enthaupten ist bei Karadžić jedoch nicht die Rede.

Quasi exkursorisch listete Karadžić noch die folgenden Details auf: Ein im Grab liegender Vukodlak erweise sich als rosig und aufgeschwollen, was gemeinhin mit der Aufnahme von Blut in Zusammenhang gebracht werde. An dieser Stelle erwähnte Karadžić in Abweichung von seiner sonstigen Bevorzugung des Begriffs „Vukodlak" die auch im Polnischen gebrauchte

Redewendung „rot wie ein Vampir" (serb. *crven kao vampir*). Mitunter verkehre ein Vukodlak auch geschlechtlich mit seiner Frau, vor allem dann – dieser Bemerkung konnte sich Karadžić offenbar nicht enthalten –, wenn diese jung und schön sei. Ein aus einer solchen Verbindung hervorgegangenes Kind verfüge über keine Knochen – eine Annahme, die auch in den Erzählungen der Roma eine Rolle spielte (vgl. Kap. 5.2). In der posthumen Edition des Wörterbuchs findet sich schließlich noch der Nachtrag, dass der Vukodlak bei Hungersnöten Mühlen oder Speicher als Versammlungsorte wähle. Weil ein Vukodlak auch kleinste Löcher überwinden könne, nütze es nichts, die Türen zu schließen.

Zwei Dinge überraschen an der Zusammenfassung des Vampirdiskurses durch den Begründer der serbischen Sprachwissenschaft und Ethnologie. Zum einen scheinen Karadžić die klassischen Fälle von Medvedja aus den Jahren 1731/32 (vgl. Kap. 4.1) unbekannt gewesen zu sein. Zum anderen war er an der anthropologischen Dimension des Phänomens kaum interessiert. Allerdings ist sein Hinweis wichtig, dass sich Vampirerscheinungen nach der Überlieferung des Volkes innerhalb des Hauses und zu nachtschlafender Zeit abspielen. Sie rücken damit in den Bereich der Alpträume oder der Schreckensszenarien. Darüber hinaus wird in Karadžićs Beschreibung dadurch ein Zusammenhang zwischen den posthumen Aktivitäten gewöhnlicher Sterblicher und dem Leben Jesu suggeriert, dass das dämonische Treiben zeitlich vornehmlich in den Monaten zwischen Christi Geburt und Christi Himmelfahrt verortet wird.

Karadžić fokussierte in Bezug auf den Vampir primär auf die Vorstellung des Blutsaugens und die Maßnahme der Leichenverbrennung. Vermeintliche Plagen eines Poltergeists waren für ihn nur von sekundärer Bedeutung. Mit den sexistischen Verballhornungen rekurrierte er zum einen auf den Heroenkult der balkanischen Hirtengesellschaft und bediente zum anderen den chauvinistischen Geschmack der Gelehrten seiner Zeit. Angesichts der Tatsache, dass in den südosteuropäischen Gebirgsregionen Schafe und Ziegen den Alltag dominierten, erscheint das Motiv des schwarzen Hengstes bei der Vampirsuche recht weit hergeholt. Instruktiver ist im südslawischen Zusammenhang der Hinweis auf das Bild des knochenlosen Vampirkindes, das bereits 1732 in eher abenteuerlicher Weise von einem Offizier aus dem Gebiet der österreichischen Militärgrenze erwähnt wurde (vgl. Kap. 5.1). Neu ist zudem die von den bis dato bekannten Fällen abweichende Interpretation, Vampirismus lasse sich nicht nur auf eine unter Hirten grassierende Seuche, sondern auch – wie im ostmitteleuropäischen Bereich häufiger anzutreffen – auf eine die Bauern bedrohende Hungersnot zurückführen.

Herkunft und Bedeutung des Vampirismus

Vor dem Hintergrund des irritierenden Befundes einer von fremden Stereotypen und fiktiven Klischees nur so strotzenden Interpretation ist allgemein zu konstatieren, dass von vermeintlichen Fachleuten in der Tat wenig darüber zu erfahren ist, woher der Vampirismus kommt und was das Wort „Vampir" in der Vorstellung des Volkes im eigentlichen Sinne meint bzw. in welcher Form sich seine mannigfachen Schattierungen verallgemeinern lassen. Das kann auch gar nicht anders sein, da die Verabsolutierung der Aussagen vermeintlicher Opfer oder Zeugen an sich einem begrifflichen Missverständnis unterliegt.

Überlegungen zu den Ursprüngen des Vampirglaubens sind angesichts der Vielfalt und Weiträumigkeit seiner Ausprägungen müßig. Spekulationen hat es dennoch immer wieder gegeben. Über die Wanderzüge der Wikinger im 9. und 10. Jahrhundert auf der einen Seite und der Roma im 13. und 14. Jahrhundert auf der anderen Seite erschließen sich etymologisch oder kulturgeographisch so disparate Ursprünge des Vampirismus wie Skandinavien und der indische Subkontinent (vgl. Kap. 2.1 und Kap. 5.2). Wichtig dabei ist lediglich, festzuhalten, dass der Vampir nicht einzigartig ist. Im Gegenteil: Zum einen handelt es sich um eine Figur innerhalb einer vielgestaltigen dämonischen Welt. Für den zentralen Balkan etwa benennt der makedonische Ethnologe Tanas Wraschinowski folgende Dämonen oder Totengeister: „Wasser- oder Waldfee" (*vila, samovila*), „Hausschlange" (*zmej*), „Lamia" (*lamija*), „Monster" (*karakoncol*), „Geburtsfeen" (*narečnici*), „Kinderseelen" (*navi*), „Hausgeist" (*stopan*).[3] Zum anderen wechseln die Bezeichnungen für das im Westen als blutsaugender Untoter bekannte Phänomen im östlichen Europa nicht nur von Ethnie zu Ethnie. Vielmehr existieren auch in den einzelnen Sprachen völlig unterschiedliche Benennungen. Allein für den ehemals jugoslawischen Bereich hat der serbische Ethnologe Tihomir Djordjević folgendes Vokabular zusammengestellt: *vampir, vampirin, vaper, voper, vopir – lampir, lampijer, lipir – vuk, vukodlak, vukozlak, vukozlačina, volkodlak, ukodlak, kodlak, kudlak – vjedogonja, jedogonja, vidogoja – medovina, štrigun, tenac, tenjac, prikosac, kosac, grobnik, gromnik, talasam*.[4] Der Vielklang dieser Worte an sich bezeugt, dass es sich um ein geheimnisvolles Phänomen handelt, für das offenbar keine exakte Begriffsbildung möglich ist. Spekulationen über die etymologische Bedeutung des Wortes „Vampir" führen daher von vornherein in die Irre. Dementsprechend sind in Polen und Rumänien Bezeichnungen wie *strzygoń* und *upiór* oder *strigoi* und *moroi* geläufig. Inhaltlich wird darunter eher so etwas wie Hexer oder Zauberer verstanden als Blutsauger im eigentlichen Sinne.

Weil es in den magischen bzw. mythologischen Vorstellungswelten der Völker des Donau-Balkan-Raums oder der sarmatischen Landschaften Ostmitteleuropas also nur so von Dämonen und Gespenstern wimmelt, ist die Exklusivität des im lateinischen Abendland und der anglophonen Neuen Welt so populären Vampirbegriffs zu hinterfragen und zu relativieren. Bemerkenswert erscheint in dieser Hinsicht der von Salomon Krauss zu Beginn des 20. Jahrhunderts überlieferte Disput zweier serbischer Bauern über den Sinn von „Vukodlak oder Vampir". Der Gesprächsnotiz des österreichischen Gelehrten zufolge vertrat der eine Bauer eine durch Vuk Karadžić präformierte Auffassung: „Wir nennen so verstorbene Menschen, in die vierzig Tage nach ihrem Tode ein höllischer Geist fährt und sie belebt. Der Vampir verlässt nächtlich sein Grab, würgt die Menschen in den Häusern und trinkt ihr Blut." Der andere Bauer, der offenbar bewusst oder unbewusst die Diskrepanzen dieser Definition zum Regelwerk seiner Lebenswelt realisierte, widersprach laut Krauss folgendermaßen: „Nein, du hast es gefehlt. Die verfluchte Seele findet weder in den Himmel noch in die Hölle Eingang. Der Vampir ist den Tieren noch weit gefährlicher als getauften Seelen."[5] Während in der von Krauss stammenden Überlieferung der eine Bauer einen Topos bemüht und ausgehend von dem vermeintlichen posthumen Schadenzauber die Perspektive der Opfer einnimmt, konzentriert sich der andere auf die Probleme des Alltags und thematisiert eher das Wohlbefinden des lieben Viehs als die direkte Bedrohung der nächsten Angehörigen. Beide Deutungen sind im Übrigen einem christlichen Denken verhaftet, das mit Sicherheit den Blick auf die tatsächlichen Befindlichkeiten verstellt. Die Besessenheit eines toten Körpers vom Teufel ist jedenfalls nur eine Variante zur Erklärung vermeintlich posthumer Aktivitäten. Das unbestimmte Schicksal umherziehender Seelen bildet die Kehrseite der Medaille.

Aufschlussreich sind in diesem Zusammenhang die sich um den „Lenorenstoff" – abgeleitet von Lenore, der Braut des untoten Soldaten in August Ludwig Bürgers gleichnamiger Ballade – rankenden Märchen des Donau-Balkan-Raums und des Karpatenbogens, die im ausgehenden 19. Jahrhundert gesammelt wurden. Namentlich die in Serbien, Rumänien und der Ukraine auftretende Kombination der Erzählung von der Begegnung des „Unreinen" mit dem Blumenmädchen weist auf einen Kulturtransfer oder eine transnationale Komponente hin (vgl. Kap. 5.1 und Kap. 5.2). Der früheste Beleg für das Sujet findet sich bei den Roma. Es scheint vom Donau-Balkan-Raum in die Karpato-Ukraine gewandert zu sein. Das zugrunde liegende Motiv bezieht sich auf die Tabuisierung des Sakraments der Ehe und auf die Keuschheit der Frau in einer patriarchalischen Gesellschaft. Junge Mädchen, oft lediglich der Obhut einer Witwe anheimgegeben, gehören diesen Texten zufolge unter die Haube, werden aber von Dämonen in Versuchung geführt.[6] Mit Blutsaugern haben diese Gesellen aber nichts mehr zu tun. Es geht auch keinesfalls um die wahre Liebe. Vielmehr hat die Dorfgemeinschaft mittels ihrer Erzählungen über Normen und Werte zu verhandeln. Zieht man im Hinblick auf die Polarisierung von Gut und Böse noch die verbitterten alten Frauen heran, die durch ihr Gebaren den Hass ihrer Nachbarn auf sich ziehen und sich folglich dem Vorwurf der Hexerei ausgesetzt sehen, kommt man nicht umhin, festzustellen, dass bevorzugt Fremde oder Außenseiter zum Vampir stilisiert werden.

Vampirgürtel und Morakeil

In diesem Buch wurde zum einen der dem westlichen Vampirdiskurs innewohnende Blutrausch mit Metaphern in Verbindung gebracht, die in der lateinischen Welt eine Prägung erfahren hatten, bevor der schillernde serbische

Ausdruck „Vampir" überhaupt Bekanntheit erlangte. Auf diese Weise wurde gezeigt, dass dem südosteuropäischen Wiedergänger das Bild des Blutsaugers übergestülpt worden ist, um die attraktive begriffliche Hülle, die das Wort „Vampir" darstellte, mit Inhalt zu füllen und die vermeintliche Einzigartigkeit dieses Typus zu unterstreichen. Zum anderen wurde die Volksüberlieferung umgehender Toter in der Übergangszone von Katholizismus/Protestantismus und Orthodoxie mit der Kolportage von Blutsaugern in der Welt der westlichen Gelehrten kontrastiert. Das Erkenntnisinteresse galt dabei der Entwicklung des Diskurses über Vampire von ihrer Entdeckung im Jahre 1725 bis zur Veröffentlichung des Dracula-Romans von Bram Stoker im Jahre 1897. Darüber hinaus stellte sich im Zuge der Untersuchungen heraus, dass sich der Glaube an umgehende Tote in den Dorfgemeinschaften des östlichen Europa auch in der Zeit zwischen den beiden Weltkriegen des 20. Jahrhunderts noch weithin auffinden ließ.

Im Spiegel der schriftlichen Quellen ist das Thema aus doppeltem Grund von Relevanz. Einerseits zogen die Meldungen über die Vampirkrankheit behördlicherseits Untersuchungen über eine bevorstehende Seuchengefahr nach sich. Andererseits resultierte aus Berichten über die Tolerierung von Grabschändungen durch weltliche und kirchliche Autoritäten eine Debatte, die einer Orientalisierung und damit Exotisierung der lateinisch-kyrillischen Kontaktzone in der Mitte Europas das Wort redete. Im Diskurs der Aufklärung und im Rahmen eines Verwestlichungsprozesses wurde auf diese Weise im 18. und 19. Jahrhundert ein Vampirgürtel zwischen den romanisch-germanischen und den slawischen Völkern, zwischen der lateinischen und der griechisch-orthodoxen Welt konstruiert. Durchbrochen wurde diese Barriere auf der kognitiven Landkarte durch einen Morakeil, der von der Elbe-Saale-Linie bis in den Karpatenbogen reicht (vgl. Karte auf Vorsatz). Im Kulturgrenzen überschreitenden Volksglauben bilden die Mora oder der Moroi (fem. Moroaică) die slawische oder rumänische Variante des Alps, der sich beim Menschen im Schlaf durch Drücken und Würgen bemerkbar macht. Der Maler und Publizist Johann Heinrich Füssli hat diesen kulturübergreifenden Sachverhalt in den unteschiedlichen Varianten seines Gemäldes „Der Nachtmahr" 1781 und 1790 visionär thematisiert (vgl. das Coverbild).

Blutsauger oder aufgeblähter Leichnam?

Die Geschichte des Vampirismus stellt sich als eine Geschichte des Pfählens, Enthauptens und Verbrennens verdächtiger Leichen dar. Im Zuge der Christianisierung wurde die Ruhelosigkeit der Seelen Verstorbener zunehmend auf satanische Besessenheit zurückgeführt. Erregten zunächst Alpdrücke und Poltergeister die Aufmerksamkeit, traten später vermehrt Todesboten und der „Unreine", sprich der Teufel, auf den Plan. In den Quellen, will heißen den Untersuchungsprotokollen oder gelehrten Kommentaren, wird der bei den Abwehrmaßnahmen zutage tretende Dilettantismus mit einem gehörigen Schuss Ironie quittiert und der karnevaleske Betrug lokaler Autoritäten als Schinluderei demaskiert. Im Laufe der Zeit zog das Gefühl der Bedrohung, die von der ursprünglich gesichtslosen Gestalt des Vampirs ausging, eine zunehmende Personifizierung der Gefahrenquelle nach sich. Bis zum Ende des 19. Jahrhunderts griff die Unterscheidung zwischen einem (von roter Gesichtsfarbe gekennzeichneten) „lebenden Vampir" und einem (knochenlosen, nur aus Fleisch und Blut bestehenden) „toten Vampir" immer weiter um sich. Der Vampir wies in diesem Zusammenhang eine gewisse Schizophrenie auf. Er konnte auf der einen Seite als Plage auftreten, auf der anderen Seite zum Freund und Helfer werden. Beispielsweise gab es regelrechte Geisterjäger, deren Fähigkeit, Vampire zu vernichten, auf ihren Status als am Sonnabend Geborene oder als Vampirkinder zurückgeführt wurde. Letzten Endes verengte sich der Opferkreis auf Brautleute und Witwen. Verhandelt wurden in den Volkserzählungen offenbar gesellschaftliche Tabus wie die unter den Teppich gekehrten Verstöße gegen die Sexualmoral, die durch die Geburt unehelicher Kinder offenbar wurden. Vor diesem Hintergrund führte der Anbruch der Moderne im 20. Jahrhundert zu einer zunehmenden Säkularisierung des Vampirglaubens im Sinne der erbaulichen Inszenierung eines Schreckgespenstes oder der schadenfrohen Verunglimpfung eines Unholds.

Im Ergebnis können wir feststellen, dass der Vampirglaube im östlichen Europa neben der Erklärung von Seuchen und Dürren vordergründig drei Funktionen erfüllte: Zum einen eröffnete er die Möglichkeit, Botschaften aus dem Jenseits zu empfangen. Zum anderen verhieß er als konkretes Feindbild einen Konsens stiftenden Ausweg aus irrationalen Gefahren bzw. einen kontrollierten Umgang mit Ängsten. Schließlich und vor allem diente er der Entlarvung von Störenfrieden und der Marginalisierung bzw. Eliminierung von Sündenböcken. Als anthropologische Grundkonstante für das Erscheinen von Verstorbenen in den Träumen und der Phantasie der Lebenden ist dabei das Nachwirken des schlechten Gewissens respektive die Bewältigung von Schuld infolge sozialer oder zwischenmenschlicher Konflikte festzuhalten.

Generell vermischten sich vorchristliche Vorstellungen mit der orthodoxen Auffassung, der zufolge die Seele noch 40 Tage nach dem Tod auf der Erde weilt, ehe sie nach landläufiger Überzeugung nach dem Zerfall des Leichnams ins Paradies eingehen kann. In diesem Sinne sorgte das orthodoxe Patriarchat im Osmanischen Reich seit dem 16. Jahrhundert bei der Exkommunikation für eine Strafverschärfung, indem es die von der Eucharistie Ausgeschlossenen zusätzlich noch mit dem Verdikt der Unverweslichkeit belegte. Von Seiten der Hinterbliebenen wurden zur Stärkung der Seele der Verstorbenen am siebten und vierzigsten Todestag sowie ein halbes und ein volles Jahr nach dem Tod Gedenkfeiern abgehalten, auf die die Eintragung der männlichen Toten in das häusliche Ahnenverzeichnis folgte. Einige Jahre nach dem Tod wurden eine Exhumierung der Leiche sowie eine Waschung und Neubestattung der Knochen vorgenommen. Es galt, sich des Zustandes der völligen Verwesung zu vergewissern, der den Seelen der Verstorbenen den Übergang ins Paradies ermögliche und der den Hinterbliebenen mit dem endgültigen Abschied die Aufrechterhaltung oder Wiederherstellung des sozialen Friedens garantierte.

In diesem Zusammenhang ist darauf hinzuweisen, dass die rituelle Verehrung (*slava*, d. h. „Feier") des Hauspatrons in Serbien insbesondere in den Wintermonaten vorgenommen wurde.[7] Der Ahnenkult wurde also zu einer Zeit betrieben, zu der sich die Vampirfälle häuften. Signifikanterweise gehörten zunächst immer die engsten Verwandten zu den ersten Opfern. Es ist zu vermuten, dass insbesondere diejenigen Familien betroffen waren, deren Ahnenreihe in Unordnung geraten und in denen das Gefüge des Patriarchalismus auseinandergebrochen war. Ob die Intensität des Toten- oder Ahnenkults bei den Orthodoxen kollektive Ängste stärker schürte als in der lateinischen Welt, mag dahingestellt bleiben. Vampirismus stellte jedenfalls sehr zum Verdruss kirchlicher und weltlicher Autoritäten eine konfessionsübergreifende Angelegenheit dar.

Der Vampir war in erster Linie ein Produkt der Phantasie und der Angst, ferner ein Ausdruck des schlechten Gewissens bzw. der falschen Verdächtigungen. Im dörflichen Alltag erwies sich erstaunlicherweise weniger der blutsaugende Tote als vielmehr der aufgeblähte Leichnam als die eigentliche Bedrohung. Diesbezüglich verhieß das Pfählen oder Durchstechen des Körpers nicht unbeding die Einschränkung posthumer Aktivitäten durch die Fixierung der Leiche an der Grabstätte, sondern vor allem die Wiederherstellung der Ordnung durch Dampfablassen. Im Unterschied zu anderen Autoren hat der bibliophile Sammler Christian Stieff diese Komponente des Vampirismus Mitte des 18. Jahrhunderts in seinem „Schlesischen Historischen Labyrinth" erkannt. Indem er den schlesischen Poltergeist, den griechischen Vrykolakas und den serbischen Vampir als verschiedene Ausprägungen desselben transnationalen Phänomens erachtete, verschob er den Fokus von der Hypothese des Blutsaugens auf die Physiognomie der Leiche. Zwar leitete er das Vokabular irrtümlich aus dem Ungarischen bzw. Türkischen ab, doch sah er ganz richtig, dass in dem Wort Vampir die Bedeutungen „aufgeschwollener Leib" oder „dicke Wampe" enthalten sind.[8] Leider ist dieser Scherz in der Vampirologie noch nicht aufgenommen worden. In ihm steckt eine gehörige Portion Wahrheit. Er ist der Schlüssel zur Lösung des Rätsels vom Vampir.

ANMERKUNGEN

Der Vampir als imperiale Kategorie (S. 17–30)

1   Vgl. Todorova, Maria: Die Erfindung des Balkans. Europas bequemes Vorurteil. Darmstadt 1999.

2   Puškin, A. S.: Pesni zapadnych slavjan. In: Ders.: Sočinenija v trech tomach. T. I. Moskva 1958, S. 371, Anm. 19. Deutsche Übersetzung: Puschkin, Alexander: Lieder der westlichen Slawen. In: Ders.: Die Gedichte. Aus dem Russischen übertragen von Michel Engelhard. Hrsg. v. Rolf-Dietrich Keil. Sonderausgabe. Frankfurt am Main/Leipzig 2003, S. 442, Anm. 17.

3   Vgl. Goldsworthy, Vesna: Inventing Ruritania. The Imperialism of the Imagination. New Haven/London 1998, S. 83–84; Coundouriotis, Eleni: Dracula and the Idea of Europe. In: Connotations. A Journal of Critical Debate 9 (1999/2000), H. 2, S. 143–160; Cain, Jimmie E., Jr.: Bram Stoker and Russophobia. Evidence of the British Fear of Russia in Dracula and The Lady of the Shroud. Jefferson, N. C./London 2006; Gibson, Matthew: Dracula and the Eastern Question. British and French Vampire Narratives of the Nineteenth-Century Near East. Houndmills/New York 2006.

4   Vgl. Arata, Stephen D.: The Occidental Tourist: Dracula and the Anxiety of Reverse Colonization. In: Victorian Studies 33 (1990), S. 627–634. ND in: Glennis Byron (Ed.): Dracula. Bram Stoker. New York 1999, S. 119–144; Hughes, William: A Singular Invasion: Revisiting the Postcoloniality of Bram Stoker's Dracula. In: Andrew Smith/William Hughes (Eds.): Empire and the Gothic. The Politics of Genre. Basingstoke/New York 2003, S. 88–102.

5   Vgl. Gerard, Emily: Transylvanian Superstitions. In: The Nineteenth Century 18 (London 1885), Nr. 101 (July), S. 130–150, hier S. 142; dies.: The Land Beyond the Forest. Facts, Figures, And Fancies from Transylvania. Vol. I–II. Edinburgh/London 1888, S. 310–324, hier S. 319/320.

6   Vgl. Bohn, Thomas M.: Der Dracula-Mythos. Osteuropäischer Volksglaube und westeuropäische Klischees. In: Historische Anthropologie 14 (2006), S. 390–409.

7   Vgl. Wilson, Katharina M.: The History of the Word „Vampire". In: Journal of the History of Ideas 46 (1985), S. 577–583. ND in: Alan Dundes (Ed.): The Vampire. A Casebook. Madison, WI 1998, S. 3–11; Kreuter, Peter Mario: The Name of the Vampire: Some Reflections on Current Linguistic Theories on the Etymology of the Word Vampire. In: Peter Day (Ed.): Vampires. Myths and Metaphors of Enduring Evil. Amsterdam/New York 2006, S. 57–80.

8   Vgl. Wolff, Larry: Inventing Eastern Europe. The Map of Civilization on the Mind of the Enlightenment. Stanford, CA 1994.

9 Vgl. Bohn, Thomas M.: Vampirismus in Österreich und Preußen. Von der Entdeckung einer Seuche zum Narrativ der Gegenkolonisation. In: Jahrbücher für Geschichte Osteuropas NF 56 (2008), H. 2, S. 161–177. ND in: Kakanien revisited, http://www.kakanien.ac.at/beitr/vamp/TBohn1.pdf (20.1.2009). Vgl. auch Mackenzie, Andrew: Dracula Country. Travels and Folk Beliefs in Romania. London 1977; Gerrits, Andre/Nanci Adler (Eds.): Vampires Unstaked. National Images, Stereotypes and Myths in East Central Europe. Amsterdam 1995; Longinović, Tomislav Z.: Vampire Nation. Violence as Cultural Imaginary. Durham/London 2011; Light, Duncan: The Dracula Dilemma. Tourism, Identity and the State in Romania. Surray/Burlington 2012.

10 Ruthner, Clemens: Am Rande. Kanon, Kulturökonomie und die Intertextualität des Marginalen am Beispiel der (österreichischen) Phantastik im 20. Jahrhundert. Tübingen/Basel 2004, S. 137; ders.: Untote Verzahnungen. Prolegomena zu einer Literaturgeschichte des Vampirismus. In: Julia Bertschik/Christa Agnes Tuczay (Hrsg.): Poetische Wiedergänger. Deutschsprachige Vampirismus-Diskurse vom Mittelalter bis zur Gegenwart. Tübingen 2005, S. 11–41, hier S. 20.

Vampirismus im Okzident (S. 31–80)

1 Vgl. Mischke, Marianne: Der Umgang mit dem Tod. Vom Wandel in der abendländischen Geschichte. Berlin 1996; Dinzelbacher, Peter: Die letzten Dinge. Himmel, Hölle, Fegefeuer im Mittelalter. Freiburg/Basel/Wien 1999; Spoerri, Bettina: Der Tod als Text und Signum. Der literarische Todesdiskurs in geistlich-didaktischen Texten des Mittelalters. Bern u. a. 1999.

2 Vgl. Ariès, Philippe: Geschichte des Todes. 5. Aufl. München 1991, S. 773–789. Vgl. auch Stefenelli, Norbert (Hrsg.): Körper ohne Leben. Begegnung und Umgang mit Toten. Wien/Köln/Weimar 1998; Fischer, Norbert: Geschichte des Todes in der Neuzeit. Erfurt 2001; Feldmann, Klaus: Tod und Gesellschaft. Sozialwissenschaftliche Thanatologie im Überblick. 2. überarb. Aufl. Wiesbaden 2010; Wittwer, Héctor/Daniel Schäfer/Andreas Frewer (Hrsg.): Sterben und Tod. Geschichte – Theorie – Ethik. Ein interdisziplinäres Handbuch. Stuttgart 2010; Sörries, Reiner: Ruhe sanft. Kulturgeschichte des Friedhofs. 2. Aufl. Kevelaer 2011.

3 Vgl. Petzold, Leander: Der Tote als Gast. Volkssagen und Exempel. Helsinki 1968; ders.: Tod und Jenseits in Märchen und Sagen. In: Ursula Heindrichs/Heinz-Albert Heindrichs/Ulrike Kammerhofer (Hrsg.): Tod und Wandel im Märchen. Regensburg 1991, S. 34–56; ders.: Das Universum der Dämonen und die Welt des ausgehenden Mittelalters. In: Ulrich Müller/Werner Wunderlich (Hrsg.): Mittelalter-Mythen. Bd. 2: Dämonen, Monster, Fabelwesen. St. Gallen 1999, S. 39–58; Hasenfratz, Hans-Peter: Leben mit den Toten. Eine Kultur- und Religionsgeschichte der anderen Art. Freiburg/Basel/Wien 1998.

4 Vgl. Lecouteux, Claude: Geschichte der Gespenster und Wiedergänger im Mittelalter. Köln/

Wien 1987; ders.: Das Reich der Nachtdämonen: Angst und Aberglaube im Mittelalter. Düsseldorf/Zürich 2001; Schmitt, Jean-Claude: Die Wiederkehr der Toten. Geistergeschichten im Mittelalter. Stuttgart 1995; Tuczay, Christa.: „... swem er den tôt getuot, dem sûgents ûz daz warme bluot". Wiedergänger, Blutsauger und Dracula in deutschen Texten des Mittelalters. In: Julia Bertschik/Christa Agnes Tuczay (Hrsg.): Poetische Wiedergänger. Deutschsprachige Vampirismus-Diskurse vom Mittelalter bis zur Gegenwart. Tübingen 2005, S. 61–82.

5   Vgl. Klare, Hans Joachim: Die Toten in der altnordischen Literatur. In: Acta Philologica Scandinavica 8 (1933/34), S. 1–56; Jakobsson, Ármann: The Fearless Vampire Killers: A Note about the Icelandic Draugr and Demonic Contamination in Grettis Saga. In: Folklore 120 (2009), S. 307–316; ders.: Vampires and Watchmen: Categorizing the Mediaeval Icelandic Undead. In: Journal of English and Germanic Philology 110 (2011), H. 3, S. 281–300; Teichert, Matthias: Nosferatus nordische Verwandtschaft. Die Erzählungen von vampirartigen Untoten in den Isländersagas und ihr gesamtgermanisch-europäischer Kontext. In: Zeitschrift für deutsches Altertum und deutsche Literatur 141 (2012), S. 2–36; ders.: „Draugula": The Draugr in Old Norse-Icelandic Saga Literature and His Relationship to the Post-Medieval Vampire Myth. In: Barbara Brodman/James O. Doan (Eds.): The Universal Vampire. Origins and Evolution of a Legend. Plymouth, UK 2013, S. 3–16.

6   Vgl. Die Saga von den Leuten auf Eyr. Eyrbyggja saga. Hrsg. und aus dem Altisländischen übersetzt v. Klaus Böldl. München 1999.

7   Ebd., Nr. 34, S. 80–82.

8   Ebd., Nr. 63, S. 139–144.

9   Ebd., Nr. 51, S. 116–120.

10 Ebd., Nr. 52–55, S. 120–126.

11 Vgl. Havekost, Ernst: Die Vampirsage in England. Diss. phil. Halle/Saale 1914, S. 54–58; Bartlett, Robert: England under the Norman and Angevan Kings. Oxford 2000, S. 612–615; Simpson, Jacqueline: Repentant Soul or Walking Corpse? Debatable Apparitions in Medieval England. In: Folklore 114 (2003), H. 3, S. 389–402.

12 Geoffrey of Burton: Life and Miracles of St. Modwenna. Ed. and transl. by Robert Bartlett. Oxford 2002, S. 193–199. Vgl. Bartlett, Robert: The Miracles of Saint Mordwenna of Burton. In: Staffordshire Studies 8 (1996), S. 24–35.

13 Chronicles of the Reigns of Stephen, Henry II., and Richard I. Vol II: The Fifth Book of the „Historia rerum anglicarum" of William of Newburgh. Ed. from manuscripts by Richard Howlett. London 1885. ND Wiesbaden 1964. Übersetzung: The History of William of Newburgh. Translated from the Latin by Joseph Stevenson. London 1856. ND 1996.

14 Ebd., Ed. 1885/1964, cap. XXII, S. 474/475; Ed. 1856/1996, chap. XXII. S. 656/657.

15 Ebd., Ed. 1885/1964, cap. XXIII, S. 476/477; Ed. 1856/1996, chap. XXIII, S. 657/658.

16 Ebd., Ed. 1885/1964, cap. XXIV, S. 477–482; Ed. 1856/1996, chap. XXIV, S. 658–661.

17   Ebd., Ed. 1885/1964, cap. XXV, S. 482–484; Ed. 1856/1996, chap. XXV, S. 661–663.

18   Map, Walter: De nugis curialium. Courtiers' trifles. Ed. and transl. by M. R. James. Revised by C. N. L. Brooke and R. A. B. Mynors. Oxford 1994.

19   Ebd., chap. 27, S. 202–205.

20   Ebd., chap. 28, S. 205.

21   Vgl. Lotter, Friedrich: Innocens virgo et martyr. Thomas von Monmouth und die Verbreitung der Ritualmordlegende im Hochmittelalter. In: Rainer Erb (Hrsg.): Die Legende vom Ritualmord. Zur Geschichte der Blutbeschuldigung gegen Juden. Berlin 1993, S. 25–72; Erb, Rainer: Die Ritualmordlegende: Von den Anfängen bis ins 20. Jahrhundert. In: Susanna Buttaroni/Stanisław Musiał (Hrsg.): Ritualmord. Legenden in der europäischen Geschichte. Köln/Weimar 2003, S. 12–20. Vgl. auch Hersperger, Patrick: Kirche, Magie und „Aberglaube". Superstitio in der Kanonistik des 12. und 13. Jahrhunderts. Köln/Weimar/Wien 2010.

22   The Chronicle of Lanercost. 1272–1346. Translated with Notes by Herbert Maxwell. Vol. I–II. Glasgow 1913. ND Penbryn Lodge 2001, S. 118/119.

23   James, M[ontague] R.: Twelve Medieval Ghost Stories. In: English Historical Review 37 (1922), S. 413–422. Englische Übersetzung aus dem Lateinischen in: M. R. James: A Pleasing Terror. The Complete Supernatural Writings. Ed. by Christopher and Barbara Roden. Ashcroft 2001, S. 457–468.

24   Neplacha, opata Opatovského, krátká kronika římska a česká. K vvdání upravil Josef Emler. In: Fontes rerum Bohemicarum. T. III. Praha 1882. ND Hildesheim/Zürich/New York 2004. Vgl. Svobodová, Kamila: Dva příklady vampyrismu v Neplachově kronice. In: Tomás Borovský/Jan Libor/Martin Wikuda (Hrsg.): Ad vitam et honorem Jaraslao Mezník. Profesoru Jaroslavu Mezníkovi přatelé a zaci k pětasedem desátým narozeninám. Brno 2003, S. 571–577.

25   Václava Hájka z Libočan: Kronika česká. Podle Otiginálu z r 1541. Vydal V. Flajšhans. I. R. 644–904. Doba Pohanská. II. Zánik Pohanství. R. 905–1100. III. Cechy vévodké. R. 1101–1253. IV. Čechy královské. R. 1254–1347. Prag 1918–1933. Deutsche Ausgabe: Hagecius, Wenceslaus: Böhmische Chronica. Prag 1596.

26   Neplacha, opata Opatovského, krátká kronika římska a česká, S. 480/481.

27   Václava Hájka z Libočan: Kronika česká, S. 353–354; Hagecius, Wenceslaus: Böhmische Chronica, S. 168.

28   Neplacha, opata Opatovského, krátká kronika římska a česká, S. 480.

29   Václava Hájka z Libočan: Kronika česká, S. 387–389; Hagecius, Wenceslaus: Böhmische Chronica, S. 419/420.

30   Vgl. Behringer, Wolfgang: Hexen. Glaube, Verfolgung, Vermarktung. 5. Aufl. München 2009.

31   Aelurius, Georgius [bzw. Georg Katschker]: Glaciographia, oder Glätzische Chronica. Das ist: Gründliche historische Beschreibung der berümten und vornemen Stadt, ja gantzen Graffschafft Glatz, auch des Münsterbergischen Fürstenthumbs in Schlesien. Leipzig 1625, S. 236/237.

32 Topographia Bohemiae, Moraviae et Silesiae, das ist Beschreibung und eigentliche Abbildung der Vornehmsten und bekandtisten Stätte und Plätze in dem Königreich Boheim und einverleibten Ländern Mähren und Schlesien. An tag gegeben unndt Verlegt durch Matthaeum Merian. Franckfurt 1650, S. 44.

33 Calmet, Augustin: Dissertations sur les Apparitions des anges, des Démons et des Esprits et sur les Revenants et Vampires de Hongrie, de Bohême, de Moravie et de Silésie. Paris 1746, S. 273. Neuausgabe: Dissertations sur les Apparitions des Esprits, et sur les Vampires et Revenans de Hongrie, de Moravie, etc. Nouvelle Edition, revue et corrigée. Partie I–II. Einsiedeln 1749, T. II, S. 28. Deutsche Ausgabe: Calmet, Dom Augustin: Gelehrte Verhandlung der Materi, Von Erscheinungen der Geisteren, Und denen Vampiren in Ungarn, Mähren etc. 2 Theile. Augsburg 1751, Bd. II, S. 27/28. Neuausgabe: Calmet, Augustinus: Gelehrte Verhandlung der Materie von den Erscheinungen der Geister, und der Vampire in Ungarn und Mähren. Ungekürzte Ausgabe. Bearbeitet und mit Anmerkungen versehen v. Abraham und Irina Silberschmidt. Rudolstadt 2006, S. 198/199.

34 Koegler, Joseph: Historische Beschreibung der königlichen Stadt Lewin (geschrieben im Jahre 1793). In: Chronicken der Grafschaft Glatz von Joseph Koegler. 2 Bde. in einem Band. Glatz 1841/42, S. 415–446, hier S. 417, 440/441. ND: Historische Beschreibung der Königlichen Immediatstadt Lewin. In: Kögler, Joseph: Die Chronicken der Grafschaft Glatz. Bd. I: Die Stadt- und Pfarreichroniken von Lewin – Mittelwalde – Wünschelburg – Neurode-Wilhelmstal. Neu bearbeitet und hrsg. v. Dieter Pohl. Modautal 1992, S. 21–74, hier S. 30, 73/74.

35 Vgl. Kättlitz, Christian: „„… Man braucht also nicht nur auf dem Balkan zu suchen." Oder: Wie slawisch darf Dracula sein? In: Bohemia 50 (2010), S. 333–350.

36 Aberglaube und Gebräuche aus Böhmen und Mähren. Gesammelt und hrsg. v. Joseph Virgil Grohmann. Bd. 1. Prag/Leipzig 1864, S. 24, 191.

37 Mader, Wilhelm: Chronik der Stadt Lewin. Habelschwerdt 1868. 2. ergänzte Aufl. Lewin 1903, S. 9/10.

38 Grässe, J[ohann] G[eorg] Th[eodor]: Sagenbuch des Preußischen Staats. Bd. I–II. Glogau 1868–1871, S. 198/199.

39 Kühnau, Richard: Schlesische Sagen. I. Spuk- und Gespenstersagen. Leipzig 1910, S. 196–198 und 198/199.

40 Boehlich, E.: Die Hexe von Lewin (1345). Ein Beitrag zur Geschichte des Vampirismus. In: Glatzer Heimatblätter 14 (1928), H. 1, S. 1–16, hier S 14.

41 Vgl. Lübke, Christian (Hrsg.): Struktur und Wandel im Früh- und Hochmittelalter. Eine Bestandsaufnahme aktueller Forschungen zur Germania Slavica. Stuttgart 1998; ders.: Das östliche Europa. Berlin 2004 (Die Deutschen und das europäische Mittelalter); Herbers, Klaus/Nikolaus Jaspert (Hrsg.): Grenzräume und Grenzüberschreitungen im Vergleich. Der Osten und der Westen des mittelalterlichen Lateineuropa. Berlin 2007.

42   Vgl. Schürmann, Thomas: Nachzehrerglaube in Mitteleuropa. Marburg 1990; Klaukien, Oliver: Archäologische Beobachtungen zu Kontinuität und Wandel der „Nachzehrer"- und „Vampirvorstellung". Hamburg 1996.

43   Pol, Nikolaus: Jahrbücher der Stadt Breslau. Hrsg. v. Johann Gustav Büsching. Bd. I–V. Breslau 1813–1824, hier Bd. 3 (1819), S. 1/2.

44   Vgl. Schürmann: Nachzehrerglaube.

45   Vgl. Jung, Martin H.: Reformation und Konfessionelles Zeitalter (1517–1648). Göttingen 2012. Vgl. auch Eckert, Edward A.: The Structure of Plagues and Pestilences in Early Modern Europe. Central Europe, 1560–1640. Basel 1996.

46   Vgl. Schulze, Winfried: Reich und Türkengefahr im späten 16. Jahrhundert. Studien zu den politischen und gesellschaftlichen Auswirkungen einer äußeren Bedrohung. München 1978; Thumser, Matthias: Türkenfrage und öffentliche Meinung. Zeitgenössische Zeugnisse nach dem Fall von Konstantinopel (1453). In: Franz-Reiner Erkens (Hrsg.): Europa und die osmanische Expansion im ausgehenden Mittelalter. Berlin 1997, S. 59–78; Höfert, Almut: Den Feind beschreiben. „Türkengefahr" und europäisches Wissen über das Osmanische Reich 1450–1600. Frankfurt/New York 2003; Barbarics-Hermanik, Zsuzsa: Reale oder gemachte Angst? Türkengefahr und Türkenpropaganda im 16. und 17. Jahrhundert. In: Harald Heppner/Zsuzsa Barbarics-Hermanik (Hrsg.): Türkenangst und Festungsbau. Wirklichkeit und Mythos. Frankfurt am Main u. a. 2009, S. 43–75.

47   Vgl. Neuber, Wolfgang: Die Theologie der Geister in der Frühen Neuzeit. In: Moritz Baßler/Bettina Gruber/Martin Wagner-Egelhaaf (Hrsg.): Gespenster. Erscheinungen – Medien – Theorien. Würzburg 2005, S. 25–37; Rieger, Miriam: Der Teufel im Pfarrhaus. Gespenster, Geisterglaube und Besessenheit im Luthertum der Frühen Neuzeit. Stuttgart 2011, S. 16–25.

48   D. Martin Luthers Werke. Kritische Gesamtausgabe. Tischreden. Bd. 6. Weimar 1921, Nr. 6823, S. 214.

49   Die drey grossen Landtplagen Krieg, Teurung, Pestilenz, welche jetzundt vor der Welte Ende in vollem Schwang gehen. Den frommen Kindern Gottes, welchen bey dieser kümmerlichen Zeit herzlich bange ist zu Lehr und Trost: den sichern Weltfindern aber zur warnung und schrecken, in XXIII Predigten erkleret durch Martinum Bohemum Laubanensem, Predigern daselbst. Wittenberg 1601, S. 135–143, Zitat S. 141.

50   Garmann, Christian Friedrich: De Miraculis Mortuorum. Über die Wunder[dinge] der Toten. Facsimile der Originalausgabe von 1670 mit Übersetzung und Nachwort. Hrsg. v. Silvio Benetello, Bernd Herrmann. Göttingen 2003, S. 27.

51   Rohr, Philippus: Dissertatio historico-philosophica de masticatione mortuorum. Lipsiae 1679.

52   Elvert, Christian d': Die Vampyre in Mähren. In: Schriften der historisch-statistischen Section der k. k. mährisch-schlesischen Gesellschaft des Ackerbaues, der Natur- und Landeskunde 12 (1859), S. 410–421; Klapper, Josef: Die schlesischen Geschichten von den schädigenden Toten. In: Mit-

teilungen der schlesischen Gesellschaft für Volkskunde 11 (1909), S. 58–93.

53   Vgl. Geschichte Schlesiens. Bd. 2: Die Habsburger Zeit 1526–1740. Hrsg. v. Ludwig Petry. 3., unveränderte Aufl. Stuttgart 2000.

54   Vgl. Irgang, Winfried: Die Stellung des Deutschen Ordens zum Aberglauben am Beispiel der Herrschaften Freudenthal und Eulenburg. In: Udo Arnold (Hrsg.): Von Akkon bis Wien. Studien zur Deutschordensgeschichte vom 13. bis zum 20. Jahrhundert. Festschrift zum 90. Geburtstag von Althochmeister P. Dr. Marian Tumler O. T. am 21. Oktober 1977. Marburg 1978, S. 261–271, insbesondere S. 266–270; Lambrecht, Karen: Wiedergänger und Vampire in Ostmitteleuropa – Postume Verbrennung statt Hexenverfolgung? In: Jahrbuch für deutsche und osteuropäische Volkskunde 37 (1994), S. 49–77, hier S. 49/50, 68; dies.: Obrigkeiten und Hexenverfolgungen. Zaubereiprozesse in den schlesischen Territorien. Köln/Weimar/Wien 1995, S. 383–401, insbesondere S. 383/384, 401.

55   Joh. Francisci Pici Mirandulae Domini Concordiaeque Comitis Strix Sive De Ludificatione Daemonum Dialogi Tres / Nunc primum in Germania eruti ex bibliotheca M. Martini Weinrichii. Cum eiusdem Praefatione luculenta, continente narrationem duorum operum magicorum & iudicii de iis lati, ut verißimam, ita cognitione dignißimam, itemque Epistola Ad Cl. Medicum Et Philosophum D. Andream Libavium, de quaestione, Utrum in non maritatis & castis mola possit gigni? Et post mortem eius editi Studio & opera, Caroli Weinrichii, F. Argentorati. Argentoratum [Straßburg] 1612.

56   More, Henry: An Antidote against Atheism, or, An Appeal to the Naturall Faculties of the Minde of Man, wether there be not a God. London 1653. The second Edition corrected and enlarged. London 1655, S. 215–226.

57   Henelius, Nicolaus: Silesiograpia renovata necessariis scholiis. Observationibus et indice aucta. Breslau/Leipzig 1704, S. 26/27.

58   Schlesisches Historisches Labyrinth oder Kurzgefaste Sammlung von hundert Historien. Allerhand denckwürdiger Nahmen, Werter, Personen, Gebräuche, Solennitäten und Begebenheiten in Schlesien. Aus den weitläufftigen gedruckten Chronicken und vielen geschriebenen Uhrkunden zum Vergnügen allerhand Liebhaber Schlesischer Geschichte, in einem kürtzern und bessern Zusammenhange mit vielfältigen neuen Beyträgen zu der alten und neuen Schlesischen Historie verfertiget. Breslau/Leipzig 1737, S. 330–393, insbesondere S. 351–362 (Von dem Gespenste eines sich selbst ermordenden Schusters) und S. 363–393 (Johann Cuntzische Gespenster-Historie).

59   Grässe, J[ohann] G[eorg] Th[eodor]: Sagenbuch des Preußischen Staats. Bd. I–II. Glogau 1868–1871, Bd. II, Nr. 161, S. 176–179; Nr. 203, S. 214–223.

60   Kühnau, Richard: Schlesische Sagen. I. Spuk- und Gespenstersagen. Leipzig 1910, Nr. 174, S. 162–168; Nr. 185, S. 175–190.

61   Joh. Francisci Pici Mirandulae Domini Concordiaeque Comitis Strix Sive, S. 12/13; Schlesisches Historisches Labyrinth, S. 362.

62 Topographia Bohemiae, Moraviae et Silesiae, S. 124.

63 Vgl. Die freie Bergstadt Bennisch. Ein Rückblick auf Schicksal und Lebensart einer sudetendeutschen Kleinstadt. Bearbeitet von Helmut Rößler. München 1962, S. 34/35, 54, 62/63, 83.

64 Ebd., S. 74.

65 Schlesisches Historisches Labyrinth, S. 381.

66 Ebd., S. 389.

67 Bernaleken, Theodor: Mythen und Bräuche des Volkes in Österreich. Als Beitrag zur deutschen Mythologie, Volksdichtung und Sittenkunde. Wien 1859, S. 50/51.

68 Peter, Anton (Hrsg.): Volksthümliches aus Österreichisch-Schlesien. Bd. I: Kinder und Kinderspiele, Volkslieder und Volksschauspiele, Sprichwörter. Bd. II: Sagen und Märchen, Bräuche und Volksglauben. Bd. III: Leben der Oppaländer in Vergangenheit und Gegenwart. Troppau 1865–1873, hier Bd. II (1867), S. 62.

69 Exempel, wie man zu verfahren hat, wenn ein Verstorbener im Dorfe spukt. Aus der Reimswaldauer Dorfchronik mitgetheilt von H. Palm. In: Rübezahl der Schlesischen Provinzialblätter 72/NF 7 (1868), S. 26–28.

70 Valvasor, Johann Weichard: Die Ehre des Herzogthums Crain. 15 Bücher in 4 Bänden. Laybach/Nürnberg 1689. Neuauflage: Novo Mesto 1877–1879. Faksimile: Ljubljana/München 1970–1974.

71 Vgl. Hösler, Joachim: Slowenien. Von den Anfängen bis zur Gegenwart. Regensburg 2006; ders.: Von Krain zu Slowenien. Die Anfänge der nationalen Differenzierungsprozesse in Krain und der Untersteiermark von der Aufklärung bis zur Revolution 1768 bis 1848. München 2006.

72 Francisci, Erasmus: Der Höllische Proteus oder Tausendkünstige Versteller, vermittelst Erzehlung der vielfältigen Bild-Verwechslungen Erscheinender Gespenster, Werffender und poltrender Geister, gespenstischer Vorzeichen der Todes-Fälle, Wie auch Andrer abentheurlicher Händel, arglistiger Possen, und seltsamer Aufzüge dieses verdammten Schauspielers, und, Von theils Gelehrten, für den menschlichen Lebens-Geist irrig-angesehenen Betriegers (nebenst vorberichtlichem Grund-Beweis der Gewißheit / daß es würcklich Gespenster gebe). Nürnberg 1690, S. 10, 253–300.

73 Palladino, Irmgard: Johann Weichard von Valvasor (1641–1693). Protagonist der Wissenschaftsrevolution der Frühen Neuzeit. Leben, Werk und Nachlass. Köln/Weimar 2008, S. 96, 99.

74 Tommasini, Giacomoa Filippo: De Commentari storici-geografici della Provincia dell'Istria. In: Archeografo triestino. Raccolta di opusculi e notizie per Trieste e per l'Istria 4 (Triest 1837), S. 1–554, hier S. 519; Bajke in pripovedke slovenskega ljudstva. Z mitološkim uvodom uredil Jakob Kelemina. Ljubljana 1930, S. 35–40. Vgl. Bošković-Stulli, Maja: Kresnik – Krsnik, ein Wesen aus der kroatischen und slowenischen Volksüberlieferung. In: Fabula. Zeitschrift für Erzählforschung 3 (1960), S. 275–298; Šmitek, Zmago: Kresnik: An Attempt at a Mythological Reconstruction. In: Studia Mythologica Slavica 1 (1998), S. 93–118.

75   Jagić, V.: Vukòdlak – Kodlàk vor Gericht. In: Archiv für slawische Philologie 6 (1882), S. 618–620.

76   Valvasor: Ehre, 6. Buch, S. 335/336.

77   Ebd., 6. Buch, S. 335; 8. Buch, S. 758; 11. Buch, S. 317–319.

78   Ebd., 11. Buch, S. 317.

79   Ebd., S. 319.

Vampirismus im Orient (S. 81–107)

1   Vgl. Zelenin, Dmitrij: Russische (Ostslavische) Volkskunde. Berlin/Leipzig 1927, S. 319–333, insbesondere S. 327–330, sowie S. 393/94.

2   Vgl. Oinas, Felix: Heretics as Vampires and Demons in Russia. In: Slavic and East European Journal 22 (1978), S. 433–441. ND in: Ders.: Essays on Russian Folklore and Mythology. Columbus, OH 1985, S. 121–130.

3   Die Nestorchronik. Der altrussische Text der Nestorchronik in der Redaktion des Abtes Sil'vestr aus dem Jahre 1116 und ihrer Fortsetzung bis zum Jahre 1305 in der Handschrift des Mönches Lavrentij aus dem Jahre 1377 sowie die Fortsetzung der Suzdaler Chronik bis zum Jahre 1419 nach der Akademiehandschrift. Nachdruck der 2. Aufl. Leningrad 1926–1928. München 1977 (Handbuch zur Nestorchronik. Hrsg. v. Ludolf Müller. Bd. 1), S. 130. Deutsche Übersetzung: Die Nestorchronik. Die altrussische Chronik, zugeschrieben dem Mönch des Kiever Höhlenklosters Nestor, in der Redaktion des Abtes Sil'vestr aus dem Jahre 1116, rekonstruiert nach den Handschriften Lavrent'skaja, Radzilovskaja, Akademičeskaja, Troickaja, Ipat'evskaja und Chlebnikovskaja und ins Deutsche übersetzt von Ludolf Müller. München 2001 (Handbuch zur Nestorchronik. Hrsg. v. Ludolf Müller. Bd. 4), S. 160.

4   Die Nestorchronik (1977), S. 214/215; Ed. 2001, S. 254/255.

5   Slovo sv Grigorija, izobreteno v tolcech, o tom kako pervoe pogani sušče jazyci klanjalisja idolom i treby im klali. In: N. M. Gal'kovskij: Bor'ba christianstva s ostatkami jazyčestva v drevnej Rus. T. I–II. Char'kov 1913–1916, hier T. II (1913), S. 17–35, hier S. 22–25 und 32. Vgl. Mansikka, V. J.: Die Religion der Ostslaven. Bd. I. Quellen. Helsinki 1922, S. 160–186, hier S. 162, 163, 174; Rybakov, B. A.: Jazyčestvo drevnich slavjan. Moskva 1981, S. 11–25. Rock, Stella: Popular Religion in Russia. „Double Belief" and the Making of an Academic Myth. London/New York 2007, S. 26–31.

6   Ivan Groznyj: Poslanie v Kirillo-Belozerskij monastyr' (1573). In: Poslanija Ivana Groznogo. Podgotovka teksta D. S. Lichačev i Ja. S. Lur'e. Perevod i kommentarii Ja. S. Lur'e. Pod red. V. P. Adrianovoj-Peretc. Moskva/Leningrad 1951. ND Düsseldorf/Vaduz 1971, S. 162–192, 351–369, hier S. 175, 359.

7   Vgl. Niendorf, Mathias: Das Großfürstentum Litauen. Studien zur Nationsbildung in der Frühen Neuzeit (1569–1795). Wiesbaden 2006; Stone, Daniel: The Polish-Lithuanian State, 1386–1795. Seattle, WA 2001.

8   Hercules Saxonia: De plica quam Poloni gwoździec, Roxolani kołtunum vocant. Padua 1600, S. 51/52.

9   Lettres de Pierre des Noyers pour servir a l'histoire de Pologne et de Suède de 1655 à 1659. Berlin 1859, S. 560–563, hier S. 561.

10 Zielonka, Bonifacy: Stanowsko wielkokulturowe w Adolfinie w pow. Aleksandrowskim. In: Przegląd archeologizny 13 (1960), S. 197–204, hier S. 201/202, Anm. 2; Grenz, Rudolf: Archäologische Vampirbefunde aus dem westslawischen Siedlungsgebiet. In: Zeitschrift für Ostforschung 16 (1967), S. 255–265.

11 Calmet, Augustin: Dissertations sur les Apparitions des Esprits, et sur les Vampires et Revenans de Hongrie, de Moravie, etc. Nouvelle Edition, revue et corrigée. Partie I–II. Einsiedeln 1749, T. II, S. 227–234 (im lateinischen Original; in der Ausgabe von 1746 fehlt der Eintrag). Deutsche Ausgabe: Calmet, Dom Augustin: Gelehrte Verhandlung der Materi, Von Erscheinungen der Geisteren, Und denen Vampiren in Ungarn, Mähren etc. 2 Theile. Augsburg 1751, 2. Theil, S. 233–240. Neuausgabe: Calmet, Augustinus: Gelehrte Verhandlung der Materie von den Erscheinungen der Geister, und der Vampire in Ungarn und Mähren. Ungekürzte Ausgabe. Bearbeitet und mit Anmerkungen versehen v. Abraham und Irina Silberschmidt. Rudolstadt 2006, S. 277–280.

12 Vgl. Vermeir, Koen: Vampirisme, corps mastiquants et force de l'imagination. Analyse de premiers traites sur les vampires (1659–1755). In: Camenae 8 (Paris, 2010), http://www.paris-sorbonne.fr/IMG/pdf/6-_Vermeir.pdf (1.11.2015). ND: Vampires as Creatures of the Imagination: Theories of Body, Soul, and Imagination in Early Modern Vampire Tracts (1659–1755). In: Yasmin Haskell (Ed.): Diseases of the Imagination and Imaginary Disease in the Early Modern Period. Turnhout 2011, S. 341–373.

13 Comiers, Claude: La baguette justifiée, et ses effets démontrez naturels. In: Mercure galant. Paris, Mars 1693, S. 105–161, hier S. 115/116. Sonderdruck: Paris 1693, S. 13/14.

14 Mercure galant, Paris, May 1693, S. 62–70 [sic] (Artikel von Pierre des Noyers ohne Titel).

15 Lettre écrite de Pologne sur un sujet sort surprenant. In: Mercure historique et politique 14 (Le Haye, Mois de Juin 1693), S. 670/671.

16 [Marigner: Creatures des elemens. In:] Mercure galant. Paris, Janvier 1694, S. 58–166; ders.: Sur les stryges de Russie. In: Mercure galant. Paris, Février 1694, S. 13–119, insbesondere S. 15–22, 112/113.

17 Gengell, Georgio: Eversio atheism, seu pro deo contra atheos libri duo. Brunsberg 1716, S. 122/123.

18 Rzaczynski, Gabrielis: Historia naturalis curiosa regni Poloniae, magniducatus Litvaniae, annexorumq; provincarium, in tractatus XX divisa. Sandomiriae 1721, S. 365.

19 Von dem Polnischen Upiertz oder sich selbst fressenden Todten, und der daraus entstandenen Furcht vor Pest- und Vieh-Sterben. In: Sammlung von Natur- und Medicin- Wie auch hierzu gehörigen Kunst- und Literatur-Geschichten. 19. Versuch. Leipzig/Budißin 1722, S. 82–88.

20 Zakonik Stefana Dušana Cara Srpskog 1349 i 1354. Na novo izdao i objasnio Stojan Novaković. Beograd 1898. Fototipno izd. 2004, S. 158.

21 [Klaić, Vjekoslav (Priop.):] Bilješka o vjerovanju u vukodlake na otoku Pašmanu god. 1403. In: Zbornik za narodni život i običaje južnih slavena 1 (Zagreb 1896), S. 223/224.

22 Vgl. Runciman, Steven: Das Patriarchat von Konstantinopel vom Vorabend der türkischen Eroberung bis zum griechischen Unabhängigkeitskrieg. München 1970.

23 Hartnup, Karen: ‚On the Belief of the Greeks'. Leo Allatios and Popular Orthodoxy. Leiden/Boston 2004, S. 318.

24 Crusius, Martin: Turcograeciae Libri Octo. Quibus Graecorum Status Sub Imperio Turcico, in Politia et Ecclesia, Oeconomia et Scholis, iam inde ab amissa Constantinopoli, ad haec usque tempora, luculenter describitur. Basileae 1584, S. 133–136.

25 Stephan Gerlachs deß Aeltern Tage-Buch der von zween glorwürdigsten römischen Kaysern, Maximiliano und Rudolpho, beyderseits den Andern dieses Nahmens höchstseeligster Gedächtniß, an die ottomannische Pforte zu Constantinopel abgefertigten und durch den Wohlgebornen Herrn Hn. David Ungnad, Freiherrn zu Sonnegk und Preyburg u. Römisch-Kayserli. Rath mit würcklicher Erhalt- und Verlängerung des Friedens zwischen dem Ottomannischen und Römischen Kayserthum und demselben angehörigen Landen und Königreichen glücklichst-vollbrachter Gesandtschafft. Herfür gegeben durch seinen Enckel Samuel Gerlach. Frankfurt am Mayn 1674, S. 94, 375.

26 Vgl. Zelepos, Ioannis: Vampirglaube und orthodoxe Kirche im osmanischen Südosteuropa. Ein Fallbeispiel für die Ambivalenzen vorsäkularer Rationalisierungsprozesse. In: Andreas Helmedach u. a. (Hrsg.): Das osmanische Europa. Methoden und Perspektiven der Frühneuzeitforschung zu Südosteuropa. Leipzig 2014, S. 363–379, hier S. 366/367.

27 Stewart, Charles: Demons and the Devil. Moral Imagination in Modern Greek Culture. Princeton, N. J. 1991, S. 255–259, Zitat S. 258.

28 Sariyannis, Marinos: Of Ottoman Ghosts, Vampires and Sorcerers: An Old Discussion Disinterred. In: Turkish Historical Review 4 (2013), S. 83–117, hier S. 199. Vgl. Benzing, Johannes: Islamische Rechtsgutachten als volkskundliche Quelle. Wiesbaden 1977, S. 23.

29 Sariyannis: Of Ottoman Ghosts, S. 204/205.

30 Vgl. Köhbach, Markus: Ein Fall von Vampirismus bei den Osmanen: In: Balkan Studies 20 (1979), S. 83–90.

31 Vgl. Vries, Wilhelm de: Rom und die Patriarchate des Ostens. Freiburg/München 1963, S. 198, 227, 325/236; Podskalsky, Gerhard: Griechische Theologie in der Zeit der Türkenherrschaft (1453–1821). Die Orthodoxie im Spannungsfeld der nachreformatorischen Konfessionen des Westens. München 1988, S. 33, 52–54.

32 Vgl. Hartnup: ‚On the Belief of the Greeks'.

33 Allatius, Leo: De templis Graecorum recentioribus, Ad Ioannem Morinum; De narthece Ecclesiae veteris, Ad Gasparem de Simeonibus; Necnon De Graecorum hodie quorundam opinationibus, Ad

34 Ebd., S. 148.

35 Allatius, Leo: De utriusque ecclesiae occidentalis atque orientalis perpetua in dogmate de Purgatorio consensione. Romae 1655, S. 41/42.

36 Richard, François: Relation de ce qui s'est passé de plus remarquable a Saint-Erini isle de l'Archipel, depuis l'établissement des Peres de la Compagnie de Iesus en icell. Paris 1657, S. 208–226, insbesondere S. 215/216.

37 Relation d'un voyage fait au Levant dans laquelle i lest curieusemet traite des Estats sujets au Grand Seigneur, des Moeurs, Religions, Forces, Gouuernemens, Politiques, Langues, & coustumes des Habitans de ce grand Empire. Par Monsieur Thevenot. Paris 1664, S. 82/83. Englische Übersetzung: The Travels of Monsieur de Thevenot into the Levant. London 1687, S. 98. Deutsche Übersetzung: Deß Herrn Thevenots Vollständige Reysz-Beschreibung durch Europa, Asia und Africa. Frankfurt 1693, S. 134.

38 Ricaut, Paul: The Present State of the Greek and Armenian Churches, Anno Christi, 1678. London 1679, S. 271–292, insbesondere S. 277–283. Deutsche Übersetzung: Wahrhaffte und eigentliche Beschreibung des gegenwärtigen Zustandes deren Unter der Türckischen Tyranney seuffzenden Griechischen und Armenischen Kirchen. Durch Herrn von Ricaut in Englischer Sprache gesetztet. Franckfurt/Leipzig o. J., S. 57–62, insbesondere S. 59/60.

39 Tournefort, Joseph Pitton: Relation d'un voyage du Levant, fait par ordre du roy. T. I–III. Paris 1717, T. I, S. 158–164. Deutsche Übersetzung: Herrn Pitton von Tournefort königlichen Raths Beschreibung einer auf königlichen Befehl unternommenen Reise nach der Levante. Bd. I–III. Nürnberg 1776–1777, Bd. I, S. 197–205, insbesondere S. 197, 201, 202/203, 204/205.

40 Vgl. Heineccius, Io[annes] Michael: Dissertatio thoelogica inauguralis de absolutione mortuorum excommunicatorum seu tympanicorum in ecclesia Graeca. Helmstedt 1709; ders.: Eigentliche und wahrhafftige Abbildung der alten und neuen Griechischen Kirche, Nach ihrer Historie, Glaubens-Lehren und Kirchen-Gebräuchen in III. Theilen. Leipzig 1711, S. 419–421.

41 Vgl. Cazacu, Matei: Dracula. Suivi du Capitaine Vampire. Une nouvelle roumaine par Marie Nizet (1879). Paris 2004, S. 335/336.

42 Demetrii Kantemirs historisch- geographisch- und politische Beschreibung der Moldau. Frankfurt/Leipzig 1771, S. 314–319.

43 Vgl. Cazacu: Dracula, S. 337/338.

44 Vgl. Zelepos: Vampirglaube, S. 369–372.

Vampirismus in den Schlagzeilen (S. 109–157)

1 Copia eines Schreibens aus dem Gradisker District in Ungarn. In: Wienerisches Diarium, Nr. 58, 21.7.1725, S. 11/12. Vgl. den Nachdruck aus dem *Hamburgischen Correspondenten* (1725, Nr. 121) in: Buchner, Eberhard: Das Neueste von gestern. Kulturgeschichtlich interessante Dokumente

aus alten deutschen Zeitungen. Bd. II: 1700–1750. München [1912], Nr. 242, S. 147/148.

2   M. Michaelis Ranfftii, V. D. M. De Masticatione mortuorum in tumulus, (Oder von dem Kauen und Schmatzen der Todten in Gräbern,) Liber Singularis: Exhibens Duas Excercitationes, Quarum Prior Historico-critica Posterior Philosophica est. Lipsiae 1728, § 26, S. 73; § 52, S. 93/94; Ranft, Michael: Tractat von dem Kauen und Schmatzen der Todten in Gräbern, Worin die wahre Beschaffenheit derer Hungarischen Vampyrs und Blut-Sauger gezeigt, Auch alle von dieser Materie bißher zum Vorschein gekommene Schrifften recensiret werden. Leipzig 1734, § 26, S. 124/125; § 52, S. 157/158. ND: Traktat von dem Kauen und Schmatzen der Toten in Gräbern. Michael Ranft in einer Bearbeitung durch Nicolaus Equiamicus. Diedorf 2006, § 26, S. 67/68; § 52, S. 83/84. In der Originalausgabe finden sich diesbezüglich noch keine Angaben. Vgl. Ranft, Michael: Dissertatio historico-critica de masticatione mortuorum in tumulis. Oder von dem Kauen und Schmatzen der Toten in Gräbern. Leipzig 1725.

3   Vgl. Nowosadtko, Jutta: Der „Vampyrus Serviensis" und sein Habitat: Impressionen von der österreichischen Militärgrenze. In: Militär und Gesellschaft in der Frühen Neuzeit 8 (2004), S. 153–170; Kreuter, Peter Mario: Vom „üblen Geist" zum „Vampyr". Die Darstellung des Vampirs und seines kulturellen Hintergrunds in den Berichten österreichischer Militärärzte zwischen 1725 und 1756. In: Julia Bertschik/Christa Agnes Tuczay (Hrsg.): Poetische Wiedergänger. Deutschsprachige Vampirismus-Diskurse vom Mittelalter bis zur Gegenwart. Tübingen 2005, S. 113–127; Bohn, Thomas M.: Vampirismus in Österreich und Preußen. Von der Entdeckung einer Seuche zum Narrativ der Gegenkolonisation. In: Jahrbücher für Geschichte Osteuropas NF 56 (2008), H. 2, S. 161–177. ND in: Kakanien revisited, http://www.kakanien.ac.at/beitr/vamp/TBohn1.pdf (20.1.2009).

4   Vgl. Göllner, Karl: Die siebenbürgische Militärgrenze. Ein Beitrag zur Sozial- und Wirtschaftsgeschichte 1762–1851. München 1975; Kaser, Karl: Freier Bauer und Soldat. Die Militarisierung der agrarischen Gesellschaft an der kroatisch-slawonischen Militärgrenze (1535–1881). Wien/Köln/Weimar 1997.

5   Vgl. Adanır, Fikret: Heiduckentum und osmanische Herrschaft. Sozialgeschichtliche Aspekte der Diskussion um das frühneuzeitliche Räuberwesen in Südosteuropa. In: Südost-Forschungen 41 (1982), S. 43–116.

6   Vgl. Wessely, Kurt: Neuordnung der ungarischen Grenze nach dem großen Türkenkrieg, in: Die k. k. Militärgrenze. Beiträge zur ihrer Geschichte. Wien 1973, S. 29–93; Hering, Gunnar: Das Jahr 1683 und die orthodoxen Völker Südosteuropas. In: Römische Historische Mitteilungen 26 (1984), S. 361–385. ND in: Ders.: Nostos. Gesammelte Schriften zur südosteuropäischen Geschichte. Hrsg. v. Maria A. Stassinopoulou. Frankfurt am Main u. a. 1995, S. 149–176.

7   Vgl. Kaser, Karl: Die Entwicklung der Zadruga in der Kroatisch-Slawonischen Militärgrenze. In: Zur Kunde Südosteuropas II/14. Graz 1985, S. 14–25; ders.: Familie und Verwandtschaft auf dem

Balkan. Analyse einer untergehenden Kultur. Wien/Köln/Weimar 1995, S. 265–416; ders.: Macht und Erbe. Männerherrschaft, Besitz und Familie im östlichen Europa (1500–1900). Wien/Köln/Weimar 2000, S. 166–179; ders.: Familie und Geschlechterbeziehungen. In: Ders./Siegfried Gruber/Robert Pichler (Hrsg.): Historische Anthropologie im südöstlichen Europa. Eine Einführung. Wien/Köln/Weimar 2003, S. 153–174; ders.: Verwandtschaft und Abstammung. In: Ebd., S. 131–152.

8 Vgl. Hochedlinger, Michael: Austria's Wars of Emergence. War, State and Society in the Habsburg Monarchy, 1683–1797. London 2003; Heppner, Harald/Daniela Schanes: The Impact on the Treaty of Passarowitz on the Habsburg Monarchy. In: Charles Ingrao/Nikola Samardžić/Jovan Pešalj (Ed.): The Peace of Passarowitz, 1718. West Lafayette, Ind. 2011, S. 53–62.

9 Vgl. Sauer, Paul: Ein kaiserlicher General auf dem württembergischen Herzogsthron. Herzog Carl Alexander von Württemberg 1684–1737. Filderstadt 2006, S. 98–132.

10 Vgl. Langer, Official: Serbien unter der kaiserlichen Regierung 1717–1739. In: Mitteilungen des k. k. Kriegsarchivs NF 3 (Wien 1889), S. 155–247, hier S. 192/193, 218–220, 242–243.

11 Vgl. Győry, Tiberius v.: Morbus Hungaricus. Eine medico-historische Quellenstudie, zugleich ein Beitrag zur Geschichte der Türkenherrschaft in Ungarn. Jena 1901, S. 17/18, 114; Stitzl, Josef: Der Morbus Hungaricus im Banat. In: Medizinische Zeitschrift. Fachblatt der deutschen Ärzte in Rumänien 11 (1937), S. 96–106, 147–156. Vgl. auch Petri, Anton Peter: Beiträge zur Geschichte des Heilwesens im Banat. Marquartstein 1988, S. 241–249.

12 Vgl. Lesky, Erna: Die österreichische Pestfront an der k. k. Militärgrenze. In: Saeculum 8 (1957), S. 82–106; Rothenberg, Gunther E.: The Austrian Sanitary Cordon and the Control of the Bubonic Plague: 1710–1871. In: Journal of the History of Medicine 28 (1973), S. 15–23; Bazala, V.: Kroatisch-slawonische Militärgrenze als Gesundheitsfaktor mit besonderer Berücksichtigung des sog. Pestkordons. In: J. Antall,/G. Buzinkay (Eds.): Acta Congressus Internationalis XXIV Historiae Artis Medicinae: 25–31 Augusti, Budapestini. Vol. I. Budapest 1976, S. 527–541; Panzac, Daniel: La peste dans l'Empire ottoman. 1700–1850. Paris/Leuven 1985; Briese, Olaf: Angst in Zeiten der Cholera. [Bd. I:] Über kulturelle Ursprünge des Bakteriums. Seuchen-Cordon I. Berlin 2003, S. 242–245.

13 Rothenberg, Gunther E.: Die österreichische Militärgrenze in Kroatien 1522 bis 1881. Wien/München 1970, S. 84–91.

14 Hamberger, Klaus (Hrsg.): Mortuus non mordet. Dokumente zum Vampirismus, 1689–1791. Wien 1992, S. 46–49.

15 Commercium litterarium ad rei medicae et scientiae naturalis in crementum institutum. Norimberg, 12.3.1732, S. 82–84.

16 Ranft: Tractat von dem Kauen und Schmatzen der Todten in Gräbern (1734), S. 194; Ed. 2006, S. 101. Vgl. Hepp, Oliver: Vom Aberglauben hin zur „magischen Würckung" der Einbildung. Michael Ranffts Tractat von dem Kauen und Schmatzen der

Todten in Gräbern. In: Christoph Augustynowicz/ Ursula Reber (Hrsg.): Vampirglaube und magia posthuma im Diskurs der Habsburgermonarchie. Wien/Münster 2011, S. 105–123.

17 Hamberger: Mortuus non mordet, S. 49–54; Sturm, Dieter/Klaus Völker (Hrsg.): Von denen Vampiren oder Menschensaugern. Dichtungen und Dokumente. 4. Aufl. Frankfurt am Main 2003, S. 451–456.

18 Leithner, Andreas/Christian Reiter: Vampirismus aus medizinischer Sicht. In: Rainer M. Köppl (Hrsg.): 100 Jahre Dracula. Wien u. a. 1998 (Maske und Kothurn 41, 1/2), S. 147–153; Reiter, Christian: Der Vampyr-Aberglaube und die Militärärzte. In: Kakanien revisited 17.8.2009 (http://www.kakanien.ac.at/beitr/vamp/CReiter1.pdf [26.10.2015]). ND in: Christoph Augustynowicz/Ursula Reber (Hrsg.): Vampirglaube und magia posthuma im Diskurs der Habsburgermonarchie. Wien/Münster 2011, S. 125–146.

19 Vgl. Vlačić, Vlado: Militärberichte und Vampirmythos. In: Christoph Augustynowicz/Ursula Reber (Hrsg.): Vampirglaube und magia posthuma im Diskurs der Habsburgermonarchie. Wien/Münster 2011, S. 69–87.

20 Hamberger: Mortuus non mordet, S. 49–54, hier S. 49/50; Sturm, Dieter/Klaus Völker: Von denen Vampiren, S. 451–456, hier S. 451/452.

21 Vgl. die erste Seite des Flückinger-Berichts als Faksimile in: Dracula. Woiwode und Vampir. Schloss Ambras, Innsbruck. 18. Juni–31. Oktober 2008. Bearbeitet v. Margot Rauch u. a. Wien 2008, S. 148.

22 Mayo, Herbert: On the Truths contained in Popular Superstitions with an Account of Mesmerism. Frankfort/Edinburgh 1849, S. 24–29. Deutsche Übersetzung: Wahrheiten im Volksaberglauben, nebst Untersuchungen zum Wesen des Mesmerismus. In Briefen. Leipzig 1854, S. 26–32. Vgl. Ruthner, Clemens: Ärzte am offenen (Text-) Grab. Zur Literarisierung von Flückingers Vampirismus-Protokoll (1732) bei Mayo (1846) und Kock (1998). In: Christoph Augustynowicz/Ursula Reber (Hrsg.): Vampirglaube und magia posthuma im Diskurs der Habsburgermonarchie. Wien/Münster 2011, S. 163–177. Englische Fassung: Undead Feedback: Adaptions and Echoes of Johann Flückinger's Report, Visum et Repertum (1732), until the Millenium. In: Barbara Brodman/James O. Doan (Eds.): The Universal Vampire. Origins and Evolution of a Legend. Plymouth/UK 2013, S. 91–108.

23 Ranft: Tractat von dem Kauen und Schmatzen der Todten in Gräbern (1734), S. 183–185; Ed. 2006, S. 96; Hamberger: Mortuus non mordet, S. 56/57. Vgl. auch Zolyomi, Norbert Duka: Die Leopoldinische Akademie und die ungarländische Medizin und Naturwissenschaft bis zum Ende des 18. Jahrhunderts. In: Acta Historica Leopoldina 13 (1980), S. 51–103; Mücke, Marion: Wissenschaft im Netz. Die Deutsche Akademie der Naturforscher (Leopoldina) und ihre Verbindungen nach Wien um 1750. In: Sonia Horn/Gabrielle Dorfner/Rosemarie Eichinger (Hrsg.): Wiener Gespräche zur Sozialgeschichte der Medizin. Wissensaustausch in der Medizin des 18. Jahrhunderts. Wien 2007, S. 25–44; Mücke, Marion/Thomas Schnalke: Briefnetz Leopoldina. Die Korrespondenz der Deutschen Akademie der Naturforscher um 1750. Berlin/New York 2009.

24 Commercium litterarium ad rei medicae et scientiae naturalis in crementum institutum. Norimberg, 7.5.1732, S. 146/147. Deutsche Übersetzung: Hamberger: Mortuus non mordet, S. 57/58.

25 Calmet: Dissertations sur les Apparitions des Esprits (1749), T. II, S. 54–58 (in der Ausgabe von 1746 fehlt der Eintrag). Deutsche Ausgabe: Calmet: Gelehrte Verhandlung der Materi (1751), 2. Theil, S. 51–54. Neuausgabe: Calmet: Gelehrte Verhandlung der Materie (2006), S. 207/208.

26 Vgl. Pott, Martin: Aufklärung und Aberglaube. Die deutsche Frühaufklärung im Spiegel ihrer Aberglaubenskritik. Tübingen 1992; Dürbeck, Gabriele: Einbildungskraft und Aufklärung. Perspektiven der Philosophie, Anthropologie und Ästhetik um 1750. Tübingen 1998; Döring, Detlef/Kurt Nowak (Hrsg.): Gelehrte Gesellschaften im mitteldeutschen Raum (1650–1820). Teil I–III. Stuttgart/Leipzig 2000–2002; Faulstich, Werner: Die bürgerliche Mediengesellschaft (1700–1830). Göttingen 2002 (Die Geschichte der Medien 4); Würgler, Andreas: Medien in der frühen Neuzeit. München 2009 (Enzyklopädie deutscher Geschichte 85).

27 Ranft: Tractat von dem Kauen und Schmatzen der Todten in Gräbern (1734), S. 185; Ed. 2006, S. 97.

28 Von dem Königreich Servien in Ober-Hungarn. In: Neu-eröffnetes Welt- und Staats-Theatrum, welches die in allen Theilen der Welt, sonderlich aber in Europa vorfallende Staats-[,] Kriegs- und Friedens-Affairen, wie auch andere merckwürdige Begebenheiten in einem deutlichen Auszuge vorstellet. Vierdte Eröffnung. Erfurt. April 1732, S. 224–236, hier S. 233.

29 Vgl. Wolff, Larry: Inventing Eastern Europe. The Map of Civilization on the Mind of the Enlightenment. Stanford, CA 1994.

30 Vgl. Sauer: Ein kaiserlicher General auf dem württembergischen Herzogsthron, S. 167–189.

31 Commercium litterarium ad rei medicae et scientiae naturalis in crementum institutum. Norimberg, 12.3.1732, S. 82–84; 19.3.1732, S. 90–92; 30.4.1732, S. 138–144; 7.5.1732, S. 146–152; 28.5.1732, S. 170–176; 11.6.1732, S. 190/191; 25.6.1732, S. 206–208; 9.7.1732, S. 219–224; 23.7.1732, S. 234–240; 6.8.1732, S. 250–256; 10.9.1732, S. 291–293. Vgl. Rau, Tilman: Das *Commercium Litterarium*. Die erste medizinische Wochenschrift in Deutschland und die Anfänge des medizinischen Journalismus. Bremen 2009, S. 60, 159–164.

32 Vgl. die Meldung der *Vossischen Zeitung* (1732, Nr. 37) in: Buchner: Das Neueste von gestern II, Nr. 579, S. 271/272. ND in: Buchner, Eberhard: Medien, Hexen und Geisterseher. Kulturhistorisch interessante Dokumente aus alten deutschen Zeitungen und Zeitschriften (16.–18. Jahrhundert). München 1926, Nr. 207, S. 307/308.

33 Stebler, Franciscus Antonius Ferdinandus: Sub vampyri, aut sanguisugae larva a verae philosophiae et rationalis medicinae placitis detectum ac dejectum depravatae imaginationis spectrum. In: Acta physico-medica Academiae caesarae Leopol-

dino-Carolinae naturae curiosorum. IV. Norimberg 1737, Appendix, S. 89–112.

34 Harnack, Adolf: Geschichte der Königlich Preussischen Akademie der Wissenschaften zu Berlin. Bd. I. Hälfte 1: Von der Gründung bis zum Tode Friedrich's des Großen. Bd. I. Hälfte 2: Vom Tode Friedrich's des Großen bis zur Gegenwart. Bd. II: Urkunden und Actenstücke zur Geschichte der Königlich Preussischen Akademie der Wissenschaften. Berlin 1900. ND Hildesheim/New York 1970, Bd. I, S. 215–235, insbesondere S. 223, 234; Bd. II, S. 233–235; Hartkopf, Werner/Gert Wangemann: Dokumente zur Geschichte der Berliner Akademie der Wissenschaften von 1700 bis 1990. Heidelberg/Berlin/New York 1991, S. 233–235. Vgl. auch Sabrow, Martin: Herr und Hanswurst. Die Tragödie des Hofgelehrten Jacob Paul von Gundling. Stuttgart/München 2001.

35 Hamberger: Mortuus non mordet, S. 111–114; Sturm/Völker: Von denen Vampiren oder Menschensaugern, S. 456–460.

36 Ranft: Tractat von dem Kauen und Schmatzen der Todten in Gräbern (1734), S. 272/273; Ed. 2006, Nr. XII, S. 144.

37 Vgl. Anzeigen und Besprechungen bei Eudoxus: Bericht von einigen Schriften, so bishero wegen der Vampyren herausgekommen. In: Auserlesene theologische Bibliothec, oder Gründliche Nachrichten von denen neuesten und besten theologischen Büchern und Schriften. 62. Theil. Leipzig 1732, S. 143–152; ders.: Nachlese von den Schriften wegen der Vampyren. In: Ebd. 69. Theil. Leipzig 1732, S. 870–881.Vgl. auch: Remarquable Curieuse Brieffe, oder deutliche Beschreibung Alter und Neuer merckwürdiger Begebenheiten, die sich hin und wieder, guten Theils im Churfürstenthum Sachsen und incorporirten Landen zugetragen. Leipzig 1732, Nr. 201, S. 899–909; Geistliche Fama, mitbringend Einige Neuere Nachrichten von Göttlichen Erweckungen, Wegen, Führungen und Gerichten. [Hrsg. v. Johann Conrad Dippel.] Achtes Stück. Sarden 1733; Geyer, Joh[ann] Daniel: Müßiger Reise-Stunden, Gute Gedancken, Von denen Todten Menschen-Saugern, An die Hochpreißlichen Praesidem und Collegas S. R. I. Academicae Naturae Curiosorum. Neundter Discours. Dresden 1735; Charisius, Christian Ludwig: Medicinisches Bedencken Von denen Vampyren, oder sogenannten Blutsaugern, Ob selbte vorhanden, und die Krafft haben, denen Menschen das Leben zu rauben? [Königsberg 1739]. Vgl. auch Lauper, Anja: Die „phantastische Seuche". Johann Christoph Harenbergs Theoretisierung der vampiristischen Einbildungskraft. In: Dracula unbound. Kulturwissenschaftliche Lektüren des Vampirs. Hrsg. v. Christian Begemann, Britta Herrmann, Harald Neumeyer. Freiburg i. Br./Berlin/Wien 2008, S. 51–73.

38 Vgl. Eckert, Edward A.: The Retreat of Plague from Central Europe, 1640–1720: A Geomedical Approach. In: Bulletin of the History of Medicine 74 (2000), S. 1–28.

39 Vgl. Hennigsen, Gustav: Das Ende der Hexenprozesse und die Fortsetzung der populären Hexenverfolgung. In: Sönke Lorenz/Dieter R. Bauer (Hrsg.): Das Ende der Hexenverfolgung. Stuttgart 1995, S. 315–328.

40 Ranft: Tractat von dem Kauen und Schmatzen der Todten in Gräbern (1734), S. 206–292; Ed. 2006, S. 106–159.

41 Question Physique sur une espéce de Prodige duëment attesté. In: Le Glaneur historique, moral, litteraire, galant & calotin 2 (La Haye, 3. Mars 1732), Nr. 18, S. 1–4; Appendice au Vampyrisme. In: Ebd. (La Haye, 17. Mars 1732), Nr. 22, S. 4–6; Courtes Reflexions Physiques sur le Vampyrisme. In: Le Glaneur historique, critique, politique, moral, littéraire, galant et calotin 3 (La Haye, 23. Avril 1733), Nr. 18 (Supplement), unpaginiert; Wampirs, fait singulier et de plus extraordinaires, s'il est vrai. In: Mercure de France. Paris, May 1732, S. 890–898; Extract of a Private Letter from Vienna. In: The London Journal, Nr. 663, 11.3.1732, S. 2; [D'Anvers, Caleb (= Nicholas Amhurst): Political Vampyres. In:] The Craftsman. Being a Critique of the Times. London, 20.5.1732, Nr. 307, S. 120–129, hier S. 124/125; Political Vampyres. In: The Gentleman's Magazine: or, Monthly Intelligencer 2 (London, May 1732), S. 750–752; Political Vampyres. In: The London Magazine, or, Gentleman's Monthly Intelligencer 1 (May 1732), S. 76/77. Vgl. auch: A Confutation of the Stories about Vampires, or Dead Bodies Sucking the Living in Hungary etc. In: The London Magazine: and Monthly Chronologer 6 (May 1737), S. 236–238; Travels of Three English Gentlemen, from Venice to Hamburgh, Being the grand Tour of Germany, in the year 1734. In: The Harleian Miscellany; or, A collection of scarce, curious, and entertaining Pamphlets and Tracts, as well in Manuscript as in Print, found in the Earl of Oxford's Library 11 (London 1810), S. 218–355.

42 Jud Süß. In: Curieuser Nachrichten aus dem Reich der Beschnittenen. Erster Theil: Zwischen Sabathai Sevi, einem in dem vorigen Seculo in den Morgenländern höchst-berüchtigt gewesenen jüdischen Ertzbetrüger, und dem fameusen Württembergischen Avanturier, Jud Joseph Süß Oppenheimer. Franckfurth und Leipzig 1738. ND in: Einhundertundzehn Volks- und Gesellschaftslieder des 16., 17. und 18. Jahrhunderts mit und ohne Singweisen. Nach fliegenden Blättern, handschriftlichen Quellen und dem Volksmunde gesammelt und herausgegeben von Franz Wilhelm von Ditfurth. Stuttgart 1875, S. 74–78. ND in: Die historischen Volkslieder vom Ende des dreißigjährigen Krieges, 1648 bis zum Beginn des siebenjährigen, 1756. Aus fliegenden Blättern, handschriftlichen Quellen und dem Volksmunde gesammelt von Franz Wilhelm von Ditfurth. Heilbronn 1877, S. 291–294. Vgl. Heiden, Anne von der: Der Jude als Medium. „Jud Süß". Bochum 2003, S. 63–87; dies.: Der Zerstörer allen Lebens: „Jud Süß" als politischer Vampir. In: Alexandra Przyrembel/Jörg Schönert (Hrsg.): „Jud Süß". Hofjude, literarische Figur, antisemitisches Zerrbild. Frankfurt/New York 2006, S. 325–336.

43 Abegg, Johann Friedrich: Reisetagebuch von 1798. Erstausgabe. Hrsg. v. Walter und Jolanda Abegg. Frankfurt am Main 1976. 2. Aufl. Frankfurt am Main 1977, S. 190.

44 Vgl. Medek, P. Vaclav: Vom Satanismus auf dem nordmährischen Herrschaftsbesitz des Deutschen Ordens. In: Klemens Wieser (Hrsg.): Acht

Jahrhunderte Deutscher Orden in Einzeldarstellungen. Bad Godesberg 1967, S. 387–393; Irgang, Winfried: Die Stellung des Deutschen Ordens zum Aberglauben am Beispiel der Herrschaften Freudenthal und Eulenburg. In: Udo Arnold (Hrsg.): Von Akkon bis Wien. Studien zur Deutschordensgeschichte vom 13. bis zum 20. Jahrhundert. Festschrift zum 90. Geburtstag von Althochmeister P. Dr. Marian Tumler O. T. am 21. Oktober 1977. Marburg 1978, S. 261–271.

45   Ein Dokument zur Geschichte der schles. Hexenprozesse. Mitgeteilt v. A. Schmidt. In: Zeitschrift für Geschichte und Kulturgeschichte Österreichisch-Schlesiens 2 (1906/07), S. 193/194.

46   Magia posthuma per juridicum illud pro contra suspenso nonnullibi judicio investigata a Carolo Ferdinando de Schertz, arae alutiferae ubi paCisCenDUM. Cum licentia Ordinarij. Olomucij Moravorum, Typis Ignatij Rosenburg. [Olmütz 1706]. Zitiert nach: Calmet: Dissertations sur les Apparitions des Anges (1746), S. 271/272. Neuausgabe: Dissertations sur les Apparitions des Esprits (1749), T. II, S. 27–28. Deutsche Ausgabe: Calmet: Gelehrte Verhandlung der Materi (1751), Bd. II, S. 26/27. Neuausgabe: Calmet: Gelehrte Verhandlung der Materie (2006), S. 198/199.

47   Vgl. Ryan, W[illiam] F.: The Witchcraft Hysteria in Early Modern Europe: Was Russia an Exception? In: Slavonic and East European Review 76 (1998), S. 49–84; ders.: The Bathhouse at Midnight. An Historical Survey of Magic and Divination in Russia. University Park, PA 1999, 68–93.

48   Vgl. Klaniczay, Gábor: Decline of Witches and Rise of Vampires in 18th Century Habsburg Monarchy. In: Ethnologia Europea 17 (1987), S. 165–180. Deutsche Übersetzung: Der Niedergang der Hexen und der Aufstieg der Vampire im Habsburgerreich des achtzehnten Jahrhunderts. In: Ders.: Heilige, Hexen, Vampire. Vom Nutzen des Übernatürlichen. Berlin 1991, S. 73–97. Neufassung: Historische Hintergründe: Der Aufstieg der Vampire im Habsburgerreich des 18. Jahrhunderts. In: Julia Bertschik/Christa Agnes Tuczay (Hrsg.): Poetische Wiedergänger. Deutschsprachige Vampirismus-Diskurse vom Mittelalter bis zur Gegenwart. Tübingen 2005, S. 83–111; Lambrecht, Karen: Wiedergänger und Vampire in Ostmitteleuropa – Postume Verbrennung statt Hexenverfolgung? In: Jahrbuch für deutsche und osteuropäische Volkskunde 37 (1994), S. 49–77, hier S. 49/50, 68; dies.: Obrigkeiten und Hexenverfolgungen. Zaubereiprozesse in den schlesischen Territorien. Köln/Weimar/Wien 1995, S. 383–401, insbesondere S. 383/384, 401.

49   Calmet, Augustin: Dissertations (1746), S. 247/248; Dissertations (1749), T. II, unpaginiert [S. II]. Deutsche Ausgabe: Gelehrte Verhandlung (1751), 2. Theil, unpaginiert [S. II]; Gelehrte Verhandlung (2006), S. 185/186. Vgl. Vax, Louis: Dom Calmet et les Vampires. In: Cullière, Alain (Ed.): Aspects du Classicisme et de la Spiritualité. Mélanges en l'onneur de Jacques Hennequin. Paris 1996, S. 423–436; Huet, Marie-Hélène: Deadly Fears: Dom Augustin Calmet's Vampires and the Rule Over Death. In: Eighteenth-Century Life 21 (1997), S. 222–232; Vidal, Fernando: Ghosts, the economy

of religion, and the laws of princes. Dom Calmet's Treatise on the apparitions of spirits. In: Claire Gantet/Fabrice d'Almeida (Hrsg.): Gespenster und Politik. 16. bis 21. Jahrhundert. München 2007, S. 103–126; Dom Augustin Calmet. Un itinéraire intellectuel. Dirigé par Martin, Philippe et Fabienne Henryot. Paris 2008.

50   Lambertini, Prospero: De servorum dei beatificatione et beatorum canonizatione. Pars I–IV. Bologna 1734–1738 (ohne Bezugnahme auf Vampire). Editio Secunda locupletior. Passau 1743, Pars I, S. 199/200. 3. Auflage: Benedicto XIV. doctrinam De servorum dei beatificatione et beatorum canonizatione. Redactam in synopsim Emmanuel Azevedo. Rom 1757, S. 391. 4. Auflage: Benedicti decimiquarti De servorum dei beatificatione et beatorum canonizatione. Pars I–IV. Editio novissima ante actis omnibus emendatior et auctior. Excudebat Antonius Foglierini. Venedig 1764, Pars I, S. 155. Übersetzung in Auszügen: Die Weisungen Benedikts XIV. an die Ritenkongregation zur Beurteilung von Wunderheilungen. Übersetzung und Anmerkungen von Franz L. Schleyer. In: Archiv für katholisches Kirchenrecht 123 (1944–1948), S. 316–438, hier S. 435–438.

51   Davanzati, Giuseppe: Dissertazione sopra i vampiri. Napoli 1774. 2. ed. Napoli 1789. Neuausgabe: Davanzati, Giuseppe: Dissertazione sopra i vampiri. A cura di Giacomo Annibaldis. Bari 1998. Vgl. Ceglia, Francesco Paolo: The Archbishop's Vampires. Giuseppe Davanzati's Dissertation and the Reaction of „Scientific" Italian Catholicism to the „Moravian Events". In: Archives internationales d'histoire des sciences 61 (2011), Nr. 166–167, S. 487–510.

52   Calmet: Dissertations (1746), S. 252, 451/452; Dissertations (1749), T. II, im Vorwort (unpaginiert [S. V]) u. S. 216; Gelehrte Verhandlung (1751), 2. Theil, im Vorwort (unpaginiert [S. V]) u. S. 222/223; Gelehrte Verhandlung (2006), S. 186, 273.

53   Voltaire: Vampires. In: Œuvres complètes de Voltaire. Nouvelle édition. [T. 42:] Dictionnaire philosophique. T. VII. Paris 1827, S. 406–413. Deutsche Übersetzung: Voltaire: Vampire. In: Sturm/Völker: Von denen Vampiren und Menschensaugern, S. 483–489; Hamberger: Mortuus non mordet, S. 263–267.

54   Hamberger: Mortuus non mordet, S. 88–93.

55   Vgl. Petritsch, Ernst Dieter: „Welche sich in Ungarn … häuslich niederzulassen Lust und Sinn haben …" Der habsburgische Staat als Akteur der Ansiedlung in Ungarn von Karl VI. bis Maria Theresia. In: Gerhard Seewann/Karl-Peter Krauss/Norbert Spannenberger (Hrsg.): Die Ansiedlung der Deutschen in Ungarn. Beiträge zum Neuaufbau des Königreichs nach der Türkenzeit. München 2010, S. 41–60.

56   Codex Sanitario-Medicinalis Hungariae. T. I. Quem congessit Franciscus Xav. Linzbauer. Buda 1852–1856 [sic], S. 722.

57   Ebd., S. 728–737; Vampyrismus von Herrn Baron Gerhard van Swieten verfasset, aus dem Französischen ins Deutsche übersetzet, und als ein Anhang der Abhandlung des Daseyns der Gespenster beigerücket. Augsburg 1768. Beilage zu: [A. Mayer:] Abhandlung des Daseins der Gespenster, nebst einem Anhange vom Vampyrismus. Augsburg

1768. ND: Vampyrismus von Herrn Baron Gerhard van-Seten verfaset, aus dem Französischen ins Deutsche übersetzet. In: 100 Jahre Dracula. Hrsg. v. Rainer M. Köppl. Köln/Weimar 1998 (Maske und Kothurn 41), S. 37–46. Vgl. Arlaud, Daniel: Vampire, Aufklärung und Staat: Eine militärmedizinische Mission in Ungarn, 1755–1756. In: Claire Gantet/ Fabrice d'Almeida (Hrsg.): Gespenster und Politik. 16. bis 21. Jahrhundert. München 2007, S. 127–141.

58 Sammlung aller k. k. Verordnungen vom Jahre 1740 bis 1780, die unter der Regierung des Kaisers Joseph des II. theils noch ganz bestehen, theils zum Theile abgeändert sind, als ein Hilfs- und Ergänzungsbuch zu dem Handbuche aller unter der Regierung des Kaisers Joseph des II. für die k. k. Erbländer ergangenen Verordnungen und Gesetze in einer chronologischen Ordnung. Bd. III [Theresianisches Gesetzbuch]. Wien 1786, Nr. 385, S. 172/173.

59 Codex Sanitario-Medicinalis Hungariae, S. 723–725.

60 [Boyer, Jean Baptiste de:] Lettre Cent-Vint-Cinquieme. In: Lettres juives ou Correspondance philosophique, historique et critique entre un Juif voyageur à Paris et ses correspondans en divers endroits. T. I–VI. Amsterdam/La Haye 1736/37. T. V, La Haye 1737, S. 49–66. Deutsche Übersetzung: Der 125. Brief aus den jüdischen Briefen (Lettres juives). In: Der Naturforscher. Eine physikalische Wochenschrift auf die Jahre 1747 und 1748. Leipzig 1748. Sieben und vierzigstes Stück. Leipzig, 18. Mai 1748, S. 367–372. Acht und vierzigstes Stück. Leipzig, 25. Mai 1748, S. 375–379. Vollständige Ausgabe: Der hundert und sieben und dreißigste Brief. In: Des Herrn Marquis d'Argens, Königl. Preuß. Kammerherrs und Directors der Philologischen Classe der K. Akademie der Wissenschaften, Jüdische Briefe, oder philosophischer, historischer und critischer Briefwechsel, zwischen einem Juden, der durch verschiedene Länder von Europa reiset, und seinen Correspondenten an anderen Orten. 1.–6. Theil. Berlin/Stettin 1763–1766. Dritter Theil. Berlin 1764, S. 187–201.

61 Buchner, Eberhard: Das Neueste von gestern. Kulturgeschichtlich interessante Dokumente aus alten deutschen Zeitungen. Bd. III: 1750–1787. München [1912], Nr. 93 und 93a, S. 66–68. ND in: Ders.: Medien, Hexen und Geisterseher, Nr. 214 und 214a, S. 312/313. Vgl. Unterholzner, Bernhard: Vampire im Habsburgerreich, Schlagzeilen in Preußen. Wie Mythen zu politischen Druckmitteln werden. In: Christoph Augustynowicz/Ursula Reber (Hrsg.): Vampirglaube und magia posthuma im Diskurs der Habsburgermonarchie. Wien/Münster 2011, S. 89–103.

62 Constitutio Criminalis Theresiana oder der römisch-kaiserl. zu Hungarn und Böheim k. k. königl. apost. Majestät Mariä Theresiä Erzherzogin zu Oesterreich k. k. peinliche Gerichtsordnung. Wien 1769, S. 167–173; Codex Sanitario-Medicinalis Hungariae, S. 776–785.

63 Vgl. Bohn, Thomas M.: Das Gespenst von Lublau. Michael Kaspereks/Kaspereks Verwandlung vom Wiedergänger zum Blutsauger. In: Kakanien revisited, http://www.kakanien.ac.at/beitr/vamp/TBohn2.pdf (28.10.2009). ND in: Christoph Augustynowicz/Ursula Reber (Hrsg.): Vampirglau-

be und magia posthuma im Diskurs der Habsburgermonarchie. Wien/Münster 2011, S. 147–161.

64   Vgl. Chalupecký, Ivan: Die Zipser Deutschen im 18. Jahrhundert. In: Südostdeutsches Archiv 54/55 (2001/02), S. 21–30; Krieglieder, Wynfried/Andrea Seidler/Jozef Tanzer (Hrsg.): Deutsche Sprache und Kultur in der Zips. Bremen 2007.

65   Matirko jun., Bertalan: Die Zipser Volkssage von Kasparek. In: Ethnologische Mitteilungen aus Ungarn 2 (1890–1892), S. 162–164, hier S. 164.

66   Extractum Litterarum ex Comitatu Liptoviensi in superiori Hungaria 1718, mense Julio. In: Der Europäische Niemand, Welcher niemanden zu beleidigen, Jedermann aber nützlich zu seyn, beflissen ist; Wie er solches in allerhand vertraulichen Gesprächen von neuen und alten Staats-Angelegenheiten, Hof-Intriguen, Kriegs- und Friedens-Begebenheiten, gelehrten. Sachen, und vielerley andern sonderbaren Materien, zu erkennen gibt. Der II. Theil. [Nürnberg] 1719, S. 972–980. ND und Übersetzung in: Hauber, Eberhard David: Biblioteca sive Acta et Scripta Magica. Lemgovia 1738, S. 709–714. ND der Übersetzung in: Horst, Georg Conrad: Zauber-Bibliothek oder von Zauberei, Theurgie und Mantik, Zauberern, Hexen, und Hexenprocessen, Dämonen, Gespenstern, und Geistererscheinungen. Zur Beförderung einer rein-geschichtlichen, von Aberglauben und Unglauben freien Beurtheilung dieser Gegenstände. Teil I–VI. Mainz 1821–1826, Teil V, S. 387–390. ND in: Hamberger: Mortuus non mordet, S. 62–64.

67   Historischer Geschlechtsbericht (Familienchronik) von Georg Buchholtz, dem Älteren, nebst einem Auszuge aus dem Tagebuch seines Sohnes Jakob Buchholtz. Nach den hinterlassenen Handschriften veröffentlicht durch Rudolf Weber. Budapest 1904, S. 368–370.

68   Belius Pannonius, Matthias: Hungariae antiquae et novae Prodromus. Norinbergae 1723, S. 108.

69   Bertalan: Die Zipser Volkssage von Kasparek, S. 162/163.

70   Extractum Litterarum ex Comitatu Liptoviensi, S. 975–980; Hauber: Biblioteca sive Acta et Scripta Magica, S. 714–718; Horst: Zauber-Bibliothek, Teil V, S. 386, 391.

71   Jósika, Miklós: Második Rákóczi Ferencz. 6 Bde. Pest 1861. Deutsche Übersetzung: Jósika, Nicolaus: Franz Rákóczi III. 6 Bde. Pest/Wien/Leipzig 1862, Bd. VI, S. 119.

72   Miskszáth, Kálman: Kisértet lublon. Pest 1892. Deutsche Übersetzung: Mikszáth, Koloman: Das Gespenst von Lublau. Leipzig 1899, S. 2/3, 48/49, 59–63, 130/131, 141. ND: Mikszáth, Kalman: Das Gespenst von Lubló. In: Ders.: Der schwarze Hahn und andere Erzählungen. Zürich 1968, S. 235–332, hier S. 238, 268, 275/276, 324/325, 332.

Vampirismus im Volksglauben (S. 159–271)

1   Vgl. Stone, Daniel: The Polish-Lithuanian State, 1386–1795. Seattle/WA 2001.

2   Vgl. Pleitner, Berit: Die ‚vernünftige' Nation. Zur Funktion von Stereotypen über Polen und Fran-

zosen im deutschen Diskurs 1850 bis 1871. Frankfurt am Main u. a. 2001; Landgrebe, Alix: „Wenn es Polen nicht gäbe, dann müßte es erfunden werden." Die Entwicklung des polnischen Nationalbewußtseins im europäischen Kontext von 1830 bis in die 1880er Jahre. Wiesbaden 2003; Pletzing, Christian: Vom Völkerfrühling zum nationalen Konflikt. Deutscher und polnischer Nationalismus in Ost- und Westpreußen 1830–1871. Wiesbaden 2003; Serrier, Thomas: Provinz Posen, Ostmark, Wielkopolska. Eine Grenzregion zwischen Deutschen und Polen 1848–1914. Marburg 2005; Scholz, Stephan: Der deutsche Katholizismus und Polen (1830–1849). Identitätsbildung zwischen konfessioneller Solidarität und antirevolutionärer Abgrenzung. Osnabrück 2005.

3 Antonovič, V. B.: Koldovstvo. Dokumenty – processy – issledonanie. Peterburg 1877, S. 17/18, 105–112.

4 Ja. Š.: Ubijstvo upyrja v Kievščine vo vremja čumy 1770 goda. In: Kievskaja starina 28 (Kiev 1890), S. 338–341.

5 Calmet, Augustin: Dissertations sur les Apparitions des Esprits, et sur les Vampires et Revenans de Hongrie, de Moravie, etc. Nouvelle Edition, revue et corrigée. Partie I–II. Einsiedeln 1749, T. II, S. 218/219 (kein Eintrag in der Ausgabe von 1746). Deutsche Ausgabe: Calmet, Dom Augustin: Gelehrte Verhandlung der Materi, Von Erscheinungen der Geisteren, Und denen Vampiren in Ungarn, Mähren etc. 2 Theile. Augsburg 1751, 2. Theil, S. 224/225. Neuausgabe: Calmet, Augustinus: Gelehrte Verhandlung der Materie von den Erscheinungen der Geister, und der Vampire in Ungarn und Mähren. Ungekürzte Ausgabe. Bearbeitet und mit Anmerkungen versehen v. Abraham und Irina Silberschmidt. Rudolstadt 2006, S. 273/274.

6 Chmielowski, Benedykt: O upierach. In: Ders.: Nowe Ateny albo akademia wszelkiej sciencyi pełna. Cz. [1–]2. Lwów 1745–1746. Cz. 3–4. 1754–1756, hier Cz. 3, S. 247–257. ND in: Ders.: Nowe Ateny. Wydanie drugie. Wybor i opracowanie tekstu: Mari i Jan Jozef Lipscy. Kraków 1968, S. 137–146.

7 Drużbacka, Elzbieta: Sprzeczka z rożnymi zakonnikami o upirach, którym autorka tych wierszow wiary niedaie. In: Zbior rytmow duchownych, panegirycznych, moralnych y swiatowych W. JMci Pani Elzbiety Druzbackiey z Kowalskich skarbnikowey zydaczewskiey. T. I: Zebranie rytmow przez wierszopisow żyiących lub nászego wieku zeszłych pisanych. Warszawa 1752, S. 297–304.

8 Vgl. [Caraccioli, Louis Antoine:] Lettres à une illustre mort décédée en Pologne depuis peu de temps. Ouvrage du sentiment, ou l'on trouve des Anecdotes aussi curieuses qu'intéressantes. Paris 1771, S. 92–99.

9 Caraccioli, Louis Antoine: La vie du pape Benoît XIV, Prosper Lambertini. Paris 1783, S. 192. Deutsche Übersetzung: Hamberger: Mortuus non mordet, S. 254/255.

10 Bohomolec, Jan: Diabeł w swoyey postaci z okazyi pytania, jeśli są Upiory, ukazany. Część pierwsza. Warszawa 1772. Edycyja druga. Warszawa 1775, S. 1–9. Diabeł w swoyey postaci albo o upiorach, gusłach, wróżkach, losach, czarach, z przydatkiem o ukazywaniu się Duchow y odpowiedzią na

zarzuty przeciwko pierwszey Częsci czynione. Część druga. Warszawa 1777, S. 1–184.

11   Rękopism X. Bagińskiego, dominikana prowincyi litewskiéj, (1747–1784 r.). Wydany przez Eustachego Tyszkiewicza. Wilno 1854, S. 123.

12   Upior osobliwszy. In: Pamiętnik polityczny y historyczny 2 (1783), S. 74–77.

13   Aberglaube. In: Schlesische Provincialblätter 34 (1801), S. 186/187.

14   Rękopis znaleziony w Saragossie. Romans wydany posmiertnie z dzieł Jana Potieckiego. T. I. Lipsk 1847. Deutsche Rekonstruktion: Potocki, Jan: Die Handschriften von Saragossa oder Die Abenteuer in der Sierra Morena. Hrsg. v. Leszek Kukulski. Berlin 1962, S. 12 und 164. Französische Rekonstruktion in zwei Bänden: Manuscrit trouvé à Saragosse (version de 1804). Manuscrit trouvé à Saragosse (version de 1810). Édition établie par François Rosset et Dominique Triaire. Paris 2008, Version de 1804, S. 65/66, 222; Version de 1810, S. 65, 214.

15   Upiór. In: Wieczory badeńskie czyli powieści o strachach i upiorach Józefa Maksymiliana Hrabi z Tenczyna Osssolińskiego. Kraków 1852, S. 86–89. ND Warszawa 1970, S. 87/88.

16   Mickiewicz, Adam: Die Ahnenfeier. Ein Poem. Zweisprachige Ausgabe. Übersetzt, hrsg. und mit einem Nachwort versehen v. Walter Schamschula. Köln/Weimar/Wien 1991, S. 41–47, 58/59, 92/93, 186/187, 240–243.

17   Mickiewicz, Adam: Vorlesungen über slawische Literatur und Zustände. Gehalten im Collège de France in den Jahren von 1840–1842. Theil I–IV. Leipzig/Paris 1843–1845, hier Bd. I, S. 171/172, 279–281. Vgl. Janion, Maria: Die Polen und ihre Vampire. In: Dies.: Die Polen und ihre Vampire. Studien zur Kritik kultureller Phantasmen. Hrsg. und mit einer Einführung v. Magdalena Marszałek. Berlin 2014, S. 35–52.

18   Wójcicki, Kazim[ierz] Włady[sław]: Czerwoniak Upior. In: Ders.: Przysłowia narodowe. Tom I. Warszawa 1830, S. 143–163.

19   Vgl. Klechdy, starożytne podania i powieści ludu Polskiego i Rusi. Zebrał in spisał Kazimierz Władysław Wójcicki. T. I–II. Warszawa 1837, S. 8. Erweiterte Fassung: Wybór i opracowanie Ryszarda Wochciechowskiego, słowo wstępne Juliana Krzyżanowskiego. Warszawa 1972, S. 249–252.

20   Vgl. Dettke, Barbara: Die asiatische Hydra. Die Cholera von 1830/31 in Berlin und den preußischen Provinzen Posen, Preußen und Schlesien. Berlin/New York 1995; Briese: Angst in Zeiten der Cholera.

21   Gluziński, Józef: Włościanie polscy uważani pod względem charakteru, zwyczajów, obyczajów i przesądów z dołączeniem przysłowiów powszechnie używanych (z rękopismu). In: Archiwum domowe do dziejów i literatury krajowej z rękopismów I dzieł najrzadszych. Zebrał i wydał Kaz. Wł. Wójcicki. Warszawa 1856, S. 393–575, hier S. 521–526.

22   Lompa, Joseph: Schlesien in slavisch-mythologischer Hinsicht. In: Schlesische Provinzialblätter NF 1 (1862), S. 393–396.

23   Kolberg, Oskar: Lud. Jego zwyczaje, sposób życia, mowa, podania, przysłowia, obrzędy, gusła, zabawy, pieśni, muzyka i tańce. Seryja VII. Kra-

kowskie. Część trzecia. Kraków 1874. ND 1962, S. 63–75.

24 Kolberg, Oskar: Lud. Jego zwyczaje, sposób życia, mowa, podania, przysłowia, obrzędy, gusła, zabawy, pieśni, muzyka i tańce. Seryja XV. W. Ks. Pozańskie. Część siódma. Kraków 1882. ND 1962, S. 35–44. Seryja XVII. Lubelskie. Część druga. Kraków 1884. ND 1962, S. 94–100.

25 Sagen und Erzählungen aus der Provinz Posen. Gesammelt von Otto Knoop. Posen 1893, S. 138/139.

26 Knoop, Otto: Sagen aus Kujawien. In: Zeitschrift des Vereins für Volkskunde 15 (1905), S. 102–105; 16 (1906), S. 96–100, hier Nr. 16, S. 96.

27 Ebd., S. 96/97.

28 Lud rolniczo-górniczy z okolic Sławkowa w powiecie Olkuskim. Opisał Stanisław Ciszewski. Kraków 1887. Vorabdruck in: Zbiór Wiadomości do Antropologii Krajowej 10 (1886) III, S. 187–336; 11 (1887) III, S. 1–129, hier Nr. 16, S. 12. Übersetzung in: Vildomec, Veroboj (Hrsg.): Polnische Sagen. Berlin 1979, Nr. 127, S. 78.

29 Piątkowska, Ignaja: Jak sobie lud wyobraża istoty świata nadprzyrodzonego. In: Wisła. Miesięcznik gieograficzny i etnograficzny 15 (1901), S. 501–504, hier S. 504. Übersetzung in: Vildomec, Veroboj (Hrsg.): Polnische Sagen. Berlin 1979, Nr. 145, S. 86.

30 Wasylewski, Stanisław: W sprawie wampiryzmu. In: Lud. Organ Towarzystwa Ludonznawczego w Lwowie 12 (1907), S. 291–298, hier S. 296/297.

31 Vgl. Ther, Philipp: Deutsche Geschichte als imperiale Geschichte. Polen, slawophone Minderheiten und das Kaiserreich als kontinentales Empire. In: Sebastian Conrad/Jürgen Osterhammel (Hrsg.): Das Kaiserreich transnational. Deutschland und die Welt 1871–1914. Göttingen 2004, S. 129–148; Walser Smith, Helmut: An Preußens Rändern oder: Die Welt, die dem Nationalismus verloren ging. In: Ebd., S. 149–169.

32 Mickiewicz, Adam: Księgi narodu polskiego i pielgrzymstwa polskiego. Paris 1932, S. 23. Deutsche Übersetzung: Die Bücher des Polnischen Volkes und der Polnischen Pilgerschaft. O. O. 1833, S. 24/25; Sybel, Heinrich von: Geschichte der Revolutionszeit von 1789 bis 1795. Bd. 3. Düsseldorf 1860, S. 313. ND: Geschichte der Revolutionszeit 1789–1800. Wohlfeile Ausgabe. Bd. 5. Stuttgart 1898, S. 158.

33 Tettau, W. J. A. v./J. D. H. Temme: Die Volkssagen Ostpreußens, Litthauens und Westpreußens. Berlin 1837. Neue Ausgabe. Berlin 1865. ND Hildesheim 1994, S. 275–277.

34 Bechstein, Ludwig: Deutsches Sagenbuch. Leipzig 1853, S. 214–217; Wuttke, Adolf: Der deutsche Volksaberglaube der Gegenwart. Berlin 1860, S. 221.

35 Mannhardt, Wilhelm: Über Vampyrismus. In: Zeitschrift für deutsche Mythologie und Sittenkunde 4 (1859), S. 259–282, hier S. 260, 265, 274 (Zitat).

36 Wuttke, Adolf: Der deutsche Volksaberglaube der Gegenwart. Zweite, völlig neue Bearbeitung. Berlin 1869, S. 257, 261, 449. Dritte Bearbeitung v. Elard Hugo Meyer. Berlin 1900, S. 274, 278, 479. 4. Aufl. Leipzig 1925, S. 274, 278, 479.

37 Mannhardt, Wilhelm: Die praktischen Folgen des Aberglaubens, mit besonderer Berücksichtigung der Provinz Preußen. Berlin 1878, S. 6, 11, 28.

38 Hock, Stefan: Die Vampyrsagen und ihre Verwertung in der deutschen Literatur. Berlin 1900. ND Hildesheim 1977, S. 24.

39 Kühnau, Richard: Schlesische Sagen. Bd. I: Spuk- und Gespenstersagen. Bd. II: Elben-, Dämonen- und Teufelssagen. Bd. III: Zauber-, Wunder- und Schatzsagen. Bd. IV: Register. Leipzig/Berlin 1910–1913, Bd. I, S. XXXII/XXXIII. Vgl. auch den Abschnitt „V. Vampirsagen" in Bd. I, S. 148–199.

40 Tettau/Temme: Die Volkssagen Ostpreußens, Litthauens und Westpreußens, S. 275–277.

41 Gerschke, Leo: Vom Vampirglauben im alten Westpreußen. In: Westpreußen-Jahrbuch 12 (1962), S. 89–94.

42 Oppenhoff, F[riedrich] C[hristian] (Hrsg.): Die Rechtsprechung des königlichen Ober-Tribunals und des königlichen Ober-Appelations-Gerichts in Strafsachen. Bd. 12. Berlin 1871, S. 78–80.

43 Sterne, Carus: Der Vampyr-Schrecken im neunzehnten Jahrhundert. In: Die Gartenlaube. Illustrirtes Familienblatt (1873), H. 34, S. 555–558; H. 35, S. 569–571; H. 37, S. 598–600, hier H. 34, S. 555–557; Mannhardt: Die praktischen Folgen des Aberglaubens, S. 17. Vgl. auch Oppenhoff, F[riedrich] C[hristian] (Hrsg.): Die Rechtsprechung des königlichen Ober-Tribunals und des königlichen Ober-Appelations-Gerichts in Strafsachen. Bd. 13. Berlin 1872, S. 310.

44 Krauss, Friedrich S.: Vampirglaube in Serbien und Lithauen. In: Mittheilungen der Anthropologischen Gesellschaft in Wien 17 (1887), S. 67/68.

45 Hellwig, Albert: Verbrechen und Aberglaube. Skizzen aus der volkskundlichen Kriminalistik. Leipzig 1908, S. 26/27.

46 Hellwig, Albert: Deutscher Volksglaube vor Gericht. In: Archiv für Religionswissenschaft 18 (1915), S. 287–300, hier S. 293/294.

47 Haupt, Karl: Sagenbuch der Lausitz. Erster Theil: Das Geisterreich. Zweiter Theil: Die Geschichte. Leipzig 1862–1863. Fotomechanischer ND Bautzen 1991, S. 66–68.

48 Vgl. Farin, Michael (Hrsg.): Heroine des Grauens. Wirken und Leben der Elisabeth Báthory in Briefen, Zeugenaussagen und Phantasiespielen. 3., korrigierte und erweiterte Aufl. München 2003.

49 Wendische Sagen, Märchen und abergläubische Gebräuche. Gesammelt und nacherzählt von Edmund Veckenstedt. Graz 1880, S. 131–138, 327–331, 354/355.

50 Volkssagen, Erzählungen, Aberglauben, Gebräuche und Märchen aus dem östlichen Hinterpommern. Gesammelt von Otto Knoop. Posen 1885, S. 82–85.

51 Meyer, Hans B.: Das Danziger Volksleben. Würzburg 1956, S. 165.

52 Choleramärchen aus Oberschlesien. Mitgeteilt von Konst. Baster. In: Schlesische Provinzialblätter 77/NF 12 (1873), S. 448/449.

53 Klings, Karl: Die Seiga. In: Oberschlesien, Zeitschrift zur Pflege und Kenntnis und Vertretung der Interessen Oberschlesiens 3 (1904), S. 27–45.

54 Hellwig: Verbrechen und Aberglaube, S. 22–28, Zitat S. 24.

55 Levenstim, A.: Sueverie i ugolovnoe pravo. S.-Peterburg [1897], S. 69–79. Deutsche Übersetzung: Löwenstimm, August: Aberglaube und Strafrecht. [Ein Beitrag zur Erforschung des Einflusses der Volksanschauungen auf die Verübung von Verbrechen.] Autorisierte Übersetzung aus dem Russischen. Mit einem Vorwort von Jos. Kohler. Berlin 1897, S. 93–106.

56 Ralston, W. R. S.: The Songs of the Russian People, as illustrative of Slavonic Mythology and Russian Social Life. London 1872, S. 290–324, insbesondere S. 309, 320/321.

57 Upyr'. In: Narodnye russkie skazki A. N. Afanas'eva. Vyp. VI. Moskva 1861, Nr. 66, S. 326–331; Upyr'. In: Narodnye russkie skazki A. N. Afanas'eva. Kn. III. Izd. 2-oe, vnov' peresmotr., K. Soldatenkova. Moskva 1873, Nr. 206, S. 274–279. Deutsche Ausgabe: Der Vampir. In: Alexander N. Afanasjew: Russische Volksmärchen. Bd. I–II. München 1985, Bd. II, S. 828–833.

58 Malinka, A. N. [Oleksandr Nikiforovič]: Ukrainische Dämonologie. Überlieferte Ursprünge und kultisches Brauchtum der Hexen und Hexer über das Leben der Toten, der Geister, Werwölfe und Vampire. 2. Aufl. Leipzig 2005, S. 71–75.

59 Efimenko, P. S.: Upyri. (Iz istorii narodnych verovanij). In: Kievskaja starina 6 (1883), S. 371–379, hier S. 374/375.

60 Ebd., S 375/376.

61 Košovik, K.: Živoj upyr' v bor'be s umeršimi upyrjami. In: Kievskaja starina 8 (Kiev 1884), S. 169–171.

62 Podbereski, Andrzéj: Materyjały do Demonologii ludu ukraińskiego. Z opowiadań w powiecie Czehryńskim. In: Zbiór wiadomości do antropologii krajowéj 4 (Kraków 1880), S. 3–82, hier S. 9–29.

63 Grinčenko, B. D.: Ètnografičeskie materialy, sobrannye v Černigovskoj i sosednich s nej gubernijach. Vyp. 1. Raszkazy, skazki, predanija, poslovicy, zagadki i pr. Černigov 1895, Nr. 86, S. 52–56.

64 Grinčenko, B. D.: Iz ust naroda. Malorusskie rasskazy, skazki i pr. Černigov 1900, Nr. 170, S. 133/134.

65 Javorskij, Jul'jan: Galicko-russkie poverija ob opyrjach. In: Živaja starina 7 (1897), Vyp. 1, S. 107–110, hier S. 107/108. Deutsche Übersetzung: Jaworskij, Juljan: Südrussische Vampire. In: Zeitschrift des Vereins für Volkskunde 8 (1898), S. 331–336, hier S. 332 (Nr. 1), 332/333 (Nr. 3), 333 (Nr. 4).

66 Kilka szczegòłów ludonnawczych z powiatu bobreckiego. Zebrał Bronisław Gustawicz. In: Lud. Organ Towarzystwa Ludonznawczego w Lwowie 8 (1902), H. 1, S. 265–274, hier S. 270/271.

67 Siewinski, Antoni: Opowiadania ludu w powiecie sokalskim i buczackim. In: Lud. Organ Towarzystwa Ludonznawczego w Lwowie 12 (1906), H. 1, S. 250–263, hier S. 252/253.

68 Levenstim: Sueverie i ugolovnoe pravo, S. 73/74. Deutsche Übersetzung: Löwenstimm: Aberglaube und Strafrecht, S. 98–100.

69   Demidovič, P. P.: Iz oblasti verovanij i skazanij belorussov. In: Ėtnografičeskoe obozrenie 8 (Moskva 1896), H. 1, S. 91–120; H. 2/3, S. 107–145, hier S. 140–142.

70   Vgl. Faroqhi, Suraiya: Geschichte des Osmanischen Reiches. München 2000, S. 84–111; Koller, Markus: Südosteuropa im Zeichen imperialer Herrschaft: das Osmanische Reich vom 16. bis zum 18. Jahrhundert. In: Konrad Clewing/Oliver Jens Schmitt (Hrsg.): Geschichte Südosteuropas. Vom frühen Mittelalter bis zur Gegenwart. Regensburg 2011, S. 214–295.

71   Hösch, Edgar: Geschichte des Balkans. München 2004, S. 55–61; Clewing, Konrad: Staatensystem und innerstaatliches Agieren im multiethnischen Raum: Südosteuropa im langen 19. Jahrhundert. In: Ders./Oliver Jens Schmitt (Hrsg.): Geschichte Südosteuropas. Vom frühen Mittelalter bis zur Gegenwart. Regensburg 2011, S. 214–295.

72   Vgl. Krauss, Friedrich S.: Der Tod in Sitte, Brauch und Glauben der Südslaven. Vorwiegend nach eigenen Ermittlungen. In: Zeitschrift des Vereins für Volkskunde 1 (1891), S. 148–163; 2 (1892), S. 177–189; Lilek, Emanuel: Familien- und Volksleben in Bosnien und in der Herzegowina. In: Zeitschrift für österreichische Volkskunde 6 (1900), S. 23–30, 53–72, 164–172, 202–225, hier S. 61–68; Abbott, G. F.: Macedonian Folklore. Cambridge 1903. ND Chicago 1969, S. 192–210; Schneeweis, E[dmund]: Serbokroatische Volkskunde. Erster Teil: Volksglaube und Volksbrauch. Berlin 1961, S. 83–99; Vakarelski, Christo: Bulgarische Volkskunde. Berlin 1969, S. 301–312.

73   Vgl. Negelein, Julius: Die Reise der Seele in Jenseits. In: Zeitschrift des Vereins für Volkskunde 11 (1901), S. 16–28, 149–158, 263–271; ders.: Macedonischer Seelenglaube und Totenkultus. In: Zeitschrift des Vereins für Volkskunde 14 (1904), S. 19–35; Filipović, Milenko S.: Die Leichenverbrennung bei den Südslawen. In: Wiener völkerkundliche Mitteilungen 10/NF 5 (1962), H. 1–4, S. 61–71. Vgl. auch Lilek: Familien- und Volksleben in Bosnien und in der Herzegowina, S. 209–213; Váňa, Zdeněk: Mythologie und Götterwelt der slawischen Völker. Die geistigen Impulse Ost-Europas. Stuttgart 1992, S. 131–139.

74   Lilek, Emilijan: Etnološki pabirci po Bosni i Hercegovini. In: Glasnik Zemaljskog muzeja u Bosni i Hercegovini 11 (Sarajevo 1899), S. 700–721, hier S. 702–705; Lilek, Emanuel: Familien- und Volksleben in Bosnien und in der Herzegowina. In: Zeitschrift für österreichische Volkskunde 6 (1900), S. 23–30, 53–72, 164–172, 202–225, hier S. 209–212.

75   Vgl. Zelepos, Ioannis: Kleine Geschichte Griechenlands. Von der Staatsgründung bis heute. München 2014.

76   Viaggio in Grecia di Saverio Scrofani siciliano fatto nell'anno 1794, 1795. Tomo 1–2. Londra 1799. Deutsche Ausgabe: Xavier Scrofani's Reise in Griechenland in den Jahren 1794 und 1795. Leipzig/Gera 1801, S. 101/102.

77   Zelepos: Vampirglaube, S. 377.

78   Leake, William Martin: Travels in Northern Greece. Vol. I–IV. London 1835–1841. ND Amsterdam 1967, hier Vol. IV, S. 216/217.

79 Pashley, Robert: Travels in Crete. Vol. I–II. London 1837. ND Athen 1989, Vol. II, S. 196–219.

80 Newton, C. T.: Travels and Discoveries in the Levante. Vol. I–II. London 1865, Vol. I, S. 212/213.

81 Schmidt, Bernhard: Das Volksleben der Neugriechen und das hellenische Altertum. Erster Theil. Leipzig 1871, S. 159–171.

82 Lawson, John Cuthbert: Modern Greek Folklore and Ancient Greek Religion. A Study in Survivals. Cambridge 1910. ND New York 1964, S. 435, 461/462.

83 Griechische Märchen, Sagen und Volkslieder. Gesammelt, übersetzt und erläutert von Berhard Schmidt. Leipzig 1877, S. 139/140.

84 Konstantinos: Vampires. The Occult Truth. St. Paul, MN 1996, S. 52–58.

85 Demetracopoulou Lee, B.: Greek Accounts of the Vrykolakas. In: The Journal of American Folklore 55 (1942), No. 217, S. 126–132.

86 Eckert, Georg/P. E. Formozis: Mazedonischer Volksglaube. Magie, Aberglaube und religiöse Vorstellungen in Saloniki und der West-Chalkidike. Thessaloniki 1943, S. 46–48.

87 Eckert, Georg/P. E. Formozis: Geister- und Dämonenglaube im Pontos. Thessaloniki 1943, S. 5–11.

88 Vgl. Steindorff, Ludwig: Kroatien. Vom Mittelalter bis zur Gegenwart. Regensburg 2001; Sundhaussen, Holm: Geschichte Serbiens. 19.–21. Jahrhundert. Wien/Köln/Weimar 2007.

89 Vgl. Harris, Robin: Dubrovnik. A History. London 2003.

90 Liepopili, Ante: Vukodlaci. In: Zbornik za narodni život i običaje južnih slavena 23 (Zagreb 1918), S. 277–290. Englische Übersetzung in: Perkowski, Jan L.: The Darkling. A Treatise on Slavic Vampirism. Columbus 1989, S. 85–102.

91 Fortis, Alberto: Viaggio in Dalmazia. Vol. I–II. Venezia 1774. ND: Mit Einführung und Bibliographie hrsg. v. Jovan Vuković, Peter Rehder. München/Sarajevo 1974, Vol. I, S. 64. Deutsche Übersetzung: Die Sitten der Morlacken. Bern 1775, S. 33/34. Vgl. Zeman, Mirna: Reise zu den „Illyriern". Kroatien-Stereotype in der deutschsprachigen Reiseliteratur und Statistik (1740–1809). München 2013, S. 63–69.

92 Jagić, V.: Vukòdlak – Kodlàk vor Gericht. In: Archiv für slavische Philologie 6 (1882), S. 618–620.

93 Banović, Stjepan: Vukodlaci. In: Zbornik za narodni život i običaje Južnih Slavena 26 (Zagreb 1928), S. 347–357.

94 Vgl. Đorđević, Tihomir R.: Gradja za srpske narodne običaje iz vremena prve vlade kneza Miloša (Druga zbirka). In: Srpski etnografski zbornik 19 (Beograd 1913), S. 443–467, hier Nr. XXIII, S. 464–465; Fine, John V. A. Jr.: In Defense of Vampires: Church/State Efforts to Stop Vigilante Actions Against Vampires in Serbia During the First Reign of Miloš Obrnović. In: East European Quarterly 21 (1987), S. 15–23, insbesondere S. 16/17. ND in: Alan Dundes (Ed.): The Vampire. A Casebook. Madison, WI 1998, S. 57–66, insbesondere S. 58/59.

95   Vujić, Joakim: Putešestvije po Serbiji. Buda 1828, S. 181–187. ND Gornji Milanovac 1999, S. 116–121.

96   Milićević, M. Đ.: Kraljevina Srbija. Đ novi krajevi. Beograd 1884, S. 154–158.

97   Čajkanović, Veselin: Ubijanje vampira. In: Srpski književni glasnik NS 9 (1923), S. 268–284. ND in: Ders.: Sabrana dela iz srpske religije i mitologije. Knj. I. Studije iz srpske religije i folklore. Beograd 1994, S. 221–239. Übersetzung: The Killing of a Vampire. In: Folklore – Forum 7 (1974), S. 260–271. ND in: Alan Dundes (Ed.): The Vampire. A Casebook. Madison, WI 1998, S. 72–84.

98   Vgl. Narodne srpske pripovijetke. Skupio ih i na svijet izdao Vuk Stef. Karadžić. Wien 1853. Deutsche Übersetzung: Volksmärchen der Serben. Nebst einem Anhang von mehr als 1000 serbischen Sprichwörtern. Gesammelt und hrsg. von Wuk Stephanowitsch Karadschitsch. Ins Deutsche übersetzt von dessen Tochter Wilhelmine. Mit einer Vorrede von Jacob Grimm. Berlin 1854.

99   Krauss, Friedrich S[alomon]: Sagen und Märchen der Südslaven. Zum Teil aus ungedruckten Quellen. Bd. I. Leipzig 1883, Nr. 70, S. 293–296.

100   Ebd., Bd. II. Leipzig 1884, Nr. 146, S. 383.

101   Tausend Sagen und Märchen der Südslaven. Gesammelt und verdeutscht von Friedrich S. Krauss. Bd. 1. Leipzig 1914. ND Paderborn 2012, Nr. 211, S. 384.

102   Krauss, Friedrich Salomo: Volkserzählungen der Südslaven. Märchen und Sagen, Schwänke, Schnurren und erbauliche Geschichten. Hrsg. v. Raymond L. Burt, Walter Puchner. Wien/Köln/Weimar 2002, Nr. 88, S. 178–180.

103   Ebd., Nr. 136, S. 254–258.

104   Ebd., Nr. 137, S. 258/259.

105   Krauss, Friedrich S.: Slavische Volksforschungen. Abhandlungen über Glauben, Gewohnheitsrechte, Sitten, Bräuche und die Guslarenlieder der Südslaven. Leipzig 1908, S. 118.

106   Ebd., S. 134/135.

107   Vgl. Härtel, Hans-Joachim/Schönfeld, Roland: Bulgarien. Vom Mittelalter bis zur Gegenwart. Regensburg 1998.

108   Vgl. Adanır, Fikret: Die Makedonische Frage. Ihre Entstehung und Entwicklung bis 1908. Wiesbaden 1979.

109   Vgl. Ursinus, Michael: Osmanische Lokalbehörden der frühen Tanzimat im Kampf gegen Vampire? Amtsrechnungen (masârıf defterleri) aus Makedonien im Lichte der Aufzeichnungen Marko Cepenkovs (1829–1920). In: Wiener Zeitschrift für die Kunde des Morgenlandes 82 (1992), S. 359–374.

110   Vgl. die Auswahl von Vampirerzählungen in Cepenkov, Marko K.: Makedonski narodni umotvorbi vo deset knigi. Kn. 9: Narodni veruvanja. Detski igri. Red. Kiril Penušliski, Leposava Spirovska. Skopje 1972, Nr. 523–529, S. 112–122.

111   Zitiert nach: Strausz, Adolf: Die Bulgaren. Ethnographische Studien. Leipzig 1898, S. 190–192.

112   Zitiert nach: Leskien, August (Hrsg.): Balkanmärchen. Aus Albanien, Bulgarien, Serbien und Kroatien. Jena 1925, Nr. 12, S. 48–54.

113 Zitiert nach ebd., S. 192–194; Eschker, Wolfgang (Hrsg.): Mazedonische Volksmärchen. Düsseldorf/Köln 1972, Nr. 25, S. 93–97. Siehe auch eine vereinfachte Variante bei Krauss: Sagen und Märchen der Südslawen II, Nr. 77, S. 147.

114 Aycibin, Zeynep: Osmanlı Devleti'nde Cadılar Üzerine Bir Değerlendirme [A Review of Witches at the Ottoman State], in: OTAM (Ankara Üniversitesi Osmanlı Tarihi Araştırma ve Uygulama Merkezi Dergisi) 24 (2008), S. 55–70, insbesondere S. 59 [Abstract].

115 Vgl. Stojanov, Zachari: Zapiski po bălgarskite văstanija. T. I–II. Razkaz na očevidci. 1870–1876. T. III. Zatvorite. Plovdiv 1884–1892. Deutsche Übersetzung: Sachari Stojanow: Aufbruch der Fliegenden Schar. Chronik der bulgarischen Aufstände 1875/76. Bd. I–II. Berlin 1978.

116 Stojanov: Zapiski po bălgarskite văstanija I, S. 28–30; Stojanow: Aufbruch der Fliegenden Schar I, S. 32/33.

117 Stojanov: Zapiski po bălgarskite văstanija I, S. 160/161; Stojanow: Aufbruch der Fliegenden Schar I, S. 140/141.

118 Jireček, Constantin: Das Fürstentum Bulgarien. Seine Bodengestaltung, Natur, Bevölkerung, Wirthschaftliche Zustände, geistige Cultur, Staatsverwaltung und neueste Geschichte. Prag/Wien/Leipzig 1891, S. 99/100.

119 Ebd., S. 100.

120 Strausz: Die Bulgaren, S. 188/189.

121 Ebd.

122 Vgl. Völkl, Ekkehard: Rumänien. Vom 19. Jahrhundert bis in die Gegenwart. Regensburg 1995.

123 Vgl. Roth, Harald: Kleine Geschichte Siebenbürgens. 4. Aufl. Köln/Weimar/Wien 2012; Gündisch, Konrad: Siebenbürgen und die Siebenbürger Sachsen. 2. Aufl. München 2005.

124 Stitzl, Josef: Der Morbus Hungaricus im Banat. In: Medizinische Zeitschrift. Fachblatt der deutschen Ärzte in Rumänien 11 (1937), S. 96–106, 147–156, hier S. 98. Vgl. Wolf, Josef: Ethnische Konflikte im Zuge der Besiedlung des Banats im 18. Jahrhundert. Zum Verhältnis von Einwanderung, staatlicher Raumorganisation und ethnostrukturellem Wandel. In: Mathias Beer/Dittmar Dahlmann (Hrsg.): Migration nach Ost- und Südosteuropa vom 18. bis zum Beginn des 19. Jahrhunderts. Ursachen – Formen – Verlauf – Ergebnis. Tübingen 1999, S. 337–366; Senz, Ingomar: Die Donauschwaben. München 1994.

125 Köleséri de Kereseer, Samuel: Pestis Dacicae anni M.DCC.IX. scrutinium et cura. Cibini [Hermannstadt] 1709, S. 111–120. Vgl. Magyar, László András: Die siebenbürgische „Vampir-Krankheit". In: Communicationes de historia artis medicinae 186–187 (2004), S. 49–62, hier S. 53/54.

126 Commercium litterarium ad rei medicae et scientiae naturalis incrementum institutum. Norimberg, 7.5.1732, S. 146–152. Deutsche Übersetzung in: Hamberger: Mortuus non mordet, S. 87/88.

127 Teutsch, Joseph: Auszug aus „Nachlese zu den kurzgefassten Jahrgeschichten von Ungarn und Siebenbürgen". In: Quellen zur Geschichte der Stadt Brassó. Bd. IV: Chroniken und Tagebücher. Bd. 1 (1143–1867). Brassó 1903, S. 403–489, hier S. 409.

128 Ebd., S. 468.

129 Martinus, Martini: Dissertatio inauguralis practico-medica de daemonomania et variis ejus speciebus. Viennae 1782, S. 40–57.

130 Baroti, L[udwig/Lajós]: Beiträge zur Geschichte des Vampyrismus in Südungarn. In: Ethnologische Mitteilungen aus Ungarn 3 (1893/94), H. 1–2, Sp. 219–221.

131 Hammer, Anton v.: Geschichte der Pest, die von 1738 bis 1740 im Temeswarer Banate herrschte. Ein aus glaubwürdigen Quellen geschöpfter Beitrag zur Geschichte dieses Landes. Temeswar 1839, S. 47. ND in: Ders.: Istoria ciumei din Banat 1738–1740. Geschichte der Pest im Banat. Cuvâant introductiv, traducere și note explicative de Costin Feneșan. Cu o postfață de Walther Konschitzky. Timișoara 2011, S. 47, 249. Vgl. auch Petri, Anton Peter: Heimatbuch der Marktgemeinde Neuarad im Banat. O. O. 1985, S. 30/31, 41–43, 410–413; ders.: Beiträge zur Geschichte des Heilwesens im Banat. Marquartstein 1988, S. 273–278.

132 Vgl. die Meldung in der *Vossischen Zeitung* (1738, Nr. 79) in: Buchner, Eberhard: Das Neueste von gestern. Kulturgeschichtlich interessante Dokumente aus alten deutschen Zeitungen. Bd. II: 1700–1750. München [1912], Nr. 726, S. 344. ND in: Ders.: Medien, Hexen und Geisterseher. Kulturhistorisch interessante Dokumente aus alten deutschen Zeitungen und Zeitschriften (16.–18. Jahrhundert). München 1926, Nr. 211, S. 311.

133 Baroti: Beiträge zur Geschichte des Vampyrismus in Südungarn, S. 220.

134 Vgl. Bologa, Valeriu L.: Raportul din 1756 al unui chirurg german despre credițele românilor asupra moroilor. In: Anuarul arhivei de folklor 3 (1935), S. 159–168; Magyar, László András: Über die siebenbürgische Vampir-Krankheit. Ein Bericht des deutschen Chirurgen Georg Tallar aus dem Jahre 1755. In: Zeitschrift für siebenbürgische Landeskunde 25 (2002), S. 161–164.

135 Visum repertum anatomico-chirurgicum oder Gründlicher Bericht von den sogenannten Blutsäugern, Vampier, oder in der wallachischen Sprache Moroi, in der Wallachey, Siebenbürgen, und Banat, welchen eine eigends dahin abgeordnete Untersuchungskommission der löbl. k. k. Administration im Jahre 1756 erstattet hat, Durch Georg Tallar, Wundarzten. Wien/Leipzig 1784, S. 15/16.

136 Ebd., S. 42, 54–56, 82.

137 [Raicević, Stefan Ignaz:] Osservazioni storiche, naturali e politiche intorno la Valachia a la Moldavia. Napoli 1788, S. 234–239. Deutsche Übersetzung: Bemerkungen über die Moldau und Walachey in Rücksicht auf Geschichte, Naturproducte und Politik. Aus dem Italienischen des Herrn von Raicewich. Wien 1789, S. 118–121.

138 Wilkinson, William: An Account of the Principalities of Wallachia and Moldavia: with various Political Observations relating to them. London 1820. ND New York 1971, S. 17–19.

139 Gerard, Emily: Transylvanian Superstitions. In: The Nineteenth Century 18 (London 1885), Nr. 101 (July), S. 130–150, hier S. 142; dies.: The Land Beyond the Forest. Facts, Figures, and Fancies from Transylvania. Vol. I–II. Edinburgh/London 1888, S. 319/320.

140 Schott, Arthur/Albert Schott (Hrsg.): Walachische Mährchen. Mit einer Einleitung über das Volk der Walachen und einem Anhang zur Erklärung der Mährchen. Stuttgart/Tübingen 1845, S. 297–299. Die diesbezüglichen Ausführungen fehlen in der Neuausgabe: Schott, Albert und Arthur: Rumänische Volkserzählungen aus dem Banat. Märchen, Schwänke, Sagen. Neuausgabe besorgt von Rolf Wilh. Brednich und Ion Taloş. 2. Aufl. Bucureşti 1973.

141 Mannhardt: Vampyre, S. 269–271.

142 Gerard, Emily: Transylvanian Superstitions, S. 142; dies.: The Land Beyond the Forest, S. 319.

143 Murgoci, Agnes: The Vampire in Roumania. In: Folklore. A Quarterly Review of Myth, Tradition, Institution and Custom 37 (1926), S. 320–349, hier S. 321. ND in: Alan Dundes (Ed.): The Vampire. A Casebook. Madison, WI 1998, S. 12–34, hier S. 13/14.

144 Gerard, Emily: Transylvanian Superstitions, S. 142; dies.: The Land Beyond the Forest, S. 319/320.

145 Wlislocki, Heinrich von: Quälgeister im Volksglauben der Rumänen. In: Am Ur-quell. Monatsschrift für Volkskunde 6 (1896), S. 17–19, 60–62, 90–92, 108–110, 142–144, hier S. 91/92, 108.

146 Weslowski, Elias: Die Vampirsage im rumänischen Volksglauben. In: Zeitschrift für österreichische Volkskunde 16 (1910), S. 209–216; 17 (1911), S. 67–78, hier Bd. 16, S. 209–211.

147 Vgl. Auszüge bei McNally, Raymond T.: A Clutch of Vampires. These Being Among the Best from History and Literature. New York/Greenwich, CT 1975, S. 189–194, sowie die dem amerikanischen Publikumsgeschmack angepassten Nacherzählungen von Groza, Adriana: Transylvanian Vampires. Folktales of the Living Dead Retold. Jefferson, NC 2014.

148 Weslowski: Vampirsage, Bd. 16, S. 211/212.

149 Ebd., S. 213/214.

150 Ebd., S. 214–216.

151 Ebd., Bd. 17, S. 68–72.

152 Murgoci: The Vampire in Roumania, S. 324.

153 Ebd., S. 341–343.

154 Perkowski, Jan Louis: The Romanian Folkloric Vampire. In: East European Quarterly 16 (1982), S. 311–322, hier Text I, S. 312, und Text XII, S. 314. ND in: Alan Dundes (Ed.): The Vampire. A Casebook. Madison, WI 1998, S. 35–46, hier Text I, S. 36, und Text XII, S. 38/39.

155 Vgl. Remmel, Franz: Die Roma Rumäniens. Volk ohne Hinterland. Wien 1993; Crowe, David M.: A History of the Gypsies of Eastern Europe and Russia. New York 1994.

156 Wlislocki, Heinrich von: Gebräuche der transsilvanischen Zeltzigeuner bei Geburt, Taufe und Leichenbestattung. In: Globus 51 (Braunschweig 1887), H. 16/17, S. 249–251 und 267–270, hier S. 268/269. ND in: Ders.: Zur Ethnographie der Zigeuner in Südosteuropa. Tsiganologische Aufsätze und Briefe aus dem Zeitraum 1880–1905. Hrsg. v. Joachim S. Hohmann. Frankfurt am Main u. a. 1994, S. 245–259, hier S. 253–255; Wlislocki, Heinrich von: Vom wandernden Zigeunervolke. Bilder aus dem Leben der Siebenbürger Zigeuner.

Geschichtliches, Ethnologisches, Sprache und Poesie. Hamburg 1890, S. 296–299.

157 Wlislocki, Heinrich von: Volksglaube und religiöser Brauch der Zigeuner vorwiegend nach eigenen Ermittlungen. Münster 1891, S. 35, 39.

158 Volksdichtungen der siebenbürgischen und südungarischen Zigeuner. Gesammelt und aus unedirten Originaltexten übersetzt von Heinrich von Wlislocki. Wien 1890, Nr. 27, S. 245–247.

159 Ebd., Nr. 28, S. 247–249.

160 Vgl. den Nürnberger Druck von 1488 und den undatierten Lübecker Druck (zwischen 1488 und 1493) bei Harmening, Dieter: Der Anfang von Dracula. Zur Geschichte von Geschichten. Würzburg 1983, S. 32–36, 118–126.

161 Groome, Francis Hindes: The Vampire. A Roumanian Gypsy Story. In: Journal oft he Gypsy Lore Society 2 (1890), H. 3, S. 142–148, hier S. 142–146. ND in: Ders.: Gypsy Folk-Tales. London 1899, S. 14–19. Vgl. die deutsche Fassung bei Aichele, Walther (Hrsg.): Zigeunermärchen. Jena 1926, S. 72–78. Neuausgabe: Aichele, Walther/ Martin Block (Hrsg.): Märchen der Zigeuner. München 1962, S. 72–78. ND Reinbek bei Hamburg 1993, S. 72–78.

162 Müller, Friedrich: Beiträge zur Kenntniss der Rom-Sprache. In: Sitzungsberichte der Kaiserlichen Akademie der Wissenschaften. Philosophisch-Historische Classe 61 (Wien 1869), H. 1, S. 149–206, hier S. 152–159, 161–167. ND München 2011 (Lincom facsimile collection 1), S. 10–17, 31–37.

163 Gjorgjević [Đorđević], Tihomir R.: Die Zigeuner in Serbien. Ethnologische Forschungen. Teil I. Phil. Diss., Ludwig-Maximilian-Universität München, 1902. Budapest 1903, S. 68–71.

Vampirismus in der Moderne (S. 273–286)

1 Blum, Richard and Eva: The Dangerous Hour. The Lore of Crisis and Mystery in Rural Greece. London 1970, S. 71/72.

2 Nevidimi noštni gosti. Podbor i naučen komentar: Evgenija Miceva. Sofija 1994, S. 18, S. 103/104 (Nr. 59), S. 104/105 (Nr. 60).

3 Vampirite vo makedonskite veruvanja i predanija. Podgot. Leposava Spirovska, Tanas Vražinovski. Skopje 1988, S. 5–21 sowie S. 80/81 (Nr. 64); Vražinovski, Tanas: Narodna demonologija na makedoncite. Skopje/Prilep 1995, S. 93–96, hier S. 117 (Nr. 85).

4 Radenković, Radoslav: Kazivanja o nečastivim silama. Niš 1991, Nr. 40, S. 45; Nr. 42, S. 46.

5 Pavković, Nikola F.: Banatsko selo. Društvene i kulturne promene. Gaj i Dubovac. Novi Sad 2009, S. 597–600.

6 Orlić, Drago (sakupio i priredio): Štorice od štrig i štriguni. Pula 1986. Drugo, dopunjeno i prošireno izdanje. Zagreb/Sarajevo 2008, S. 75.

7 Demolli, Arif: Të gjallët dhe të vdekurit e një fëmijërie. Botimi i dytë i plotësuar. Prishtinë 2002, S. 65–74. Deutsche Übersetzung: Demolli, Arif: Es war ein Dorf in Kosova. Die Lebenden und die Toten meiner Kindheit. Aus dem Albanischen übersetzt und mit Anmerkungen versehen von Basil Schader. Frauenfeld 2011, S. 65–74. Vgl. Elsie, Robert: Handbuch zur albanischen Volkskultur. Mythologie, Religion, Volksglaube, Sitten, Gebräuche und kulturelle Besonderheiten. Wiesbaden 2002, S. 47, 131/132, 139.

8   Ionescu, Ioana-Maria: Rumänische Übergangsriten dargelegt am Beispiel der Lebensbräuche in Oltenien. Phil. Diss. Münster 1986, S. 510–519.

9   Senn, Harry Anthony: Were-Wolf and Vampire in Romania. New York 1982, S. 108.

10   Bohdanowicz, Janusz: Demonologia ludowa. Relikty wierzeń w strzygonie i zmory. In: Literatura ludowa (1994), H. 2, S.43–62.

11   Narodnaja demonologija Poles'ja. Publikacija tekstov v zapisjach 80-90-ch godov XX veka. T. I: Ljudi so sverch-estestvennymi svojstvami. T. II: Demonologizacija umeršich ljudej. Sost. L. N. Vinogradova, E. E. Levkievskaja. Moskva 2010–2012, hier T. II, S. 12, 273–279, 338-346 (Nr. 196-224), 349-354 (Nr. 230-248).

12   Vgl. Vukanović, T[atomir] P.: The Vampire (in the Belief and Customs of the Gypsies in the Province of Kosovo-Metohija, Stari Ras and Novopazarski Sandžak, Yugoslavia). In: Journal of the Gypsy Lore Society 36 (1957), S. 125–133; 37 (1958), S. 21–31, 111–118; 38 (1959), S. 44–55. ND in: Jan L. Perkowski: Vampires of the Slavs. Cambridge, MA 1976, S. 201–234; Trigg, E[lwood] B.: Gypsy Demons and Divinities. The Magical and Supernatural Practices of the Gypsies. Secaucas, NJ/London 1973, S. 136–157.

13   Steiner, Otto: Vampirleichen. Vampirprozesse in Preußen. Hamburg 1959, S. 36–42, 49–57.

14   Vampir-Mord aus Aberglauben. In: Der Spiegel v. 1.7.1964, S. 51/52.

15   Vgl. Wiegelmann, Günter: Der „lebende Leichnam" im Volksbrauch. In: Zeitschrift für Volkskunde 62 (1966), S. 161–183.

16   Vgl. Grober-Glück, Gerda: Der Verstorbene als Nachzehrer. In: Atlas der deutschen Volkskunde. Neue Folge. Auf Grund der von 1929 bis 1935 durchgeführten Sammlungen im Auftrage der Deutschen Forschungsgemeinschaft hrsg. v. Matthias Zender. Erläuterungen zu den Karten 43–48. Marburg 1981, S. 426–456.

17   Schürmann: Nachzehrerglauben in Mitteleuropa, S. 120/121, 123 (Karte), 124, 138.

Der Vampir als lokaler Sündenbock (S. 287–296)

1   Vukodlak ili Vampir. In: Srpski rječnik. Istolkovan njemačkim i latinskim riječima. Skupio ga i na svijet izdao Vuk Stefanović. Wien 1818, Sp. 88–89. [2. Aufl.] Wien 1852, S. 79. ND in: Sabrana dela Vuka Karadžić. Kn. XI/1–2. Beograd 1986, S. 132. ND in: Ders.: Život i običaji naroda srpskoga. Wien 1867. ND in: Ders.: Prvi i drugi srpski ustanak. Život i običaji naroda srpskog [sic]. Novi Sad/Beograd 1960, S. 291–365, hier S. 301.

2   Vgl. Narodne srpske pjesme. Skupio ich i na svijet izdao Vuk Stef. Karadžić. T. I–III. Leipzig 1822–1823. T. IV. Wien 1833. ND Kn. I–IV. Wien 1841–1862. ND in: Sabrana dela Vuka Karadjića. Kn. 4–7. Beograd 1986–1988. Deutsche Über-

setzung: [Karadschitsch, Wuk Stephanowitsch:] Volkslieder der Serben. Metrisch übersetzt und historisch eingeleitet von Talvj. Halle 1825. Zweite Lieferung. Halle 1826. 2. unveränderte Aufl. Halle 1835. Neue umgearbeitete und vermehrte Auflage. T. 1. Leipzig 1853; Narodne srpske pripovijetke. Skupio ih i na svijet izdao Vuk Stef. Karadžić. Wien 1853. Deutsche Übersetzung: Volksmärchen der Serben. Nebst einem Anhang von mehr als 1000 serbischen Sprichwörtern. Gesammelt und hrsg. von Wuk Stephanowitsch Karadschitsch. Ins Deutsche übersetzt von dessen Tochter Wilhelmine. Mit einer Vorrede von Jacob Grimm. Berlin 1854.

3 Vražinovski, Tanas: Narodna mitologija na makedoncite. Kn. I–II. Skopje/Prilep 1998, hier Kn. I, S. 161.

4 Đorđević, Tihomir R.: Vampir i druga bića u našem narodnom verovanju i predanju. In: Srpski etnografski zbornik. Kn. LXVI. Drugo odeljenje. Život i običaji narodni. Kn. 30. Beograd 1953, S. 147–282, hier S. 150.

5 Krauss: Slavische Volksforschungen, S. 127.

6 Vgl. Wollner, W.: Der Lenorenstoff in der slavischen Volkspoesie. In: Archiv für slavische Philologie 6 (1882), S. 239–269; Schischmanov, Ivan D.: Der Lenorenstoff in der bulgarischen Volkspoesie. In: Indogermanische Forschungen 4 (Straßburg 1894), S. 412–448.

7 Vgl. Kaser, Karl: Hirten, Kämpfer, Stammeshelden. Ursprünge und Gegenwart des balkanischen Patriarchats. Wien/Köln/Weimar 1992, S. 272–275; Kaser, Karl: Ahnenkult und Patriarchalismus auf dem Balkan. In: Historische Anthropologie 1 (1993), S. 93–122.

8 Schlesisches Historisches Labyrinth oder Kurzgefaste Sammlung von hundert Historien. Allerhand denckwürdiger Nahmen, Werter, Personen, Gebräuche, Solennitäten und Begebenheiten in Schlesien. Aus den weitläufftigen gedruckten Chroniken und vielen geschriebenen Uhrkunden zum Vergnügen allerhand Liebhaber Schlesischer Geschichte, in einem kürtzern und bessern Zusammenhange mit vielfältigen neuen Beyträgen zu der alten und neuen Schlesischen Historie verfertiget. Breslau/Leipzig 1737, S. 335.

REFERENZWERKE

Ariès, Philippe: Geschichte des Todes. 5. Aufl. München 1991.

Arlaud, Daniel: Vampire, Aufklärung und Staat: Eine militärmedizinische Mission in Ungarn, 1755–1756. In: Claire Gantet/Fabrice d'Almeida (Hrsg.): Gespenster und Politik. 16. bis 21. Jahrhundert. München 2007, S. 127–141.

Augustynowicz, Christoph/Ursula Reber (Hrsg.): Vampirglaube und magia posthuma im Diskurs der Habsburgermonarchie. Wien/Münster 2011.

Aycibin, Zeynep: Osmanlı Devleti'nde Cadılar Üzerine Bir Değerlendirme. In: OTAM (Ankara Üniversitesi Osmanlı Tarihi Araştırma ve Uygulama Merkezi Dergisi) 24 (2008), S. 55–70 [Abstract].

Balassa, Iván/Gyula Ortutay: Ungarische Volkskunde. Budapest/München 1982.

Bandić, Dušan: Vampir u religijskim shvatanjima jugoslovenskih naroda. In: Kultura 50 (Beograd 1980), S. 81–103. ND in: Ders.: Carstvo zemaljsko i carstvo nebesko. Ogledi o narodnoj religiji. 3. izd. Beograd 2008, S. 85–115.

Baranowski, Bohdan: W kręgu upiorów i wilkołaków. Łódź 1981.

Barber, Paul: Vampires, Burial and Death. Folklore and Reality. New Haven 1988. With a new introduction. New Haven/London 2010.

Baroti, L[udwig/Lajós]: Beiträge zur Geschichte des Vampyrismus in Südungarn. In: Ethnologische Mitteilungen aus Ungarn 3 (1893–1894), H. 1–2, Sp. 219–221.

Bauer, Josef: Geschichte der Aderlässe. München 1870. 2. Aufl. 1966.

Belović, Jasna: Die Sitten der Südslawen. Dresden 1927.

Beresford, Matthew: From Demons to Dracula. The Creation of the Modern Vampire Myth. London 2008.

Berger, Karl: Zum Hexen- und Vampirglauben in Nordmähren. In: Zeitschrift des deutschen Vereins für die Geschichte Mährens und Schlesiens 8 (1904), S. 201–224.

Bertschik, Julia/Christa Agnes Tuczay (Hrsg.): Poetische Wiedergänger. Deutschsprachige Vampirismus-Diskurse vom Mittelalter bis zur Gegenwart. Tübingen 2005.

Beza, Marcu: Paganism in Rumanian Folklore. London/Toronto 1928.

Biale, David: Blood and Belief. The Circulation of a Symbol between Jews and Christians. Berkeley/Los Angeles/London 2007.

Bielfeldt, Hans Holm: Die Wortgeschichte von deutsch „Vampir" und „Vamp". In: Wolfgang Gesemann u. a. (Hrsg.): Serta Slavica in memoriam Aloisii Schmaus. München 1971, S. 42–47. ND in: Ders.: Die slawischen Wörter im Deutschen. Ausgewählte Schriften 1950–1978. Leipzig 1982, S. 136–141.

Birkhan, Helmut: Magie im Mittelalter. München 2010.

Blum, Richard and Eva: The Dangerous Hour. The Lore of Crisis and Mystery in Rural Greece. London 1970.

Boehlich, E.: Die Hexe von Lewin (1345). Ein Beitrag zur Geschichte des Vampirismus. In: Glatzer Heimatblätter 14 (1928), H. 1, S. 1–16.

Bohdanowicz, Janusz: Demonologia ludowa. Relikty wierzeń w strzygonie i zmory. In: Literatura ludowa (1994), H. 2, S. 43–62.

Bogatyrev, Petr: Vampires in the Carpathians: Magical Acts, Rites, and Beliefs in Subcarpathian Rus'. New York 1998.

Bohn, Thomas M.: Das Gespenst von Lublau. Michael Kaspereks/Kaspareks Verwandlung vom Wiedergänger zum Blutsauger. In: Kakanien revisited, http://www.kakanien-revisited.ac.at/beitr/vamp/tbohn2.pdf (28.10.2009). ND in: Christoph Augustynowicz/Ursula Reber (Hrsg.): Vampirglaube und magia posthuma im Diskurs der Habsburgermonarchie. Wien/Münster 2011, S. 147–161.

Bohn, Thomas M.: Der Dracula-Mythos. Osteuropäischer Volksglaube und westeuropäische Klischees. In: Historische Anthropologie 14 (2006), S. 390–409.

Bohn, Thomas M.: Vampirismus in Österreich und Preußen. Von der Entdeckung einer Seuche zum Narrativ der Gegenkolonisation. In: Jahrbücher für Geschichte Osteuropas NF 56 (2008), H. 2, S. 161–177. ND in: Kakanien revisited, http://www.kakanien.ac.at/beitr/vamp/TBohn1.pdf (20.1.2009).

Bologa, Valeriu L.: Raportul din 1756 al unui chirurg german despre credițele românilor asupra moroilor. In: Anuarul arhivei de folklor 3 (1935), S. 159–168.

Bošković-Stulli, Maja: Kresnik – Krsnik, ein Wesen aus der kroatischen und slovenischen Volksüberlieferung. In: Fabula. Zeitschrift für Erzählforschung 3 (1960), S. 275–298.

Boulay, Juliette du: The Greek Vampire: A Study of Cyclic Symbolism in Marriage and Death. In: Man 17 (1982), S. 219–238. ND in: Alan Dundes (Ed.): The Vampire. A Casebook. Madison, WI 1998, S. 85–108.

Brather, Sebastian: Archäologie der westlichen Slawen. 2. überarbeitete Aufl. Berlin/New York 2008.

Brather, Sebastian: Wiedergänger und Vampire? Bauch- und Seitenlage bei westslawischen Bestattungen des 9. bis 12. Jh. In: Geson H. Jeute/Jens Schneeweiß/Claudia Theune (Hrsg.): Aedificatio terrae. Beiträge zur Umwelt- und Siedlungsarchäologie Mitteleuropas. Festschrift für Eike Gringmuth-Dallmer zum 65. Geburtstag. Rahden 2007, S. 109–117.

Braun, Christina von/Christoph Wulf (Hrsg.): Mythen des Blutes. Frankfurt am Main/New York 2007.

Bräunlein, Peter: Die Rückkehr der ‚lebenden Leichen'. Das Problem der Untoten und die Grenzen des ethnologischen Erkennens. In:

kea. Zeitschrift für Kulturwissenschaften 9 (1996), S. 97–126.

Briese, Olaf: Angst in Zeiten der Cholera. [Bd. I:] Über kulturelle Ursprünge des Bakteriums. Seuchen-Cordon I. [Bd. II:] Panik-Kurve. Berlins Cholerajahr 1831/32. Seuchen-Cordon II. [Bd. III:] Auf Leben und Tod. Briefwelt als Gegenwelt. Seuchen-Cordon III. [Bd. IV:] Das schlechte Gedicht. Strategien literarischer Immunisierung. Seuchen-Cordon IV. Berlin 2003.

Brückner, A[lexander]: Etymologien. In: Slavia. Časopis pro slovanskou filologii 13 (1935), S. 272–280.

Brunner, Heinrich: Das rechtliche Fortleben der Toten bei den Germanen. In: Deutsche Monatsschrift für das gesamte Leben der Gegenwart 12 (1907), H. 7, S. 18–32. ND in: Ders.: Abhandlungen zur Rechtsgeschichte. Gesammelte Aufsätze. Hrsg. v. Karl Rauch. Bd. II. Weimar 1931, S. 340–358.

Buchner, Eberhard: Von den übersinnlichen Dingen. Ein Führer durch das Reich der okkulten Forschung. Leipzig 1924.

Burkhart, Dagmar: Vampirglaube und Vampirsage auf dem Balkan. In: Beiträge zur Südosteuropaforschung. Anläßlich des I. Internationalen Balkanologenkongresses in Sofia. 26.VIII.–1.IX.1966. München 1966, S. 211–252. ND in: Dies.: Kulturraum Balkan. Studien zur Volkskultur und Literatur Südosteuropas. Berlin/Hamburg 1989, S. 65–108.

Butler, Erik: Metamorphoses of the Vampire in Literature and Film. Cultural Transformations in Europe, 1732–1933. Rochester/New York 2010.

Butler, Francis: Russian vurdalak ‚vampire' and Related Forms in Slavic. In: Journal of Slavic Linguistics 13 (2005), H. 2, S. 237–250.

Buczyński, Jerzy: Skarbnik, zmory, utopce i upiory. Opowiadania ludowe z zieme rybnickiej i wodzisławskiej. Racibórz 2005.

Čajkanović, Veselin: Ubijanje vampira. In: Srpski književni glasnik NS 9 (1923), S. 268–284. ND in: Ders.: Sabrana dela iz srpske religije i mitologije. Knj. I: Studije iz srpske religije i folklore. Beograd 1994, S. 221–239. Übersetzung: The Killing of a Vampire. In: Folklore – Forum 7 (1974), S. 260–271. ND in: Alan Dundes (Ed.): The Vampire. A Casebook. Madison, WI 1998, S. 72–84.

Camporesi, Piero: Das Blut. Symbolik und Magie. Wien 2004.

Ceglia, Francesco Paolo: The Archbishop's Vampires. Giuseppe Davanzati's Dissertation and the Reaction of „Scientific" Italian Catholicism to the „Moravian Events". In: Archives internationales d'histoire des sciences 61 (2011), Nr. 166–167, S. 487–510.

Cooper, Brian: The Word vampire: Its Slavonic Form and Origin. In: Journal of Slavic Linguistics 13 (2005), H. 2, S. 252–270.

Copper, Basil: Der Vampir in der Legende. Kunst und Wirklichkeit. München 1974. ND Leipzig 2007.

Cremene, Adrien: La Mythologie du Vampire en Roumanie. Monaco 1981.

Day, Peter (Ed.): Vampires. Myths and Metaphors of Enduring Evil. Amsterdam/New York 2006.

Delumeau, Jean: Angst im Abendland. Die Geschichte kollektiver Ängste im Europa des 14. bis 18. Jahrhunderts. Neuausgabe in einem Band. Reinbek bei Hamburg 1989.

Dettke, Barbara: Die asiatische Hydra. Die Cholera von 1830/31 in Berlin und den preußischen Provinzen Posen, Preußen und Schlesien. Berlin/New York 1995.

Diamond, Louis K.: A History of Blood Transfusion. In: Maxwell M. Wintrobe (Ed.): Blood, Pure and Eloquent. A Story of Discovery, of People, and of Ideas. New York 1980, S. 659–688.

Dimić, Milan V.: Vampiromania in the Eighteenth-Century: the Other Side of Enlightenment. In: Man and Nature. Proceedings of the Canadian Society for Eighteenth-Century Studies 3 (1984), S. 1–22.

Dinzelbacher, Peter: Die letzten Dinge. Himmel, Hölle, Fegefeuer im Mittelalter. Freiburg/Basel/Wien 1999.

Dom Augustin Calmet. Un itinéraire intellectuel. Dirigé par Martin, Philippe et Fabienne Henryot. Paris 2008.

Dömötör, Tekla: Volksglaube und Aberglaube in Ungarn. Budapest 1981.

Đorđević, Tihomir R.: Gradja za srpske narodne običaje iz vremena prve vlade kneza Miloša. (Druga zbirka). In: Srpski etnografski zbornik 19 (Beograd 1913), S. 443–467.

Đorđević, Tihomir R.: Vampir i druga bića u našem narodnom verovanju i predanju. In: Srpski etnografski zbornik. Kn. LXVI. Drugo odeljenje. Život i običaji narodni. Kn. 30. Beograd 1953, S. 147–282.

Drechsler, Paul: Sitte, Brauch und Volksglaube in Schlesien. Bd. I–II. Leipzig 1903–1906.

Dundes, Alan (Ed.): The Vampire. A Casebook. Madison, WI 1998.

Durham, Mary E[dith]: Of Magic, Witches and Vampires in the Balkans. In: Man. The Journal of the Royal Anthropological Institute (London) 23 (1923), S. 189–192.

Eckert, Edward A.: The Retreat of Plague from Central Europe, 1640–1720: A Geomedical Approach. In: Bulletin of the History of Medicine 74 (2000), S. 1–28.

Eckert, Edward A.: The Structure of Plagues and Pestilences in Early Modern Europe. Central Europa, 1560–1640. Basel 1996.

Efimenko, P. S.: Upyri. (Iz istorii narodnych verovanij). In: Kievskaja starina 6 (1883), S. 371–379.

Elvert, Christian d': Das Zauber- und Hexenwesen, dann der Glauben an Vampyre in Mähren und Oesterr. Schlesien. In: Schriften der historisch-statistischen Section der k. k. mährisch-schlesischen Gesellschaft des Ackerbaues, der Natur- und Landeskunde 12 (1859), S. 319–379. Sonderdruck in: Bischof, Ferdinand/Christian d'Elvert: Zur Geschichte des Glaubens an Zauberer, Hexen und Vampyre in Mähren und Oesterr. Schlesien. Brünn 1859, S. 62–122.

Elvert, Christian d': Die Vampyre in Mähren. In: Schriften der historisch-statistischen Section der k. k. mährisch-schlesischen Gesellschaft des Ackerbaues, der Natur- und Landeskunde 12 (1859), S. 410–421.

Erb, Rainer: Die Ritualmordlegende: Von den Anfängen bis ins 20. Jahrhundert. In: Susanna Buttaroni/Stanisław Musiał (Hrsg.): Ritualmord. Legenden in der europäischen Geschichte. Köln/Weimar 2003, S. 12–20.

Faivre, Antoine: Du vampire villageois aux discours des clercs. (Genèse d'un imaginaire à l'aube des Lumières.) In: Les Vampires. Colloque de Cerisy. Paris 1993, S. 45–74.

Faivre, Tony: Les vampires. Essai historique, critique et littéraire. Paris 1962.

Feldmann, Klaus: Tod und Gesellschaft. Sozialwissenschaftliche Thanatologie im Überblick. 2. überarb. Aufl. Wiesbaden 2010.

Feucht, Dieter: Grube und Pfahl. Ein Beitrag zur Geschichte der deutschen Hinrichtungsbräuche. [Diss.] Tübingen 1967.

Fine, John V. A. Jr.: In Defense of Vampires: Church/State Efforts to Stop Vigilante Actions Against Vampires in Serbia During the First Reign of Miloš Obrnović. In: East European Quarterly 21 (1987), S. 15–23. ND in: Alan Dundes (Ed.): The Vampire. A Casebook. Madison, WI 1998, S. 57–66.

Finucane, R[onald] C.: Appearances of the Dead. A Cultural History of Ghosts. Buffalo, NY 1984.

Fischer, Norbert: Geschichte des Todes in der Neuzeit. Erfurt 2001.

Fischer, Wilhelm: Aberglaube aller Zeiten. Bd. 3: Dämonische Mittelwesen, Vampir und Werwolf in Geschichte und Sage. Stuttgart o. J. [um 1910].

Flach, Adolf: Rumänische Hochzeits- und Totengebräuche. Berlin 1899.

Frenschkowski, Marco: Die Unverweslichkeit der Heiligen und der Vampire: Eine Studie über kulturelle Ambivalenz. In: Christoph Augustynowicz/Ursula Reber (Hrsg.): Vampirglaube und magia posthuma im Diskurs der Habsburgermonarchie. Wien/Münster 2011, S. 53–68.

Frenschkowski, Marco: Keine spitzen Zähne. Von der interkulturellen Vergleichbarkeit mythologischer Konzepte: das Beispiel des Vampirs. In: Julia Bertschik/Christa Agnes Tuczay (Hrsg.): Poetische Wiedergänger. Deutschsprachige Vampirismus-Diskurse vom Mittelalter bis zur Gegenwart. Tübingen 2005, S. 43–59.

Freytag, Nils: Aberglauben im 19. Jahrhundert. Preußen und seine Rheinprovinz zwischen Tradition und Moderne (1815–1918). Berlin 2003.

Gemra, Anna: Od gotycyzmu do horroru. Wilkołak, wampir i Monstrum Frankensteina w wybranych utworcach. Wrocław 2008.

Georgieva, Ivanička: Bǎlgarska narodna mifologija. 2-o prerab. i dop. izd. Sofija 1993.

Gerard, Emily: The Land Beyond the Forest. Facts, Figures, and Fancies from Transylvania. Vol. I–II. Edinburgh/London 1888.

Gerard, Emily: Transylvanian Superstitions. In: The Nineteenth Century 18 (London 1885), Nr. 101 (July), S. 130–150.

Gerrits, Andre/Nanci Adler (Eds.): Vampires Unstaked. National Images, Stereotypes and Myths in East Central Europe. Amsterdam 1995.

Gerschke, Leo: Vom Vampirglauben im alten Westpreußen. In: Westpreußen-Jahrbuch 12 (1962), S. 89–94.

Gieystzor, Aleksander: Mitologia Słowian. Warszawa 1982. Wyd. III zmienione, rozszerzone. Warszawa 2006.

Glajar, Valentina/Domnica Radulescu (Eds.): Vampirettes, Wretches, and Amazones: Western Representations of East European Women. Boulder, CO/New York 2004.

Görres, Joseph von: Magischer Bezug der untersten Vitalkräfte im Todtenreiche; Vampyrism. In: Ders.: Die christliche Mystik. Bd. 3. Regensburg 1840, S. 275–288.

Gordon, Joan/Veronica Hollinger (Eds.): Blood Read. The Vampire as Metaphor in Contemporary Culture. Philadelphia, PA 1997.

Greenfield, Richard P. H.: Traditions of Belief in Late Byzantine Demonology. Amsterdam 1988.

Grenz, Rudolf: Archäologische Vampirbefunde aus dem westslawischen Siedlungsgebiet. In: Zeitschrift für Ostforschung 16 (1967), S. 255–265.

Grober-Glück, Gerda: Der Verstorbene als Nachzehrer. In: Atlas der deutschen Volkskunde. Neue Folge. Auf Grund der von 1929 bis 1935 durchgeführten Sammlungen im Auftrage der Deutschen Forschungsgemeinschaft hrsg. v. Matthias Zender. Erläuterungen zu den Karten 43–48. Marburg 1981, S. 426–456.

Grober-Glück, Gerda: Volksglaubensvorstellungen über die scheidende Seele. Erscheinungsformen in Deutschland und Österreich um 1930. In: Jahrbuch für Volkskunde NF 6 (1983), S. 149–181.

Grothe, Stefan: Der Einfluß der Seuchen auf die Entstehung des Vampirmythos im Spiegel der Leipziger Vampirdebatte 1725–1734. Med. Diss. Köln 2001.

Haase, Felix: Volksglaube und Brauchtum der Ostslaven. ND der Ausgabe Breslau 1939. Hildesheim/New York 1980.

Hamberger, Klaus (Hrsg.): Mortuus non mordet. Dokumente zum Vampirismus, 1689–1791. Wien 1992.

Hamberger, Klaus: Über Vampirismus. Krankengeschichten und Deutungsmuster 1801–1899. Wien 1992.

Harmening, Dieter: Zauberei im Abendland. Vom Anteil der Gelehrten am Wahn der Leute. Skizzen zur Geschichte des Aberglaubens. Würzburg 1991.

Hartnup, Karen: ‚On the Belief of the Greeks'. Leo Allatios and Popular Orthodoxy. Leiden/Boston 2004.

Hasenfratz, Hans-Peter: Leben mit den Toten. Eine Kultur- und Religionsgeschichte der anderen Art. Freiburg/Basel/Wien 1998.

Haumann, Heiko: Dracula. Leben und Legende. München 2011.

Haumann, Heiko: Dracula und die Vampire Osteuropas. Zur Entstehung eines Mythos. In: Zeitschrift für Siebenbürgische Landeskunde 28 (2005), S. 1–17.

Havekost, Ernst: Die Vampirsage in England. Phil. Diss. Halle/Saale 1914.

Heiden, Anne von der: Der Jude als Medium. „Jud Süß". Bochum 2003.

Heiden, Anne von der: Der Zerstörer allen Lebens: „Jud Süß" als politischer Vampir. In: Alexandra Przyrembel/Jörg Schönert (Hrsg.): „Jud Süß". Hofjude, literarische Figur, antisemitisches Zerrbild. Frankfurt/New York 2006, S. 325–336.

Hellmich, M.: Vampir oder Hingerichteter? In: Altschlesien 3 (1930/31), S. 273–280.

Hellmich, M.: Nochmals: Vampir oder Hingerichteter? In: Altschlesien 4 (1932), S. 195/196.

Hellwig, Albert: Deutscher Volksglaube vor Gericht. In: Archiv für Religionswissenschaft 18 (1915), S. 287–300.

Hellwig, Albert: Verbrechen und Aberglaube. Skizzen aus der volkskundlichen Kriminalistik. Leipzig 1908.

Hempler, Franz: Psychologie des Volksglaubens, insbesondere der volkstümlichen Natur- und Heilkunde des Weichsellandes. Königsberg 1930.

Hepp, Oliver: Vom Aberglauben hin zur „magischen Würckung" der Einbildung. Michael Ranffts Tractat von dem Kauen und Schmatzen der Todten in Gräbern. In: Christoph Augustynowicz/Ursula Reber (Hrsg.): Vampirglaube und magia posthuma im Diskurs der Habsburgermonarchie. Wien/Münster 2011, S. 105–123.

Hersperger, Patrick: Kirche, Magie und „Aberglaube". Superstitio in der Kanonistik des 12. und 13. Jahrhunderts. Köln/Weimar/Wien 2010.

Hock, Stefan: Die Vampyrsagen und ihre Verwertung in der deutschen Literatur. Berlin 1900. ND Hildesheim 1977.

Huet, Marie-Hélène: Deadly Fears: Dom Augustin Calmet's Vampires and the Rule Over Death. In: Eighteenth-Century Life 21 (1997), S. 222–232.

Ionescu, Ioana-Maria: Rumänische Übergangsriten dargelegt am Beispiel der Lebensbräuche in Oltenien. Phil. Diss. Münster 1986.

Irgang, Winfried: Die Stellung des Deutschen Ordens zum Aberglauben am Beispiel der Herrschaften Freudenthal und Eulenburg. In: Udo Arnold (Hrsg.): Von Akkon bis Wien. Studien zur Deutschordensgeschichte vom 13. bis zum 20. Jahrhundert. Festschrift zum 90. Geburtstag von Althochmeister P. Dr. Marian Tumler O. T. am 21. Oktober 1977. Marburg 1978, S. 261–271.

Jakobsson, Ármann: The Fearless Vampire Killers: A Note about the Icelandic Draugr and Demonic Contamination in Grettis Saga. In: Folklore 120 (2009), S. 307–316.

Jakobsson, Ármann: Vampires and Watchmen: Categorizing the Mediaeval Icelandic Undead. In: Journal of English and Germanic Philology 110 (2011), H. 3, S. 281–300.

Janion, Maria: Die Polen und ihre Vampire. In: Dies.: Die Polen und ihre Vampire. Studien zur

Kritik kultureller Phantasmen. Hrsg. v. Magdalena Marszałek. Berlin 2014, S. 35–52.

Janion, Maria: Wampir. Biografia symboliczna. Gdańsk 2004.

Jellinek, Arthur L.: Zur Vampyrsage. In: Zeitschrift des Vereins für Volkskunde 14 (1904), S. 322–328.

Kaser, Karl: Familie und Verwandtschaft auf dem Balkan. Analyse einer untergehenden Kultur. Wien/Köln/Weimar 1995.

Kaser, Karl: Hirten, Kämpfer, Stammeshelden. Ursprünge und Gegenwart des balkanischen Patriarchats. Wien/Köln/Weimar 1992.

Kaser, Karl: Macht und Erbe. Männerherrschaft, Besitz und Familie im östlichen Europa (1500–1900). Wien/Köln/Weimar 2000.

Kättlitz, Christian: „… Man braucht also nicht nur auf dem Balkan zu suchen." Oder: Wie slawisch darf Dracula sein? In: Bohemia 50 (2010), S. 333–350.

Kern, Edmund: An End to Witch Trials in Austria: Reconsidering the Enlightened State. In: Austrian History Yearbook 30 (1999), S. 159–185.

Keyworth, David: The Aetiology of Vampires and Revenants: Theological Debate and Popular Belief. In: Journal of Religious History 34 (2010), H. 2, S. 158–173.

Keyworth, David: Troublesome Corpses. Vampires and Revenants from Antiquity to the Present. Southend-on-Sea 2007.

Keyworth, David: Was the Vampire of the Eighteenth Century a Unique Type of Undeadcorpse? In: Folklore 117 (2006), H. 3, S. 241–260.

Klaniczay, Gábor: Decline of Witches and Rise of Vampires in 18th Century Habsburg Monarchy. In: Ethnologia Europea 17 (1987), S. 165–180. Deutsche Übersetzung: Der Niedergang der Hexen und der Aufstieg der Vampire im Habsburgerreich des achtzehnten Jahrhunderts. In: Ders.: Heilige, Hexen, Vampire. Vom Nutzen des Übernatürlichen. Berlin 1991, S. 73–97. Neufassung: Historische Hintergründe: Der Aufstieg der Vampire im Habsburgerreich des 18. Jahrhunderts. In: Julia Bertschik/Christa Agnes Tuczay (Hrsg.): Poetische Wiedergänger. Deutschsprachige Vampirismus-Diskurse vom Mittelalter bis zur Gegenwart. Tübingen 2005, S. 83–111.

Klapper, Josef: Die schlesischen Geschichten von den schädigenden Toten. In: Mitteilungen der schlesischen Gesellschaft für Volkskunde 11 (1909), S. 58–93.

Klare, Hans Joachim: Die Toten in der altnordischen Literatur. In: Acta Philologica Scandinavica 8 (1933/34), S. 1–56.

Klaukien, Oliver: Archäologische Beobachtungen zu Kontinuität und Wandel der „Nachzehrer"- und „Vampirvorstellung". Hamburg 1996.

Kleinpaul, Rudolf: Die Lebendigen und die Toten in Volksglauben, Religion und Sage. Leipzig 1898.

Klingmann, Gail: The Wedding of the Dead. Ritual, Poetics and Popular Culture in Transylvania. Berkeley/Los Angeles/London 1988.

Knust, Christine/Dominik Groß (Hrsg.): Blut: Die Kraft des ganz besonderen Saftes in Medizin, Literatur, Geschichte und Kultur. Kassel 2010.

Köhbach, Markus: Ein Fall von Vampirismus bei den Osmanen: In: Balkan Studies 20 (1979), S. 83–90.

Konstantinos: Vampires. The Occult Truth. St. Paul, MN 1996.

Köpeczi, Béla: Un Scandale des Lumiéres. Les Vampires. In: Raymond Trousson (Ed.): Thèmes et figures du siècle des Lumières. Mélanges offerts à Roland Mortier. Genève 1980, S. 123–135. ND: Les vampires de Hongrie: un scandale des Lumières. In: Artes populares. A Folklore Tanszék Evkönyve 7 (1981), S. 87–105.

Köppl, Rainer M.: Der Vampir sind wir. Der unsterbliche Mythos von Dracula bis Twilight. Wien 2010.

Kormina, Ž. V./S. A. Štyrkov: Mir živych i mir mertvych: sposoby kontaktov (dva varianta severnorusskoj tradicii). In: Vostočnoslavjanskij ėtnolingvističeskij sbornik. Issledovanija i materialy. Moskva 2001, S. 206–231.

Koschorke, Albrecht: Körperströme und Schriftverkehr. Mediologie des 18. Jahrhunderts. 2. durchges. Aufl. München 2003.

Kosior, Wojciech: Kompleks upiora-wampira i jego realizacja we współczesności. Duchowość wampiryczna. In: Ex Nihilo. Periodyk młodych religioznawców (Kraków 2009), H. 1, S. 64–81.

Kostić, Zvonimir: Vampir u našem narodnom verovanju, zapisima i pričima. In: Srpska fantastika. Natprirodno i nestvarno u srpskoj književnosti. Urednik: Predrag Palavestra. Beograd 1989, S. 245–259.

Krauss, Friedrich S.: Sitte und Brauch der Südslaven. Nach heimischen gedruckten und ungedruckten Quellen. Wien 1985.

Krauss, Friedrich S.: Slavische Volksforschungen. Abhandlungen über Glauben, Gewohnheitsrechte, Sitten, Bräuche und die Guslarenlieder der Südslaven. Leipzig 1908.

Krauss, Friedrich S.: Vampirglaube in Serbien und Lithauen. In: Mittheilungen der Anthropologischen Gesellschaft in Wien 17 (1887), S. 67/68.

Kremer, Peter: Draculas Vettern. Totenglaube und Wiedergängerfurcht im vorindustriellen Deutschland. Düren 2009.

Kretzenbacher, Leopold: Kynokephale Dämonen südosteuropäischer Volksdichtung. Vergleichende Studien zu Mythen, Sagen, Maskenbräuchen um Kynenokephaloi, Werwölfe und südslawische Pesoglavci. München 1968.

Kreuter, Peter Mario: Der Vampirglaube in Südosteuropa. Studien zur Genese, Bedeutung und Funktion. Rumänien und der Balkanraum. Berlin 2001.

Kreuter, Peter Mario: Krankheit und Vampirglaube. Ein Beitrag zur Phänomenologie des blutsaugenden Wiedergängers in Südosteuropa. In: Quo vadis, Romania? Zeitschrift für eine aktuelle Romanistik 18/19 (2001/02), S. 59–72.

Kreuter, Peter Mario: The Name of the Vampire: some Reflections on Current Linguistic Theories on the Etymology of the Word Vampire. In: Peter Day (Ed.): Vampires. Myths and Metaphors of Enduring Evil. Amsterdam/New York 2006, S. 57–80.

Kreuter, Peter Mario: The Role of Women in Southeast European Vampire Belief. In: Amila Buturović/İrvin Cemil Schick (Eds.): Women in the Ottoman Balkans. Gender, Culture and History. London/New York 2007, S. 231–241.

Kreuter, Peter Mario: Vom „üblen Geist" zum „Vampyr". Die Darstellung des Vampirs und seines kulturellen Hintergrunds in den Berichten österreichischer Militärärzte zwischen 1725 und 1756. In: Julia Bertschik/Christa Agnes Tuczay (Hrsg.): Poetische Wiedergänger. Deutschsprachige Vampirismus-Diskurse vom Mittelalter bis zur Gegenwart. Tübingen 2005, S. 113–127.

Krumphanzlová, Zdenka: K otázce vampyrismu na slovanských pohřebištích. In: Památky archeologické 52 (1961), H. 2, S. 544–549.

Kührer, Florian: Vampire. Monster – Mythos – Medienstar. Kevelaer 2010.

Kunstmann, Heinrich: Die Genese des Vampirs aus der griechischen Mythologie. In: Jahrbuch der Brüder-Grimm-Gesellschaft 2 (1992), S. 181–188.

Lambrecht, Karen: Obrigkeiten und Hexenverfolgungen. Zaubereiprozesse in den schlesischen Territorien. Köln/Weimar/Wien 1995.

Lambrecht, Karen: Wiedergänger und Vampire in Ostmitteleuropa – Postume Verbrennung statt Hexenverfolgung? In: Jahrbuch für deutsche und osteuropäische Volkskunde 37 (1994), S. 49–77.

Lange, Erwin Rudolf: Sterben und Begräbnis im Volksglauben zwischen Weichsel und Memel. Würzburg 1955.

Lauper, Anja: Das Blut der Vampire. In: Mariacarla Gadebusch Bondio (Ed.): Blood in History and Blood Histories. Firenze 2005, S. 255–271.

Lauper, Anja: Die phantastische Seuche. Episoden des Vampirismus im 18. Jahrhundert. Zürich 2011.

Lauper, Anja: Die „phantastische Seuche". Johann Christoph Harenbergs Theoretisierung der vampiristischen Einbildungskraft. In: Christian Begemann/Britta Herrmann/Harald Neumeyer (Hrsg.): Dracula unbound. Kulturwissenschaftliche Lektüren des Vampirs. Freiburg i. Br./Berlin/Wien 2008, S. 51–73.

Lawson, John Cuthbert: Modern Greek Folklore and Ancient Greek Religion. A Study in Survivals. Cambridge 1910. ND New York 1964.

Lecouteux, Claude: Das Reich der Nachtdämonen: Angst und Aberglaube im Mittelalter. Düsseldorf/Zürich 2001.

Lecouteux, Claude: Die Geschichte der Vampire. Metamorphose eines Mythos. Düsseldorf/Zürich 2001.

Lecouteux, Claude: Geschichte der Gespenster und Wiedergänger im Mittelalter. Köln/Wien 1987.

Leithner, Andreas/Christian Reiter: Vampirismus aus medizinischer Sicht. In: Rainer M. Köppl (Hrsg.): 100 Jahre Dracula. Wien u. a. 1998 (Maske und Kothurn 41, 1/2), S. 147–153.

Lesky, Erna: Die österreichische Pestfront an der k. k. Militärgrenze. In: Saeculum 8 (1957), S. 82–106.

Lesky, Erna/Adam Wandruszka (Hrsg.): Gerard van Swieten und seine Zeit. Internationales Symposion, veranstaltet von der Universität Wien im Institut für Geschichte der Medizin. 8.–10. Mai 1972. Wien/Köln/Graz 1973.

Lettenbauer, Wilhelm: Über Krankheitsdämonen im Volksglauben der Balkanslaven. In: Hans Joachim Kissling/Alois Schmaus (Hrsg.): Serta Monacensia. Franz Babinger zum 15. Januar 1951 als Festgruß dargebracht. Leiden 1952, S. 120–135.

Levenstim, A.: Sueverie i ugolovnoe pravo. S.-Peterburg [1897]. Deutsche Übersetzung: Löwenstimm, August: Aberglaube und Strafrecht. [Ein Beitrag zur Erforschung des Einflusses der Volksanschauungen auf die Verübung von Verbrechen.] Autorisierte Übersetzung aus dem Russischen. Mit einem Vorwort von Jos. Kohler. Berlin 1897.

Light, Duncan: The Dracula Dilemma. Tourism, Identity and the State in Romania. Surray/Burlington 2012.

Lilek, Emilijan: Etnološki pabirci po Bosni i Hercegovini. In: Glasnik Zemaljskog muzeja u Bosni i Hercegovini 11 (Sarajevo 1899), S. 700–721. Deutsche Übersetzung: Lilek, Emanuel: Familien- und Volksleben in Bosnien und in der Herzegowina. In: Zeitschrift für österreichische Volkskunde 6 (1900), S. 23–30, 53–72, 164–172, 202–225.

Linse, Ulrich: Geisterseher und Wunderwirker. Heilssuche im Industriezeitalter. Frankfurt am Main 1996.

Lompa, Joseph: Schlesien in slavisch-mythologischer Hinsicht. In: Schlesische Provinzialblätter NF 1 (1862), S. 393–396.

Longinović, Tomislav Z.: Vampire Nation. Violence as Cultural Imaginary. Durham/London 2011.

Lotter, Friedrich: Innocens virgo et martyr. Thomas von Monmouth und die Verbreitung der Ritualmordlegende im Hochmittelalter. In: Rainer Erb (Hrsg.): Die Legende vom Ritualmord. Zur Geschichte der Blutbeschuldigung gegen Juden. Berlin 1993, S. 25–72.

Lübeck, K. L.: Die Krankheitsdämonen der Balkanvölker. In: Zeitschrift des Vereins für Volkskunde 8 (1898), S. 241–249, 379–389.

Lugt, Maaike van der: The Incubus in Scholastic Debate: Medicine, Theology and Popular Belief. In: Peter Biller/Josef Ziegler (Ed.): Religion and Medicine in the Middle Ages. York 2001, S. 175–200.

Łysiak, Wojciech: W kręgu wielkopolskich demonów i przekonań niedemonicznych. Międzychód 1993.

Mackenzie, Andrew: Dracula Country. Travels and Folk Beliefs in Romania. London 1977.

Magyar, László András: Die siebenbürgische „Vampir-Krankheit". In: Communicationes de historia artis medicinae 186–187 (2004), S. 49–62.

Magyar, László András: Über die siebenbürgische Vampir-Krankheit. Ein Bericht des deutschen Chirurgen Georg Tallar aus dem Jahre 1755. In:

Zeitschrift für siebenbürgische Landeskunde 25 (2002), S. 161–164.

Malinka A. N. [Titelblatt: Malinka A. N. Tschernigow]: Ukrainische Dämonologie. Überlieferte Ursprünge und kultisches Brauchtum der Hexen und Hexer über das Leben der Toten, der Geister, Werwölfe und Vampire. 2. Aufl. Leipzig 2005.

Mannhardt, Wilhelm: Die praktischen Folgen des Aberglaubens, mit besonderer Berücksichtigung der Provinz Preußen. Berlin 1878.

Mannhardt, Wilhelm: Über Vampyrismus. In: Zeitschrift für deutsche Mythologie und Sittenkunde 4 (1859), S. 259–282.

Mansikka, V. J.: Die Religion der Ostslaven. Bd. I: Quellen. Helsinki 1922.

Marinov, D.: Narodna vera i religiozni narodni običai. Sofija 1914 (Sbornik za narodni umotvorenija i narodopis 27).

Maškova, Pavlína: K otázce interpretace kostrového pohřebiště „s projevy vampyrismu" v Čelákovicích. In: Studia mediaevalia Pragensia 5 (2004 [Praha 2005]), S. 9–19.

Matić, Timoslav: Totenkult bei den Serben. Phil. Diss. Universität Leipzig. Bleichenrode am Harz 1940.

Matirko, Bertalan jun.: Die Zipser Volkssage von Kasparek. In: Ethnologische Mitteilungen aus Ungarn 2 (1890–1892), S. 162–164.

McClelland, Bruce A.: Slayers and their Vampires. A Cultural History of Killing the Dead. Ann Arbor 2006.

McNally, Raymond T.: A Clutch of Vampires. These Being Among the Best from History and Literature. New York/Greenwich, CT 1975.

Medek, P. Vaclav: Vom Satanismus auf dem nordmährischen Herrschaftsbesitz des Deutschen Ordens. In: Klemens Wieser (Hrsg.): Acht Jahrhunderte Deutscher Orden in Einzeldarstellungen. Bad Godesberg 1967, S. 387–393.

Meyer, Hans B.: Das Danziger Volksleben. Würzburg 1956.

Mischke, Marianne: Der Umgang mit dem Tod. Vom Wandel in der abendländischen Geschichte. Berlin 1996.

Monter, William: Ritual, Myth and Magic in Early Modern Europe. Brighton 1983.

Moszyński, Kazimierz: Kultura ludowa słowian. Kultura materjalna Cz. II: Kultura duchowa. Zesyt 1–2. Kraków 1929–1934. T. I–II. Wyd. 2. Warszawa 1967.

Müller, Ingeborg/Lutz Röhrich: Der Tod und die Toten. In: Deutsches Jahrbuch für Volkskunde 13 (1967), S. 346–397.

Murgoci, Agnes: The Vampire in Roumania. In: Folklore. A Quarterly Review of Myth, Tradition, Institution and Custom 37 (1926), S. 320–349. ND in: Alan Dundes (Ed.): The Vampire. A Casebook. Madison, WI 1998, S. 12–34.

Nadmorski [= Józef Łegowski]: Kaszuby i kociewie. Język, zwyczaje, przedądy, podania, zagadki i pieśni ludowe v pólnocnej części Prus zachodnich. Poznań 1892. ND Danzig 1991.

Naumann, Hans: Primitive Gemeinschaftskultur. Beiträge zu Volkskunde und Mythologie. Jena 1921.

Negelein, Julius: Die Reise der Seele in Jenseits. In: Zeitschrift des Vereins für Volkskunde 11 (1901), S. 16–28, 149–158, 263–271.

Negelein, Julius: Macedonischer Seelenglaube und Totenkultus. In: Zeitschrift des Vereins für Volkskunde 14 (1904), S. 19–35.

Nichols, Johanna: Russian vurdalak 'werewolf' and Its Cognates. In: Michael S. Flier/Simon Karlinsky (Eds.): Language, Literature, Linguistics. In Honor of Francis J. Whitfield on his Seventieth Birthday. March 25, 1986. Berkeley, CA 1987, S. 165–177.

Niederle, Lubor: Život starých Slovanů. Zaklady kulturnich starožitnosti slavanskych. Dílu II. Svazek 1. Vyd. 2. Praha 1924.

Nowosadtko, Jutta: Der Vampir als abergläubisches Wunderwerk. Konfessionell geprägte Auseinandersetzungen mit dem südosteuropäischen Vampirglauben. In: Rainer Walz/Ute Küppers-Braun/Jutta Nowosadtko (Hrsg.): Anfechtungen der Vernunft. Wunder und Wunderglaube in der Neuzeit. Essen 2006, S. 175–189.

Nowosadtko, Jutta: Der „Vampyrus Serviensis" und sein Habitat: Impressionen von der österreichischen Militärgrenze. In: Militär und Gesellschaft in der Frühen Neuzeit 8 (2004), S. 153–170.

Oinas, Felix: East European Vampires & Dracula. In: Journal of Popular Culture 16 (1982), H. 1, S. 108–116. ND in: Alan Dundes (Ed.): The Vampire. A Casebook. Madison, WI 1998, S. 47–56. ND: East European Vampires. In: Oinas, Felix: Essays on Russian Folklore and Mythology. Columbus, OH 1985, S. 111–120.

Oinas, Felix: Heretics as Vampires and Demons in Russia. In: Slavic and East European Journal 22 (1978), S. 433–441. ND in: Ders.: Essays on Russian Folklore and Mythology. Columbus, OH 1985, S. 121–130.

Oldrige, Darren: „Dead Man Walking": The Historical Context of Vampire Beliefs. In: Peter Day (Ed.): Vampires. Myths and Metaphors of Enduring Evil. Amsterdam/New York 2006, S. 57–80.

Oldridge, Darren: Strange Histories. The Trial of a Pig, the Walking Dead, and Other Matters of Fact from the Medieval and Renaissance Worlds. London/New York 2005.

Othenin-Girard, Mireille: „Helfer" und „Gespenster". Die Toten und der Tauschhandel mit den Lebenden. In: Bernhard Jussen/Craig Koslofsky (Hrsg.): Kulturelle Reformation. Sinnformationen im Umbruch 1400–1600. Göttingen 1999, S. 159–191.

Panzac, Daniel: La peste dans l'Empire ottoman. 1700–1850. Paris/Leuven 1985.

Pełka, Leonard: Polska demonologia ludowa. Warszawa 1987.

Perkowski, Jan L.: The Darkling. A Treatise on Slavic Vampirism. Columbus, OH 1989.

Perkowski, Jan L.: The Vampires of Bulgaria and Macedonia – an Update. In: Balkanistica 12 (University of Mississippi 1999), S. 83–94.

Perkowski, Jan L.: Vampires of the Slavs. Cambridge, MA 1976.

Petzold, Leander: Das Universum der Dämonen und die Welt des ausgehenden Mittelalters. In: Ulrich Müller/Werner Wunderlich (Hrsg.): Dämonen, Monster, Fabelwesen. St. Gallen 1999, S. 39–58.

Petzold, Leander: Der Tote als Gast. Volkssagen und Exempel. Helsinki 1968.

Petzold, Leander: Tod und Jenseits in Märchen und Sagen. In: Ursula Heindrichs/Heinz-Albert Heindrichs/Ulrike Kammerhofer (Hrsg.): Tod und Wandel im Märchen. Regensburg 1991, S. 34–56.

Petzold, Ruth: The Comeback of the Vampires: The History of the Motif from Medieval Legends to Contemporary Literature. In: Dies./Paul Neubauer (Eds.): Demons: Mediators between This World and the Other. Essays on Demonic Beings from the Middle Ages to the Present. Frankfurt am Main 1998, S. 153–164.

Popinceanu, Ion: Religion, Glaube und Aberglaube in der rumänischen Sprache. Nürnberg 1964.

Pócs, Eva: Between the Living and the Dead. A Perspective on Witches and Seers in the Early Modern Age. Budapest 1999.

Pócs, Eva: Fairies and Witches at the Boundary of South-Eastern und Central Europe. Helsinki 1989.

Popov, Račko: Vampirät v bălgarskite narodni vjarvanija. In: Vekove 12 (1983), H. 1, S. 36–43.

Porset, Charles: Vampires et Lumières. In: Studies on Voltaire and the Eighteenth Century 266 (1989), S. 125–150.

Radulović, Lidija: Vampir: osujećeni mitski predak i symbol osujećenog muškog seksualnog potencijala. In: Etnoantropološki problemi 1 (Beograd 2006), H. 1, S. 181–202.

Radin, Ana: Motiv vampira u mitu i knjizevnosti. Beograd 1996.

Ralston, W. R. S.: Russian Folk-Tales. London 1873.

Ralston, W. R. S.: The Songs of the Russian People, as illustrative of Slavonic Mythology and Russian Social Life. London 1872.

Ranke, Friedrich: Der Huckup. In: Ders.: Volkssagenforschung. Vorträge und Aufsätze. Breslau 1935, S. 39–69.

Ranke, Kurt: Indogermanische Totenverehrung. Bd. I: Der dreissigste und vierzigste Tag im Totenkult der Indogermanen. Helsinki 1951 (FF Communications 140).

Rau, Tilman: Das Commercium Litterarium. Die erste medizinische Wochenschrift in Deutschland und die Anfänge des medizinischen Journalismus. Bremen 2009.

Rauer, Constantin: Von der Aufklärung des Vampirismus zum Vampirismus der Aufklärung. Eine west-östliche Debatte zwischen einst und heute. In: ethic@ – Revista internacional de Filosofia da moral 7 (Florianópolis 2008), H. 1, S. 87–107.

Reiter, Christian: Der Vampyr-Aberglaube und die Militärärzte. In: Kakanien revisited 17.8.2009 (http://www.kakanien-revisited.at/beitr/vamp/CReiter1.pdf [26.10.2015]). ND in: Christoph Augustynowicz/Ursula Reber (Hrsg.): Vampirglaube und magia posthuma im Diskurs der Habsburgermonarchie. Wien/Münster 2011, S. 125–146.

Reiter, Norbert: Das Glaubensgut der Slawen im europäischen Verbund. Wiesbaden 2009.

Rieger, Miriam: Der Teufel im Pfarrhaus. Gespenster, Geisterglaube und Besessenheit im Luthertum der Frühen Neuzeit. Stuttgart 2011.

Rock, Stella: Popular Religion in Russia. „Double Belief" and the Making of an Academic Myth. London/New York 2007.

Röhrich, Lutz: Die Todesauffassung in den Gattungen der Volksdichtung. In: Ursula Heindrichs, Heinz-Albert Heindrichs, Ulrike Kammerhofer (Hrsg.): Tod und Wandel im Märchen. Regensburg 1991, S. 57–78.

Ruickbie, Leo: Evidence for the Undead: The Role of Medical Investigation in the 18th-Century Vampire Epidemic. In: Barbara Brodman/James O. Doan (Eds.): The Universal Vampire. Origins and Evolution of a Legend. Plymouth, UK 2013, S. 75–90.

Ruthner, Clemens: Ärzte am offenen (Text-)Grab. Zur Literarisierung von Flückingers Vampirismus-Protokoll (1732) bei Mayo (1846) und Kock (1998). In: Christoph Augustynowicz/Ursula Reber (Hrsg.): Vampirglaube und magia posthuma im Diskurs der Habsburgermonarchie. Wien/Münster 2011, S. 163–177. Englische Fassung: Undead Feedback: Adaptions and Echoes of Johann Flückinger's Report, Visum et Repertum (1732), until the Millenium. In: Brodman, Barbara/James O. Doan (Eds.): The Universal Vampire. Origins and Evolution of a Legend. Plymouth, UK 2013, S. 91–108.

Ruthner, Clemens: Untote Verzahnungen. Prolegomena zu einer Literaturgeschichte des Vampirismus. In: Julia Bertschik/Christa Agnes Tuczay (Hrsg.): Poetische Wiedergänger. Deutschsprachige Vampirismus-Diskurse vom Mittelalter bis zur Gegenwart. Tübingen 2005, S. 11–41.

Ryan, W[illiam] F.: The Bathhouse at Midnight. An Historical Survey of Magic and Divination in Russia. University Park, PA 1999.

Ryan, W[illiam] F.: The Witchcraft Hysteria in Early Modern Europe: Was Russia an Exception? In: Slavonic and East European Review 76 (1998), S. 49–84.

Rybakov, B. A.: Jazyčestvo drevnej Rusi. Moskva 2001.

Rybakov, B. A.: Jazyčestvo drevnich slavjan. Moskva 1981. Izd. 2-oe, ispravl. Moskva 2002.

Š., Ja.: Ubijstvo upyrja v Kievščine vo vremja čumy 1770 goda. In: Kievskaja starina 28 (Kiev 1890), S. 338–341.

Samerski, Stefan: „Wie im Himmel, so auf Erden"? Selig- und Heiligsprechung in der Katholischen Kirche 1740–1870. Stuttgart 2002.

Sariyannis, Marinos: Of Ottoman Ghosts, Vampires and Sorcerers: An Old Discussion Disinterred. In: Turkish Historical Review 4 (2013), S. 83–117.

Sawicki, Diethard: Leben mit den Toten. Geisterglauben und die Entstehung des Spiritismus in Deutschland 1770–1900. Paderborn u. a. 2002.

Scharfe, Martin: Wiedergänger. Die Lebenden sterben, die Toten leben – Anmerkungen zu einer flüssigen Kulturgrenze. In: Johanna Rolshoven (Hrsg.): „Hexen, Wiedergänger, Sans-Papiers …" Kulturtheoretische Reflexionen zu den Rändern des sozialen Raumes. Marburg 2003, S. 66–90.

Schaub, Hagen: Beweist ein archäologischer Fund den Wiedergängerglauben? In: Christoph Augustynowicz/Ursula Reber (Hrsg.): Vampirglaube und magia posthuma im Diskurs der Habsburgermonarchie. Wien/Münster 2011, S. 39–52.

Schaub, Hagen: Blutspuren. Die Geschichte der Vampire. Graz 2008. Genehmigte und aktualisierte Lizenzausgabe: Vampire. Dem Mythos auf der Spur. Wiesbaden 2011.

Schischmanov, Ivan D.: Der Lenorenstoff in der bulgarischen Volkspoesie. In: Indogermanische Forschungen 4 (Straßburg 1894), S. 412–448.

Schmidt, Bernhard: Das Volksleben der Neugriechen und das hellenische Altertum. Erster Theil. Leipzig 1871.

Schmitt, Jean-Claude: Die Wiederkehr der Toten. Geistergeschichten im Mittelalter. Stuttgart 1995.

Schneeweis, E[dmund]: Serbokroatische Volkskunde. Erster Teil: Volksglaube und Volksbrauch. Berlin 1961.

Schreuer, Hans: Das Recht der Toten. Eine germanistische Untersuchung. In: Zeitschrift für vergleichende Rechtswissenschaft 33 (1916), S. 333–432.

Schröder, Aribert: Vampirismus. Seine Entwicklung vom Thema zum Motiv. Frankfurt am Main 1973.

Schürmann, Thomas: Nachzehrerglauben in Mitteleuropa. Marburg 1990.

Schury, Gudrun: Lebensflut. Eine Kulturgeschichte des Blutes. Leipzig 2001.

Senn, Harry Anthony: Were-Wolf and Vampire in Romania. New York 1982.

Simon, Friedrich Alexander: Der Vampirismus im neunzehnten Jahrhundert oder über wahre und falsche Indikation zur Blutentziehung. Hamburg 1830.

Simon-Muscheid, Katharina: Lebende, Tote und Dämonen: der Friedhof als Ort der Begegnung. In: Hubert Herkommer/Rainer Christoph Schwinges (Hrsg.): Engel, Teufel und Dämonen. Einblicke in die Geisterwelt des Mittelalters. Basel 2006, S. 103–118.

Simonides, Dorota: Śląski horror o diabłach, skarbnikach, utopcach i innych strachach. Katowice 1984.

Simpson, Jacqueline: Repentant Soul or Walking Corpse? Debatable Apparitions in Mediaeval England. In: Folklore 114 (2003), H. 3, S. 389–402.

Sjöberg, Anders: Pop Upir' Lichoj and the Swedish Rune-carver Ofeigr Upir. In: Scando-Slavica 28 (1982), S. 109–124.

Šmahel, František: Stärker als der Glaube: Magie, Aberglaube und Zauber in der Epoche des Hussitismus. In: Bohemia 32 (1991), S. 316–337.

Šmitek, Zmago: Kresnik: An Attempt at a Mythological Reconstruction. In: Studia Mythologica Slavica 1 (1998), S. 93–118.

Smoleński, Władysław: Przewrót umysłowy w Polsce wieku XVIII. Studya historyczne. Kraków 1891. Wyd. 2. Warszawa 1923. Wyd. 3. Warszawa 1949.

Sörries, Reiner: Ruhe sanft. Kulturgeschichte des Friedhofs. 2. Aufl. Kevelaer 2011.

Sörries, Reiner: Zwischen Aberglaube und Esoterik. Anmerkungen zur Sepulkralkultur der Aufklärungszeit. In: Beiträge zur Kleist-Forschung 18 (2004), S. 55–64.

Spencer Wilson, Dennell: The Gypsies' Belief in Vampires. A Historical Perspective. In: Roma. Half-yearly Journal on the life, language and culture of Roma 3 (1977), H. 2, S. 8–13.

Spoerri, Bettina: Der Tod als Text und Signum. Der literarische Todesdiskurs in geistlich-didaktischen Texten des Mittelalters. Bern u. a. 1999.

Stanaszek, Łukasz Mauycy: Praktyki antywampiryczne w XI wieku stosowane na terenie cmentarzyska szkieletowego na Wzgórzu Świętojakubskim w Sandomierzu. In: Biuletyn Antropologiczny 2 (Warszawa 1998), S. 18–31.

Stefenelli, Norbert (Hrsg.): Körper ohne Leben. Begegnung und Umgang mit Toten. Wien/Köln/Weimar 1998.

Steiner, Otto: Vampirleichen. Vampirprozesse in Preußen. Hamburg 1959.

Steinhauer, Eric W.: Vampyrologie für Bibliothekare. Eine kulturwissenschaftliche Lektüre des Vampirs. Hagen 2011.

Stern, Bernhard: Medizin, Aberglaube und Geschlechtsleben in der Türkei. Mit Berücksichtigung der moslemischen Nachbarländer und der ehemaligen Vasallenstaaten. Eigene Ermittlungen und gesammelte Berichte. 6 Teile in 2 Bänden. Berlin 1903.

Stewart, Charles: Demons and the Devil. Moral Imagination in Modern Greek Culture. Princeton, NJ 1991.

Strack, Hermann L.: Das Blut im Glauben und Aberglauben der Menschheit. 8. Aufl. München 1900.

Stülzebach, Annett: Vampir- und Wiedergängererscheinungen aus volkskundlicher und archäologischer Sicht. In: Concilium medii aevi 1 (1998), S. 97–121.

Sturm, Dieter/Klaus Völker (Hrsg.): Von denen Vampiren oder Menschensaugern. Dichtungen und Dokumente. Bd. I–II. München 1968. TB: Frankfurt am Main 1994. 4. Aufl. 2003.

Summers, Montague: The Vampire. His Kith and Kin. London 1928.

Summers, Montague: The Vampire in Europe. London 1929.

Svobodová, Kamila: Dva příklady vampyrismu v Neplachově kronice. In: Tomáš Borovský/Jan Libor/Martin Wikuda (Hrsg.): Ad vitam et honorem Jaraslao Mezník. Profesour Jaroslavu Mezníkovi přatelé a zaci k pětasedem desátým narozeninám. Brno 2003, S. 571–577.

Szyjkowski, Maryan: Dzieje polskiego upiora przed wystąpieniem Mickiewicza. Kraków 1917.

Teichert, Matthias: „Draugula": The Draugr in Old Norse-Icelandic Saga Literature and His Relationship to the Post-Medieval Vampire Myth. In: Barbara Brodman/James O. Doan (Eds.): The Universal Vampire. Origins and Evolution of a Legend. Plymouth, UK 2013, S. 3–16.

Teichert, Matthias: Nosferatus nordische Verwandtschaft. Die Erzählungen von vampirartigen Untoten in den Isländersagas und ihr gesamtgermanisch-europäischer Kontext. In: Zeitschrift für deutsches Altertum und deutsche Literatur 141 (2012), S. 2–36.

Trigg, E[lwood] B.: Gypsy Demons and Divinities. The Magical and Supernatural Practices of the Gypsies. Secaucas, NJ/London 1973.

Tuczay, Christa A.: Interactions with Apparitions, Ghosts, and Revenants in Ancient and Medieval Sources. In: James Hournan (Ed.): From Shaman to Scientist. Essays on Humanity's Search for Spirits. Lanham, MA/Toronto/Oxford 2004, S. 97–126.

Tuczay, Christa.: „… swem er den tôt getuot, dem sûgents ûz daz warme bluot". Wiedergänger, Blutsauger und Dracula in deutschen Texten des Mittelalters. In: Julia Bertschik/Christa Agnes Tuczay (Hrsg.): Poetische Wiedergänger. Deutschsprachige Vampirismus-Diskurse vom Mittelalter bis zur Gegenwart. Tübingen 2005, S. 61–82.

Unterholzner, Bernhard: Vampire im Habsburgerreich, Schlagzeilen in Preußen. Wie Mythen zu politischen Druckmitteln werden. In: Christoph Augustynowicz/Ursula Reber (Hrsg.): Vampirglaube und magia posthuma im Diskurs der Habsburgermonarchie. Wien/Münster 2011, S. 89–103.

Ursinus, Michael: Osmanische Lokalbehörden der frühen Tanzimat im Kampf gegen Vampire? Amtsrechnungen (masārıf defterleri) aus Makedonien im Lichte der Aufzeichnungen Marko Cepenkovs (1829–1920). In: Wiener Zeitschrift für die Kunde des Morgenlandes 82 (1992), S. 359–374.

Vaillant, André: Slave commun upirĭ s.-cr. vàmpīr. In: Slavia. Časopis pro slovanskou filogogii 10 (1931), H. 4, S. 673–679.

Vakarelski, Christo: Bulgarische Volkskunde. Berlin 1969.

Váňa, Zdeněk: Mythologie und Götterwelt der slawischen Völker. Die geistigen Impulse Ost-Europas. Stuttgart 1992.

Vax, Louis: Dom Calmet et les Vampires. In: Alain Cullière (Ed.): Aspects du Classicisme et de la Spiritualité. Mélanges en l'honneur de Jacques Hennequin. Paris 1996, S. 423–436.

Vermeir, Koen: Vampirisme, corps mastiquants et force de l'imagination. Analyse de premiers traites sur les vampires (1659–1755). In: Camenae 8 (Paris 2010), http://www.paris-sorbonne.fr/IMG/pdf/6-_Vermeir.pdf (1.11.2015). ND: Vampires as Creatures of the Imagination: Theories of Body, Soul, and Imagination in Early Modern Vampire Tracts (1659–1755). In: Yasmin Haskell (Ed.): Diseases of the Imagination and Imaginary Disease in the Early Modern Period. Turnhout 2011, S. 341–373.

Vidal, Fernando: Ghosts, the Economy of Religion, and the Laws of Princes. Dom Calmet's Treatise on the Apparitions of Spirits. In: Claire Gantet/Fabrice d'Almeida (Hrsg.): Gespenster und Politik. 16. bis 21. Jahrhundert. München 2007, S. 103–126.

Vinogradova, L. N.: Narodnaja demonologija i mifo-ritualnaja tradicija Slavjan. Moskva 2000.

Vinšćak, Tomo: On štrige, štriguni and krsnici on Istrian peninsula. In: Studia ethnologica Croatica 17 (2005), S. 221–235.

Viscuso, Patrick: Vampires, not Mothers. The Living Dead in the Canonical Response of Ioasaph of Ephesos. In: St. Vladimir's Theological Quarterly 44 (2000), S. 169–179.

Vlačić, Vlado: Militärberichte und Vampirmythos. In: Christoph Augustynowicz/Ursula Reber (Hrsg.): Vampirglaube und magia posthuma im Diskurs der Habsburgermonarchie. Wien/Münster 2011, S. 69–87.

Vrabie, Gheorghe: Zur Volkskultur der Rumänen. Volksdichtung und Brauchtum im europäischen Kontext. Bucureşti 1989.

Vražinovski, Tanas: Narodna mitologija na Makedoncite. Kn. I–II. Skopje 1998.

Vukanović, T[atomir] P.: The Vampire (in the Belief and Customs of the Gypsies in the Province of Kosovo-Metohija, Stari Ras and Novopazarski Sandžak, Yugoslavia). In: Journal of the Gypsy Lore Society 36 (1957), S. 125–133; 37 (1958), S. 21–31, 111–118; 38 (1959), S. 44–55.

ND in: Jan L. Perkowski: Vampires of the Slavs. Cambridge, MA 1976, S. 201–234.

Walczewska-Bińczyk, Iga: O upiorach i strzygach w wierzeniach ludowych na terenie Małopolski w XIX w. In: Przez historię, 7.7.2011, http://www.przezhistorie.pl/index.php?option=com_content&view=article&id=99:o-upiorach-i-strzygach-w-wierzeniach-ludowych-na-terenie-maopolski-w-xix-w&catid=13:xix-w-artykuy&Item (26.10.2015).

Wiegelmann, Günter: Der „lebende Leichnam" im Volksbrauch. In: Zeitschrift für Volkskunde 62 (1966), S. 161–183.

Wilson, Katharina M.: The History of the Word „Vampire". In: Journal of the History of Ideas 46 (1985), S. 577–583. ND in: Alan Dundes (Ed.): The Vampire. A Casebook. Madison, WI 1998, S. 3–11.

Wittwer, Héctor/Daniel Schäfer/Andreas Frewer (Hrsg.): Sterben und Tod. Geschichte – Theorie – Ethik. Ein interdisziplinäres Handbuch. Stuttgart 2010.

Wlislocki, Heinrich von: Aus dem inneren Leben der Zigeuner. Ethnologische Mitteilungen. Berlin 1892.

Wlislocki, Heinrich von: Gebräuche der transsilvanischen Zeltzigeuner bei Geburt, Taufe und Leichenbestattung. In: Globus 51 (Braunschweig 1887), H. 16/17, S. 249–251 und 267–270. ND in: Ders.: Zur Ethnographie der Zigeuner in Südosteuropa. Tsiganologische Aufsätze und Briefe aus dem Zeitraum 1880–1905. Hrsg. v.

Joachim S. Hohmann. Frankfurt am Main u. a. 1994, S. 245–259.

Wlislocki, Heinrich von: Quälgeister im Volksglauben der Rumänen. In: Am Ur-quell. Monatsschrift für Volkkunde 6 (1896), S. 17–19, 60–62, 90–92, 108–110, 142–144.

Wlislocki, Heinrich von: Volksglaube und religiöser Brauch der Zigeuner vorwiegend nach eigenen Ermittlungen. Münster 1891.

Wlislocki, Heinrich von: Vom wandernden Zigeunervolke. Bilder aus dem Leben der Siebenbürger Zigeuner. Geschichtliches, Ethnologisches, Sprache und Poesie. Hamburg 1890.

Wolf-Beranek, Hertha: Zur Geographie der Geister- und Spukwelt in den Sudetenländern. In: Jahrbuch für ostdeutsche Volkskunde 12 (1969), S. 301–322.

Wollman, František: Vampyrické pověsti v oblasti středoevropské. In: Národopisný věstník českoslovanský 14/1 (1921), S. 1–16; 14/2 (1921), S. 1–57; 15/1 (1922), S. 1–58; 16/1–2 (1923), S. 80–96, 133–149; 18/1–4 (1925), S. 133–161.

Wollner, W.: Der Lenorenstoff in der slavischen Volkspoesie. In: Archiv für slavische Philologie 6 (1882), S. 239–269.

Wünsch, Thomas (Hrsg.): Religion und Magie in Ostmitteleuropa. Spielräume theologischer Normierungsprozesse in Spätmittelalter und Früher Neuzeit. Münster u. a. 2006.

Wuttke, Adolf: Der deutsche Volksaberglaube der Gegenwart. Berlin 1860. Zweite, völlig neue Bearbeitung. Berlin 1869. Dritte Bearbeitung v. Elard Hugo Meyer. Berlin 1900. 4. Aufl. Leipzig 1925.

Zander, Helmut: Geschichte der Seelenwanderung in Europa. Alternative religiöse Traditionen von der Antike bis heute. Darmstadt 1999.

Zečević, Slobodan: Kult mrtvich kod Srba. Beograd 1982.

Zečević, Slobodan: Mitska bića srpskich predanja. Beograd 1981.

Zelenin, D. K.: Očerki russkoj mifologii. Vyp. 1-yj. Umervšie neestestvennoju smertʹju i rusalki. Petrograd 1916. ND in: Ders.: Izbrannye trudy. Očerki russkoj mifologii: Umeršie neestestvennoj smertʹju i rusalki. Moskva 1995.

Zelenin, Dmitrij: Russische (Ostslavische) Volkskunde. Berlin/Leipzig 1927.

Zelepos, Ioannis: Vampirglaube und orthodoxe Kirche im osmanischen Südosteuropa. Ein Fallbeispiel für die Ambivalenzen vorsäkularer Rationalisierungsprozesse. In: Andreas Helmedach u. a. (Hrsg.): Das osmanische Europa. Methoden und Perspektiven der Frühneuzeitforschung zu Südosteuropa. Leipzig 2014, S. 363–379.

Zukal, Josef: Magia posthuma auf der Herrschaft Groß-Herlitz im 18. Jahrhundert. In: Zeitschrift für Geschichte und Kulturgeschichte Österreichisch-Schlesiens 3 (1907/08), S. 171/172.

ABBILDUNGSNACHWEIS

Vorsatzkarte Militärgrenze und Vampirschauplätze in Ostmittel- und Südosteuropa. © 2016 Sandra Hülsmann, Hürth.

Nachsatzkarte Nachzehrerglauben und Vampirvorstellung in Mitteleuropa. Nach: Schürmann, Thomas: Nachzehrerglauben in Mitteleuropa. Marburg 1990, S. 132. unter Verwendung einer Karte von d-maps.com.

1 Dracula. Woiwode und Vampir. Schloss Ambras, Innsbruck, 18. Juni–31. Oktober 2008. Hrsg. v. Winfried Seipel. Wien 2008, S. 140.

2 Clifton, James: „Ein Brunnen voll Blut": Darstellungen des Blutes Christi vom Mittelalter bis zum achtzehnten Jahrhundert. In: James M. Bradburne (Hrsg.): Blut. Kunst, Macht, Politik, Pathologie. München/London/New York 2001, S. 65–89, hier S. 82, Abb. 22.

3 Valvasor, Johann Weichard: Die Ehre des Herzogthums Crain. Laybach/Nürnberg 1689, hier III. Teil, XI. Buch, S. 318.

4 Mein Kroatien, http://www.mein-kroatien.info/Datei:File0400.jpg (19.7.2015).

5 Rybakov, B. A.: Jazyčestvo drevnej Rusi. Moskva 1987, S. 463.

6 Mit freundlicher Genehmigung von Prof. Dr. Christian Reiter, Wien.

7 | 8 Dracula. Woiwode und Vampir. Schloss Ambras, Innsbruck, 18. Juni–31. Oktober 2008. Hrsg. v. Winfried Seipel. Wien 2008, S. 148.

9 Skala, Harald: Die Panduren. In: Österreichische Militärgeschichte, http://www.kuk-wehrmacht.de/regiment/grenzer/img/pandur1741.jpg (19.7.2015).

10 W. S. G. E.: Curieuse und sehr wunderbare Relation, von denen sich neuer Dingen in Servien erzeigenden Blut-Saugern oder Vampyrs. O. O. 1732, Titelblatt.

11 Harenberg, Johann Christoph: Vernünftige und Christliche Gedancken über die Vampirs Oder Blutsaugende Todten. Wolfenbüttel 1733, Titelblatt.

12 | 13 Ranft, Michael: Tractat von dem Kauen und Schmatzen der Todten in Gräbern, Worin die wahre Beschaffenheit derer Hungarischen Vampyrs und Blut-Sauger gezeigt, Auch alle von dieser Materie bißher zum Vorschein gekommene Schrifften recensiret werden. Leipzig 1734, Titelblatt und neben Titelblatt.

14 Magia posthuma per juridicum illud pro & contra suspenso nonnullibi judicio investigata a Carolo Ferdinando de Schertz, arae salutiferae ubi paCisCenDUM. Cum licentia Ordinarij. Olomucij Moravorum, Typis Ignatij Rosenburg. [Olmütz 1706], Titelblatt.

15 Calmet, Dom Augustin: Gelehrte Verhandlung der Materi, Von Erscheinungen der Geisteren, Und denen Vampiren in Ungarn, Mähren etc. Theil 2. Augsburg 1751, Titelblatt.

16 Visum repertum anatomico-chirurgicum oder Gründlicher Bericht von den sogenannten Blutsäugern, Vampier, oder in der wallachischen Sprache Moroi, in der Wallachey, Siebenbürgen, und Banat, welchen eine eigends dahin abgeordnete Untersuchungskommission der löbl. k. k. Administration im Jahre 1756 erstattet hat, Durch Georg Tallar, Wundarzten. Wien/Leipzig 1784, Titelblatt.

17 Vampyrismus von Herrn Baron Gerhard van Swieten verfasset. Augsburg 1768. Anhang zu: [Mayer, A.:] Abhandlung des Daseins der Gespenster. Augsburg 1768, Titelei.

18 Der Europäische Niemand. II. Theil. Nürnberg 1719, links vom Titelblatt.

19 Tausend Sagen und Märchen der Südslaven. Gesammelt und verdeutscht v. Friedrich S. Krauss. Bd. I. Leipzig [1914], S. 324.

20 Vujić, Joakim: Putešestvije po Serbiji. Buda 1828, zwischen S. 180 und 181. Mit freundlicher Genehmigung der Universitätsbibliothek Leipzig.

REGISTER

Personenregister

A

Abegg, Johann Friedrich (1765–1840)   132
Aelurius, Georgius (Katschker, Georg; 1596–1627)   54
Afanassjew, Alexander (Afanas'ev, Aleksandr; 1826–1871)   191, 192
Agioreitis, Nikodimos (1749–1809)   208
Allatius, Leo (1586–1669)   65, 97–99, 100, 102, 103, 105, 107
Anna Tonnerin   140
d'Argens, Marquis s. Boyer, Jean-Baptiste de
Ariès, Philippe (1914–1984)   32, 33
Aristoteles (384–322 v. Chr.)   130
Arnkel   37–39
Arnond Paole (d. h. der „Arnaut" Pavle)   115, 119, 120, 127
Audoin-Rouzeau, Frédérique (* 1957) (Pseudonym: Fred Vargas)   10, 28
Azevedo, Emmanuel de (1713–1796)   137

B

Bagiński, Wojciech Wincenty (1726–1784)   165
Baier, Johann Jakob (1677–1735)   126
Banović, Stjepan (1884–1961)   224
Barberini, Francesco (1597–1679)   98
Baróti, Lajos (bis 1884 Grünn, Ludwig; 1856–1933)   252, 253
Basarab, Matei (1580–1654)   106
Báthory, Elisabeth (1560–1614)   186
Bechstein, Ludwig (1801–1860)   179
Belius, Matthias (Bel, Matej; 1684–1749)   152
Benedikt XIV. (Lambertini, Prosper; 1675–1758)   136–138
Blagojević, Petar (Plogojowitz, Peter)   109, 110, 120
Boehlich, Ernst   56
Böhm, Martin (1557–1622)   61
Bohomolec, Jan (1724–1795)   164, 165
Borovinčić, Marin   220, 222
Bouillaud, Ismael (1605–1694)   86
Boyer, Jean-Baptiste de, Marquis d'Argens (1703–1771)   146
Brâncoveanu, Constantin (1674–1714)   107
Brodka (Hexe von Lewin)   50, 53–55
Buchholz, Georg   151, 152
Bürger, Gottfried August (1747–1794)   23, 168, 176

C

Čajkanović, Veselin (1881–1946) 229
Calmet, Augustin (1672–1757) 54, 86, 87, 122, 123, 136–139, 162–164
Cantemir, Dimitrie (1673–1723) 106
Caraccioli, Louis Antoine (1719–1803) 164
Carl Alexander von Württemberg (1684–1737) 112, 125, 127
Celefa, Pero 218
Chmielowski, Benedykt (1700–1763) 163
Cinânî, Mustafa († 1595) 96
Ciszewski, Stanisław (1865–1930) 175, 176
Comiers, Claude († 1693) 87
Crusius, Martin (1526–1607) 92
Cuza, Alexandru Ioan (1820–1873) 248
Czerniczky, Michael 155, 156

D

Davanzati, Giuseppe (1665–1755) 137, 138
Dede, Piri 96
Demidowitsch, Pawel (Demidovič, Pavel; 1871–1931) 199
Demolli, Arif (* 1949) 279
Djordjević (Đorđević), Tihomir (1868–1944) 270, 271, 291
Dracula, s. Vlad III. Țepeș
Drużbacka, Elzbieta (1695 bzw. 1698–1765) 163
Duchacz (Ducháč) 53
Duncan de Delisle 49
Dundović, Luka 220
Dzigcielski, Johann 183

E

Eckert, Georg (1912–1974) 213, 215
Eichner, Georg 73
Endter, Johann Andreas (1653–1690) 75
Engelbrecht, Martin (1684–1756) 120
Englisch, Christoph 133
Ettmüller, Johann Friedrich (1697–1748) 121

F

Fibiger, Michael Joseph (1657–1712) 64
Foliot, Gilbert 46
Formozis, P. E. 213, 215
Fortis, Alberto (1741–1803) 223
Franchi, Andjel 217
Francisci, Erasmus (Finx, Erasmus; 1627–1694) 75–77
Franz (Ferencz) II. Rákóczi (1676–1735) 148, 153, 154
Friedrich II. der Große (1712–1786) 145, 146
Friedrich Ludwig von Württemberg (1698–1731) 125
Friedrich Wilhelm I. (1688–1740) 126, 127, 145
Fritsche, Johann Christoph 128
Frombald 109, 110
Füssli, Johan Heinrich (1741–1825) 293
Fulmis, Lovro 219
Fulmis, Luka 218, 219, 222

G

Garmann, Christian Friedrich (1640–1708) 62
Gehrke 182, 183
Gengell, Jerzy (1657–1727) 89

Geoffrey of Burton († 1150)   42, 43

Georgio   79

Gerard, Emily (1849–1905)   25, 255, 257

Gerasim   227

Gerhard, Wilhelm (1780–1858)   18, 170

Gerlach, Stephan (1546–1612)   93, 94

Gerschke, Leo   181, 182

Gjamos, Aleksandr   276

Gjorgjijowa, Stojna   276

Gluziński, Józef (1799–1866)   171

Goethe, Johann Wolfgang von
(1749–1832)   23, 168, 177

Gogol, Nikolai (Gogol', Nikolaj; 1809–1852)   24

Gortscha (Gorća)   22, 23

Goser, Johannes   142

Gostovski, Robert von   184, 185

Graben zum Stein, Otto von (1690–1756)   126

Grässe, Johann (1814–1885)   55, 64

Grando, Giure (slow. Jure, dt. Georg)
(† 1672)   74, 75, 78–80

Gregor von Nazianz (ca. 329–390)   84

Grober-Glück, Gerda (1912–2007)   286

Grohmann, Joseph Virgil (1831–1919)   55

Groome, Francis Hindes (1851–1902)   269, 270

Grundling, Jakob Paul von
(1673–1731)   126

Gustawicz, Bronisław (1852–1916)   198

H

Hajek, Wenzeslaus von Libotschan (Hájek, Václav z Libočan; † 1553)   50, 52–54, 56

Hakonsson, Hakon   37

Hammer, Anton von (1809–1889)   252

Hannibal, Wolfgang (1660–1738)   138

Hartnup, Karen   92

Hauber, Eberhard David
(1647–1729)   153, 154

Haupt, Carl (1829–1882)   186

Hellwig, Albert (1880–1950)   185, 190

Helwing, Georg Andreas (1666–1748)   90

Heineccius, Johann Michael
(1674–1722)   105

Heitz, Markus (* 1971)   10, 28

Hennefeld, Nicolaus Henel von
(1582–1656)   64

Hercules Saxonia (Ercole Sassiones; 1551–1607)   85, 86

Hexe von Lewin, s. Brodka

Hirte von Blow, s. Myslata (Mislata)

Hock, Stefan (1877–1947)   180

Hohlbein, Wolfgang (*1953)   10, 28

Horst, Georg Conrad (1767–1832)   153, 154

Houmanidou, Angelika   213, 214

Hrintschenko (Hrinčenko), Borys
(1863–1910)   195–197

I

Ianettis   101

Iwan IV. der Schreckliche (Ivan Groznyj; 1530–1584)   84

J

Jablonovski, Johannes 139
Jagić, Vatroslav (1838–1923) 77, 224
Jakubović (Yakoubovich, Jakubowitsch, Jakubovič), Konstantin (Constantin, Marko) 19, 23
Jaworskij, Julian (1873–1937) 197
Jefymenko (Efymenko), Petro (1835–1908) 192, 193
Jesus Christus 10
Jireček, Konstantin (1854–1918) 244, 245, 247
Johann von Luxemburg (1296–1346) 55
Jósika, Miklós (1794–1865) 154, 155

K

Káláritt, Marinko 253
Kalenitschenka, Semjon 193
Kant, Immanuel (1724–1804) 132
Karadžić, Vuk Stefanović (1787–1864) 230, 287–289, 291
Karl VI. (1685–1740) 126
Kasimir III. der Große (Kazimierz III Wielki; 1310–1370) 55
Kasparek, Michael (poln. Kasperek, Michał; † 1718) 74, 148, 149, 151–157
Katharina II. die Große (Ekaterina Velikaja; 1729–1796) 20
Klaić, Vjekoslav (1849–1928) 91
Klings, Karl (1867–1940) 189
Knoop, Otto (1853–1931) 173–175, 188
Kögler, Joseph (1765–1817) 54, 55
Köleseri, Samuel (1663–1732) 249, 250
Kokot, Marin Nika 219
Kołbasiuk (Kovbasjuk), Lesko 162
Kolberg, Oskar (1814–1890) 172
Kornmann, Heinrich (1580–1640) 61
Kostova, Elizabeth (* 1964) 10, 28
Kottwitz, Alexander von 121
Kozić, Marin Kolendić 219
Krause, Ernst, s. Sterne, Carus
Kühnau, Richard (1858–1930) 55, 64, 181
Kunze, Johannes 64, 66–73

L

Lambertini, Posper, s. Benedikt XIV.
Laudun, William 46
Lawson, John Cutbert (* 1874) 210, 211
Le Fanu, Joseph Sheridan (1814–1873) 24, 177
Leakes, William Martin (1777–1860) 208
Lee, Christopher (1922–2015) 20
Lewkijewskaja, Jelena (Levkievskaja, Elena) 283
Lilek, Emilijan (1851–1940) 205
Lompa, Józef (1797–1863) 171, 172
Lucenta, Lovro 218, 219
Ludwig XIV. (Louis XIV; 1638–1714) 104
Luisa Maria Gonzaga (1611–1667) 86
Luther, Martin (1483–1546) 59–61, 70, 90

M

Maglanovich, Hyacinthe 17
Malaxos, Manuel 92, 93, 98, 105
Malinka, Oleksandr (1865–1941) 192

Mannhardt, Wilhelm (1831–1880)   179, 180, 257, 284
Map, Walter (* um 1140; † zwischen 1208 und 1210)   42, 46, 47
Maria Theresia (1717–1780)   75, 141–143, 145–147, 164, 253, 266
Marianna Saligerin   144, 145
Marigner   88
Marin (bulg. Pope)   242, 243
Marschner, Heinrich (1795–1861)   177
Martinus, Martin   252
Matirko, Bertalan   152, 153
Matkowski, Michał (Matkov'skyj, Mychajlo)   161
Maximos III. (1476–1482)   93
Mayo, Herbert (1796–1852)   121
Mehmed II. der Eroberer (1432–1481)   92, 93
Mehmed Ebussuud Efendi (1490–1574)   95, 97
Merian, Matthäus (1593–1650)   54, 66
Mérimée, Prosper (1803–1870)   17–21, 170
Meyer, Hans B.   188
Meyer, Stephenie (* 1973)   9, 27
Mickiewicz, Adam (1798–1855)   23, 166, 168, 169, 178, 288
Mikszáth, Kalman (1847–1910)   155, 156
Mikuš, Antun   218
Miliza (Milica)   116
Miloe (Miloje)   117
Miloš Obrenović (1780–1860)   216, 225, 228
Mirandola, Giovanni Pico della (1470–1533)   64
Mizewa, Jewgenija (Miceva, Evgenija)   274, 275

Modwenna   42, 43
More, Henry (1614–1687)   64
Moțoc, Varlaam (1549–1657)   106
Murad III. (1546–1574)   96
Murgoci, Agnes (1875–1929)   257, 263
Myslata (Mislata; Hirte von Blow)   50–52, 54, 149

N

Neplach, Jan (ca. 1322–1371)   50–54
Neschewa, Sdravka Dimitrowna (Neševa, Zdravka Dimitrovna)   275
Newton, Charles Thomas (1816–1894)   209
Notaras, Chrysanthos (1669–1707)   107
Noyers, Pierre des († 1693)   86, 88

O

Oppenheimer, Joseph Süß (1698–1738)   132
Oppenhoff, Friedrich (1811–1875)   182
Orlić, Drago (* 1948)   278, 279
Ossenfelder, Heinrich August (1725–1801)   21
Ossolinski, Joseph Maximilian (Ossoliński, Józef Maksymilian; 1748–1826)   166, 167

P

Pamfile, Tudor (1883–1923)   263
Paracelsus (ca. 1493–1541)   130
Pashley, Robert (1805–1895)   208
Patino   101
Pavković, Nikola   278

Pavlović, Antun 219
Pavlović, Marin 218–220, 222
Pavlović, Pavle 91
Pavlović, Pavo (genannt Pizin) 219
Perić, Boris (* 1966) 75
Pero 218, 235
Peter, Anton 73
Petrovici, Emil (1899–1968) 264
Pihsin, Dorothea 139, 140
Plogojowitz, Peter, s. Blagojević, Petar
Poblocki, Franz von 183
Poblocki, Josef von 184
Poblocki, Josephine von 184
Podbereski, Andrzéj 194, 195
Pol, Nikolaus (1564–1632) 57
Polidori, John William (1795–1821) 21, 167, 177
Potocki, Jan (1761–1815) 166, 167
Puschkin, Alexander (Puškin, Aleksandr; 1799–1837) 18–23

R

Raab, Johann Christoph 73
Raicević, Stefan 254, 255
Ranft, Michael (1700–1774) 7, 62, 110, 118, 124, 127, 131, 132
Rešić, Ivan Antun 219
Ricaut (Rycau), Paul (1628–1700) 103, 104
Rice, Anne (* 1943) 9, 27
Richard, François 100–102, 104
Roger von Poitevin (ca. 1065–1140) 42
Rohr, Philip 62
Rosa(lia) Polakin 142, 144

Rubzow (Rubcov) 199
Ruthner, Clemens 29
Rzączyński, Gabriel (1664–1737) 89

S

Šagor, Antun 218
Saint-Urbain, Ferdinand de (1654–1738) 123
Sajakow, Stojan Dimitrow (Sajakov, Stojan Dimitrov) 275
Schertz, Carl Ferdinand von († 1724) 54, 134, 135
Schmidt, Bernhard (1837–1917) 209, 211
Scholarios, Gennadios II. (ca. 1405–1473, Patriarch 1454–1464) 93
Schott, Albert (1809–1847) 256, 257
Schott, Arthur (1814–1875) 256, 257
Schürmann, Thomas (*1963) 286
Scrofani, Saverio (1756–1835) 207, 208
Senn, Harry Anthony 281
Shedden-Ralston, William Ralston (William Shedden; 1828–1889) 190, 191
Siewiński, Antoni 199
Sinold, Philipp Balthasar (1657–1742) 153
Sjöberg, Anders 83, 84
Śliwicki, Piotr Hiacynt (1705–1774) 162, 163
Snorri Thorgrimsson (963–1031) 37
Sofronio 103, 104
Sori, Petar 217
Śroka 174
Stanno (Stana) 116
Stanoicka (Stanojka) 117
Stebler, Franz Anton (1705–1789) 126

Stefan Duschan (Stefan Uroš IV. Dušan; 1308–1355) 91
Steiner, Otto 284, 285
Sterne, Carus (Krause, Ernst; 1839–1903) 183
Stewart, Charles 95
Stieff, Christian (1665–1751) 64, 66, 68, 72, 296
Stojanow, Sachari (Stojanov, Zachari; 1850–1989) 242–244
Stoker, Bram (1847–1912) 9, 22, 24, 25, 27, 49, 157, 205, 249, 255, 256, 257, 293
Strauss, Friedrich Salomon (1859–1938) 184
Strausz, Adolf (1853–1944) 244–247
Swieten, Gerard van (1700–1772) 142–145
Sybel, Heinrich von (1817–1895) 178
Szembek, Michal 149
Szulczewski 175
Szymanek 174

T

Tallar, Georg 139, 141, 253, 254
Tanski, Anton 193
Temme, Jodocus (1798–1881) 179, 181
Tettau, Wilhelm 179, 181
Thévenot, Jean de (1633–1667) 102, 103
Thomas of Monmouth (ca. 1149–1172) 47
Thorgunna 39–41
Thorodd 39, 40
Thorolf Baegifot 37–41
Timon 246
Tökölyi, Imre (1657–1705) 154

Tolstoi, Alexei (Tolstoj, Aleksej; 1817–1875) 21–23
Tolstoi, Lew (Tolstoj, Lev; 1828–1910) 21
Tommasini, Giacomo Filippo (1595–1655) 76, 77
Tournefort, Joseph Pitton (1656–1708) 104, 105
Trigg, Elwood B. (1940–2007) 284
Turgenew, Iwan (Turgenev, Ivan; 1818–1883) 23

U

Upir Lichoj (Ofeigr Upir) 83, 84
d'Urfé 21, 22

V

Vabst, Christian 142
Valvasor, Johann Weichard (Valvasor, Janez Vajkard; 1641–1693) 75–78
Vargas, Fred, s. Audoin-Rouzeau, Frédérique
Veckenstedt, Edmund (1840–1903) 187
Verlien, Giovanni 224
Vlad III. Țepeș (Vlad der Pfähler; ca. 1431–1476) 9, 13, 20, 22, 24–28, 31, 78, 157, 205, 249, 255, 257, 269, 273, 285, 293
Vogt, Johann 68
Voltaire (1694–1778) 138, 157
Voß, Christian Friedrich (1724–1795) 146
Vujić, Joakim (1772–1847) 226–228
Vukanović, Tatomir (1907–1997) 284
Vukotić, Vule 228

W

Warlin, Marynna 166

Wasylewski, Stanisław (1885–1953) 176

Weinrich, Karl 64

Weinrich, Martin (1548–1609) 64, 66, 68, 72

Wiegelmann, Günter (1928–2008) 285, 286

William of Newburgh (ca. 1136–1198) 42, 43, 46–48

William of Norwich (1132–1144) 47

Winogradowa, Ludmila (Vinogradova, Ljudmila) 283

Wladimir der Heilige (Vladimir Svjatoslavič) 82

Wlislocki, Heinrich von (1856–1907) 258, 259, 266, 267, 269, 284

Wójcicki, Kazimierz Władysław (1807–1879) 166, 169, 170, 171

Wollschläger, Joseph von 181, 182

Wraschinowski (Vražinovski), Tanas 275, 290

Wuttke, Adolf (1819–1870) 179, 180

Z

Zdenka 22

Zepenkow (Cepenkov), Marko Kostov (1829–1920) 238

Ortsregister

A

Abbazia (kroat. Opatija)   224
Adrianopel (türk. Edirne)   96, 206
Albanien   279
Altdorf   121, 126
Amărăşti   263
Anantis   45
Anatolien   96, 101
Angerburg (poln. Węgorzewo)   90
Arachova   211
Arad   252
Arcadia   213
Athen   163, 167, 213
Athos   94
Attika   213

B

Babscha (rum. Babşa)   252
Baja (dt. Frankenstadt)   228
Balkan   10, 14, 17–19, 21–25, 31, 76, 90, 91, 94, 96, 111, 112, 123, 129, 133, 200–202, 215, 230, 236, 237, 241, 242, 245, 247, 265, 284, 289–292
Banat   111, 112, 142, 248, 249, 252–254, 256, 257, 266, 278
Belgrad (serb. Beograd)   112, 115, 121, 125, 229
Bendschin; s. Bennisch
Bennisch (tsch. Horní Benešov)   64, 66, 67, 70, 72, 73, 142, 148

Berdischew (ukr. Berdyčiv)   193
Berlin   24, 124, 126, 127, 146, 189, 201, 202, 216, 237, 248
Berwick   44
Biskupitz (poln. Biskupice)   174
Blagoewgrad (bulg. Blagoevgrad)   275
Blow   50
Bóbrka (ukr. Bibrka)   197
Böhmen   31, 50, 54, 55, 63, 67
Boka   224
Bosnien   18, 22, 203, 205, 215, 216, 229, 230, 235, 245
Botoşani   263
Breslau (poln. Wrocław)   57, 61, 64
Brudzyn (poln. Brudzyń)   175
Buckingham   44
Buczacz (ukr. Bučač)   199
Bukowno   175
Bulgarien   201, 236, 237, 241–244, 246, 274
Burton upon Trent   42
Byland Abtei   49

C

Čengić   235
Chios   97, 98, 102
Clydesdale   49

D

Dalmatien   18, 215–217, 223, 230
Danzig   184–186, 188
Dečani   227

Deva (dt. Diemrich)   253
Dıraç (alb. Durrës)   96
Dubovac   278
Dubrovnik   215, 217–222, 254
Dźwinogród (ukr. Zvenihorod)   198

E

Edirne, s. Adrianopel
Engelsberg (tsch. Andělská Hora)   133
England   31, 42, 206

F

Fehérvar (dt. Weißenburg; rum. Alba Iulia)   249
Felsőbánya (rum. Baia Sprie)   139
Frankreich   21, 86, 133, 178, 200, 206
(Frei-)Hermersdorf, s. Hermersdorf
Freudenthal (tsch. Bruntál)   133, 142
Friedland (tsch. Břidličná)   134
Froda   39, 40
Fürstenstein (poln. Wałbrzych)   73

G

Gaj   278
Galizien   160, 197, 255, 286
Georgien   104
Glatz (poln. Kłodzko)   54–56, 146
Gllogovicë (serb. Glogovica)   279
Gnesen (poln. Gniezno)   174
Griechenland   92, 126, 206, 207, 237, 273
Groß Mochbern (Muchobór Wielki)   57
Großgorschütz (poln. Gorzyce)   166
Gumenec (ukr. Humenci)   161

H

Hannoversches Wendland   57, 58
Hereford   46
Herinbiesch (bzw. Herendesch; rum. Herendeşti; ung. Herendjest)   252
Hermannstadt (rum. Sibiu)   25, 249, 250, 255
Hermersdorf   142, 144, 145
Hessen   57
Hrubieszów   171
Hvamm   37, 38, 41

I

Island 31, 36–40, 82
Istanbul, s. Konstantinopel
Istrien   76, 78, 215, 216, 224, 233, 278
Ivanić   114
Iviron-Kloster   94

J

Jägerndorf (tsch. Krnov)   66, 67, 146
Jakobsdorf (poln. Zamarte)   181, 182
Janów (ukr. Janiv; heute Ivano-Frankove)   198, 242–244

K

Kaaden (tsch. Kadaň)   50, 53
Kalikráti   208
Kallatsa (rum. Călacea)   253
Kalugerowo (bulg. Kalugerovo)   246
Kamieniec Podolski (ukr. Kam'janec Podil'skyj)   90, 160
Kantrzyno (bzw. Kantrschin; poln. Kętrzyno)   183

Kapnik (ung. Kapnikbánya; rum. Cavnik)   139
Karansebesch (rum. Caransebeș; ung. Karánsebes)   253
Karthaus (poln. Kartuzy)   188
Kattowitz (poln. Kotwice)   175
Kesmark (ung. Késmárk; slow. Kežmarok)   151
Kimpolung (rum. Câmpulung Moldovenesc)   259–261
Kirillo-Beloserski-Kloster   83, 84
Kis-Kerék (dt. Kradendorf; rum. Broșteni)   249
Kisolova (serb. Kisiljevo)   109, 115, 120, 278
Klausenburg (rum. Cluj-Napoca)   266
Klein Dikva (rum. Ticvaniu Mic)   253
Klisura   226, 227
Kodnja   162
Köprülü (mak. Veles)   237
Konitz (poln. Chojnice)   181
Konstantinopel (türk. Istanbul)   12, 24, 91, 92, 94, 96, 97, 103, 104, 106, 206, 207, 224, 236, 237, 255
Kosovo   119–121, 215, 227, 284
Kotel   242
Kovin (dt. Kubin; ung. Kevevára; rum. Cuvin)   253
Krain   75, 78
Krakau (poln. Kraków)   167, 170, 172, 175
Kreischgebiet (rum. Crișana; ung. Körösvidék)   249
Kreta   104, 213
Krewo   85
Kringa   74, 78, 80
Kroatien   18, 78, 111, 114, 215, 235, 278
Kronstadt (rum. Brașov)   25, 251, 255

Kucklina (serb. Kukljin)   121
Küçük Kaynarca   200

L

Lanercost   48, 49
Larissa   208
Lastovo (ital. Lagosta)   217–220
Lauban (poln. Lubań)   61
Lauenburg (poln. Lębork)   183
Lausitz   58, 186
Leipzig   19, 62, 110, 124, 128, 129
Leitmeritz (tsch. Litoměřice)   50, 56
Lemberg (poln. Lwów; ukr. L'viv)   85, 197–199
Lesbos   209
Lewin (tsch. Levín)   50, 52–56
Libotschan (tsch. Libočany)   50
Lichten (tsch. Lichnov)   67
Lichtewerden (tsch. Světlá Hora)   133
Litauen   81, 85, 89, 159, 160, 165, 184, 190, 286
Lodsch (poln. Łódź)   176
London   124, 273
Lothringen   136, 252
Lublau (ung. Lubló; slow. Stará L'ubovňa)   74, 148, 149, 151, 152, 155, 156
Lublin   85, 159, 164, 173,
Lugosch (rum. Lugoj; ung. Lugos)   252

M

Mähren   30, 54, 55, 67, 133, 136, 137, 142, 162
Makedonien   237, 238, 246, 275, 276
Manastir (mak. Bitola)   237, 238
Marásia   96

Ortsregister   365

Marča   114

Marmarosch (rum. Maramureş)   249

Marosch (rum. Mureş; ung. Maros)   252

Medvedja   110, 115, 118, 120, 121, 125, 132, 146, 148, 154, 250, 252, 289

Merul   250

Militärgrenze   13, 21, 28, 64, 66, 72, 109–115, 120, 124, 125, 138, 160, 234, 248, 252, 290

Milos   103

Mitterburg (kroat. Pazin)   78

Moldau   22, 106, 201, 247, 248, 254, 255, 257, 265

Muntenien   265

Mykonos   104

Mytilini   209

N

Nagybánia (rum. Baia Mare)   139

Neretva   224

Neu-Arad (rum. Aradul Nou; ung. Újarad)   252

Neustadt (poln. Wejherowo)   183

Niedersommerkau (poln. Ząbrsko Dolne)   188

Niš   228

Nowogrudok (weißruss. Navahrudak)   199

Nucşoara   265

Nürnberg   124–126, 129, 150

Nussbach (rum. Măieruş)   251

O

Oburschta (rum. Obârşia)   253

Österreich-Ungarn   159

Ohabă   264

Olmütz (tsch. Olomouc)   54, 134, 135, 138, 142, 144

Oltenien   263, 264

Opatowitz (tsch. Opatovice)   50

Osmanisches Reich   111, 201, 206, 215, 237, 242

P

Paraćin   115

Paris   19, 124, 159

Pašman   91

Passarowitz (serb. Požarevac)   112, 148, 248

Patmos   101

Pazin, s. Mitterburg

Peloponnes   96, 103, 206, 212, 214

Pirgowo (bulg. Pirgovo)   243

Pleternica   234

Płock   165

Podolien   90, 167, 190

Podosy   193, 194

Pókafalva (dt. Törnen; rum. Păuca)   249

Polchau (poln. Połchowo)   185

Polen   30, 67, 87–89, 148, 152, 159, 160, 162, 165, 166, 171, 174, 176, 178, 179, 188, 190, 208, 282, 291

Polen-Litauen   81, 85, 159, 160

Polesien   283

Polozk (weißruss. Polack)   82

Pommern   57, 58, 185, 188

Posen (poln. Poznań)   173, 174, 177
Požega (dt. Poschegg; ung. Pozsega)   122, 227
Preußen   10, 21, 56, 63, 82, 130, 133, 146, 147, 159, 176, 177, 178, 181, 186, 189, 200, 284, 285
Prilep (türk. Perlepe)   238, 246, 275, 276
Prowadija (bulg. Provadija)   244
Przewrocie (ukr. Privorottja)   161
Putzig (poln. Puck)   185
Pyrgos   101, 212

R
Ratibor (poln. Racibórz)   166, 189
Reimswaldau (poln. Rybnica Leśna)   73, 74
Rogasen (poln. Rogoźno)   174
Rom   97, 98, 127
Roslasin (poln. Rozłazino)   183, 184
Rumänien   201, 243, 247–249, 255–257, 259, 260, 263, 265, 280, 281, 291, 292
Ruse (türk. Rusçuk; dt. auch Rustschuk)   242, 243
Russland   20, 23, 83, 88, 89, 135, 159, 173, 178, 200, 206

S
Saloniki, s. Thessaloniki
Santorin   100
Šarbanovac   225
Sáros   153
Sathmar (ung. Szatmár; rum. Satu Mare)   249
Schaplitz (poln. Czapielsk)   188
Schebell (rum. Jebel)   253
Schildberg (poln. Ostrzeszów)   174

Schlesien   30, 54, 55, 62, 63, 66, 67, 73, 126, 133, 136, 145, 146, 162, 166, 181
Sénones (dt. Sens)   136
Serbien   30, 66, 111, 154, 184, 201, 215, 216, 225, 227, 232, 237, 248, 270, 277, 279, 286, 287, 292, 295
Sereth (rum. Siret)   260
Sergijew Possad (russ. Sergiev Posad)   83
Siebenbürgen (Transsilvanien)   9, 24, 26, 27, 31, 111, 142, 248–251, 253, 255–257, 266
Sieradz   176
Skalaholt (heute Skálholt)   39
Skandinavien   84, 290
Skole   197, 198
Slawonien   111, 120, 122, 215
Slowakei   150, 186
Slowenien   75
Smyrna (türk. Izmir)   103
Snaefellsnes   37
Staffordshire   42
Stepanok (ukr. Stepok)   194
Swilengrad (bulg. Svilengrad)   275

T
Temeswar (rum. Timişoara; ung. Temesvár)   248, 252, 253
Terebowlja (poln. Trembowlja)   167
Thessaloniki (Saloniki, türk. Selanik)   95, 213, 214
Thorn (poln. Toruń)   165
Tikveš   237
Trapezunt (türk. Trabzon)   215
Trnava   276

Ortsregister   367

Troppau (tsch. Opava)   73, 145, 146
Tschernigow (russ. Černigov; ukr. Černihiv)   195, 196
Tschyhyryn (ukr. Čihirin)   195
Trzeszawa   86
Tupanari   229

U
Ub   225
Ukraine   30, 86, 90, 139, 167, 171, 173, 194, 259, 261, 263, 283, 292
Ungarn   22, 30, 54, 59, 109, 112, 114, 135–137, 141, 148, 152, 154, 160, 162, 215, 228, 248, 249, 251, 253, 265
Uppland   84

V
Vilia   213, 214
Vojvodina   253, 278

W
Walachei   24, 106, 107, 126, 201, 247, 248, 255, 258, 265, 280, 286
Warschau (poln. Warszawa)   90, 151, 165
Weliko Tarnowo (bulg. Veliko Tărnovo; türk. Tırnova)   241, 242
Weißrussland (wruss. Belarus')   82, 159, 165, 190, 199, 283, 286
Westpreußen   57, 58, 179
Wien   17, 59, 111, 126, 147, 148, 167, 200, 244, 245, 248, 250, 270, 287
Wirsitz (poln. Wyrzysk)   173
Worcester   46
Wreschen (poln. Września)   174
Wujtowce (ukr. Vijtivci)   162

X
Xeropotamou-Kloster   95

Z
Zadar   91
Zagreb   114
Zamość   171
Zips   148–150, 155
Zvornik   235

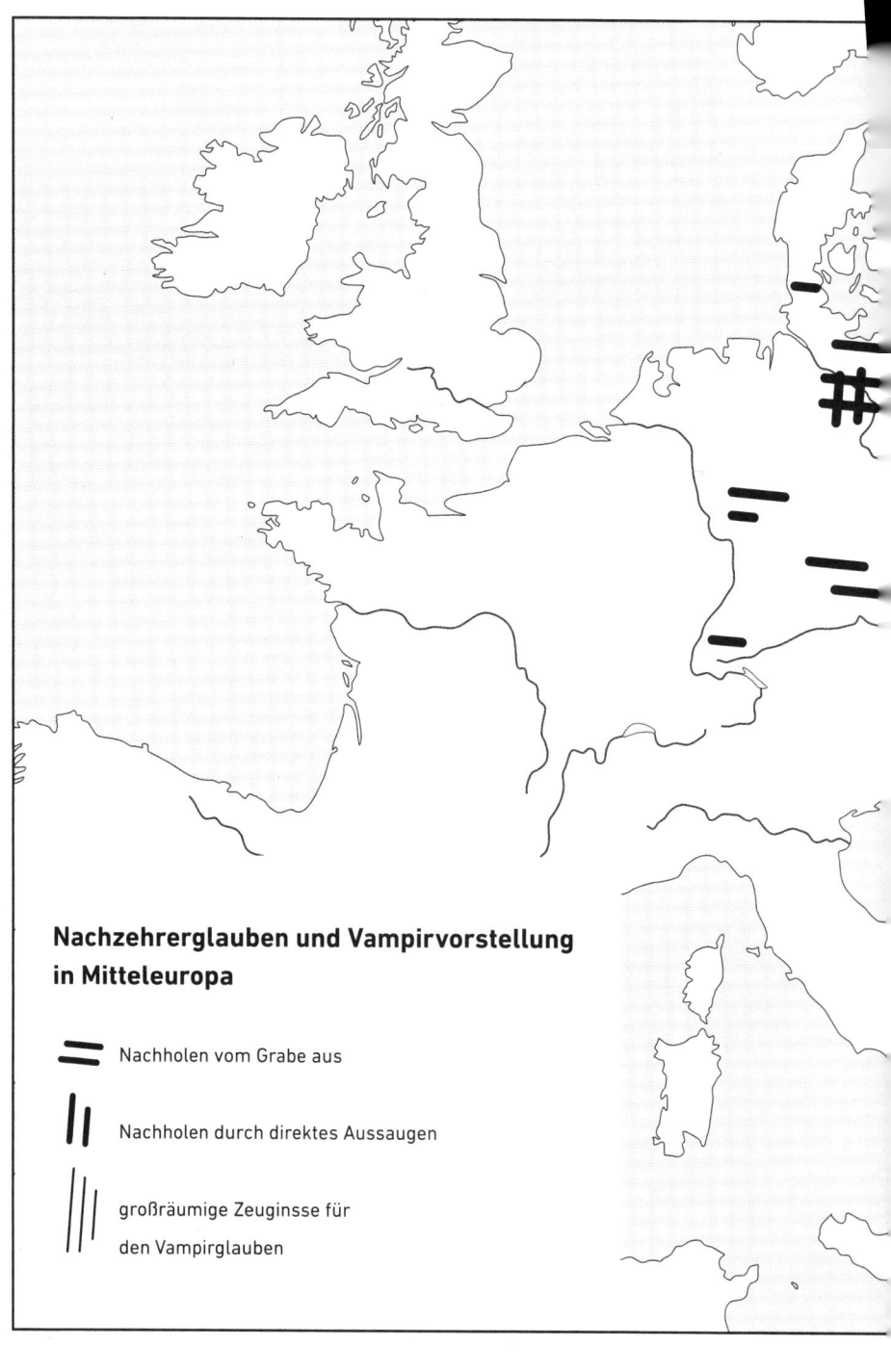